Gilberto Freyre

O Luso e o Trópico

Gilberto Freyre

O Luso e o Trópico

Sugestões em torno dos métodos portugueses de integração de povos autóctones e de culturas diferentes da europeia num complexo novo de civilização: o lusotropical

Prefácio de Elide Rugai Bastos

Impresso no Brasil, julho de 2010
Copyright © 2010 by Fundação Gilberto Freyre
Rua Dois Irmãos, 320 · Apipucos · 52071 440
Recife, PE, Brasil
www.fgf.org.br · fgf@fgf.org.br

Os direitos desta edição pertencem a
É Realizações Editora, Livraria e Distribuidora Ltda.
Caixa Postal: 45321 · 04010 970 · São Paulo, SP, Brasil
Telefax: (5511) 5572 5363
e@erealizacoes.com.br · www.erealizacoes.com.br

Editor
Edson Manoel de Oliveira Filho

Gerente editorial
Bete Abreu

Revisão
Nelson Luis Barbosa
Alyne Azuma

Capa e projeto gráfico
Mauricio Nisi Gonçalves / Estúdio É

Diagramação e editoração eletrônica
André Cavalcante Gimenez e Natália Nebó e Jambor / Estúdio É

Pré-impressão e impressão
Prol Editora Gráfica

Reservados todos os direitos desta obra.
Proibida toda e qualquer reprodução desta edição
por qualquer meio ou forma, seja ela eletrônica ou mecânica,
fotocópia, gravação ou qualquer outro meio de reprodução,
sem permissão expressa do editor.

SUMÁRIO

Prefácio à presente edição – A civilização lusotropical
   Elide Rugai Bastos 9
Nota introdutória..15
Prefácio de Gilberto Freyre (1960) 19
Introdução...23

1. A ocupação de áreas tropicais pelo português como processo ecológico 53

2. Alguns aspectos da civilização que possa ser considerada lusotropical 69

3. Outros aspectos da civilização que possa ser considerada lusotropical 83

4. A experiência portuguesa no trópico americano 105

5. A propósito de Garcia d'Orta: pioneiro de ciência lusotropical....................127

6. Camões, lusista e tropicalista 143

7. Fernão Mendes Pinto, tropicalista 161

8. Arte, ciência e sociedade: importância da arte para a moderna
   civilização lusotropical 173

9. Arte, sociologia e trópico: em torno da presença do português
   nos trópicos 191

10. Em torno de uma arte simbiótica: a lusotropical 205

11. Arte e civilização moderna nos trópicos: a contribuição portuguesa e a responsabilidade brasileira 219

12. A língua portuguesa: aspectos sociológicos da sua unidade e da sua pluralidade nos trópicos 235

13. Uma mística lusocristã de integração 245

14. Cristianismo oral e cristianismo bíblico: um aspecto do contraste entre a colonização dos trópicos por portugueses e a mesma colonização por europeus do Norte 265

15. O infante D. Henrique como pioneiro de uma política social de integração de não europeus no sistema lusocristão de convivência 277

16. A civilização portuguesa como estilo de civilização integrativa, marcada pela influência do infante D. Henrique 293

17. Integração de raças autóctones e de culturas diferentes da europeia na comunidade lusotropical: aspectos gerais de um processo 313

A
Américo Castro,
Roger Caillois,
C. R. Boxer.

PREFÁCIO À PRESENTE EDIÇÃO

A CIVILIZAÇÃO LUSOTROPICAL

Elide Rugai Bastos
Professora de sociologia da Unicamp

No parágrafo de abertura de *Casa-Grande & Senzala* (1933) Gilberto Freyre refere-se à familiaridade entre o português e o trópico, vivência que ocorre tanto na Índia quanto na África, iniciada um século antes de organizar-se econômica e civilmente a sociedade brasileira. A aptidão para a vida tropical, largamente demonstrada, ganha novo aspecto no Brasil. Enquanto naquelas regiões o caráter mercantil possibilitava soluções mais ou menos passageiras, entre nós realizar-se-ia a prova definitiva daquela virtude, pois se tratava de consolidar uma sociedade agrária, portanto marcada pela permanência. É na experiência americana que se singulariza a predisposição do luso para a colonização nos trópicos e se define seu espírito cosmopolita e plástico. Essa plasticidade permitirá o desenvolvimento, entre colonizadores e colonizados, de relações marcadas pelo equilíbrio. Não que estas estejam livres de tensões ou mesmo isentas de conflitos, uma vez que cada grupo conserva elementos de sua cultura e identidade social. Ocorre, porém, a assimilação de diferentes fatores que permite a existência de *antagonismos em equilíbrio*. Esta é a tese que preside o desenvolvimento da obra freyriana e que simbolicamente se expressa no próprio título de vários de seus livros: *Casa-Grande & Senzala, Sobrados e Mucambos, Ordem e Progresso*, nos quais dois termos opostos encontram combinação e conciliação.

A proposta central sobre a diferenciação e superioridade de Portugal na orientação de seu sistema de colonização quando comparado aos outros povos europeus ganhará vários desdobramentos ao longo de sua reflexão. Nessa direção se inscreve o livro *O Luso e o Trópico*, reunindo vários ensaios sobre a temática. A inventividade de Gilberto Freyre permite que aborde o assunto a partir de inúmeras entradas, como podemos verificar.

O primeiro passo nessa direção consiste em definir sua própria escritura pela marca do cosmopolitismo e da plasticidade. Em vários momentos de seu trabalho acentua a influência do pensamento ibérico em sua formação. Tal característica, apontada em diversos comentários sobre sua obra, marcaria o traço principal de seu perfil intelectual: o ajustamento da palavra à personalidade e não o contrário – condição principal dessa tradição que o torna um escritor mais de campo do que de gabinete. Essa marca o autorizaria a reproduzir o ponto marcante dessa formação: descrever o concreto, entretanto deformá-lo para efeito de síntese ou de intensificação simbólica da simples realidade. Assim, o escritor ibérico foge do modelo cartesiano e do positivista, interpretando a realidade a partir de uma perspectiva personalista. Isto o aproximaria de vários autores ibéricos situados em diversos momentos da história: os portugueses Fernão Mendes Pinto, Camões, Garcia d'Orta, e alguns espanhóis como Ganivet e Unamuno, todos exercendo uma particular leitura da realidade. O método impressionista, tantas vezes invocado pelo autor de *Casa-Grande & Senzala*, tem aí sua raiz.

O que significa ser um escritor ibérico? Para Gilberto quer dizer ter uma atividade mais de aventura que de rotina. Ser asperamente individual para ser independente. Tornar-se capaz de ser principalmente pessoa ou homem que ajusta a palavra à sua personalidade em vez de ajustar a personalidade a qualquer conjunto de convenções da arte. Escrever à revelia de quase todas as convenções literárias, juntando às velhas crônicas de feitos heróicos muito de pitoresco e até de vulgar ou chulo. Intensificar a realidade, intensificação de que só são capazes os poetas que analítica e liricamente compreendem, dramatizam e interpretam a vida. O escritor ibérico é a negação do típico *literateur* abstrato, pois se mostra competente para inventar o real, substituindo uma perspectiva única por perspectivas empáticas e simultâneas da mesma realidade. Arrisca-se a redimensionar o mundo baseando-se na intensificação de fatos, misturando pessoas e tempos diversos e buscando novas combinações de relações reais de pessoas com paisagens. Opera com a autobiografia, trabalhando personagens e mitos, tendo por base a própria experiência, agindo sobre eles de modo criativo. É capaz de buscar um modo de escrever no passado, nas tradições do povo, sem tornar-se arcaico.

O ensaio "Fernão Mendes Pinto, Tropicalista" lembra esses traços, pois transmitir a experiência vivida intensificando os fatos é a façanha do autor de *Peregrinação*, que capta com realismo as situações vivenciadas. O próprio subtítulo do livro aponta para a qualidade de intensificação da realidade nele contida:

Aventuras Extraordinárias de um Português no Oriente. A narrativa de vinte anos de andanças pela Ásia, que traz o relato dos diversos papéis assumidos – negociante, soldado, padre, embaixador, pirata, pedinte –, bem como das penosas condições sofridas, demonstra que o trabalho da fantasia é muitas vezes maior que o da memória, conferindo ao texto um caráter *maravilhoso*.

É interessante notar que Gilberto Freyre assinala que esse exercício especial de ver o mundo e descrevê-lo só é possível em épocas de dissolução de alguns estilos de vida, de conduta e de etiqueta e de substituição por outros. No caso citado, as mudanças que Portugal conhece com o desenvolvimento da navegação constituem o quadro de uma nova experiência econômica, social, política e cultural. Como se vê, um modo singular de combinar elementos componentes de vida e escritura.

Mas, se formos mais adiante na trilha de autores citados por ele, podemos lembrar que uma das características da tradição ibérica de pensamento reside na não separação dos valores intelectuais daqueles éticos. Em outras palavras, é o estímulo moral que preside a reflexão, resultando disso que o caráter da sociedade ibérica seja antes marcado pela ação do que pela especulação. Ilustra essa tendência o ensaio "A Propósito de Garcia D'Orta: Pioneiro de Ciência Lusotropical". Gilberto Freyre aponta para um fato de suma importância: esse autor, que no século XVI iniciara a escritura de seu livro *Colloquios* em latim passou a fazê-lo em língua portuguesa para que melhor fosse compreendido e aplicado. Trata-se de uma obra científica que analisa "as drogas e coisas medicinais da Índia" que tem simultaneamente aplicabilidade imediata e qualidade universal. A ciência ligada à vida.

Os elementos assinalados definem o estilo do escritor ibérico: é simultaneamente expositor e narrador, em seu texto se entrecruzam descrição e narração, contando anedotas, descrevendo paisagens e figuras, situando a reflexão em perspectiva simultaneamente espacial e temporal, buscando modos de representar o fazer, o pensar e o dizer de certos personagens. De certo modo, o autor é, nessas obras, personagem de si mesmo; ou melhor, os personagens fictícios servem para que reitere suas ideias, funcionando como seu *alter ego*. Nada mais próximo a isso do que o estilo freyriano, onde a experiência vivida é o mote para a reconstituição do passado e a explicação do presente. Essa marca aparece não só em

Casa Grande & Senzala ou *Sobrados e Mucambos*, exemplos bastante conhecidos; em *Dona Sinhá e o Filho Padre* narrador e narrado se confundem, espaço e tempo se misturam, permitindo a insólita solução de o lugar – a cidade – tornar-se pouco a pouco personagem principal, articulador da narrativa.

Assinalo outro ponto interessante constante em vários ensaios de *O Luso e o Trópico*, principalmente nos três primeiros. Gilberto aponta certa inquietude presente na sociedade ibérica que se traduz no perfil de seus navegadores, colonizadores, escritores: o gosto pela aventura, pelo sabor da experiência. O traço resultaria da presença de tendências muito diversas na formação da sociedade portuguesa, marcada pela dupla tradição latina e árabe, cristã e muçulmana, da qual deriva uma concepção de cultura resultante de valorização pragmática da existência. Daí sua atividade orientar-se em sentido positivo e para uma forma concreta de pensamento que os torna diferentes daqueles dos demais países da Europa. Esse duplo apego à aventura e à rotina Gilberto simboliza com a invocação a Ulisses – tanto aquele da *Odisseia* quanto o de James Joyce. O personagem que se arrisca à tentação de ouvir o canto das sereias, mas que se faz amarrar no mastro do navio para não soçobrar atirando-se ao mar, e aquele que encontra mil aventuras na rotina de um só dia.

A simbiose, isto é, a troca entre a natureza e o homem que se confunde com a vida, segundo Gilberto Freyre, é uma característica que marca a proximidade do luso e do trópico, resultando disso constância e regularidade das relações do Portugal europeu com os Portugais tropicais. Isso confere à Nação Lusa a condição de cultura transeuropeia, o que permite que se constitua como país do mundo e não apenas da Europa. O pioneirismo da adaptação técnica, alimentar, de costumes, de habitação, de vestimenta, para citar alguns desses traços, lhe confere a qualidade de não se ater a um burguesismo imobilizante, mas lhe permite abrir-se a formas diversas de viver e adaptar-se a outros povos.

No ensaio "Camões Lusista e Tropicalista", Gilberto lembra que o poeta foi um realista animado por uma quente imaginação. A já citada sensibilidade que caracteriza o escritor ibérico o predispôs a tornar-se intérprete de um mundo de cores e formas totalmente novas para o europeu. Muitas dessas formas e cores transparecerão na própria linguagem portuguesa, tanto nos seus sons como no processo de reunião das palavras, e, mais especificamente, no estilo. *Os Lusíadas* é, segundo o sociólogo pernambucano, "um poema principalmente de coisas vistas. (...) Um poema de aventura. (...) É um poema de mágoas, medos, alegrias, amores experimentados...", sendo que para Camões a experiência é "o critério único verdadeiro da verdadeira sabedoria" (*O Luso e o Trópico*, p. 147 e 150). Usando metáforas camonianas, Gilberto mostra como o trópico penetra na aventura lusa do descobrimento de terras novas, as terras quentes: "Por onde duas vezes passa Apolo" ou "Iguala o dia e a noite em quantidade".

Essa qualidade épica foi o traço que permitiu ao português operar o amálgama entre o Oriente e o Ocidente, conforme encontramos no ensaio "Arte, sociologia e Trópico: em Torno da Presença do Português nos Trópicos". Costumes, animais, plantas de clima tropical, vindos da Ásia, da África e das ilhas do Atlântico Sul foram trazidos à América. Sobre esse tema, Gilberto Freyre, em *Sobrados e Mucambos* (1936), cita Debret quando se refere às assimilações culturais: "[o brasileiro/português] *n'emprunte pas à l'Europe seule ses innovations; il va lui-même les demander à l'Asie...*" É à grande mobilidade do português que se deve essa sociedade híbrida; à miscibilidade, a formação de povos irmãos; à aclimatabilidade, a articulação de etnias e culturas. O encontro Oriente/Ocidente que caracteriza a cultura ibérica transplantada para o Brasil cria um meio novo no trópico que se constituiu no caldo apropriado ao desenvolvimento de uma nova civilização: uma formação extraeuropeia.

O autor lembra que no trópico o tempo tem outra duração. Duração que passa pelo clima, pela influência oriental, pela recusa ao burguesismo. No trópico estamos em um contratempo. Esse fato define o perfil de portugueses – que souberam compreender o mundo tropical – e brasileiros – que aceitaram essa particularidade nacional. A temporalidade de ambos compreende a relação intrínseca entre passado e presente, entre o tradicional e o moderno, o não abandono do antigo pela ilusão do novo.

É no sentido de preservação do modo de pensar e de agir do luso em relação ao trópico e do resultado desse processo na formação das sociedades coloniais, principalmente da brasileira, que Gilberto Freyre propõe a formulação de um sistema de direção político-administrativa – a lusotropicologia. Ele muitas vezes quis elevá-la à categoria de ciência. Mas, no mais das vezes, propôs uma multidisciplinaridade – antropologia, sociologia, ciência política, medicina, agronomia etc., voltadas ao estudo do trópico – que replicasse as formas pretéritas de constituição social harmoniosa, como definia a formação da sociedade brasileira.

Pela reflexão original, pelas diferentes combinações apontadas, pelo exotismo de algumas de suas formulações, pela lembrança de aspectos tantas vezes esquecidos, pelas controvérsias enfrentadas, pelas polêmicas levantadas, *O Luso e o Trópico* constitui-se em livro importante para compreender a interpretação de Gilberto Freyre sobre as relações entre Portugal e Brasil, sem deixar de lado outras regiões sob a influência da colonização ibérica.

São Paulo, 27 de junho de 2010.

NOTA INTRODUTÓRIA

Seja qual for o juízo que se forme acerca de assembleias internacionais – por vezes, na verdade, com objetivos insuficientemente definidos ou sem programas devidamente organizados e de resultados precários, quando não negativos –, certo é que, pelo que respeita aos congressos científicos, não deixam eles de, na sua grande maioria, corresponder plenamente ao fim que se teve em vista com a sua celebração. Com efeito, se nem sempre se podem defender ideias ou apresentar documentos novos, suscetíveis de provocar total modificação de pontos de vista tradicionais, permitem os congressos a útil discussão de problemas múltiplos. E, quer os proponentes dos temas, quer os intervenientes nos debates, quer mesmo os assistentes ficarão ou mais esclarecidos ou serão levados a considerar outros aspectos dos problemas, a vê-los a outra luz, numa palavra: a melhor os conhecerem.

Outra vantagem podem ter os debates suscitados em congressos. É sabido que, não raro, ou por orientação metodológica de escola ou por imperfeito conhecimento de todos os dados dos problemas, ou por orientação política, se é levado a não aceitar a verdade dos fatos independentemente dessas orientações preconcebidas. Ora, os congressos podem conduzir a um conhecimento mais completo e perfeito, quer por via de debate, quer de proposítura de temas por personalidade especialmente qualificadas.

Foi esse pensamento que esteve presente ao espírito da Comissão Organizadora do Congresso quando inscreveu no programa a apresentação, em sessão plenária, de três temas de grande importância histórica.

Intitulando-se um desses temas "Integração das raças autóctones na economia portuguesa", era desejo da mesma Comissão que esse estudo servisse para a todos mostrar que não há problemas fundamentais, de ordem social, entre os portugueses do continente e os portugueses dos territórios ultramarinos, visto todos nos sentirmos na mesma comunidade. Seria interessante referir que já a Constituição de 1822 dispunha, no seu artigo 20º, que "a Nação Portuguesa é a união de todos os portugueses de ambos os hemisférios".

Desejou a Comissão que esse tema fosse tratado por um estrangeiro de nome universalmente consagrado, possuidor de conhecimentos especiais para dele se ocupar com a maior competência, com a maior liberdade e também com a maior fidelidade histórica. Um nome se impôs desde logo ao espírito da Comissão: o do eminente sociólogo e historiógrafo brasileiro Dr. Gilberto Freyre. Por isso, tive a honra de, em tempo oportuno, lhe dirigir o respectivo convite, sugerindo que esse estudo, desenvolvido, fosse impresso em livro, devendo o respectivo resumo e as conclusões constituir a matéria do discurso a proferir numa das sessões plenárias do Congresso.

O presente livro é o estudo realizado para esse fim por Gilberto Freyre, e o seu, a todos os títulos, magistral discurso, pronunciado na sessão plenária de 6 de setembro de 1960, foi publicado no v. I das Atas do Congresso Internacional de História dos Descobrimentos.

O ilustre autor intitulou-o *O Luso e o Trópico* e esclarece tratar-se de "sugestões em torno dos métodos portugueses de integração de povos autóctones e de culturas diferentes da europeia num complexo novo de civilização: o lusotropical".

Este estudo realizado por um homem da alta estatura mental de Gilberto Freyre permite poder afirmar – e o livro prova-o exuberantemente – que o Infante D. Henrique "concorreu decisivamente para dar às relações de europeus com não europeus, de brancos com povos de cor, um rumo peculiarmente lusocristão. A esse ramo não falta atualidade: a política portuguesa de contato de europeus com não europeus é evidentemente a que hoje mais se impõe à simpatia dos que acreditam ser possível, necessário e essencial ao mundo que se reorganize o encontro, sob a forma de um encontro entre iguais, do Ocidente com o Oriente".

Que essas palavras, cheias de sentido humano e cristão, concorram para que todos, sem distinção de raças, religiões ou credos políticos, possam melhor apreciar os graves problemas da hora presente, em que a solidariedade ocidental se mostra tão gravemente comprometida e em que a Europa parece ter perdido a sua personalidade política, assistindo, sem reação, às novas e perigosas atitudes de dois mundos, coincidindo com as múltiplas experiências africanas!

E que o exemplo dado pelos portugueses, através de cinco séculos de relações entre povos de culturas diferentes, possa servir de estímulo para aquele encontro dos povos preconizado por Gilberto Freyre neste seu livro que, ao mesmo tempo que precioso documento histórico, é um vivo monumento humano!

Lisboa, dia da chegada do "Santa Maria" (fevereiro de 1961)
José Caeiro da Matta
Presidente da Comissão Organizadora do Congresso e da Comissão Executiva
das comemorações do V centenário da morte do infante D. Henrique.

PREFÁCIO

Reúne este livro um grupo de ensaios, alguns de todo inéditos, em torno de diferentes aspectos do tema: o luso e o trópico. Desses ensaios, apenas três ou quatro foram lidos, sob a forma de conferências, para públicos universitários, no Brasil ou no estrangeiro. Um ou outro foi publicado em revista europeia ou americana, como o intitulado "A experiência portuguesa no trópico americano", aparecido em francês, nos *Cahiers d'Histoire Mondiale* (Paris), em inglês no *Journal of World History* (Paris) e, no México, na *Revista de História da América*.

Aparecem agora, pela primeira vez, os publicados naquelas línguas, em língua portuguesa; e revistos e ampliados. Todos, porém, são apresentados em *O Luso e o Trópico* dentro de um sentido de unidade a que se junta o propósito de se dar expressão o menos possível técnica e o mais possível plástica – ainda que não jornalística – à ideia de constituir a civilização desenvolvida pelo português nos trópicos – inclusive a sua arte, tão sociologicamente significativa –: um todo ou complexo para o qual o autor vem há anos sugerindo a denominação de "lusotropical"; e que poderia já começar a constituir – pensa ele – objeto de uma ciência especial que se intitulasse "lusotropicológica" e fosse parte de uma mais ampla "hispanotropicologia", dentro de uma "tropicologia" geral. São sugestões em que o autor vem insistindo, quer em conferências universitárias, quer em trabalhos publicados em revistas de cultura não só de língua portuguesa, como de outras línguas – inglesa, francesa e espanhola. Entre essas revistas, *Synthèses*, da Bélgica, *Diogène*, de Paris, *The Listener*, de Londres, *The Atlantic Monthly*, de Boston, além dos já mencionados *Journal of World History* e *Revista de História da América*.

Da tese lusotropicalista se pode hoje dizer que, para um grupo já considerável de homens de estudo e até de homens públicos, de Portugal e do Brasil, deixou de ser simples objeto de atenções académicas para se apresentar sob a forma de um método novo e talvez dinâmico, não só de reinterpretação como de reorientação do comportamento, quer de portugueses, quer de brasileiros, em face de novas situações internacionais de economia, de política e de cultura. Tais situações exigem de nós, portugueses e brasileiros, uma atitude também nova em relação ao nosso passado comum, às nossas relações mútuas e às probabilidades do nosso destino de povos com especialíssimas responsabilidades na maior aproximação do Ocidente com o Oriente, da Europa com o trópico e dos brancos com as populações de cor. A integração portuguesa nos trópicos – sobretudo no Brasil – dá a portugueses e a brasileiros o direito de se considerarem uma modesta mas valiosa terceira força no esforço, que será um dos maiores empreendimentos da nossa época, de se reorganizar o sistema de relações de brancos com povos de cor, dentro de um critério de interpenetração não só cultural como étnica de valores que, em vez de repudiar, valorize a mestiçagem: processo biológico contra o qual se sabe hoje não ser exato que a ciência dos antropólogos se oponha, à base de considerações eugênicas.

São vários os homens de ciência portugueses, e não apenas brasileiros, que vêm ultimamente reorientando as suas investigações, em diferentes especialidades, em torno das relações da gente lusitana com os trópicos, sob o critério lusotropical. O ilustre investigador médico Almerindo Lessa é como vem conduzindo as suas mais recentes pesquisas de seroantropologista: considerando haver um mestiço lusotropical eugênico e saudável.

O professor Orlando Ribeiro já se manifestou solidário com a tese lusotropicalista, do ponto de vista da ecologia ou da geografia das áreas tropicais de colonização portuguesa que tem estudado em trabalhos notáveis. O mesmo fez o professor Henrique de Barros, do ponto de vista da agronomia dessas áreas: assunto em que é autoridade máxima. No Brasil, o professor Froes da Fonseca – o mais completo dos antropólogos brasileiros – considera a interpretação lusotropical indispensável ao esclarecimento dos fatos essenciais da formação brasileira: formação que não pode ser separada em estudos nem antropológicos nem sociológicos das dos demais grupos de origem portuguesa fixados, em áreas tropicais, de modo semelhante ao brasileiro. No mesmo sentido se têm exprimido geógrafos brasileiros, como o professor Hoel Sette, sociólogos, como o professor Diegues Júnior, psicólogos sociais, como o professor Gonçalves Fernandes, historiadores da etnologia, como o professor Estêvão Pinto, e internacionalistas, juristas e homens públicos, como o senador Lourival Fontes, o diplomata Adolfo Justo Bezerra de Meneses, o jurista Oliveira Franco, o general Lima Figueiredo; e em Portugal, de modo notável, além dos professores Ribeiro e Barros, mestres de

Direito especializados no trato da ciência política e do Direito Público, como os professores Marcelo Caetano e Adriano Moreira; antropólogos, como o professor Jorge Dias; historiadores da arte, como o professor Mário Chicó.

Enquanto isso ocorre no Brasil e em Portugal, no estrangeiro, a autorizada *Enciclopédia Americana* – rival da *Britânica* – acaba de consagrar o critério lusotropical como nova chave de reinterpretação das civilizações do Brasil e das áreas tropicais de colonização portuguesa, no mais recente dos seus artigos sobre a formação brasileira. Não tardarão a fazê-lo outras enciclopédias modernas. A simbiose luso-trópico é inconfundível; e, sendo inconfundível, antropólogos, sociólogos, ecologistas começam a admitir a necessidade de uma sistemática que a caracterize, a analise e a interprete nas suas particularidades.

As páginas que se seguem são uma pequena contribuição para esse esforço de sistematização. Pequena e cheia de deficiências, como é próprio de toda a ousadia pioneira.

Não inclui este livro o trabalho do autor recentemente publicado por iniciativa do Centro de Estudos Políticos e Sociais do Ministério do Ultramar – centro inteligentemente orientado pelo professor Adriano Moreira – sob o título *Integração Portuguesa nos Trópicos*. Dele apenas se fazem transcrições.

Versando problemas de integração de povos autóctones e de culturas diferentes da europeia no complexo novo de civilização desenvolvido pelos portugueses, desde os seus primeiros contatos com negros da África, esses ensaios têm o seu sentido comemorativo: o de recordarem o infante D. Henrique, de quem este ano se celebra o 5º centenário da morte, que concorreu decisivamente para dar às relações de europeus com não europeus, de brancos com povos de cor, um rumo peculiarmente lusocristão. A esse rumo não falta atualidade: a política portuguesa de contato de europeus com não europeus é evidentemente a que hoje mais se impõe à simpatia dos que acreditam ser possível, necessário e essencial ao mundo que se reorganize o encontro, sob a forma de um encontro entre iguais do Ocidente com o Oriente. Encontro só realizável, ao que parece, através da miscigenação e da interpenetração de culturas.

Santo Antônio de Apipucos, 1960.
G. F.

INTRODUÇÃO

Quem ler o recentíssimo ensaio do professor H. Stuart Hughes sobre a moderna *"reorientation of European Social Thought (1890-1930)"* verá que, com Freud, Croce, Weber, Bergson, Sorel, essa reorientação começou a fazer-se num sentido que antes coincide com a tradição hispânica, se não de ciência, de estudo do Homem, do que a contraria ou a destrói. Semelhante tendência parece ter-se acentuado com o moderno probabilismo contrário aos determinismos que, por algum tempo, pareceram ter tornado irreparavelmente arcaicos os estudos hispânicos do Homem, e, principalmente, com aquele moderníssimo existencialismo que acentua, como nota o professor Hughes, *"the experiential qualities of time"*, à base das tentativas de transcendência dos modos temporal e espacialmente situados de existência do Homem.

Isso sem nos esquecermos do que há de menos filosófico e de mais terra a terra no conceito de ciência hispano ou lusotropicológica. Alguns agrônomos portugueses nos trópicos começam a pensar e operar lusotropicalmente, dentro de uma orientação já científica. No Brasil, é hoje a atitude de mestres, como o professor Octávio Domingues. O mesmo me parece que deveriam fazer os jardineiros-paisagistas, dentro de uma orientação ecológica mais artística que científica. Também as costureiras, as modistas, os alfaiates, os mestres de arte culinária, os artesãos, os industriais fabricantes de móveis, tecidos, calçados, chapéus, redes.

O conceito lusotropical, ou lusotropicológico, já hoje considerado válido, no seu aspecto teórico, em meios universitários e suprauniversitários da Europa e dos Estados Unidos – e que é evidentemente muito mais que o simples "saber de experiência feito", recomendado por Camões –, tendo partido de Goa, de Coimbra e do Recife, sob o seu aspecto de tentativa ou esboço de sistemática científica, além de filosófica, é natural que tenha em centros de estudo do Brasil, de Portugal e do ultramar português os seus principais pontos de condensação e de sistematização. Ao Instituto de Arte Contemporânea de São Paulo talvez interesse desenvolver o estudo do que possa ser considerada uma arte lusotropical, dentro da luso ou da hispanotropicologia. Ao Instituto de Joaquim Nabuco de Pesquisas Sociais decerto interessa o estudo sistemático dos problemas antropológicos e sociológicos contidos ou sugeridos pela lusotropicologia.

Em Portugal, já vem desenvolvendo o conceito de civilização lusotropical, do ponto de vista da experiência étnica especificamente portuguesa na África e na Ásia, um biólogo ilustre, que há pouco realizou estudos de antropologia médica em Cabo Verde: o dr. Almerindo Lessa. Isso, além do apoio que têm dado à tese brasileira, em Portugal, geógrafos, como o professor Orlando Ribeiro, antropólogos, como o professor Jorge Dias, juristas especializados em Direito Social, como o professor Adriano Moreira. Um agrônomo eminente na sua especialidade, convencido de precisarem os portugueses de hoje de dar "um conteúdo moderno" ao seu "modo de ser e agir em terras americanas, africanas e asiáticas", caracterizado como lusotropical – refiro-me ao professor Henrique de Barros e ao seu recente estudo *Lusotropicalismo Agronômico* –, vem trazendo notável contribuição a uma possível lusotropicologia.

Escreve o professor Barros, do ponto de vista do Portugal europeu: "Conhecer os homens, conhecer a terra, conhecer as ligações profundas, simbióticas, do homem com a terra, eis o que é imprescindível. Imprescindível e urgente". E acrescenta, com a sua já bem estabelecida autoridade em assuntos agronômicos: "Entre os usos indígenas, que mais e melhor carecemos de entender, figuram os que dizem respeito à cultura da terra. Só agora, talvez há não menos de duas dezenas de anos, o europeu ou os seus descendentes começaram a aperceber-se desse fato singular: que os seus conhecimentos de fazer agricultura nas regiões temperadas do globo não serviam para os trópicos...". Mais ainda: "Que a mera transplantação para terras tropicais da sua arte e da sua técnica acaba quase sempre por ocasionar a depredação da fertilidade da terra, senão mesmo a irreversível esterilização". Admitem hoje os agrônomos mais esclarecidos que os métodos indígenas de agricultura tropical, ainda que "fracamente produtivos... se apoiavam na compreensão da Natureza, no entendimento de que, sob climas de tanta agressividade como são os dos trópicos, o equilíbrio do binômio solo-vegetação não pode ser destruído pelos homens, sem perigos incomensuráveis e tanto maiores quanto mais extensa, indiscriminada, rápida e brutal for essa destruição". E que a técnica ocidental, tendo "certamente muito que ensinar aos cultivadores dos trópicos", tem também "a aprender deles outro tanto ou talvez mais". Quanto mais não seja, "é indispensável que aprenda, e isto com urgência, *aquilo que não deve fazer*".

É o que se evidencia do trabalho realizado em Timor por um aluno do professor Barros e hoje seu colega, o agrônomo Helder Lains e Silva, sobre *Timor e a Cultura do Café*, editado pela Junta de Investigação do Ultramar e onde – destaca mestre Henrique de Barros– "se transmite ao leitor a funda convicção do autor de que não há progresso agrícola possível nas zonas tropicais que não se apoie no estudo profundo das condições do equilíbrio biológico em que viviam a terra, as plantas, os animais e os homens, antes da intervenção perturbadora dos brancos". Precisamente a tese que vem sendo defendida desde 1936 no Brasil e, particularmente, no Recife, por aqueles que, partindo de uma sociologia ou de uma antropologia ecológica, desenvolveram recentemente o conceito lusotropical para caracterizar uma forma, um processo, um estilo simbiótico de transculturação, ao mesmo tempo que de adaptação do europeu aos trópicos; e sobre esse conceito – o de lusotropicologia –, porventura válido para a sistematização científica de estudos dessa forma e desse processo biossociais de adaptação e de transculturação, em que a interpretação cultural e a miscigenação biológica têm cooperado de modo raro na história dos contatos inter-humanos e interculturais dessa espécie.

Se é certo, como pretende o professor Henrique de Barros, que "Portugal necessita sem demora de um corpo bem preparado tecnicamente de agrônomos tropicalistas", que juntem ao preparo técnico "o fervor pela unidade nacional que somente na diversidade e pela diversidade pode manter-se triunfante", essa necessidade experimenta-a também o Brasil de hoje; e sobre esse preparo e, ao mesmo tempo, sobre esse fervor, é que alcançará plenitude a ideia de uma comunidade lusotropical que inclua Portugal, o Brasil e as províncias portuguesas da África e do Oriente; e seja um tipo novo de federação apoiada em tradições e pendores comuns, no sentido de uma interpenetração de tal modo profunda da cultura ocidental com as tropicais e de povos brancos com os de cor, que dessa interpenetração possa resultar, em antecipação a outros e modernos desenvolvimentos étnicos e culturais em espaços tropicais, um terceiro estilo de cultura que seja, também, uma nova forma de civilização tropical. Inclusive – é evidente – uma arte simbioticamente lusotropical, particularmente hispano ou lusotropical, da qual a escultura já brasileira do Aleijadinho, a música de

H. Villa-Lobos, a arquitetura de Lúcio Costa, de Oscar Niemeyer, de H. Mindlin, de Sérgio Bernardes, a pintura de Cândido Portinari, Di Cavalcanti, Pancetti, Cícero Dias, L. Cardoso Ayres, Guignard, Francisco Brennand, Aloisio Magalhães podem ser consideradas antecipações brasileiras já triunfantes fora do Brasil. O mesmo creio que se pode ou se deve dizer da arte de jardineiro-paisagista de R. Burle Marx que, aliás, já passou, hispanotropicalmente, do Brasil à Venezuela; e que eu quisera ver comunicar-se também à África e ao Oriente tropicais, onde me parece ainda deficiente a aliança, nesse particular, entre o tradicional e o moderno, em simbioses eurotropicais.

Igual importância deve ser atribuída à dança dentro de uma arte hispanotropical ou lusotropical. As várias danças hispanotropicais, em geral, e lusotropicais, em particular, parecem ser expressões estilísticas ou "manifestações estilísticas" – como diria o professor Kroeber – de uma civilização com características inconfundíveis de civilização transnacional. Em todas elas, ou em quase todas elas – o que parece ser também certo para a música hispanotropical –, se exprime um estilo de civilização. Daí serem danças afins ao "jazz" dos Estados Unidos interpretado por hispano-americanos, à *rumba* cubana, ao *mambo* das populações hispanotropicais dos Caraíbas, ao *samba* brasileiro, ao cha-cha-cha, também daquelas populações.

Há alguns anos esteve no Brasil a dançarina afro-americana Katherine Dunham, que é também uma estudiosa inteligente de antropologia e de sociologia da arte. Conversamos longamente, no Rio, sobre o assunto, e ela concordou comigo em que havia tal coincidência entre aquelas várias danças que poderiam ser consideradas variantes regionais de um só tipo de dança que para ela seria apenas afro-americana. Naquela época, eu ainda não visitara a África negra, percorrendo-a de leste a oeste e de norte a sul, limitando-se, então, o meu conhecimento da mesma África, ao Senegal. À base dessas observações mais recentes e do conhecimento do Peru e do Paraguai é que me animo a sugerir serem essas e outras danças, inclusive as que combinam influências predominantemente apolíneas, recebidas de ameríndios, com influências dionisíacas conservadas do africano, manifestações de um mesmo estilo de civilização considerado na sua parte musical-coreográfica. O mesmo se pode dizer de danças em que não esteja presente a influência africana; e que sejam predominantemente, além de apolíneas, apolíneas alteradas por influências às vezes dionisíacas vindas do europeu ibérico, orientais ou ameríndias nas suas características. São também danças hispanotropicais pelo que exprimem de um estilo de civilização que alterna entre o dionisíaco e o apolíneo, tendendo quase sempre a conciliar esses extremos nas suas manifestações, quer de comportamento, quer de arte. Estamos – como é evidente – diante de um assunto complexo e que está a pedir um estudo especial. Aliás, o mesmo é certo da música, da culinária, da doçaria, do teatro que possam ser denominados hispanotropicais, sendo tão hispanotropical a canja apolínea luso-indiana, que de ordinário faz parte da dieta de convalescentes, quanto o dionisíaco vatapá afro-baiano ou os igualmente dionisíacos tamales indo-espanhóis do México tropical.

O professor Kroeber, num livro recente, que é obra notável de antropólogo completado por filósofo social – *Style and Civilizations* –, sugere que há estilos de civilização caracterizados por vários traços, inclusive aqueles em que se exprimem, além de tendências artísticas, outras que poderíamos denominar – a sugestão é ousadamente minha – para-artísticas. Segundo ele, um estilo de cultura ou de civilização desenvolve-se através de respostas a um ambiente "total" e a um ambiente que ele denomina "flutuante"; e também a "mudanças internas" – inovações e criações inclusive. O professor Kroeber admite que os chamados "grandes homens" ou os "gênios criadores" contribuem para o desenvolvimento de estilos de cultura, como inovadores ou sistematizadores. Admite também terem as ciências, tanto quanto as artes, até uma época, relativamente recente, de internacionalização das mesmas ciências, acompanhado o desenvolvimento de civilizações regionais como expressões ou manifestações estilísticas, características dessas várias civilizações regionais. Pode-se admitir que, mesmo atualmente, em certas ciências se exprimam estilisticamente civilizações orientadas de modos diversos quanto aos valores a que dão maior ou menor relevo. Entretanto, é principalmente nas artes, "maiores" e "menores", "puras" e "aplicadas", que se exprimem estilos de civilizações.

Daí ser evidente a importância da aplicação da ideia do professor Kroeber à caracterização, em que alguns de nós estamos atualmente empenhados, de uma civilização hispanotropical, e, particularmente, de uma ainda mais individualizada civilização lusotropical, a meu ver estilisticamente à parte das outras grandes civilizações modernas, tanto pelas suas artes "puras" e "aplicadas" como pela sua própria Ciência do Homem, mais psicológica que estatística em seus métodos de análise e de interpretação, e associada, também, a uma concepção de tempo – o Tempo vivido pelo Homem, por ele rememorado e por ele esperado –, que é uma concepção mais psicológica que matemática, mais pessoal que cronométrica. Semelhante concepção de tempo, ligada à de espaço – contato maior que o de outros europeus com o Oriente e com a África, expansão em espaços não europeus maior que a de outros europeus, identificação mais fácil que a de outros europeus, com o trópico e com as culturas ou civilizações encontradas nos trópicos, inclusive com as suas concepções de tempo –, explicaria, em grande parte, o estilo da civilização hispânica e, hoje, da civilização hispanotropical e, particularmente, da lusotropical, em que se manifesta atualmente o máximo de originalidade e, talvez, de vitalidade – vigor híbrido sociológico e, possivelmente, biológico –, da capacidade do hispano, em geral, do luso, em particular, para desenvolver culturas e populações, à base de interpenetração no plano cultural e de miscigenação no campo biológico.

Do professor Kroeber devo também destacar que, no seu livro *Style and Civilizations*, sugere o aparente paradoxo de ser "o estudo científico de sociedades ou de culturas inerentemente menos difícil e mais facilmente capaz de produzir compreensão, que o estudo científico de pessoas". Pois, segundo ele, as coordenações e configurações maiores de cultura são mais fáceis de ser reconhecidas. Do mesmo antropólogo e hoje filósofo, de civilização, a meu ver tão importante como o professor Arnold Toynbee, é um livro publicado há pouco mais de dez anos, que me parece digno da melhor atenção brasileira: *Configurations of Culture Growth*. É pena que nenhum dos dois se tenha inteirado das peculiaridades do estilo português de civilização hoje em vigor em áreas tropicais, para atribuir a tais peculiaridades a justa importância.

Da ciência do Homem que o hispano tem desenvolvido e de que Gracián e, particularmente, Vives, na Espanha, e Acosta, no Peru, Sahagun, no México, Garcia d'Orta, na Índia, foram mestres ou pioneiros, saliente-se que é antes personalista que impessoal; antes nietzschiana, bergsoniana, freudiana e qualitativista que durkheimiana ou quantitativista. Atenta naquelas situações nos espaços-tempos em que o Homem não deixa nunca de ser pessoa para tornar-se coisa durkheimiana. Já um filólogo salientou nas línguas hispânicas que são as únicas do Ocidente em que é possível dizer-se "amanheci alegre" ou "anoiteci triste" ou "madruguei para a viagem", como se o tempo não existisse – como na verdade parece não existir– à revelia do Homem, isto é, mecanicamente; e não social e psicologicamente. Daí ser possível ao homem hispânico, em geral, e lusitano, em particular, que hoje se expande numa civilização nova, e como nenhuma, das procedentes da Europa, vencedora de obstáculos de natureza encontrados pelo europeu nas terras quentes, dominadora, como nenhuma delas, dos trópicos, opor à chamada "hora inglesa", se não uma hora, um tempo hispânico. Um tempo largo bastante para admitir um lazer sobrecarregado de valores estéticos e religiosos: lazer para o qual caminham as supercivilizações de hoje, através da automatização ou da automação. Na definição desse tempo hispânico, a ciência hispânica do Homem tem atualmente uma das suas maiores missões e uma das suas graves responsabilidades dentro da sua tradição de ciência pioneira – com Acosta, por exemplo – até de métodos de estudo ecológico e de interpretação de diferenças étnico-culturais entre os homens situados diversamente no espaço.

"Nas suas viagens de estudo na África e no Oriente, o que mais impressionou o conferencista como diferença de métodos portugueses dos métodos de colonização seguidos por outros europeus?", perguntou-me no ano passado, em São Paulo, um universitário, após uma das minhas conferências no Instituto de Arte Contemporânea.

Creio que a essa pergunta venho eu procurando responder em artigos, conferências e livros, desde que regressei da África e do Oriente. Os livros, permito-me recordar aqui que são *Um Brasileiro em Terras Portuguesas*, *Aventura e Rotina* e *Integração Portuguesa nos Trópicos*. Neste livro – *O Luso e o Trópico* – vão destacados aspectos porventura novos daquela diferença de métodos. E acentuado o desenvolvimento de métodos de assimilação de gentes autóctones – os que datam do Infante – em métodos de integração.

Quando o antropólogo alemão Bastian, um dos pioneiros da antropologia moderna, viajou, no meado do século passado, pela África, ficou impressionado com o fato de, no Congo, ter encontrado sobrevivências do domínio imperial dos portugueses do século XVI sobre aquela população africana, que lhe pareceram de todo superficiais: além da cristianização através de ritos, nomes portugueses de pessoas ou de governantes, títulos nobiliárquicos conferidos a alguns desses governantes africanos, insígnias de traje correspondentes a esses títulos, eruditos que liam mal os livros em língua portuguesa, que os portugueses haviam introduzido naquela área. E desse último pormenor, aquele alemão de formação protestante concluiu que o sistema português de educação e de colonização era um fracasso, desde que não instruía bem os nativos nas técnicas europeias de ler e escrever. A esse preconceito de europeus de formação bíblica ou protestante, com relação ao que deva ser hoje, ou devesse ser desde que começou o contato de europeus com não europeus, a missão civilizadora dos europeus, venho chamando um preconceito "bíblico"; e do assunto me ocupei em conferência lida na Universidade do Escurial, na Espanha, em 1956, e em ensaio publicado em espanhol na revista de cultura *Cuadernos*, editada em Paris juntamente com as *Preuves*, revista publicada em francês.

Note-se que, sob a obsessão desse preconceito nórdico-protestante, Bastian deixou de considerar a importância de significativas penetrações realizadas pelo português na cultura negra e africana do Congo, sob a forma, não só daquelas aparentes insignificâncias – a cristianização através de ritos, de nomes portugueses concedidos a chefes nativos, sob um critério de equivalência das suas posições de dirigentes nas sociedades ou nos grupos africanos a que pertenciam com as posições de chefia europeias, de insígnias correspondentes a esses títulos e posições conferidas aos mesmos chefes –, como de artes mistas, em torno principalmente de assuntos ritualmente cristãos, que resultaram dos primeiros contatos dos negros africanos do Congo com os cristãos portugueses. Sabe-se dessas artes mistas que persistiram entre aqueles africanos e que se desenvolveram em notáveis combinações de substâncias cristãs com formas africanas de expressão artística, inseparáveis do que deve ser considerado um estilo hispanotropical de civilização, em geral, e lusotropical, em particular. Pois fato semelhante ocorreu no Peru, resultando na arte chamada cusquenha, independente do que possa ou deva ser considerado o fracasso do colonizador espanhol do Peru com relação à alfabetização de ameríndios sob um critério "bíblico" de educação ou de civilização ou de cristianização.

Note-se, mais, de Bastian que a sua antropologia estava associada à ideia de que à Alemanha cabia a missão de, junto com a Grã-Bretanha, "guiar os destinos culturais do mundo", devendo realizar-se essa missão, da parte daqueles dois povos, predominantemente protestantes, do Norte da Europa, através do que tenho denominado métodos "bíblicos" de educação e de cristianização de não europeus. Esses métodos, sabemos que são antes mecânicos do que orgânicos, como foram e, até certo ponto, continuam a ser, os hispano-católicos, não só de penetração de populações não europeias pelos valores e pelas técnicas, que espanhóis e portugueses lhes têm comunicado, como de assimilação de valores e de técnicas não europeias de cultura, para, combinadas com aqueles valores e com aquelas técnicas europeias, resultarem num novo tipo de civilização, integrada nos trópicos, e de formas sociais e artísticas predominante – mas não exclusivamente – cristãs e, em alguns casos, europeias.

É interessante assinalar-se o fato de que Boas foi, na sua mocidade, influenciado por Bastian. O mesmo é certo de Frobenius. E tanto Boas como Frobenius dedicariam especial atenção às artes e à sua importância, quer como expressões de uma cultura e do seu estilo, quer como expressões da penetração de uma cultura por outra. Entretanto, Frobenius, tendo sido demasiadamente germânico no seu modo de considerar as culturas da África negra e as influências recebidas por elas de europeus, não se aprofundou no estudo das artes mistas que resultaram do contato de algumas daquelas culturas com a civilização cristã introduzida entre africanos por portugueses, em vários casos através da miscigenação. É um estudo que cabe de modo especialíssimo ao antropólogo ou sociólogo moderno que se especialize em lusotropicologia, pois é uma das mais fortes características do processo português de ocupação de áreas tropicais e do seu modo particularíssimo de integrar numa civilização predominantemente cristã e inicialmente europeia, nos seus motivos e nos seus estilos, valores não europeus de cultura, em geral, e de arte, em particular. A integração de povos autóctones e de culturas diferentes das europeias num complexo novo de civilização – o denominado, por alguns de nós, lusotropical – é um esforço português que, tendo alcançado o máximo de amplitude na América tropical com a colaboração daquele híbrido notavelmente vigoroso – é a opinião de antropólogos como Hooton – de hispano e ameríndio que foi o "Bandeirante" ou o "Paulista" dos primeiros séculos coloniais do Brasil, continua a operar; e a dar novas perspectivas à assimilação dos mesmos autóctones – agora transformada na integração deles numa terceira cultura e num tipo novo de sociedade ou comunidade – estimulada pelo infante

D. Henrique, quando se verificaram, ainda no século XV, os primeiros contatos de portugueses com negros africanos.

Fala-se muito, atualmente, a propósito de casos críticos como o da Algéria e da presença francesa nessa área africana – assunto em que ao aspecto político-econômico se junta o sociológico ou antropológico – em integração. A política francesa apercebeu-se da necessidade absoluta de recorrer à solução integrativa – solução de desajustamentos de ordem principalmente antropológica e sociológica – para normalizar a presença da França na Algéria. O antropólogo ou o sociólogo moderno não hesitará em opinar no sentido de que semelhante integração só se poderá efetuar à base de profunda interpenetração de raças e de culturas que rompa com a política de pluralismo étnico e cultural por paralelismo e, por conseguinte, com segregação, que vem sendo seguida naquele ponto de encontro de europeus com não europeus, do mesmo modo que no Congo belga e nas Áfricas inglesas; e foi rigidamente seguida pelos holandeses no Oriente, em contraste com a política de interpenetração e de integração seguida desde o século XVI pelo português nas mesmas regiões.

Daí, hoje, em Malaca, "parlar cristão" significar falar português – que ali ainda é falado por grupos mestiços, lusotropicais, que conservam vários traços de cultura lusitana; em Baçaim e em certas regiões de Ceilão, lembra em ensaio recente incluído nos *Colóquios de Política Internacional* (Lisboa, 1957) o dr. H. Martins de Carvalho, "é em português o sermão das missas solenes"; "em várias zonas da Indonésia dizem-se ainda em português as orações do ritual"; são inúmeras as palavras portuguesas que no Japão "designam os objetos e as cerimônias do culto católico", e D. Rodrigo de Lima, ao defrontar-se com o imperador da Abissínia, disse-lhe ter chegado ali "para servir a Deus" e "ajudar cristãos com cristãos" – evidências todas essas a favor da tese brasileira de que o esforço português nos trópicos e no Oriente tem sido antes cristocêntrico – sociologicamente cristocêntrico, isto é, empenhado em comunicar a povos não cristãos um conjunto de valores independentes da raça ou mesmo da civilização nacional de quem os propaga – do que etnocêntrico, como tem sido o esforço da parte de outros europeus nas mesmas áreas: o holandês, o inglês, o francês – todos, dentro desses particularismos, europeus; e caracterizados pelo empenho de afirmação de europeidade como um conjunto de valores que, incluindo o cristianismo, pretendesse ser superior e messiânico, não como conjunto de valores principalmente cristãos, mas como conjunto de valores quase exclusiva e sempre imperialmente europeus. Donde serem justos os reparos do dr. H. Martins de Carvalho, de que o célebre "fazei muita cristandade", mesmo quando não correspondeu à verdade, faz-nos saber aquilo que se desejava fosse a verdade, quer dizer, "aquilo que aos olhos dos homens pode justificar e nobilitar a ação". A propósito do que, cita este conceito de D. Madalena Fialho: "Sabe-se mais de uma sociedade, de um povo, de uma civilização, quando se conhecem os seus ideais, do que quando se esmiúçam simplesmente todas as façanhas praticadas e todas as fraquezas cometidas, sem relacionar umas e outras – infâmias e heroísmos".

Os portugueses, se fizeram funcionar em Goa, logo após os seus primeiros contatos com a Índia, a Inquisição – sinal do seu empenho cristocêntrico –, desde 1557 começaram a reconhecer nos goeses "calidade bastante" para lhes conceder os privilégios de cidadãos portugueses; e, no começo do século XVII, já o Conselho da Índia proclamava quem nascesse e vivesse em Goa, Angola ou no Brasil tão português como o nascido no continente europeu e aí residente; assim como por alvará de lei de 1755 se dava preferência para empregos públicos e outras ocupações no Brasil aos componentes ou descendentes de casamentos mistos – de europeus com ameríndios; em 1761, ordem real identificava brancos, negros ou mestiços para efeitos de formação do clero. Atos, todos esses, jurídicos, de política integrativa, baseados numa situação antropossociológica que cedo se estabeleceu nas relações dos portugueses com não europeus: a interpenetração de raças e de culturas.

O dr. João Freitas Costa, no estudo "Cooperação em África", incluído nos *Colóquios* já citados, destaca que a tese contrária à da interpenetração – isto é, a de que "brancos e negros têm de caminhar forçosamente caminhos paralelos e não por caminhos convergentes – pode servir tão bem os nacionalistas africanos como os segregacionistas". Aliás, é curioso que os russos que, como russos, têm seguido política semelhante à portuguesa, na Ásia, como russos-soviéticos venham animando indiscriminadamente entre não europeus o segregacionismo antieuropeu e tenham conseguido comunicar esse seu critério – útil apenas a alguns dos seus desígnios políticos imediatos e de modo algum expressão da sua política a longo prazo, que é e tem sido inteligentemente integrativa – até a antropólogos e sociólogos que, com relação a países como o Brasil, e a nações como Portugal, vêm pretendendo ultimamente, para as sobrevivências, quer em Portugal, quer no Brasil, de populações indígenas, uma rigorosa política segregacionista. O que nos parece um excesso evidente de anticolonialismo, tratando-se de povos tão plásticos em suas atitudes para com raças e culturas não europeias.

Entretanto, enquanto se pretende semelhante anticolonialismo com relação a uns povos, admite-se para outros um expansionismo que não é senão imperialismo, pelo menos étnico-cultural. Dos chineses, por exemplo, se sabe que, mesmo antes de o seu imperialismo ter tomado o atual aspecto político – talvez inevitável no jogo de competições imperiais em torno de populações, valores e espaços orientais –, já se processava de modo étnico-cultural, como mostra a sra. Patrícia Barnett no estudo sobre os chineses do ultramar – *The Chinese in Southeastern Asia and the Philippines* – e sugere Narana Coissoró em recente ensaio sobre *O Asiatismo*. Patrícia Barnett resume a política expansionista dos chineses – corretivo vigoroso (penso eu) e até certo ponto saudável à política não só expansionista como intrusa de certos poderes europeus no Oriente –, lembrando que os chineses do ultramar, enraizando-se no solo onde vivem, tornam-se parte integrante das estruturas econômicas onde trabalham, atingindo muitas vezes a maioria, como na Malásia e em Singapura; mas permanecendo sempre fiéis à sua cultura – e pode-se acrescentar, à sua raça – e assim formando – o que me parece expressão daquele etnocentrismo contrário ao desenvolvimento de um mundo fraterno – "verdadeiras Chinas menores no coração doutros países". Na Conchinchina, monopolizam o comércio de especiarias. Na Birmânia e na Malásia, controlam as exportações de arroz. É possível que o seu panchinesismo seja apenas uma resposta étnico-cultural àquele pan-europeísmo que durante alguns séculos fez o mesmo no Oriente; e não dure, ou não pretenda durar senão como corretivo a um excesso: o da opressão do Oriente por poderes imperialmente europeus. Aliás, de todo o atual pan-asiatismo – ele próprio plural nas etnias e culturas, que reúne – se poderia dizer o mesmo: reage contra o pan-europeísmo do qual, no Oriente e nos trópicos, só escaparam portugueses e espanhóis nos períodos da sua história e nas fases do seu comportamento em que não imitaram as práticas de colonização, através de segregação, seguidas com maior ou menor rigor por ingleses, franceses, holandeses, alemães: pelos próprios italianos.

O pan-asiatismo, porém, além de vário ou plural pelas suas etnias e culturas – como de resto o pan-europeísmo – apresenta-se hoje dividido politicamente pelo conflito em torno da chefia suprema do movimento entre a vigorosa e, sob vários aspectos, admirável República Popular da China e a um tanto menos vigorosa em suas expressões de adolescência nacional, ainda que também admirável, em vários aspectos da sua ação, União Indiana. Da União Indiana há quem pense que os seus desígnios sobre aquelas áreas africanas marcadas pela presença de populações indianas – populações de um comportamento de ordinário semelhante ao de populações voluntária ou resignadamente segregadas, quer com relação aos africanos, quer com relação aos europeus – são tão evidentemente etnocêntricos quanto os da China, faltando-lhe, porém, a dinâmica ou a vivacidade chinesa.

Os árabes pretendem igualmente estender o seu poder imperial por grandes partes da África e do Oriente, que possam ser alcançadas através do islamismo. Um islamismo talvez mais animado hoje de ardor missionário que o cristianismo. A verdade é que o cristianismo se deixou prender demasiado, sobretudo nas suas formas protestantes, a civilização burguesas, capitalistas e etnocentricamente europeias que dele se utilizaram por vezes como veículo de desígnios imperiais.

Na Ásia propriamente dita, porém, o pan-asiatismo parece ter hoje três grandes expressões convergentes nuns pontos, mas divergentes em vários outros: o movimento dirigido por Nehru; o dirigido por Chu En-Lai; o dirigido por Sukarno. Pode-se, talvez, dizer da Conferência, eminentemente antieuropeia, de Bandung que, se foi "a primeira tentativa da Índia e da China para retalharem entre si, em zonas de influência, a Ásia e a África, também foi uma manifestação da concorrência política dos dois chefes". É o que assinala Coissoró, naquele seu ensaio; e é o que vêm assinalando outros analistas idôneos das situações e problemas do Oriente moderno.

Aspecto interessante e, em geral, desprezado, pelos antropólogos e sociólogos que estudam problemas atuais de pluralismo étnico e cultural nas sociedades intertropicais e que não deixa de ter ligação com essas e com outras competições políticas, econômicas e culturais em torno de populações e terras tropicais, é o de pluralismo religioso, particularmente o cristão, nessas sociedades; e dentro do cristão, de modo particularíssimo, o que se deriva do cristianismo protestante. Não se diga do catolicismo ibérico, levado por espanhóis e portugueses para os trópicos, que é rigidamente unitário. Sabe-se que, entre católicos ibéricos, as devoções a santos diversos e até contraditórios são uma forma de pluralismo religioso ligado, por vezes, a inconfundíveis manifestações ou sobrevivência de pluralismo étnico ou cultural: tão vivo dentro da unidade étnico-cultural atingida pela civilização hispânica e que caracteriza o seu *ethos*. Um *ethos* caracterizado também pelo seu modo de ser essencialmente uno ou unitário quanto à sua catolicidade, ligada à sua própria identidade psicossocial, em face das demais civilizações ocidentais e do *ethos* de cada uma. Mas a verdade é que o cristianismo transmitido por espanhóis e portugueses a povos não europeus dos trópicos, sob o aspecto de um cristianismo católico, não se tem pluralizado nas inúmeras seitas cristãs que se encontram hoje entre negros e mestiços das Áfricas de colonização nórdica e, ao mesmo tempo, protestante e que vêm assumindo ultimamente o caráter de seitas ou de movimentos violentamente antieuropeus.

Outra vez nos defrontamos com os resultados de duas políticas distintas: a dos chamados caminhos paralelos que, mesmo no campo religioso e cristão, tem levado europeus e não europeus a um pluralismo tal que se têm tornado, em vez de cristãos universais e cristocêntricos, cristãos segregados e etnocêntricos; e a dos caminhos convergentes, que vem resultando, através do universalismo cristão, em brancos, pardos, amarelos e pretos adorarem a Deus, à Virgem e aos santos nas mesmas igrejas, acompanhando as cerimônias principais no mesmo latim litúrgico, embora venha sendo reconhecido, de modo muito particular pelos hispanos e, principalmente, pelos lusos o direito de não europeus representarem o Cristo, a Virgem e os santos e os anjos segundo as suas próprias tradições étnico-culturais de tipos ideais de homem, de mulher, de adolescente. Daí, artes como a cusquenha, no Peru, representações do Cristo e da Virgem, sob a forma de figuras morenas, pardas e até pretas, como vem sendo frequente nas Áfricas portuguesas e no próprio Brasil, embora artistas brasileiros, como mestre Cândido Portinari, insistam em só compreender nossas senhoras louras, e anjos ruivos.

Informava, há pouco, em ensaio sobre "A Conjuntura Religiosa em África", o padre Ernesto Domingues: "Até hoje, na África portuguesa não tem surgido nenhuma dessas infinitas seitas indígenas" que venha aparecendo nas áreas africanas de colonização protestante.

As que existem na África portuguesa são importações dessas áreas. O mesmo observador destaca dessas seitas que o perigo maior que elas oferecem é o de serem exploradas, para fins políticos, por estrangeiros. O que mostra haver ligação entre semelhante pluralismo religioso e os modernos imperialismos que se projetam sobre áreas tropicais em competição com os europeus, talvez todos em declínio como imperialismos não só políticos como econômicos.

Impossível separar-se, de todo, no conceito de lusotropicalidade, o que é científico, do que, no plano científico, possa desdobrar-se em orientação política para as relações quer do Portugal europeu com as suas populações tropicais do Oriente e da África, quer do Portugal com o Brasil e do próprio Brasil com o mundo de língua portuguesa fixado em regiões tropicais: regiões de condições de vida, de problemas de desenvolvimento e de perspectivas de cultura semelhantes às brasileiras. O Brasil tem hoje nítidas responsabilidades de caráter não somente cultural, em geral, como político, em particular, para com esse mundo, voltado tanto para o Portugal de sempre – do qual também os brasileiros continuam a necessitar – como para a força jovem e para a civilização triunfante em espaço tropical e através de considerável miscigenação que o esforço brasileiro representa sob a forma de um exemplo e de uma proteção: uma proteção americana que reforce a portuguesa, sem confundir-se com as imperialmente europeias. Proteção contra os imperialismos que hoje procuram afirmar-se em espaços tropicais, substituindo o britânico; e substituindo-o, uns como força antieuropeia – o caso do chinês, o caso do indiano; outros, ao contrário, como sistemas artificialmente europeus em terras tropicais: o caso do imperialismo sul-africano, que já se projeta de modo nada tranquilizador para as constantes lusotropicais de civilizações, nas áreas luso-africanas mais ao alcance da sua influência.

Quando o professor Kirkwood, da Universidade de Oxford – já o lembrei num dos meus ensaios –, destacou o fato, perante os seus colegas da 30ª Reunião do Instituto Internacional de Civilizações Diferentes, de vir o processo ou modo português e brasileiro de lidar com problemas chamados de pluralismo étnico e cultural, constituindo um exemplo que se impõe cada dia mais à atenção dos povos modernos, não se referiu apenas ao exemplo em bruto desse processo: também à sua interpretação científica por homens de estudo brasileiros. Daí ter encarecido, por escrito, ao seu colega brasileiro do Instituto a necessidade de expor, numa universidade como a de Oxford, e de modo sistemático ou metódico, a ciência especial que se tem desenvolvido no Brasil sob o nome de Hispanologia; e a sua particularização em lusotropicologia. Exposição já esboçada em sínteses necessariamente arbitrárias para a nova edição da *Enciclopédia Americana*; para revistas de cultura como os *Cahiers d'Histoire Mondiale*, de Paris (também conhecidos pelo título da sua edição em língua inglesa, *Journal of World History*); para a Universidade de Virgínia (curso de doutoramento, 1954); para o Real Instituto dos Trópicos, de Amsterdã; para a *Revista de História da América*; para as *Synthèses* (Bruxelas); para o *Third Programme*, da *British Broadcasting Corporation*, de Londres; para a publicação especial, de iniciativa do Centro de Estudos Políticos, de Lisboa, dirigido pelo professor Adriano Moreira. Enquanto isso, note-se de passagem que, até hoje, no Brasil, só revelaram maior interesse pelo assunto, de entre os homens de ciência, o geógrafo professor Hilton Satte; de entre os homens públicos, o senador Lourival Fontes, em discurso no Senado Federal, e o general Lima Figueiredo, em discurso proferido na Câmara; o cônsul Bezerra de Meneses, em corajosas páginas sobre a política do Brasil na África e no Oriente; e os reitores das Universidades do Recife e da Bahia, onde foram já realizados, por iniciativa deles, cursos pioneiros de tropicologia e lusotropicologia, com o comparecimento de numerosos estudantes de Ciências Sociais, de Direito e de outras especialidades, das duas universidades.

Somos, brasileiros e portugueses, nesses assuntos, um tanto enfáticos, com relação a valores ou iniciativas nacionais, a ponto de às vezes quase resvalarmos na fanfarronice; outras vezes, excessivamente humildes ou reticenciosos com relação a esses mesmos valores e iniciativas. Enfáticos, por exemplo, com relação aos triunfos de Ruy Barbosa na Haia, que foram em grande parte oratórios e transitórios, obtidos não só pela extraordinária eloquência e pelo incomum saber jurídico do insigne brasileiro, como pela propaganda desenvolvida na Europa em torno do seu nome e da sua atuação pelo 2° Rio Branco: principalmente através dos artigos de William Stead, o diretor da *Review of Reviews*. Enfáticos, também – e sobre os melhores fundamentos –, com relação aos arrojos de Santos Dumont e aos de Oswaldo Cruz. Mas reticenciosos em torno dos trabalhos científicos de um Vital Brasil, a quem se deve a defesa da vida do homem rural no trópico. Reticenciosos, em torno da atuação, no Congresso Universal de Raças, reunido em

Londres em 1912, do então diretor do Museu Nacional do Rio de Janeiro, J. B. de Lacerda: a primeira voz brasileira de homem de ciência a chamar a atenção de cientistas e filósofos de vários países do mundo, reunidos numa assembleia memorável, para a solução brasileira de problemas de relações de raças. Reticenciosos com relação à obra realizada no mesmo sentido, e de modo mais sistemático do que Lacerda, por dois antropólogos de primeira ordem: Roquette Pinto e Froes da Fonseca. Reticenciosos com relação às contribuições de natureza sociológica trazidas ao esclarecimento do mesmo assunto por Sylvio Romero e José Veríssimo. Reticenciosos com relação à sistematização, ainda mais ampla que a desses pesquisadores ilustres, de experiências e estudos portugueses e brasileiros em torno dos problemas de adaptação do homem civilizado aos trópicos, através, em grande parte, da miscigenação, no plano biológico, e da interpenetração de culturas, no sociológico. Estudos que vêm sendo empreendidos por antropólogos e sociólogos brasileiros e portugueses; e, em consequência dos quais, vem sendo reconhecida a necessidade de nova ciência ao mesmo tempo ecológica e antropológica – uma tropicologia – e de nova subciência – a lusotropicologia – que deem nova perspectiva a tais experiências e nova ordenação a tais estudos.

Quando nos dizem – como ainda há pouco nos advertiu de Londres o embaixador Assis Chateaubriand, com relação ao Instituto de Hamburgo – que nós, brasileiros e portugueses, temos de aprender de tropicalistas holandeses – cujo Real Instituto dos Trópicos, de Amsterdã, é organização na verdade admirável –, de alemães – que fazem há anos de Hamburgo a sede de estudos igualmente notáveis de economia tropical –, de ingleses e de franceses – também há mais de um século voltados com o seu melhor espírito científico para o estudo de problemas da economia tropical –, não nos resta senão aceitar humildemente tal sugestão e aprender desses europeus o que a sua ciência ocidental vem acumulando, menos como interpretação que como análise de situações e possibilidades tropicais de economia. No plano, porém, da interpretação dessas situações e da sua ecologia humana, e não apenas da sua economia e do ponto de vista humano, em geral, e não apenas do europeu em particular, portugueses e brasileiros têm de ser ouvidos em numerosos pontos em que o seu "saber de experiência feito" – como diria Camões – se avantaja, quer no tempo quer no espaço e, quer ainda, na profundidade, ao de holandeses, alemães, ingleses, franceses e italianos e até ao de espanhóis. E se avantaja à ciência desses outros europeus, pelo fato mesmo de ser um saber que vem implicando participação íntima do europeu e do seu descendente na vida tropical; em experiência do trópico; em existência no trópico; em interpenetração com o saber e com a experiência de indígenas de várias áreas tropicais. Interpenetração tornada possível, em grande parte, pela miscigenação; pela comparticipação do europeu na experiência sexual do indígena; pela ligação – independente de convenções de casta europeia em face das populações tropicais e das suas culturas – de europeu e de descendente de europeu com indígenas e com mestiços.

•

Uma das características das modernas ciências do homem que se especializam no estudo de culturas regionais – ou seja, daqueles todos dinâmicos que são constituídos pela integração dessas culturas em paisagens cujas formas e cores predominantes parecem influenciar as culturas e, ao mesmo tempo, ser por elas influenciadas – é o fato de se terem desenvolvido como ciências de campo, e não como estudos apenas de gabinete. Pode-se acrescentar: como ciências a seu modo experimentais ou experienciais.

Pois, tanto a antropologia cultural como a geografia cultural lidam com experimentos dos chamados naturais, que se distinguem dos de laboratório por serem constituídos por fatos em bruto ou ao natural; e não criados ou ordenados apenas para efeito de estudo em laboratório. Nem por isso deixam tais experimentos de ser experimentos; nem o estudo deles de ser, até certo ponto, experimental.

O alemão Brandt, na sua "geografia cultural" do Brasil – talvez a primeira obra de geografia especificamente cultural escrita sobre o nosso país e da qual apareceu entre nós tradução em 1945 –, é o que parece admitir, ao apresentar o Brasil como "a formação estatal, de tipo europeu, mais antiga e progressista sob os trópicos": que as experiências negativas e positivas aqui acumuladas durante quatro séculos de colonização predominantemente europeia – lusitana, sobretudo – de espaço tropical constituem um experimento, dos chamados naturais, do qual podem aproveitar-se, à base de observação ou de verificação científica de fatos, outros grupos humanos hoje empenhados em tentativas semelhantes à luso-brasileira, em outras regiões da zona tórrida.

Não é sobre outro fundamento que repousa a sugestão brasileira, esboçada desde 1951, para que se sistematize à margem da Ecologia Social, por um lado, e da antropologia Cultural, por outro, uma tropicologia dentro da qual se admita de início a especialização de uma lusotropicologia que procure sistematicamente estudar o experimento lusitano na América tropical, como parte de um esforço lusitano de adaptação de homens e valores europeus a espaços tropicais, que antes de alcançar o trópico americano se estendeu, como se o animasse escolha deliberada de espaço, ao Oriente e à África tropicais, através de mais de uma renúncia, da parte dos portugueses, de espaços boreais ou temperados que talvez pudessem ter sido tanto domínio deles, portugueses, como o Brasil ou Goa, como Angola ou Moçambique. Ou como a Guiné hoje lusitana.

Já a mais de um estudioso do assunto parece haver base, à margem da Ecologia, por um lado, e da antropologia, por outro, para a sistematização da matéria que, sob formas dispersas e rótulos diversos, se refere àquele esforço e àquele experimento. Ainda há pouco, manifestou-se solidário com a sugestão brasileira, no sentido dessa sistematização, um homem de ciência português a quem não tem faltado contato com as mais modernas atividades europeias em torno das ciências do homem; e outra vez desejo referir-me ao professor Almerindo Lessa. Recorda ele ter há alguns anos participado em interessante reunião de caráter científico, em que foram seus companheiros o professor Conrado Gini, ao tempo reitor da Universidade de Roma, e certamente, diz o professor Lessa, "o primeiro bioestaticista da Europa"; o professor Raymond Turpin, catedrático de Heredobiologia da Universidade de Paris; e o professor René Martial, da Escola de antropologia de Paris. Todos empenhados – destaca o cientista português – no estudo das chamadas "enxertias raciais" ou "transfusões coletivas de sangue", das quais tem resultado a formação de populações mestiças.

Só agora, entretanto, o professor Lessa reconhece que o problema, tal como o consideraram e discutiram europeus tão eminentes pela sua ciência biossocial e antropológica, estava "eivado ao que penso hoje" – são palavras do professor Almerindo Lessa – "por uma espécie de burguesismo sociológico que mascarava em nós os ceticismos da Europa". Daí não hesitar hoje o cientista português em admitir, com alguns dos seus colegas brasileiros, não que o futuro da civilização de origem lusitana, e porventura o da própria civilização humana, esteja exclusivamente nos trópicos, mas que as civilizações tropicais se apresentam cheias de possibilidades que considera "extraordinárias". Por conseguinte, o bastante para que tais civilizações e, dentro delas, a comunidade ou a civilização lusotropical, sejam estudadas à parte, desenvolvidas em climas temperados ou em espaços boreais.

A civilização lusotropical exigiria estudo especial, principalmente pelo fato de se ter formado através de um processo de dominação de terras e de assimilação de valores tropicais de que vem participando, desde o início da mesma comunidade ou civilização, com uma complexidade que faltou aos demais esforços europeus de dominação das diversas áreas tropicais do Oriente, da África e da América, vizinhas das hoje cultural e, às vezes, biologicamente lusitanas em suas predominâncias, a mulher, o velho, o menino, o adolescente, o mestiço ou o nativo *cristianizado* – pois é civilização, como tenho procurado acentuar, do ponto de vista sociológico, antes cristocêntrica que etnocêntrica–, e não apenas o branco adulto do sexo masculino, como tem sido o caso nas demais tentativas de colonização europeia de áreas tropicais, com exclusão, é claro, de algumas das espanholas fortemente semelhantes à portuguesa nos seus processos de dominação das mesmas áreas. Mesmo assim, não me parece que se possa generalizar com o mexicano Rodolfo Reys, citado pelo professor Lessa, em que a política colonizadora da Espanha tenha sido sempre, tanto quanto a de Portugal, no sentido de estimular o aparecimento do mestiço em áreas tropicais e de o prestigiar tanto quanto ele vem sendo prestigiado em espaços marcados pela presença da cultura lusitana mais cristocêntrica que etnocêntrica – repita-se – nas suas tendências. Deve-se, mesmo assim, reconhecer que, em subáreas de colonização espanhola de espaços tropicais como a Venezuela e Cuba, se tem valorizado, de modo semelhante ao lusitano, o mestiço; e aproveitando-se, em culturas sub-regionais, valores tropicais tanto de origem africana como de origem ameríndia.

Significativo é o depoimento do professor Almerindo Lessa, quanto a maior ou menor valorização do mestiço nos espaços tropicais dominados por diferentes civilizações europeias, de que "os progressos da genética nos levam a considerar" – fala principalmente como homem de formação médica e biológica – "o valor biológico dos mestiços por um prisma novo: novo e fecundo". Acerca do que acrescenta: "E cabe realçar que, nessa correção, os sociologistas foram pioneiros dos médicos". Dos médicos ou dos biólogos.

Não me parece, porém, que devam os estudantes de sociologia aceitar sozinhos todas as glórias desse pioneirismo científico de correção, revisão ou retificação do valor biológico dos mestiços, em geral, e, em particular, dos mestiços cada dia mais em relevo, se não como criadores, como colaboradores de europeus de origem hispânica – principalmente de portugueses – no desenvolvimento de novos tipos de sociedade, de culturas e, talvez, de homens, em espaços tropicais. É uma obra de revisão ou retificação para a qual vêm concorrendo antropólogos, psicólogos e geógrafos, dos que, ao estudo do que é físico no objeto de estudo das suas ciências, vêm acrescentando a crescente consideração do que é cultural nesse mesmo objeto de estudo. Permanecesse somente físico, ou quase somente físico, o objeto de estudo de geógrafos, antropólogos, psicólogos, e é duvidoso que os sociólogos pudessem ter sozinhos remado decisivamente contra a maré, isto é, contra a tendência de *a priori* se negar a possibilidade de desenvolvimento de civilizações europeias, ou equivalentes das europeias, em espaços tropicais, em climas quentes, em zonas tórridas, e tendo por portadores, ou *carriers*, como se diz em inglês, de modernos valores de civilização, em tais espaços, povos em grande parte, e até na sua maioria, mestiços. Mestiços de europeus com asiáticos, uns. De europeus com negros africanos, outros. De europeus com ameríndios ou com ameríndios e negros africanos, ainda outros. É pelos estudos em conjunto de geógrafos não só físicos como culturais, de antropólogos não só físicos (inclusive médicos) como culturais, de psicólogos não só bioneurologistas como sociais, de sociólogos não só voltados para o estudo de formas de organização social em abstrato como de formas concretamente regionais de cultura e não só para as atualidades como para as formações históricas de grupos, comunidades, instituições, que se tem esclarecido a verdadeira situação de grupos, culturas e civilizações desenvolvidas em espaços tropicais e em climas quentes. E é à base desse esforço – da maior conjugação de estudos orientados por duas constantes: a consideração do que é ecológico e a consideração do que é cultural no desenvolvimento de grupos situados física e culturalmente em espaços tropicais – que me parece possível a sistematização em ciência especial – que se denominasse tropicologia, e dentro da qual se admitisse, como subciências, além de uma hispanotropicologia, uma lusotropicologia – de conhecimentos hoje dispersos em torno de matéria que, no caso da sugerida lusotropicologia, pode ser definida como complexo transregional, dado o fato de ser a área da presença lusitana nos trópicos, em vez de contínua, ela própria dispersa.

Admitirmos, dentro do critério assim elástico de área, um complexo lusotropical de que o Brasil fosse parte, e parte importantíssima, não significaria considerarmos a formação ou o atual conjunto brasileiro, espalhado, quase todo, em espaço tropical, formação ou conjunto exclusivamente lusitano na sua cultura ou na sua composição étnica. Na sua composição étnica é evidente que não é: não só é essa composição também ameríndia, africana e hoje, em alguns trechos do Brasil, até asiática – elementos com que se tem juntado, ou começa a juntar-se, o elemento europeu, ou de origem principalmente europeia –, como entre os europeus com os quais se tem formado etnicamente o brasileiro, aos de origem portuguesa ou hispânica, se têm acrescentado, em número considerável, os de outras procedências: principalmente a italiana e a alemã. E quanto à cultura que, no Brasil, forma já um complexo caracteristicamente brasileiro nos seus processos de encontro ou de harmonização com a natureza tropical, seria inexato dizer-se e fantástico pretender-se que é uma cultura, na sua parte europeia, exclusivamente lusitana.

O que ela vem sendo e continua a ser é uma cultura lusitana nas suas predominâncias: inclusive nas predominâncias dos processos, dos métodos e das técnicas de encontro ou de harmonização, nesta parte da América, de civilizações europeias com natureza, paisagens e culturas humanas tropicais. Nas predominâncias, acentue-se; mas nas predominâncias decisivas que dão à cultura hoje brasileira as suas características inconfundíveis; e que são precisamente as mesmas características que tornam essa cultura parte de um complexo transregional e binacional para o qual venho, desde 1951 – desde uma conferência proferida, naquele ano, em Goa –, sugerindo a designação de complexo lusotropical. Complexo ecológico ao mesmo tempo que cultural.

As predominâncias lusitanas de cultura no Brasil inteiro, do Norte ao Sul, do litoral ao centro – predominâncias mais vivas numas sub-regiões, menos fortes noutras e ausentes apenas de zonas transitórias ou de zonas de exceção sociologicamente desprezíveis para quem se empenhe na definição desta parte da América como conjunto –, não me parece que possam ser negadas sob o critério sociológico do que seja uma cultura nacional. São evidentes. Só esquecido ou abandonado esse critério e seguido outro, caprichosa ou arbitrariamente, poderá alguém pretender que exista um Sub-Brasil teuto-brasileiro, outro ítalo-brasileiro, ainda outro, nipo-brasileiro, que possam ser contrapostos com equivalência sociológica ou antropológica ao Brasil luso-brasileiro, que passaria à categoria de um dos Sub-Brasis, em vez de ser considerado o Transbrasil que evidentemente vem sendo desde os começos da formação, nesta parte da América, de uma civilização eurotropical.

Se tal critério sociológico de definição do conjunto brasileiro de cultura, como transregionalmente lusitano em sua predominância, foi, em época recente, impugnado por um geógrafo alemão, por algum tempo residente em Curitiba, o professor R. Maach – para quem haveria um Brasil teuto-brasileiro igual a um Brasil luso-brasileiro –, parece que esse geógrafo, aliás ilustre, assumiu a atitude que assumiu, sob a influência de doutrinas políticas, hoje em declínio. Pois maior autoridade no assunto – a geografia cultural – parece ser o também alemão professor Brandt, que na sua notável *Kulturgeographie von Brasilien,* ao admitir que se esteja formando no Brasil um novo tipo de homem e um novo tipo de cultura, não subestima a capacidade de persistência dos elementos lusitanos de cultura que deram à colonização europeia desta parte da América os seus traços decisivos. Ao contrário: destaca ele as "felizes criações da colonização portuguesa", como criações que aquele novo tipo brasileiro de homem e de cultura inevitavelmente assimilará; e que "constituirão elemento essencial da nação futura". E, como se em 1926 já admitisse a possibilidade de vir a caracterizar-se como lusotropical a civilização desenvolvida no Brasil pelos portugueses, salientava o geógrafo alemão, naquele seu estudo, terem-se os mesmos portugueses, "à base das suas experiências na Índia", logo revelado no Brasil "mestres de cultura e transplantação das plantas tropicais" e, ao mesmo tempo, cedo terem reconhecido "o valor do seu descobrimento" de terras situadas "mais no solo fértil dos trópicos que os descobrimentos dos espanhóis", os quais – observava o professor Brandt – "obstinados nas terras altas e pouco férteis dos Andes, corriam atrás do fantasma do Eldorado". "Essa situação" – destacava mais o professor Brandt em 1926, encarando, do ponto de vista da geografia cultural, problema que viria a ser considerado em nossos dias por homens de estudo brasileiros de ponto de vista menos geográfico que sociológico ou socioantropológico, mas sempre cultural – "foi mais favorável a uma verdadeira colonização na América portuguesa do que na espanhola.

Ela também teve por consequência que os portugueses deixaram a princípio o Sul extratropical, semelhante à metrópole, e procuraram a região tropical – a do cabo de São Roque ao Capricórnio – tão diferente do velho *hábitat*, mas promissora do ponto de vista econômico". O geógrafo alemão Brandt ia além na sua compreensão do processo português de colonização portuguesa: chegava a reconhecer o valor da miscigenação dentro desse processo. São suas estas palavras: "O mestiçamento fixou os colonos e tornou-lhes possível lançar nos trópicos úmidos a pedra fundamental de um estado europeu": "o único até agora", acrescentava ele, numa generalização, mesmo em 1926, discutível.

É certo ter o professor Brandt, no seu estudo de 1926, destacado o fato de se terem "contingentes de sangues não portugueses" derramado no Brasil, desde o século XVI e os começos do XVII, referindo-se principalmente à presença, no Brasil, desde aquele remoto século, de elementos franco-huguenotes – precedidos aliás de aventureiros normandos, em parte responsáveis pelo aparecimento de mestiços louros no Nordeste – e, no século XVII, de holandeses. Note-se, de passagem, que o professor Brandt, animado de escrúpulos de geógrafo meticulosamente germânico, antes de escrever o seu livro, percorreu o País de Norte a Sul, com olhos atentos a todas as diferenças sub-regionais, quer de passado social, quer de formas e cores de paisagem; e, retificando a generalização famosa de Oliveira Lima (que negara sobrevivências holandesas no Brasil), destacaria terem os holandeses deixado, em Pernambuco, além de "traços na população, tal como se dá em New York, onde nomes como Vanderbilt, Roosevelt e outros evocam New Amsterdam" – os equivalentes brasileiros desses nomes são, de entre outros, o dos Wanderley e o dos Holanda – o que ele denomina "vestígios materiais".

Do Recife, particularmente escreveria ser a sua paisagem "incomum para o Brasil", por lembrar – é um geógrafo alemão quem o diz – "as cidades portuárias baixo-alemãs e holandesas". E acrescentaria: "Valeria a pena investigar até onde contribuíram os holandeses para a conformação dessa cidade de laguna, tripartida por canais fossiformes e atravessados por pontes, dessa 'Veneza brasileira', com as suas ruas orientadas segundo o rumo da praia, os seus cais de muralhas cuidados e as suas casas" – é ainda o geógrafo alemão professor B. Brandt quem fala – "e as suas casas nórdicas, altas e estreitas, sombreadas por majestosas árvores". Características especiais de cidade norte-europeia nos trópicos que vêm sendo, há anos, salientados, no Recife, contra a generalização de Oliveira Lima, por historiadores e arquitetos nacionais conhecedores da Europa, como Alfredo de Carvalho e Morales de los Rios; e por numerosos viajantes europeus e anglo-americanos; por vários brasileiros voltados para o estudo ecológico-cultural da capital de Pernambuco, por um desses brasileiros, desde 1926 caracterizada como metrópole regional do Nordeste: uma metrópole regional que sendo lusotropical o é sem prejuízo de vestígios holandeses ou norte-europeus na sua configuração ecológico-cultural. Pois não tem o estudante de assuntos brasileiros, sob o critério lusotropicalista, de tornar-se fanático da cultura portuguesa na sua projeção sobre o espaço tropical hoje ocupado pelo Brasil, a ponto de repelir de modo sistemático a presença de vestígios não portugueses, não ibéricos ou exóticos nessa cultura. Inclusive vestígios boreais: um deles, o que parece refletir-se na aguda inclinação de telhados, mais encontradiça, como predominância, nos velhos prédios do Recife que nos de outras cidades antigas do Brasil. Para se retirar do critério lusotropical o que ele nos pode trazer de sugestivo para a sistematização do estudo mais do que comparado, integrativo, do comportamento ecológico-cultural dos portugueses e das suas instituições mais características, nos vários espaços tropicais por eles ocupados – em vez de se continuar a procurar estudar o Brasil, separado arbitrariamente desses outros espaços, que lhe têm sido complementares de modo tão intenso, embora nem sempre ostensivo –, não se torna necessário deturpar-se o mesmo critério numa expressão sectária de panlusismo.

A realidade que dia a dia se tem revelado, à proporção que aumenta o estudo científico de populações e culturas situadas nas várias regiões ou sub-regiões tropicais marcadas pela presença lusitana, é a interconexão que, ligando umas, dessas regiões ou sub-regiões, às outras, pela cultura, liga-as a todas com Portugal, menos pela etnia que pela cultura; e com o Brasil, pelas predominâncias de cultura e pelas constantes ecológicas de posição e situação em espaços semelhantemente tropicais e de harmonização ou transigência com as condições ou restrições básicas oferecidas por esses espaços para o desenvolvimento de formas europeias e, ao mesmo tempo, cristãs, de convivência, de sociabilidade e de cultura. É, assim, pelo estudo científico, embora até hoje desconexo, de populações e culturas que se têm desenvolvido naquelas diferentes regiões ou sub-regiões marcadas pela presença lusitana, que se tem tornado não só possível como conveniente, do próprio ponto de vista cientificamente metodológico ou sistemático de unificação de material semelhante de estudo, considerar partes de um todo transregional, regiões e culturas geograficamente descontínuas que ecológica e sociologicamente formam uma área. Área descontínua – repita-se – porém área, quer pelas suas constantes ecológicas – as de espaços sempre tropicais, com espaços biofísicos – quer pelas suas predominâncias culturais: as de cultura europeia de origem principalmente portuguesa e ainda hoje principalmente portuguesa nas suas formas – antes as barrocas que as clássicas; e antes cristocêntricas que etnocêntricas no seu modo sociológico de serem formas de cultura.

Daí a sua tendência para dar condição ou situação plena de português a quanto indígena de espaço tropical se tenha tornado, ou se torne – porque o processo continua vivo e atuante – cristão em suas predominâncias de comportamento e em seus ritos de vida: os teológicos, de consequências sociais, como o batismo; e os ritos mais sociais que teológicos, se não em sua significação, em sua repercussão na vida comum. Inclusive nas posições de espaço sociocultural que passem a ocupar tais cristãos que, em consequência da sua cristianização, podem tornar-se, e têm-se tornado, portuguesas, com tal plenitude, que até ao Portugal europeu tem chegado, dos Portugais extraeuropeus e notadamente do Brasil, a valorização não só de coisas culturais como de pessoas, de homens, de mulheres, de crianças mais tropicais que europeias nas suas formas e nas suas cores e não apenas nas suas substâncias; da natureza vegetal; da mineral; da animal.

O recente desenvolvimento da Ecologia em Ecologia Humana, isto é, em ecologia especializada no estudo não só das relações entre o Homem e o Meio como entre grupos humanos organizados em instituições e entre subgrupos e suas atividades funcionais de competição ou de cooperação condicionadas pela posição de cada um no espaço, veio aproximar geógrafos e sociólogos para o estudo de problemas de interesse comum; e tornar vários problemas ecológicos objeto de estudo tanto geográfico como sociológico ou socioantropológico. Compreende-se assim que a palavra "área", por exemplo, ao seu sentido estritamente geográfico de região com limites especificamente geográficos, junte hoje o sociológico que o amplia em "conjunto de fenômenos" – isto é, fenômenos no espaço social ou sociocultural condicionado pelo biofísico – tendo "características comuns unificadoras": o segundo significado que atribui à palavra área o *Dictionary of*

Sociology, de Fairchild. Com esse sentido sociológico é evidente que se torna possível considerar "área" o conjunto de espaços tropicais que são caracterizados pela presença, em espaços sempre tropicais ou quase-tropicais, de traços de cultura, talvez menos europeus que cristãos – sociologicamente cristãos – na sua configuração; e trazidos a esses espaços por portugueses e mantidos, nos mesmos espaços, por descendentes de portugueses ou por continuadores, alguns biologicamente não portugueses, das formas principais ou decisivas de cultura constituídas por alguns daqueles traços; e sempre, ou quase sempre, mantidas e conservadas – essas formas decisivas, mas não imperiais, de cultura – com tal elasticidade que é característica comum de tais espaços e hoje característica expressivamente unificadora de todos eles a persistência daquelas formas originariamente europeias de cultura e ainda predominantemente europeias – e não apenas cristãs – em várias subáreas, com modificações que representam uma tendência constante e geral para a sua vária adaptação a condições também constantemente tropicais de vida e para a sua alteração pela aceitação por adventícios predispostos, desde os dias hispano-árabes, ao desenvolvimento de formas culturais mistas, quer de elementos tropicais de natureza – inclusive o próprio homem tropical, tornado sociologicamente raça portuguesa –, quer de valores tropicais de cultura, desigualmente encontrados entre os vários grupos étnicos, todos mais ou menos de cor, indígenas das várias subáreas, todas mais ou menos quentes que, desde o século XV, vêm sendo ocupadas pela gente lusitana.

É como conjunto de fenômenos com características comuns, unificadoras, que os povos de origem portuguesa, ou portadores de cultura predominantemente portuguesa ou lusitana, espalhados em terras tropicais em vários continentes, não como se ocupassem espaços para eles inóspitos – o caso até hoje das relações da maioria dos outros europeus com esses espaços – mas, ao contrário, espaços preferidos por eles, portugueses, descendentes de portugueses e continuadores de portugueses, aos boreais e até aos temperados para as suas atividades decisivas, que existe sociológica, cultural, embora descontinuamente, uma realidade ecológica e cultural que pode ser denominada lusotropical; que pode ser tratada como área do ponto de vista sociológico-cultural. Pois é conjunto transregional de cultura e, do ponto de vista político-cultural, conjunto binacional também de cultura, servido por uma língua que é em todas as subáreas a mesma, embora com variações regionais e sub-regionais que antes a vêm enriquecendo do que a comprometendo como língua binacional e transregional de grupo hoje já considerável como população: já área – ou subárea em relação com o conjunto – de mais de sessenta milhões, só no Brasil.

Para o estudo desse conjunto, como complexo ecológico e sociocultural é que se sugere a sistematização de conhecimentos agora dispersos em nova ciência especial: uma lusotropicologia que, dentro de uma mais ampla tropicologia – tão compreensível como ciência especial ecológica como a já existente Glaciologia e tão inter-regional, como ciência cultural especial, como a islameologia –, recorra a técnicas desenvolvidas por várias ciências mais antigas e mais amplas – principalmente pela antropologia, pela Geografia, pela sociologia – e procure considerar, sob o critério de área, no seu mais largo sentido – que é um critério de estudo dinamicamente inter-relacionista –, fenômenos evidentemente marcados por aquelas "características comuns unificadoras", que o professor Paul Frederik Cressey dá como suficientes para constituírem sociologicamente uma área. No caso, a área lusotropical.

Devo esclarecer, de várias das sugestões que aparecem nos ensaios reunidos neste livro em torno de uma possível lusotropicologia, como parte de uma mais ampla tropicologia, ainda por sistematizar-se, e tendo por intermediária uma também desejável hispanotropicologia, serem sugestões que em alguns dos seus aspectos vêm sendo, desde 1951, esboçadas pelo autor em conferências e em ensaios. Algumas delas são ideias porventura já aprovadas, entretanto, nos seus pontos essenciais, por cientistas idôneos e por conclaves de sábios, como o que, por iniciativa do Instituto Internacional de Civilizações Diferentes, com sede em Bruxelas, se reuniu em 1957 para considerar problemas de pluralismo étnico e cultural em sociedades intertropicais. Já ultrapassaram, assim, o seu período apenas aventuroso, ou somente experimental, para começarem a ser acolhidas nas próprias enciclopédias como a *Enciclopédia Americana*. Mesmo porque, realizações atuais dos brasileiros na Amazônia e no Brasil central e dos portugueses, na Guiné, em Angola e em Moçambique, só fazem confirmar a capacidade lusitana para os esforços mais difíceis de domesticação dos trópicos.

Grande parte, porém, da matéria que constitui este livro, sendo de todo nova, inédita e escrita especialmente para ser publicada sob a forma de livro, segue a orientação daquelas ousadias, manifestadas em trabalhos com alguma coisa de "notas prévias" e já consagrados, em seus pontos essenciais, por homens de estudo não só autorizados e idôneos, como estrangeiros. Livres, por conseguinte, como estrangeiros, do que possa ser considerado prejuízo da parte de portugueses ou de brasileiros, mesmo quando homens de ciência, a favor da sua gente.

1. A OCUPAÇÃO DE ÁREAS TROPICAIS PELO PORTUGUÊS COMO PROCESSO ECOLÓGICO

Dos trópicos, dizem-nos atuais especialistas em estudos ecológicos e repetem-no publicistas modernos, voltados para problemas tropicais, que as suas populações formam hoje quase metade da população mundial. Alguns ecologistas salientam o fato de que essa enorme massa humana distribuída em espaços tropicais – enorme e em crescimento – se acha situada em regiões em que a ação de desintegração de forças naturais corresponde, sob o máximo poder solar, característico dessas regiões, à capacidade de a produção tropical superar essa desintegração sob os cuidados, é claro, de uma técnica de produção que retire das formas o seu máximo de rendimento.

Sendo a agricultura, como salienta o tropicalista Charles Wilson, a economia preponderante nos espaços tropicais, e achando-se mais de quatro quintos das populações tropicais empenhadas em atividades agrárias, compreende-se que se procure dar à agricultura nesses espaços o máximo de eficiência técnica sob o máximo de saber científico. Para o que se torna necessário o desenvolvimento de uma agricultura tropical adaptada a necessidades modernas de produção: ciência – essa agricultura – que não existe ainda. Ainda não se deu, em torno da terra e da sua cultura, o encontro sistemático da ciência ocidental com a sabedoria folclórica do lavrador tropical, embora sejam consideráveis as antecipações nesse sentido e delas se destaque a antecipação portuguesa.

Já transpus para o plano da relação homem com o trópico um conceito sagaz de ilustre intelectual brasileiro, o professor Olívio Montenegro, sobre a relação do homem com o local. "Não é o álcool que degrada o homem, mas o homem que degrada o álcool", escreveu o professor Montenegro. Semelhantemente se pode dizer: não é o trópico que tem degradado o europeu, mas o europeu que tem degradado o trópico.

O português antecipou-se em quebrar o mito dessa falsa constante – a degradação do europeu pelo trópico – através de um esforço de amorosa identificação com o meio tropical, a que não faltou, entretanto, ciência, inclusive ciência agrária. Nem ciência nem consciência: duas negativas das obras só de acaso e das aventuras só de superfície.

Em contraste com o esforço de outros europeus, o do português tem sido quase sempre, nos trópicos, um esforço em profundidade, tendo tido, com D. Henrique, um começo consciente, sob alguns aspectos, metódico a seu modo. Consciente de uma missão cristã não apenas de boca e de sinal da cruz ou de dia de domingo, mas prática, cotidiana, recorrente. E como já tem sido destacado por mais de um observador, franciscana: sociologicamente franciscana. Consciente, portanto, de que essa missão não significava subjugar culturas, valores e populações tropicais para sobre eles reinarem, pelo menos superficialmente, homens, valores e culturas imperial e exclusivamente europeias, mas importava em obra muito mais complexa de acomodação, de contemporização, de transigência, de ajustamento. De interpretação de valores ou de culturas, ao lado da miscigenação quase sempre praticada.

Daí vir vencendo o português em zonas de atividade nos trópicos em que outros europeus têm fracassado. Daí não ter ele nem degradado os trópicos nem se degradado nos trópicos, ao contrário do que pareceu a críticos leviano dos seus primeiros estilos de vida, de vestuário, de alimentação e de habitação em meios tropicais. Entre esses críticos, alguns daqueles ingleses que, ao se apoderarem de domínios já ameiados na Ásia pela presença e pela ação dos portugueses, censuram nos pioneiros o fato de se vestirem, na Índia, dentro de casa, um tanto à maneira dos orientais: trajes leves, soltos, calças ou pantalonas quase de *clown* ou de palhaço, sandálias, véus, xales, pijamas, chambres de chita. Aos ingleses do século XVII, do XVIII e do próprio começo do XIX parecia que essa transigência com hábitos tropicais de vestuário comprometia a dignidade europeia que devia afirmar-se, sob um sol ardentíssimo, em formas tão hirtas de trajar como as europeias.

Hoje vemos que não só a razão como a ciência, não só o bom senso – ou o senso comum – como o melhor senso parassociológico, aplicado a esforços de colonização europeia de terras quentes, estavam, nessa como noutras formas de adaptação do europeu aos trópicos, não com os burgueses britânicos, arrogantemente senhoris, nos trajes, nas botas, nos capacetes chamados coloniais, embora menos fidalgos de alma e de sangue que os lusos, mas com os caluniados, os injuriados, os duramente criticados portugueses. Deles se pode dizer que foram os pioneiros de uma ciência de vestuário do europeu nos trópicos – no interior das casas, pelo menos – que só hoje se está desdobrando nas suas melhores consequências não só entre outras sociedades europeias nos trópicos – os próprios ingleses na Ásia, nas Antilhas –, como nas próprias sociedades europeias da Europa, nesse particular, como em outras, beneficiadas por uma influência ida dos trópicos, para as terras frias e temperadas de que os primeiros portadores foram os portugueses. Inclusive o maior uso de roupas brancas de baixo, tornado possível pelo contato com a Índia e os seus tecidos mais baratos que os europeus.

O próprio banho diário ou frequente pode ser considerado um aspecto dessa influência. O uso do pijama, do chamado *slack*, da camisa hoje chamada desportiva por fora das calças – costume que os portugueses adquiriram de orientais – é outro aspecto da mesma e saudável influência. No emprego do limão contra escorbuto parece que os portugueses se antecipararam a outros europeus, por inteligente assimilação de ciência árabe. Isso sem chovermos no molhado, recordando, com pormenores supérfluos para gente culta, outras e já conhecidas assimilações de valores e técnicas exóticas pela gente lusitana.

Do que se precisa é de uma sistemática de estudos e atividades lusotropicais que ao "saber de experiência feito", exaltado por Camões em *Os Lusíadas*, junte um saber moderno e inquietamente experimental, como – para destacar um exemplo – o que vem permitindo a arquitetos brasileiros de hoje desenvolver, como vem desenvolvendo mestre Lúcio Costa, uma arquitetura moderna adaptada aos trópicos e em harmonia, nos seus mais recentes trabalhos, com velhas tradições hispano-árabes de cor e de forma. Ou como o daqueles médicos portugueses especializados no estudo da chamada patologia tropical, a quem se deve o início de pesquisas modernas sobre a doença do sono, inclusive – lembra o professor Anes Kopke, em trabalho sobre a "Política Sanitária do Império" – a primeira utilização da via submeníngea no tratamento da letargia. Ou, ainda, como o dos antropólogos de campo da fibra de Pereira do Nascimento e Germano Correia e Mendes Correia, e última e notadamente de Jorge Dias e Almerindo Lessa, em terras portuguesas da África, e Roquette Pinto, Froes da Fonseca e Bastos d'Ávila, no Brasil, aos quais se deve o início de modernos estudos sobre o comportamento de descendentes de brancos ou de mestiços, de brancos e africanos, de brancos e indianos, de brancos e ameríndios em áreas lusotropicais: estudos continuados pelos homens de ciência ainda jovens como Eduardo Galvão, Darcy Ribeiro, Octávio Eduardo, René Ribeiro, Gonçalves Fernandes, Álvaro Ferraz, Valdemar Valente. Ou, ainda, como o saber, também experimental, daqueles outros estudiosos desses comportamentos, que aos métodos maïs correntes de moderna investigação antropológica e sociológica vêm acrescentando, no Brasil, o regional ou ecológico, na África já aplicado por pesquisadores portugueses ao estudo de plantas ou vegetais, mas não ao do homem condicionado pelo trópico.

Um ecologista português, o professor Luís Carrisso, aplicou, é certo, o critério regional ao estudo das formas vegetais e das suas associações do ponto de vista da atividade humana desenvolvida, ou a desenvolver-se, nas áreas estudadas pelo ecologista de plantas. E um agrônomo português, que é também economista notável – Henrique de Barros –, já manifestou a sua solidariedade com a tese lusotropical, à base de estudos de campo por ele próprio realizados.

O botânico, pensa o professor Luís Carrisso, é o "dianteiro" que, antes do agrônomo, abre o caminho à ocupação econômica, racionalmente conduzida das áreas, como muitas das tropicais hoje pertencentes à gente lusitana, onde "a população, ainda primitiva, em pouco modificou o manto vegetal"; e na qual as plantas são cultivadas graças a um "saber de experiência feito", antes rotineiro que científico. Rotina, porém, que não deve ser sistematicamente desprezada, como nunca o foi, aliás, pelos mais prudentes portugueses, não só nas áreas tropicais por eles desvirginadas, como no próprio Portugal da Europa. É uma rotina, essa, que segundo o bom senso lusitano de mestres como o professor Carrisso, "representa uma inestimável força que muitas vezes preserva (o agricultor e a agricultura) da catástrofe".

É que "imitando, no que se refere a espécies cultivadas e a métodos de cultura, o seu pai e gerações que o precederam, o agricultor pisa terreno firme e reduz a um mínimo os sempre possíveis azares de uma fraca colheita". Daí insucessos e até catástrofes de iniciativas de agricultura europeia nos trópicos, segundo uma técnica quase perfeita ou mesmo perfeita para outros meios. Perfeição de laboratório. Os próprios ingleses, na Costa Ocidental da África, conheceram, em anos recentes, fracassos tremendos de iniciativas de técnica rural perfeitas pelo a+b da ciência europeia, mas imperfeitas quanto à sua ecologia. Imperfeita quanto ao modo de aproveitar o adventício a rotina dos agricultores indígenas: rotina de que os portugueses sempre se têm utilizado nas suas aventuras tropicais. Às vezes, demais, como no caso da coivara no Brasil. De qualquer modo, à observação segundo critério ecológico, do comportamento da vegetação espontânea da região tropical, que se pretenda explorar do melhor modo e com o máximo de rendimento, deve-se juntar a interpretação daquela experiência agrícola que, parecendo ser apenas rotina, apenas tradição, ou mesmo inércia, ou mística, ou superstição, tem, ou pode ter, a sua sabedoria vizinha da ciência. Afinal, a ecologia é na própria botânica ciência novíssima e há ainda mistério – confessam candidamente os botânicos – a envolver o que se conhece cientificamente da ação do meio ambiente – especialmente o tropical – sobre os organismos não só vegetais como animais. Sobre o homem é ainda maior esse mistério, não deixando de haver de todo motivo – segundo parece – para o conflito, infelizmente deformado pela rivalidade política, entre ciência russo-soviética e a ciência chamada ocidental.

Não parece corresponder, segundo o professor Carrisso, "nada cientificamente definido ao que se chama mudança de ares", cujos resultados sobre a saúde dos homens são aceitos ou reconhecidos por tantos médicos quantos são os lavradores que aceitam, sem explicação científica, os efeitos das luas sobre as "variadas operações" rurais. Assunto – esse de ares – ao qual acaba de trazer valiosa contribuição, do ponto de vista da ecologia do norte do Brasil, o professor Gilberto Osório, da Universidade do Recife. Assunto a ser investigado cuidadosamente nessa e noutras áreas tropicais.

Botânicos, como o professor Carrisso, representam toda uma raça de gente prudentemente portuguesa nas suas aventuras tropicais, gente cuja prudência – a prudência de um Velho do Restelo que tivesse emigrado para os trópicos – em vez de negar, afirma, reforça, avigora a filosofia camoniana de aprender-se vendo, tratando, agindo, no que essa filosofia puder ser considerada precursora, embora vaga, de uma lusotropicologia que, além de ciência, seja filosofia e engenharia sociais. Um sistema de ação, uma política de ativa integração do homem, e não apenas uma sistemática de conhecimentos e de experiências através de rigorosa experimentação ou verificação científica.

Quando, com relação ao Brasil, oponho aos que, esquecidos de recentes fracassos ingleses na África Ocidental, pretendem resolver, entre nós, problemas de agricultura tropical, só com a ciência europeia ou a técnica norte-americana, só com lavradores como que formados em laboratórios modernos de agronomia, só com ingresias e ianquices e agora holandesias muito em moda, a necessidade de nos valermos da experiência e até da rotina de madeirenses habituados a tratar com sucesso terras ou solos ásperos e climas quentes, é lembrando-me de que Camões, glorificando na sua e nossa gente o espírito de aventura, não se esqueceu de dar ressonância à prudência do Velho do Restelo. E a uma lusotropicologia que de ciência se alongue em literatura, filosofia e engenharia sociais não deve faltar a prudência: nem mesmo a que pareça ser só rotina ou só tradição folclórica – aliás, posta em relevo e louvada do modo mais franco pelo sábio e não apenas homem político que foi o papa Pio XII.

Do ponto de vista da agricultura, há quem pense como o já citado Charles Wilson, nas sugestivas páginas que consagra à relação "*manpower-sunpower*", que os trópicos são, se não o mundo de amanhã, pelo menos grande e decisiva parte desse futuro. O que vários ecologistas, que consideram o problema dos trópicos do ponto de vista agrário, salientam é que, para o desenvolvimento, nos espaços tropicais, de uma agricultura larga e não apenas diversamente produtiva, se faz necessário o desenvolvimento de uma ciência agronômica especializada no estudo, na análise, na interpretação das inter-relações de terras e condições de ventos, de sol e de sombras, peculiares aos mesmos espaços tropicais. Diferentes das condições que se conhecem em espaços temperados.

A verdade é que não é somente de uma agricultura especificamente tropical que se carece, como ciência e como técnica: é de toda uma tropicologia que inclua a harmonização da ciência ocidental de agronomia com o saber folclórico dos indígenas de espaços tropicais com relação a plantas, relação de uma planta com outras e com ventos, sol, solos; saber não de todo desprezível para a formação de uma tropicologia que ao conhecimento ecológico de regiões tropicais acrescente o cultural, o histórico-cultural, o sociocultural, o psicocultural.

Pois ainda mais do que a planta, a seu modo social, com relação a outras plantas, e portanto objeto de estudo ecológico ao mesmo tempo que de análise botânica, o homem social é, como nos recorda a moderna sociologia, ao mesmo tempo global e local; e poderia acrescentar-se: eterno e histórico, geral e particular, biológico e sociológico. O estudo sistemático do homem social precisa assim partir do estudo das múltiplas relações desse homem, particularizado em membro de determinado grupo ou de determinada geração, como o seu meio ou espaço natural e, ao mesmo tempo, cultural, e com o seu tempo social, interdependentes de modo reciprocamente dinâmico, um não determinando de maneira absoluta o outro.

Daí a conveniência desse estudo sistemático de inter-relações se fazer por método ou sob critério regional, sem se perder de vista a chamada "área total" de que seja unidade componente a região que se estude por esse meio ou método tão inter-relacionista quanto inter-relacionada em seus vários aspectos é o objeto de estudo, isto é, considerando-se as relações da cultura em que se exprime regionalmente a presença humana, primeiro com o ambiente total da mesma região, depois com o ambiente também total da "área total" e finalmente com o que na natureza humana se apure não variar nem no tempo nem no espaço. Trata-se aqui – como é evidente a todos os iniciados no estudo das modernas ciências do homem – não do ecologismo da chamada Escola de Chicago, mas da "ecologia desenvolvida na África do Sul pelo professor Bews, da "sociologia regional" desenvolvida na Índia pelo professor Mukerjes em páginas que Oliveira Viana foi o primeiro a revelar no Brasil, do "regionalismo" desenvolvido nos Estados Unidos sob a forma de *regional approach* no estudo da sociologia, e – desculpe-se a imodéstia da referência – esboçada no Brasil, por antropólogo-sociólogo brasileiro, em ano já remoto, anterior ao aparecimento do regionalismo de Odum nos Estados Unidos. Um regionalismo – o esboçado no Brasil – com pretensões a que, do estudo do Brasil, como conjunto de regiões ou de zonas – ideia, a de zonas, já adaptada sumariamente ao caso brasileiro por Sylvio Romero, sob a inspiração do regionalismo francês de Le Play –, se estendesse da sociologia ou da economia unida apenas à geografia – como entre os franceses – a uma tentativa mais ousada de inter-relacionismo complexo, e repetido que dinâmico, do qual participassem – ainda mais que no regionalismo desenvolvido do francês pelo escocês Geddes e hoje pelo professor Lewis Mumford – outras ciências, técnicas ou meios de interpretação da realidade regional, considerada básica para a interpretação dos mais ou menos fictícios complexos nacionais e da igualmente fictícia, quando considerada em abstrato ou no vácuo, natureza humana. Pois, como observa argutamente o professor Odum – figura ilustre de regionalista anglo-americano –, e como antes dele, em palavras um tanto diferentes das suas, procurei destacar em comunicação sobre novo conceito de regionalismo, lida em 1942 em congresso de filosofia reunido em New Haven, à sombra da Universidade de Yale, isso de um mundo só é abstração sociologicamente inválida, enquanto não se integre na ideia de uma sociedade humana todo um conjunto de sociedades regionais.

São sociedades, as regionais, em que se exprimem ajustamentos do homem social ao espaço, que variam de região para região. Donde a necessidade de o estudo sociológico ou antropológico – inclusive histórico – desse homem social e da sua cultura ser completado pelo estudo ecológico da sua relação com a chamada área natural, sem desprezar-se, é claro, o estudo das relações de uns grupos humanos com os outros, diversamente situados dentro do espaço regional. É o que os ecologistas de Chicago chamam "*areal distribution*" – ou distribuição por área – mas sem se alhearem da unidade ecológica como unidade – conforme palavras em página de pioneiro de um dos ecologistas mais ilustres dessa escola – R. D. Mckenzie –, "biossocial, inter-relacionada e interdependente".

Como unidade biossocial é que a região é objeto de estudo ao mesmo tempo sociocultural e socioecológico. E esse estudo, estudo científico de equilíbrio ou desequilíbrio nas relações entre o homem social, e a sua cultura, e o espaço no qual se distribuam indivíduos, grupos, formas de cultura, instituições. Para alcançar ou considerar todo esse complexo de relações é que o pesquisador precisa, no estudo que dele fizer sob critério regional, de ser inter-relacionista e valer-se ao mesmo tempo que da sociologia, da ecologia, da biologia, da geografia, da antropologia, da história, da economia em vários dos seus pontos de encontro ou confluência. Além do que a região é considerada hoje, por mais de um sociólogo, laboratório ideal para a pesquisa social sob critério inter-relacionista, que, não separando de modo absoluto a ciência pura da aplicada, se estenda em planificação regional. O que coincide com o conceito de região fixado pelo professor Lewis Mumford, discípulo e continuador do "escocês peripatético" que foi Patrick Geddes, para quem a região é formada por "condições aborígines comuns" que vão da "estrutura geológica" à vida vegetal e animal através, é claro, do clima e incluindo o que, nesse conjunto, é obra de reforma e até certo ponto de redefinição, mercê do estabelecimento humano, domesticação e aclimação de novas espécies, nucleação de comunidades em aldeias e cidades, alteração de paisagem e domínio de terras, clima, forças, movimento pela técnica. Já o antropólogo Wisler, aliás, observara ser próprio de cada povo "uma peculiar combinação de condições de ambiente", combinação que caracteriza o que, na Universidade Columbia, o meu mestre, professor Franklin H. Giddings, denominava *sustentation area*, para designar toda a região capaz de sustentar vida através do que lhe parecia ser "pressão circunstancial" do meio, natural ou físico, distinta, por vezes, da "pressão societária" em sua influência no sentido de condicionar regionalmente o homem. Por vezes, porque há casos em que as duas pressões operam sobre o homem – ou sobre um grupo – no mesmo sentido. Tal o caso das sociedades lusotropicais.

É evidente, para quem já se tenha dado ao trabalho de acompanhar a expansão extraeuropeia da gente portuguesa e da cultura de que a mesma gente é portadora, separando as persistências dessa expansão dos interesses ou desejos mais ou menos de momento, que ela se tem fixado, desde o século XV, desde a política extraeuropeia inaugurada por D. Henrique, em regiões tropicais, ou mais particularmente, em partes dos trópicos úmidos, para aceitarmos a especificação sugerida por um jovem mestre brasileiro de geografia, o professor Hilton Sette, que, de modo idêntico ao do notável geógrafo português professor Orlando Ribeiro, já manifestou a sua solidariedade com a tese lusotropical. Articuladas inter-regionalmente, formam hoje as regiões tropicais marcadas pela presença portuguesa uma área no sentido sociológico de espaço social ou sociocultural correspondente a condições semelhantes da pressão sobre o homem, vinda do meio físico e chamada por Giddings "circunstancial". Para essa área especialíssima, por ser desconexa como espaço físico, venho sugerindo, desde a conferência que proferi em Goa em 1951, a caracterização de área lusotropical, ou de área marcada por esse tipo de civilização esquecido pelo professor Arnold Toynbee: civilização lusotropical.

A descontinuidade ou desconexão entre essas várias regiões lusotropicais é só a que decorre da separação ou distância física: no mais, elas são contínuas como espaços biossociais e não apenas socioculturais, formando assim uma especialíssima área. Mas uma área que pode e, a meu ver, deve, quanto antes, ser estudada sob o moderno critério dos chamados "estudos de área", já aplicado aliás a outro sistema de regiões tropicais, ou quase-tropicais, descontínuas, como as que formam, sem perfeita continuidade geográfica, o chamado mundo árabe. Tais estudos correspondem a uma cada dia mais sistemática integração de diversas disciplinas em torno de conjunto delimitado em área: é um critério já há anos esboçado em obra brasileira especializada no estudo assim global, embora incompleto, não só de uma região contínua como de toda uma área descontínua: a marcada pela civilização agrária patriarcal e escravocrática no Brasil. Inclusive no estudo, como que inter-regional, da mesma área: isto é, estudo comparado de sub-regiões semelhantes no essencial da sua história, embora vivendo tempos sociais existencialmente desiguais.

Aplicado ao estudo da área que, um tanto arbitrariamente, compreendesse regiões, todas elas semelhantemente tropicais, biossocialmente tropicais, homotropicais, marcadas pela presença portuguesa em diferentes partes do mundo, esse critério seria novo pela sua extensão ou pela sua amplitude. Faltaria a tal área, para ser ortodoxa segundo as definições hoje em vigor, a perfeita unidade de caráter geográfico e, ao mesmo tempo, a unidade étnica, para não falar na política; mas não a unidade, que para muitos dos sociólogos modernos é a essencial – cultural, histórica, ecológica, linguística –, que é, precisamente, a mais capaz de revelar nos componentes de um grupo – no caso, o grupo lusotropical, inclusive o europeu da Europa fortemente tropicalizado na sua configuração, no seu *ethos*, no seu comportamento – o que o professor Jean B. Duroselle chama, em estudo recente, "dados comuns... em matéria de relações internacionais", evidente como é que os modernos estudos de áreas vêm trazer novas perspectivas ao estudo sociológico das relações internacionais. Pois, como observa o mesmo professor Duroselle, definir o lugar e o papel de uma área nas relações internacionais é precisamente estabelecer quais os dados fundamentais e duráveis, por um lado, e contingentes e acidentais por outro, que explicam as relações da área definida com o resto do mundo.

Exatamente isso me parece possível fixar-se em relação com o conjunto de regiões lusotropicais que formam uma área total, sem nos esquecermos de que os vizinhos dessas regiões são vários (o que de resto pode acontecer com uma área que junte às unidades, por assim dizer, dinâmicas, a estatística geográfica de espaço contínuo e único: isto é, estabelecer-se o que essas regiões contêm de peculiarmente lusotropical e que seja inconfundivelmente comum às várias regiões que formam o conjunto e lhe dão quase todas as características de área; e a tal ponto, as suas relações com o resto do mundo se deixem explicar como as de um conjunto inter-relacionado de modo especial. Já não se faz coisa semelhante – repito –, ao considerar-se o chamado "mundo árabe" que não é rigorosamente contínuo no espaço físico, um objeto de estudo comum, inter-relacionista, que pela sua técnica se aproxima do dos *"area studies"*? Estando esses estudos – que são novos, novíssimos e de iniciativa principalmente anglo-americana –, a que o gênio de universalização dos franceses começa a dar o máximo de dignidade intelectual e de nitidez metódica, em face de definição de métodos que se reveste do que o professor Duroselle chama aspecto necessariamente "provisório", não é absurdo pretender-se dar ao conceito de área uma elasticidade que torne possível considerar-se, sob o critério de *"area studies"*, um conjunto de regiões como as lusotropicais, caracterizadas por semelhanças que decorrem de influências quase iguais de ecologia e de cultura, de língua e de história. Foi, aliás, o problema que teve de enfrentar Eugène Guernier, ao escrever o seu *La Berberie, l'Islam et la France* (Paris, 1950).

Admitida essa elasticidade, podemos designar como "área total" o conjunto de espaços tropicais hoje ocupados pela gente lusitana ou de origem principalmente lusitana ou portadora de cultura principalmente lusitana: conjunto do qual o Brasil se destaca como a sua maior força atual. Sobre esse conceito de área total, já nos é possível procurar lançar as bases para uma ciência, ou subciência, que se denomine lusotropicologia, à sombra de outra, mais compreensiva, que como a lusotropicologia seja um estudo sistematicamente inter-relacionista e comparado – ou comparativo – de todo o conjunto de regiões ou áreas tropicais, significativas como expressões culturais e ajustamentos ecológicos diversos de populações várias e uma natureza única nas suas principais constantes e nas possibilidades que oferece a adventícios, nativos e mestiços, distribuídos e redistribuídos de modo socialmente ecológico no espaço, de desenvolverem civilizações modernas nos trópicos. É um estudo, aliás, que já se tem feito de modo aproximado e desconexo há anos, embora lhe falte, além da denominação, a sistemática que fixe a sua especificidade. A verdade, porém, é que já existem ecologistas que são, na verdade, quase tropicologistas, embora não sejam assim denominados: um deles, Marston Bates. Outro: Pierre Gourou. Ainda outro: Stanton, que acaba de publicar páginas notáveis sobre a África como desenvolvimento tropical. Um quarto, o alemão Konrad Guenther, fitopatologista especializado no estudo das áreas tropicais, que esteve no Brasil em 1926 a convite do então governador do Estado de Pernambuco.

Daí se tem acentuado a tendência entre ecologistas cuja especialidade é, como a de Guenther, a de Bates, a de Gourou, a de Bews, a do brasileiro Miran de Barros Latif, o estudo, sob critério principalmente naturalista, de paisagens, solos, vegetações, vida animal, para se estenderem a estudiosos das relações dessas manifestações da natureza com as culturas, de sentido, além de antropológico, sociológico, nas quais se afirma diversamente a presença do homem nas várias paisagens ou nos diferentes espaços tropicais. Presença harmônica ou desarmônica. Simbiótica ou antagônica. Trabalhos como o do francês Pierre Gourou são de interesse tanto para os que estudam os trópicos do ponto de vista biológico como do ponto de vista sociológico. O mesmo é certo de monografias como a de E. S. Sunstroem, *Contribution to Tropical Physiology with Special References to the Adaptation of the White Man to the Climate of North Queensland*; ou de estudos, sob a forma de livros, como o de A. G. Price, *White Settlers in the Tropic*, ou o publicado, sob a forma de artigos, em revista científica de geografia, *Révue Géographique*, por D. H. K. Lee, *Thoughts on Housing for the Humid Tropics*, ao qual é justo acrescentar-se, como valiosa contribuição, a tese médica que sobre arquitetura adaptada a condições tropicais brasileiras publicou no Brasil, há mais de vinte anos, o professor Aluísio Bezerra Coutinho. Aliás, em trabalhos especializadamente técnicos como esses e como o publicado por L. H. Newburgh, *Physiology of Heat Regulation and the Sciences of Clothing* – no qual se resumem os resultados de pesquisas empreendidas durante a última Grande Guerra, sob os auspícios do Estado Maior Geral das Forças Armadas dos Estados Unidos e com o fim específico de determinar-se cientificamente o vestuário militar apropriado aos trópicos –, encontram-se nítidas contribuições para uma tropicologia – ciência cuja sistematização vem sendo sugerida por brasileiro – que combine estudos de ecologia tropical, do ponto de vista das ciências chamadas naturais, com estudos, também ecológicos, do ponto de vista das chamadas ciências do homem nas suas expressões culturais. A tropicologia seria um dos necessários pontos de encontro para as pesquisas ecológicas que tenham por objetivo comum, nas suas aplicações ou nas suas expressões funcionais, o maior bem-estar do homem residente antigo em áreas tropicais, ou delas apenas transeunte, através da sua melhor harmonização com uma natureza que é, sob vários aspectos, oposta àquela sobre a qual se desenvolveu a civilização europeia.

Justamente dentro dessa quase tropicologia geral – ainda sequer denominada assim, pois é brasileira e recente a sugestão do nome e ainda na sua primeira fase, vaga e experimental, ou no seu começo de sistematização – é que me parece haver lugar essencial, e não de favor, para uma lusotropicologia em que – admitida uma hispanotropicologia intermediária – particularmente se sistematize o que há de disperso em estudos, observações, experimentações que se relacionem com a obra já antiga de adaptação especialíssima – simbiose é como a venho denominando – do português da Europa a meios, paisagens, populações e culturas tropicais. Nitidamente – segundo reparo de jovem e já ilustre professor brasileiro de geografia, Hilton Sette, que se antecipou em aprovar, do ponto de vista da sua especialidade, a tese lusotropicalista – os trópicos úmidos. Complexos esses, biossociais – meio, paisagem, população, cultura –, a que o luso se tem acrescentado nos trópicos úmidos, como se realizasse uma predisposição biológica, mas que, na verdade, parece ser predisposição antes sociológica que biológica. Não se deve, porém, desprezar o estudo do que, para essa adaptação, terá concorrido, e continue a concorrer, o fato de ter sido a população portuguesa, na época em que se iniciou a colonização portuguesa dos trópicos, uma população notavelmente penetrada de sangue mouro. Numerosos portugueses, hoje integrados nos trópicos, vêm sendo, continuam a ser, descendentes de mouros, judeus, indianos, ameríndios, negros; e não apenas de celtas ou de nórdicos. Essa variedade de origens étnicas e culturas – origens, na sua maioria, talvez remotamente tropicais – dos colonizadores ou povoadores, caracteriza a formação sociocultural do Brasil, do mesmomodo que caracteriza a formação de outros grupos ou de outras sociedades de origem principalmente portuguesa ou de cultura principalmente lusitana fixadas nos trópicos. Pelo que, o estudo da formação brasileira, sob o critério socioecológico da adaptação deeuropeus e aliados de europeus ao trópico americano, é inseparável do estudo de outras sociedades que formam com o Brasil um complexo ecológico-sócio-cultural. Inseparável, também – do ponto de vista científico –, do estudo de outras sociedades lusotropicais, diferentes das tropicais. Para esse estudo comparado é que se impõem pesquisas, em diferentes áreas, de antropologia e de ecologia à base de uma comum tropicalidade: a do meio dentro do qual se tenham desenvolvido tipos de homem e formas de cultura tropicais. Isto é, tipos e formas de cultura que possam ser caracterizados como tropicais. Caracterizados, descritos, definidos como tropicais, em geral, e como lusotropicais, em particular.

Com o objetivo desse estudo, estar-se-á constituindo sob os nossos olhos uma nova ciência que possa ser denominada tropicologia? Parece que sim. Os estudos de Pierre Gourou e de Marston Bates parecem já trabalho não de simples tropicalistas mas de paratropicologistas ou quase-tropicologistas. E talvez não haja exagero em considerar-se um dos maiores pioneiros de uma tropicologia com tendências à sistemática o professor alemão de Freiburg, Konrad Guenther, com pesquisas no campo da fitopatologia realizadas em várias áreas tropicais. Principalmente no Ceilão e no Brasil.

Trata-se de um desses homens de ciência, mais comuns na Alemanha do que às vezes se pensa, sob a impressão de serem todos os sábios germânicos da raça de ultraespecialistas consagrada pelas caricaturas inglesas e imortalizadas pelas anedotas francesas, que, ao saber especializado, juntam o sentido poético de compreensão da natureza, seja esta a vegetal ou a humana. E são capazes de acrescentar à "impressão objetiva" de trecho ou saliência de qualquer dessas naturezas – e o impressionismo assim compreendido é método de observação científica ou de fixação literária da realidade – a "expressão" com que os poetas se acrescentam à natureza, através de um "expressionismo" que, exagerado, alcançou em Munique e em pintores experimentais alemães as suas maiores audácias poéticas.

Todo o europeu – parece ter concluído Guenther de seus estudos no Oriente e no Brasil tropicais – tende a ser expressionista na sua visão dos trópicos e a ver os trópicos deformados pelo que nele e nas suas ideias é como se fosse inato ou já fixo. Ele próprio, Guenther, não escapou – nem parece ter querido escapar – a semelhante expressionismo. Ao contrário: em prefácio ao livro admirável em que fixa as suas reações de europeu aos trópicos, em geral, e ao Brasil, em particular, ele admite ter por vezes deixado refletir-se no espelho da natureza ou da vida tropical a imagem da sua Alemanha europeia, sem que dessa justaposição de imagens resultasse senão isto: definir-se mais agudamente a individualidade de cada uma das duas naturezas ou paisagens.

O expressionismo seria assim um método de observação do exótico do qual resultasse definir-se mais agudamente que através do impressionismo, com toda a sua objetividade, a paisagem, a coisa, a gente, o complexo exótico, justaposto ao familiar, conduzido dentro de si pelo observador e por ele exprimido em vez de reprimido, para sobre o vazio deixado pela repressão se acumularem em toda a sua pureza as impressões do exterior. Sendo assim, o observador expressionista, e não apenas impressionista, vindo de uma área tropical e posto em contato com outras áreas tropicais, estaria particularmente apto à compreensão, pelo expressionismo mais do que pelo impressionismo, daquela tropicalidade essencial que supera as diferenças superficiais de área para área, quando tropicais todas as áreas sob observação e suscetíveis de comparação.

O professor Konrad Guenther pôde concluir, baseado nas suas observações do Oriente e do Brasil, haver nítido ou "definido caráter tropical" que – afirma ele – "é comum a todos os países sob o Equador" e que "difere fundamentalmente" – são ainda palavras suas – "do caráter das latitudes mais temperadas". "Determinar essa diferença e explicá-la de modo científico", diz no seu *Das Antlitz Brasiliens* o tropicalista alemão, especializado em fitopatologia sob critério ecológico, ter sido o seu propósito ao escrever as páginas, publicadas em 1927, em que procurou obter o máximo rendimento, sob a forma de generalizações sobre o trópico, das suas comparações do Brasil com o Oriente tropical seu conhecido. Propósito, por conseguinte, claramente tropicológico sobre base principalmente ecológica – do grego *óikos*, casa, no sentido de meio a que homem, animal ou planta se acha preso de modo particular –, embora sem desprezo pelas condições culturais manifestadas em harmonias ou desarmonias do nativo ou do adventício que tenha pretendido superar o nativo ou associar-se a ele, com o meio ou a natureza ou a paisagem tropical. Propósito de cientista especializado em ciência das chamadas naturais, para quem, entretanto, a presença do homem social nas paisagens é irrecusável elemento de alteração na natureza na qual ele se integre ou a qual ele perverta, através de técnicas de exploração econômica que podem ser num meio europeu harmonicamente naturais ou ecológicas para se revelarem em meio tropical violentamente antinaturais ou antiecológicas. Tal a monocultura, saudável através da cultura exclusiva da vinha, em várias áreas europeias, mas quase sempre perturbadora da natureza tropical em seus valores essenciais que – segundo Guenther e outros tropicologistas – não se conservam senão dentro da variedade que lhes é ecologicamente própria. O que de início nos dá ideia da importância das relações com o que é vegetal ou natural em qualquer paisagem de tipo de cultura ou de organização humana que a domine ou pretenda dominar a mesma paisagem.

Daí ter-se acentuado a tendência entre paratropicologistas ou quase-tropicologistas, cuja especialidade é, como a de Guenther, a de Marston Bates, a de Gourou, e, no Brasil, atualmente, a de Miran de Barros Latif, e, em Portugal, a de Almerindo Lessa, o estudo de processos antes biológicos que sociológicos de integração do europeu nos trópicos, para estenderem esse estudo às relações do homem com as manifestações de natureza regional: aquelas relações nas quais se afirme diversamente a presença do mesmo homem nas várias paisagens tropicais. Presença harmônica ou desarmônica. Simbiótica ou antagônica. Integrativa ou segregativa.

2. ALGUNS ASPECTOS DA CIVILIZAÇÃO QUE POSSA SER CONSIDERADA LUSOTROPICAL

Foi em Goa, em conferência lida no seu Instituto – aquele que deu a André Siegfried, quando ocupou a sua tribuna em 1950, a impressão de falar a um público latino em ambiente asiático –, que primeiro esbocei sugestões, depois desenvolvidas em Coimbra – na sua Universidade, reduto de cultura latina, por sua vez com alguma coisa de oriental a animar-lhe de uma espécie de manuelino inspirado no Ultramar e no trópico as tradições ou os estilos puramente europeus de saber –, em torno de um novo conceito ou de novo sentido de tropicalismo.

Para o conceito novo de tropicalismo, diferente do até há pouco vulgar na Europa e nas Subeuropas e que procurei caracterizar, em traços gerais, na conferência lida em 51 na Universidade de Coimbra, é evidente virem contribuindo há séculos, desde os dias de Sagres, que foi a seu modo uma escola lusitana de estudos oceanográficos, os portugueses doutos, sábios, pensadores – e não somente os portugueses simplesmente portugueses.

Recordar esse fato não é ser o indivíduo lusomaníaco: excesso de que venho sendo acusado por mais de um crítico. Recordar esse fato é procurar-se reabilitar um tipo de homem e uma forma de cultura caluniados ou apenas esquecidos: o português que ligou mais do que ninguém a civilização europeia aos trópicos através de uma obra não apenas intuitiva, mas, em parte, científica: de estudo, previsão e experimentação, e não somente de aventura.

Essa contribuição tem-se principalmente afirmado na maneira de tais portugueses, quer na Europa, quer nas próprias regiões tropicais, virem aceitando ou interpretando o seu encontro de europeus com os trópicos: interpretação a que infelizmente faltou, em duas decisivas, uma pintura vigorosamente híbrida que resultasse na Índia ou na África ou no Brasil nas sínteses que resultou do encontro da pintura espanhola com a arte dos incas em Cuzco. Aqui insisto num reparo que me tem valido ser acusado pelos lusófilos absolutos de nem sempre ser justo para com os portugueses que, para esses lusófilos, foram também notáveis na pintura inspirada pelas aventuras tropicais. Não o foram, a meu ver: a pintura lusotropical é uma pintura insignificante: quase sem passado. O que dificilmente se explica em gente tão voluptuosamente ligada aos trópicos.

Para o europeu não português típico – aos atípicos já me referi na conferência proferida na Universidade de Coimbra –, a natureza ou a terra tropical – inclusive a natureza humana do trópico – vem sendo quase sempre um reino da Dinamarca com alguma coisa de podre. Alguma coisa a ser de tal modo evitada, superada ou destruída pelo adventício branco, puro e superior, que nunca os dois – europeu e trópico – têm acabado por se entender ou se unir principalmente por amor, mas apenas por se tolerar por conveniência. Por conveniência econômica ou política ou militar.

Casamentos só de conveniência têm sido em geral os desses europeus com os trópicos. Só de interesse. Só de lucro para o adventício e para os seus poucos nativos dos trópicos.

O encontro de portugueses com os trópicos vem tendo quase sempre outra configuração: a da conveniência completada pelo amor. Não tem deixado de haver drama, conflito, dor, angústia e sofrimento em tais encontros. Mas raramente lhes tem faltado amor: amor de homem a mulher de cor e amor de homem a terra quente, para amortecer, dulcificar asperezas, em choques de interesses que a pura conveniência, mesmo quando mútua, dificilmente evita ou sequer amacia, nas relações entre grupos humanos, nisto parecidas com as relações entre indivíduos.

Essa capacidade de portugueses para unir-se aos trópicos por amor e não apenas por conveniência, sou dos que a associam ao muito contato da gente lusitana, ainda na Europa, com a moura. Da gente moura teria o português absorvido noções de valor – inclusive quanto ao trato da terra – e adotado atitudes que outros europeus, com exclusão dos espanhóis de algumas regiões da Espanha, e italianos de algumas populações da Itália, e franceses de algumas regiões da França, não tiveram igual oportunidade de absorver ou adotar. Em terras quentes do Ultramar foram os portugueses encontrar exageradas ou intensificadas, cores e formas de mulher e de paisagem, sabores, odores, sensações, qualidades de solo, valores de cultura, que eram já seus conhecidos de modo menos intenso, menos vivo, menos cru, em regiões portuguesas marcadas profundamente pela presença moura. Talvez a própria deficiência do português em pintura – uma pintura lusotropical que pudesse ser hoje comparada com a hispano-peruana – resulte do fato de ter sido mais influente em Portugal a presença moura, inimiga da pintura livre, que na Espanha, dominada pelo mouro em algumas das suas regiões, mas não no todo espanhol de cultura e de caráter.

Donde não ter sido o português, que a partir do século XV se tornou tropicalista, um europeu pervertido por falsas ou extensas noções de albinismo *versus* melanismo, devidas à tendência para se associar simplistamente qualquer povo albino com cultura "superior" a qualquer povo moreno ou pardo ou preto com cultura "inferior". Superioridade e inferioridade que, do ponto de vista antropológico-cultural, devemos considerar relativas em vários dos seus aspectos, embora reconhecendo ter a Europa, por um conjunto de circunstâncias, quer ecológicas, quer históricas, reunido para a sua expansão em espaços não europeus – particularmente nos tropicais – vantagens, principalmente de ordem técnica e de caráter científico, suscetíveis de serem classificadas como superioridades de civilização universalmente válidas.

Os estudos para os quais tenho sugerido a inevitavelmente pedante designação de "lusotropicologia", depois de ter lembrado, em conferência proferida em Goa, a expressão "lusotropical" para adjetivar sociologicamente o complexo de cultura marcado pela presença em terras quentes, menos do homem com valor étnico que da cultura de origem principalmente portuguesa, de que homens etnicamente diversos, mas sociologicamente semelhantes, vêm sendo portadores, deformadores e recriadores, são, é claro, estudos experimentais. Da cultura que seria objeto de tais estudos já sugeri que se tem revelado menos etnocêntrica do que cristocêntrica, não pelo fato de se ter manifestado mais cristã do que as outras, mas pela circunstância do seu apoio sociológico ter sido, nos dias decisivos da expansão do português nos trópicos, antes a condição psicossocial ou psicocultural de cristão do mesmo português que a sua situação biossocial de europeu ou de branco.

Trata-se de considerar, nesse esforço de levar estudos lusotropicalistas a uma possível ciência que seria a lusotropicologia – dentro de uma também necessária tropicologia e de uma conveniente hispanotropicologia e além da lusologia sugerida já por alguém, a propósito, exatamente, dos meus ensaios –, fenômenos sociais como expressões de um sistema, dos que o professor McIver chama *"meaningful"*, isto é, dotados ou carregados de significação; e que, no caso, é não um sistema independente ou quase independente de espaço físico como o que hoje se estuda em alguns centros de saber sob a denominação de islameologia – espécie de quinta dentro do latifúndio imenso das ciências do homem –, mas o sistema lusitano de convivência de europeus com não europeus em terras quentes ou, como se dizia no tempo de Camões, ardentes: sistema de relações desses homens e de suas culturas adventícias ou já mistas com determinado espaço físico-cultural. Esse espaço, o tropical. Isso de acordo com as mais recentes definições de sociólogos modernos do que seja comunidade em relação com área natural: uma dessas definições, a oferecida por ecólogos norte-americanos como o professor Samuel Smith, com o apoio do grande mestre no assunto que foi Robert E. Park, e para quem há na área natural um objeto de estudo ecológico distinto do que é objeto de estudo do ambiente cultural ou institucional desenvolvendo ou em desenvolvimento na mesma área: o da ordem propriamente ecológica que caracteriza a área considerada sob a forma de processos biológicos de ocupação de espaço inevitáveis ao desenvolverem-se relações, quer entre indivíduos ou grupos adventícios e nativos, ocupantes de espaço comum, quer entre esses grupos e o meio físico. Desse ponto de vista, a sociedade assim desenvolvida seria antes ordem biológica que ordem cívica ou moral.

Entretanto, o estudo de uma comunidade coincidente com uma área natural, base da ordem biológica de distribuição, no espaço físico-social, de indivíduos e grupos, a que se refere o professor Samuel Smith, para ser quanto possível estudo completo de comportamento social no tempo e no espaço, não pode limitar-se a ser análise-descrição da mesma ordem biológica de distribuição de indivíduos e grupos em espaço comum: como estudo antropossociológico de comunidade precisa de estender-se em análise, descrição, compreensão e interpretação dos aspectos culturais e institucionais característicos do comportamento dos indivíduos e grupos distribuídos no espaço físico-social, não como puros grupos biológicos – como a família na sua forma biológica de pai, mãe (ou apenas mãe) e filhos inermes –, mas como grupos portadores, conservadores, amplificadores ou ampliadores de formas de cultura e de tipos de convivência ou de organização sob o aspecto de *instituições*.

Os professores Sutherland e Woodward dizem da comunidade que é área *natural*, por não ter resultado de esforço calculado ou de legislação, mas por corresponder a definidos fatores geográficos e sociais, sendo uma das suas características a "individualidade física" e a outra a "cultura distintiva". Reconhecem, assim, a necessidade de ser ela estudada em antropossociologia, como ordem suprabiológica. Nem se conceberia como ramo da sociologia uma ecologia que fosse apenas biológica: estranha aos aspectos distributivos no espaço físico-social de instituições e de formas de cultura que não dependem passivamente das constantes biológicas dos seus portadores. A família biológica, por exemplo, sabemos como é superada pela família sociológica quando assume a forma de instituição patriarcal e, com esse aspecto, se forma às vezes em espaços sociais com um vigor que reduz a potência de outros supostos grupos irredutivelmente biológicos como os étnicos, modificando assim, de modo decisivo, a tendência para a segregação de certos subgrupos em face dos dominantes. Noutras palavras, alterando a ordem biológica de distribuição ecológica de grupos em espaço físico-social comum. O que se verifica em tais casos é a superação do biológico pelo sociológico, segundo a tendência do fato sociológico para, à revelia do biológico, ou nele apoiado, de acordo com conveniências sociológicas, criar os seus próprios ritmos de distribuição de indivíduos e de grupos no espaço. Em tais casos, a processos de competição e de cooperação, em parte biológicos, em parte sociais, juntam-se outros quase puramente sociais, como os de acomodação, assimilação, contemporização.

A simbiose luso-trópico parece ser ilustração particularmente expressiva dessa superação do fato biológico pelo sociológico, embora superação realizada em harmonia do que na mesma simbiose é ou tem sido biológico com o que nela é ou tem sido sociológico. Miscigenação acompanhada de interpenetração de culturas. Integração no seu sentido mais amplo.

Definiu uma vez ilustre etnólogo francês, o professor Lévy Strauss, em termos antropossociológicos o casamento como um "encontro dramático da cultura com a natureza". Assim me parece que possa vir a ser definida um dia aquela possível ciência – a lusotropicologia: como o estudo sistemático de um encontro dramático de determinada cultura, predominante sobre outras, com a natureza, em espaços já definidos pelos naturalistas como tropicais. De modo que em vez de simples ramo da antropologia ou da sociologia da cultura, a possível ciência seria também um ramo da ecologia: um meio termo não só entre a sociologia ecológica como entre a ecologia, em geral – inclusive a biológica –, auxiliada por outras ciências do homem –, e a sociologia ou antropologia da cultura.

Isso de caracterização de ciência ou subciência como meio-termo, destaque-se de início que já se tem feito com outros esforços de sistematização de estudos antropogeográficos ou antropossociológicos: principalmente o empreendido pela chamada Escola de Edimburgo, na qual, com o grande Geddes – mestre de um Mumford considerado hoje um tanto herege pelos ortodoxos da sociologia anglo-americana – se ampliou a Escola de Le Play. Patrick Geddes deu a estudos de antropogeografia um sabor de ciência que hoje denominaríamos ecologia social, que o torna precursor da sociologia ecológica esboçada, aliás, no Brasil desde 1928.

Precisamente dentro desse critério plural ou múltiplo de estudo há anos tão desenvolvido no Brasil e só agora aplicado noutros países é que me parece que nos é possível considerar, de modo sistemático, ou dentro de nova sistemática, o esforço de expansão e hoje de consolidação portuguesas nos trópicos. Esforço do qual vêm decorrendo formas caracteristicamente lusotropicais de adaptação de homens e valores europeus à natureza e antigas culturas tropicais, através de processos antes de acomodação que de imposição de quanto seja adventício a quanto seja nativo.

Esse estudo, quer me parecer que deve ter início na consideração de um complexo sociopsicológico que torna Portugal, dada a precocidade da sua atividade marítima e comercial, a terra moderna por excelência de Ulisses: um Ulisses às vezes contido, mas não impedido de agir pelo Velho do Restelo – espécie de AntiUlisses na sua função de símbolo de outro complexo sociopsicológico, característico da formação do *ethos* lusitano. O Velho do Restelo seria a rotina agrária, a estabilização do homem no solo, além do seu nativo, ancestral apego à terra e a tradições religionárias, do seu exclusivo à vinha, à oliveira, ao sobreiro, à horta, ao pastoreio quase fixo, a conformidade com esses limites e com essa vida toda em profundidade; e há quem pense, como o professor Paul Evin, num trabalho digno de ser divulgado em língua portuguesa, que o próprio estilo manuelino reflita antes esse apego do português a coisas vegetais, a raízes, a valores telúricos que a sua experiência marítima ou a sua aventura exótica. Os supostos nós de corda de marinheiro, tão evidentes na arte de decoração manuelina, seriam raízes retorcidas de árvores: afirmação de apego à terra e à lavoura e não ao mar e à aventura comercial. Ulisses seria – para interpretarmos sociopsicologicamente o complexo português responsável pela expansão lusitana nos trópicos – o gosto de aventura, a mobilidade transregional estendida em mobilidade transcontinental, o entusiasmo pelo mar e pelo exótico, a inconformidade com os limites europeus de Portugal ou com aquela profundidade de vida agrária: vida densa e fechada aos ventos estranhos – ao próprio vento espanhol, tido por tão perigoso como o casamento com espanhola –, a ponto de se tornar, para alguns, uma aflição semelhante à da claustrofobia, da qual o oprimido só pudesse escapar fugindo pelo mar para bem longe, para outros ares, outros ventos e até outros casamentos com mulheres de cor.

Para esse ulissismo português teriam concorrido de início o mouro e o judeu, quase por natureza móveis, inquietos, dinâmicos, sob a ação de influências sugeridas pelo gênio de Sombart – aquele gênio com que o mestre alemão mais de uma vez se antecipou, em interpretações fecundas, aos historiadores convencionais, deixando aos sectários dos documentos oficiais, muçulmanamente presos à mística do "está escrito", a tarefa de confirmá-lo no geral e de retificá-lo em pormenores, quase sempre pouco significativos. Foram o mouro e o judeu duas grandes presenças, desde velhos dias ativos e influentes na vida, no caráter, na cultura, na composição e recomposição de paisagens portuguesas. Introdutores na Europa ibérica de valores desenvolvidos em áreas quentes e até áridas, foram também excitadores entre portugueses, situados entre a Europa e a África, a Europa e o Oriente, a Europa e os trópicos, como para um futuro mais dinâmico do que estático, de povo, como que sempre em estado de formação, do desejo de se expandirem como lusos em arcas de sol, de luz, de cores, de sabores, de odores, mais fortes e, porventura, mais deleitosos que os europeus. Expansão – talvez se possa sugerir – com alguma coisa de sentimento de regresso – digo de estudo psicanalítico-sociológico – dentro da sua aparente pureza de mística de progresso; e esse regressismo, responsável por um sentido de messianismo ou de sebastianismo no espaço, semelhante ao outro, no tempo, e que viria dar à expansão do luso nos trópicos o caráter de uma espécie de volta à Passárgada materna não de indivíduos mas de um povo quase inteiro. Volta e não ida pura ou absoluta. Os trópicos seriam para o português, inquieto com os limites europeus de Portugal, terras-mães, terras de origem, terras estranhas a que ele regressasse com direitos especialíssimos: quase de ex-tropical desgarrado numa Europa por ele absorvida no seu sangue, na sua seiva, na sua cultura, a ponto de se ter – também ela, Europa – tornado profundamente sua. Daí, de volta aos trópicos messiânicos, conservar-se em grande parte europeu: apegado à Europa, saudoso da Europa, incompleto sem a Europa.

O ulissismo teria sido assim para o português um convite vindo de terras remotas, mais principalmente, quase exclusivamente, das quentes – tanto que desprezou os frios da África do Sul, do mesmo modo que os gelos da Terra Nova –, à sua reintegração no passado, em grande parte tropical, de sua cultura não de todo europeia. A seduções de ordem sensual ter-se-iam juntado, a favor dessa reintegração, sugestões de ordem mística, de ordem comercial, de ordem política, interesses diversos, mas, naqueles dias, tão mais misturados ou juntos do que no nosso tempo: em tempo de especializações exageradas e às vezes arbitrárias. Assim complexo é que o ulissismo se teria tornado o *élan* dominante sobre o comportamento dos portugueses em relação com os trópicos, embora esse domínio não se tenha estremado nunca em exclusivo ou absoluto: o Velho do Restelo vive até hoje dentro do caráter lusitano e condiciona expressões tão características do comportamento português quanto as ulissianas. A antítese – Ulisses e AntiUlisses – tende a tornar-se, ao que parece, síntese sob a forma da cultura ou civilização lusotropical que hoje faz de arcas africanas, orientais, americanas um mundo que reage poderosamente sobre o Portugal da Europa, dando-lhe características cada dia mais vivamente extraeuropeias, várias em harmonia, algumas ainda em conflito com os europeus. Daí estar Portugal tão longe de viver numa paz sueca como numa paz suíça. A *pax lusitana* é outra. É uma paz conquistada a cada momento e às vezes dolorosa pelo que há dentro dela de desajustamento entre contrários que, entretanto, quase sempre terminam harmonizados.

Foi o que sucedeu na Índia, no Brasil, na África, em Macau, em Timor: espaços quase todos tropicais marcados pela presença e ao mesmo tempo pela *pax lusitana* de um modo a que sociólogo nenhum pode ser estranho. Essa presença e essa *pax* vêm coincidindo com uma constância, uma recorrência, uma regularidade na correspondência das formas sociais de ocupação de espaços tropicais e de ajustamento de europeus a populações e culturas tropicais, sem que entretanto se tenha verificado o suicídio sociológico ou cultural desses europeus dentro dessas populações e culturas tropicais, que as torna claro e objeto de estudo sociológico especializado, em que, por convergência de várias técnicas de estudo social – a ecologia, a antropologia, a sociologia, a cultura –, se estude aquela presença e aquela *pax* como sinais e efeitos de um complexo de influências diversas.

Evidência de ter sido o esforço português nos trópicos animado quase sempre pelo desejo de estabilidade, de permanência, de residência, de *pax* social, é a arquitetura que se desenvolveu nas várias áreas lusitanas na Ásia, na África, na América tropicais: uma arquitetura que se caracteriza pela solidez, pela base, pela substância: inclusive pelo acréscimo de ecológico óleo de peixe aos seus alicerces semelhantes a raízes de jaqueira, cajazeira, mangueira. Disso não são exemplos apenas as fortalezas que os lusos levantaram em Marrocos e na Índia o castelo-forte de Gondar, na Abissínia, as pontes sobre o Nilo Azul, os fortes da costa africana. Nem somente as igrejas e os mosteiros, alguns monumentais como os hoje em ruínas em Velha Goa; outros quase intactos, como Santa Mônica, por exemplo. Também os palácios, os solares, as casas-grandes, os sobradões que ainda agora se encontram em Moçambique, na Índia, no Brasil, em Angola, alguns quase perfeitos, a despeito da acidez tropical inimiga dessas sobrevivências monumentais por mais de um século ou de dois. Dos casarões de Moçambique, saliente-se, de passagem, que, com as suas combinações de lusismo e tropicalismo, em que esplendem adornos orientais, e os de Angola – influenciados por combinações de valores lusitanos com os tropicais já verificados no Brasil –, vêm sendo objeto de estudos do arquiteto português Fernando Batalha. São estudos a que venho juntando, por desejo dele, sugestões de ordem histórico-sociológica para um projetado livro de colaboração. É interessante notarmos a esse propósito, com o geógrafo português conde de Penha Garcia, que a arquitetura doméstica dos portugueses, tão simples e até sem conforto nas suas formas puramente lusitanas, ganhou, através dos contatos dos portugueses com o Oriente tropical, luxos, pompas e requintes, os quais – acrescente-se a Penha Garcia –, comunicando-se ao Brasil, parecem ter-se estabilizado nas suas melhores expressões de vigor híbrido e este, o lusotropical; e adquirido quase aquele leve amolecimento, que se assemelha ao sofrido pela língua portuguesa nas áreas tropicais: amolecimento quanto às formas de arquitetura sugerido por mim, em página antiga prestigiada com a aprovação, no caso episcopal, de mestre Lúcio Costa.

Para os estudiosos de assuntos de história da arquitetura sob critério técnico, entre os orientalismos – orientalismos, segundo alguns autores; eu preferiria destacar de vários deles que são tropicalismos –, que o português universalizou através da arquitetura, estão o arco de ferradura de Marrocos, a telha de pagode chinês, o azulejo árabe. E é curioso encontrarem-se hoje em partes da África que há anos e até há mais de século não são portuguesas, porém francesas ou inglesas, sobrevivências de uma arquitetura erguida pela gente lusitana nos trópicos, como quem deitasse raízes por assim dizer imortais nos mesmos trópicos: raízes de casas, de igrejas, de fortalezas, de árvores, de plantas, de homens, de mulheres. Raízes, algumas delas, cristãs, nas culturas tropicais consideradas no que elas têm de menos material ou de mais imaterial. Entre essas sobrevivências em pedra, fortes como o de São Jorge da Mina, o de São João Baptista de Ajuda, e edifícios que ainda hoje esplendem de lusitanidade em Mombaz, no golfo Pérsico, em Java, nas Molucas. Entre as sobrevivências de ordem moral, aquelas que vêm sendo identificadas pelo pesquisador francês Pierre Verger em estudos de campo em Daomé e noutras áreas, num difícil mas fascinante trabalho para o qual pediu igualmente a minha colaboração, aliás modesta, para um livro a ser publicado um dia: trabalho através do qual se constataria o que tem sido este aspecto de um já longo processo de conciliação do luso com o trópico: o aportuguesamento ou o abrasileiramento de populações, culturas e paisagens africanas, causado nos séculos XVIII e XIX por ex-escravos de regresso à África da Bahia, ou do Norte agrário e, possivelmente, de outras regiões brasileiras, quase sempre via Salvador da Bahia.

E não nos esqueçamos da chamada revolução agrícola operada nos trópicos, em consequência – diz-se geralmente – da presença europeia, mas que é preciso especificar, pondo-se nitidamente os pontos nos ii: em consequência principalmente da presença portuguesa caracterizada, desde velhos dias, pelo desejo de permanência, de estabilidade, de constância, de segurança, de que resultou, ou vem resultando, ser quase sempre essa presença a expressão de um processo de duplicação de vida e de cultura: o processo lusotropical como constante tentativa de harmonização da Europa com os trópicos. No seu livro *A Etiópia Oriental*, Frei João dos Santos já destacava os figos de Portugal que se encontravam em Tete e, segundo o informavam, em Sofala, além de legumes portugueses que pareciam crescer em terra tropical com maior viço do que no Portugal da Europa. Também melões. E junto aos inhames da terra, o milho levado da América e as batatas também transplantadas de terras americanas pelos portugueses para as suas outras áreas de ocupação.

Em quase todas as áreas tropicais da África e da Ásia por onde passou o português, a sua presença ficou assinalada por outros brasileirismos vegetais: a mandioca e o cajueiro, por exemplo. Enquanto para o Brasil foi ele, português, que trouxe a manga, a jaca, o coco chamado da Índia, numa grande obra de enriquecimento intertropical de vegetação útil ao homem e favorável à sua segurança nos trópicos. Grande foi o número de valores vegetais europeus em que o português se antecipou a outros povos, tidos por mais metódicos e glorificados como mais sistemáticos nas suas práticas de colonização, a introduzir com notável previdência e espírito de segurança em áreas tropicais, como se cumprisse com amor, e não apenas por interesse, a missão de ligar através de obras imortais de base ou de raiz a Europa ao trópico. O que fez o francês Tavernier dizer em palavras já divulgadas pelo conde de Penha Garcia: "O português tem este mérito: onde chega, faz qualquer coisa em benefício daqueles que venham no futuro ocupar o lugar por ele ocupado". Ocupado só não, acrescente-se: quase sempre fecundado. E quem assim procede é antes previdente que imprevidente.

Explica-se assim que essa expressão interessantíssima de vigor hibridossociológico, que é hoje a cozinha portuguesa, seja também uma expressão de cultura lusotropical; o que resulte tanto de ânimo experimental como de espírito português de previdência. Nela – na moderna cozinha lusotropical – se tem colhido o semeado pelo português nos trópicos, com um sentido, por assim dizer, cristão de crescer não apenas biológico, através da miscigenação, mas sociológico, cultural, econômico, ecológico, através de processos domésticos, familiares, patriarcais, em que tanto o econômico como o ecológico vêm readquirindo o seu velho sentido grego. Pelo uso do molho de tomate – do tropical tomate que, aliás, em linguagem portuguesa, adquiriu um sentido freudianamente simbólico, semelhante ao de ovo no idioma português do Brasil e ao de noz em língua inglesa –, a cozinha portuguesa hoje se caracteriza, aos olhos de franceses, ingleses e outros civilizados do paladar, sendo já internacional a designação "*à la portugaise*" para os pratos avermelhados por aquele tropicalismo.

Ao próprio Japão parece ter-se comunicado, talvez em Macau, o doce de ovos à portuguesa: suposição do conde de Penha Garcia que também recorda esse pormenor expressivo para a interpretação lusotropical do que é hoje português: Almeida Garret foi mimado pelas cantigas – com certeza modinhas – de uma bá – como se diz no Brasil – mulata. E essa bá – informa o crítico literário José Osório de Oliveira –, mulata do Brasil. Já sugerira eu, aliás, em trabalho remoto – pois é de 1937 –, a influência dessas mulatas idas do Brasil e da África sobre a cultura portuguesa: a música, o folclore, a canção, a culinária, a doçaria, a confeitaria. E um geógrafo português, o professor Orlando Ribeiro, já salientou, em páginas de mestre, o que tem sido a revolução operada sobre a paisagem, a vida, a cultura portuguesa pela presença do milho americano, do mesmo modo que o africanologista inglês Johnston, referindo-se ao Congo, escreveu, em livro clássico, ser difícil imaginar-se hoje como se teria perpetuado aquela gente africana se o previdente português não tivesse introduzido ali, como noutras partes da África, o milho e, além do milho, a mandioca e a batata doce. E não nos esqueçamos da introdução de animais europeus úteis ao homem nos trópicos: outro aspecto sociologicamente significativo da atividade lusitana nos trópicos, animada pelo gosto de previdência de uma gente disposta a integrar-se de corpo e alma entre populações e em terras tropicais.

São talvez os europeus do Norte os observadores que, como ainda recentemente o professor André Siegfried em Goa, mais têm sentido, sem terem, entretanto, definido nem de modo geral nem de maneira sociológica, a impressão de que existe alguma coisa que hoje podemos denominar complexo lusotropical de civilização. Não escapou ao professor Siegfried a surpreendente semelhança entre áreas a grandes distâncias umas das outras, mas de cultura desenvolvida principalmente de Portugal, como Goa e o Brasil. O mesmo teria observado entre Angola e Moçambique, São Tomé e Cabo Verde. Em Luanda, o francês Pierre Daye encontrou o mesmo aspecto de cidade que se encontra em todas as cidades de lugares por onde o português tem passado. Em Macau, entre as suas casas lusitanamente pintadas de cor-de-rosa e de verde, Lord Northcliffe sentiu-se transportado às margens do Tejo. E em Vila Luso, o professor Jacques Weulersse, considerado pelo conde de Penha Garcia "excelente observador" – autor do livro *Noirs et Blancs* –, notou que, ao contrário da impressão que lhe haviam comunicado as cidades ou vilas coloniais do Congo, da Nigéria, da África francesa, a sensação era de ocupação "real, definitiva", pelo trabalho e não pelo dinheiro. Pelo trabalho do europeu pobre – como é geralmente o português que emigra para os trópicos – e não pelo dinheiro do europeu rico: o que tem explorado tantas populações e terras tropicais – poderia ter acrescentado. Pois um dos traços da ocupação portuguesa da parte tropical da África destacado pelo professor Weulersse foi este: o dos europeus não formarem ali uma casta ociosa, mas participarem dos próprios trabalhos manuais – esses trabalhos manuais que o tropicalista Price considera essenciais à saúde dos brancos estabelecidos nos trópicos.

Quando no Brasil aparecem lusófobos para quem o português não nos convém, por não querer ser no trópico lavrador nem agricultor nem artesão mas apenas taverneiro ou comerciante, lembro-me da muita gente portuguesa e descendente de português que vi nos trópicos africanos trabalhando a terra, lavrando, semeando, cuidando de hortas, suprindo até de legumes cidades não portuguesas, como os madeirenses a Joanesburgo. E concluo: o que, no Brasil, principalmente explica a ausência do português, da lavoura ou da horticultura tropical, não é a aversão do português ao trabalho manual nos trópicos: é o latifúndio brasileiro – aliás herança do tipo feudal de colonização seguido pelo luso em algumas áreas brasileiras; é a sobrevivência, sob formas oblíquas, do sistema escravocrático, no Brasil; é o atual sistema brasileiro de supervalorização de terras próximas das cidades e, embora adequadas à horticultura, desviadas desse objetivo salutar; é a atual mística, que domina o Brasil, de se exaltar a chamada industrialização com prejuízo ou negligência de tudo o mais – inclusive da pecuária – com uma imprevidência que se vai tornando alarmante.

3. OUTROS ASPECTOS DA CIVILIZAÇÃO QUE POSSA SER CONSIDERADA LUSOTROPICAL

No amorenamento deliberado do corpo – hoje elegância europeia – parece ter-se o português antecipado a outros europeus; e nessa antecipação, revelado o seu intenso gosto pela cor tropical de pele, que é a parda, através de nuanças de pigmentação ou de melanização que vão do moreno avermelhado ou romanticamente pálido às próprias fronteiras do pardo com o preto, tocadas de azuis, roxos e violetas que rebrilham de modo magnífico em dorsos nus de mulheres, adolescentes e homens ao sol forte dos meios-dias brasileiros, africanos, asiáticos. É certo que se diz, do inglês Borrow, ter procurado desanglicizar-se e iberizar-se, não só queimando-se ao sol quase africano das Espanhas do Sul como bronzeando-se com unguentos que reforçassem a ação do mesmo sol sobre o seu corpo de nórdico branco-de-neve. Mas isso já no século XIX e apenas na Espanha.

A Borrow antecipou-se três séculos e em terras do Oriente o português João de Brito, hoje santo da Igreja. Também dele se diz que, para melhor se identificar com o trópico e com as populações morenas e pardas do Oriente, cujas almas ardentemente se empenhou em conquistar para um Cristo que não tardaria ele próprio a amorenar-se ou avermelhar-se, na arte lusotropical de imagens de igreja, em cristos de cor, se fez bronzear com unguentos da cabeça aos pés, tornando-se assim igual no corpo aos mesmos indianos. E pela ação de tais unguentos, unida e até antecipada à do sol, ter-se-ia amorenado rapidamente em lusotropical completo.

Os que hoje nas praias elegantes do Brasil, de Angola e de Moçambique se expõem ao sol – é claro que protegidos por uma como cortina macia de óleo ou loção contra as queimaduras solares e deixando-se atingir na pele apenas pela quantidade exata de raios ultravioletas necessária àquele "belo queimado de pele" exaltado pelos modernos mestres de beleza de mulher e mesmo de homem, para os quais é não só feia como humilhante a chamada "cor de escritório" ou de "peru frio" dos brancos inteiramente brancos empalidecidos em doentes menos pelo calor tropical que pela vida antitropical nos trópicos – devem lembrar-se de que, nesse processo do amorenamento de corpo, que representa uma das modernas e mais ostensivas homenagens da Europa aos trópicos, os precedeu não nenhum "*beau* Brummel" mas um missionário português do século XVI, ávido, por amor a Cristo e ao que há de fraterno no cristianismo, de integrar-se na condição física de homem tropical. Pioneiro, por conseguinte, daquela condição lusotropical de corpo, e não apenas de ânimo, que fez, um século depois de João de Brito, o padre Labat observar na África, também tropical, que ali se encontravam portugueses de várias cores: mas todos portugueses. Todos cristãos. Todos portadores de lusocristianismo. Na verdade, lusotropicais, como lusotropicais são atualmente os brasileiros de várias cores que compõem uma das populações mais étnica e esteticamente diversificadas do mundo, com uma variedade de tipos de beleza de mulher e de formas de homens que torna difícil de dizer-se qual deles é o mais representativamente brasileiro. Todos, porém – desde o gaúcho ao paulista, do fluminense ao pernambucano, do baiano ao paraense, do mineiro ao alagoano –, com a tendência para se estabilizarem numa cor tropical, ou quase tropicalmente, morena de pele ou de corpo, que parece ter-se já tornado tão representativa do Brasil quanto é a pele branca-de-neve de homem e, principalmente, o da mulher representativa da Suécia ou da Dinamarca.

Daí a crítica que há pouco ousei levantar às virgens, aos santos, às sagradas famílias que vem pintando no Brasil o grande mestre de pintura não só mural como de retrato que é o meu amigo Cândido Portinari. As suas virgens, os seus santos, as suas sagradas famílias vêm sendo sistematicamente louras, róseas, albinas: a negação, portanto, dos tipos de mulher, de homem e de menino não direi exclusivos – pois são numerosos os brasileiros louros e alvos – porém predominantes no Brasil. Predominâncias que, mais do que qualquer outro artista nacional, o admirável pintor, socialista na sua ideologia e nacionalista nos seus sentimentos de cultura, estava e está na obrigação de comunicar realistica, ecologicamente, aos seus murais e aos seus painéis de igreja, pois esses painéis devem ser antes símbolos de predominâncias nacionais que expressivos de exceções subnacionais.

O cristianismo deve, no Brasil, como no Oriente e nas Áfricas portuguesas, refletir uma realidade que, condicionada pela predominância da nossa formação lusotropical, é étnica e culturalmente uma realidade cada dia mais extraeuropeia, embora de modo algum antieuropeia, caracterizada por predominâncias de tipo físico e de substâncias de cultura modificadoras de formas norte-europeias de civilização. Tais modificações nos vêm afastando do que há de castiçamente europeu nas tradições do cristianismo medieval, para nos aproximar de origens e projeções extraeuropeias do mesmo cristianismo. E as origens e projeções extraeuropeias do cristianismo aproximam-nos das origens e projeções asiáticas ou africanas de muitos dos valores da nossa cultura lusotropical: inclusive a idealização da "vária cor", exaltada por Camões. "Vária cor" de homem, de mulher, de criança, de paisagem, de mar, de céu, de terra, de barro, que só nos trópicos se revela aos pintores na sua plenitude, com a predominância, porém, das cores ardentes sobre as nuanças excessivamente delicadas ou sutilmente verlainianas.

Não se pretende, é claro, para a pintura ou a música ou a literatura que se produza no Brasil ou em Goa, em Angola ou em Moçambique a situação de servas de um sentido rigidamente nacionalista ou lusoetnocentrista de vida; ou solidarista ou socialista de convivência. Mas a verdade é que, dentro dos estilos nacionais de organização social que hoje condicionam o viver dos homens no Ocidente e no próprio Oriente nacionalizado ou regionalizado nas suas culturas e até em algumas das suas subculturas, pintura, arquitetura, escultura, música, literatura, sendo meios de expressão individual de artistas, são também manifestações sociais e, ao mesmo tempo, nacionais ou regionais – algumas culturalmente transregionais – de *ethos*, na sua correspondência com predominâncias de meio ou de ambiente caracterizadas por configurações nacionais ou regionais ou transregionais de cultura.

Sendo assim, deixa de nos comunicar aquilo a que Mário de Andrade chamava "sensação de coisa nacional" a Nossa Senhora que se pinte hoje, no Brasil, para devotos brasileiros, sob a forma de uma bela mulher nórdica com o seu Meninozinho-Deus também branquíssimo, louríssimo, flamenguíssimo. Deixa de corresponder a uma realidade lusotropical comum a duas nações e a várias regiões de populações predominantemente morenas a Nossa Senhora que só for representada pelos pintores como mulher loura e cor-de-rosa. É como se nos confessássemos incapazes de assimilar do cristianismo o que nele é assimilável e não irredutivelmente universal, isto é, supranacional e para os crentes sobrenatural, à realidade social e cultural brasileira, como o vêm assimilando às suas realidades sociais e culturais cristãos chineses, indochineses, japoneses, indianos, africanos. Tanto o cristianismo na sua parte humana, como os valores europeus e quase-europeus, por brasileiros angolanos, cabo-verdianos etc., recebidos da Europa devem ser tropicalizados para se tornarem reais.

Sucede que a realidade social e cultural brasileira é das que transcendem de espaço e tempo simplesmente nacionais por serem transregionais, além de binacionais; e se alargarem numa dispersa realidade que se deixa caracterizar pela denominação de lusotropical, comum às suas variantes africana, oriental, atlântica e americana do original europeu colorido pelo trópico. Colorido pelo trópico mesmo na Europa portuguesa que é uma Europa tropicalizada em várias das substâncias da sua cultura. A toda essa comunidade se estendem aquelas possibilidades de se tornarem não só inteligíveis, mas também, como dizem modernos sociólogos ou folcloristas especializados no estudo da sociologia das culturas consideradas nas suas formas populares ou rústicas – como, no Brasil, o erudito pesquisador mineiro que é o professor Aires da Mata Machado Filho – não só inteligíveis como "comparticipáveis coletivamente" aquelas expressões artísticas de sentimento individual, que se baseiam em alguma coisa de social ao mesmo tempo que regional ou nacional ou transregional ou binacional, seja essa expressão um edifício de moradia ou de culto religioso ou uma canção ou um móvel ou um jardim; ou, ainda, uma estátua ou um poema ou um ensaio ou um romance.

Adjetivadas como lusotropicais, tais expressões artísticas comparticipáveis coletivamente por populações situadas a distâncias imensas umas das outras, como as que formam a comunidade de língua portuguesa espalhada pela Europa, pela África e pelo Oriente, e a brasileira, estendida pela América do Sul quase como se fosse um continente, deixam de ser coisas apenas nacionais para serem binacionais ou transnacionais. E assim caracterizadas é como é maior o seu vigor sociológico. Assim caracterizadas tais expressões, deixam de ter o sentido de bizantinices, como a célebre querela em torno da nacionalidade da modinha, da qual escreveu Mário de Andrade em *Modinhas Imperiais*: "Os portugueses, com rara exceção, querem-na portuguesa e os brasileiros querem-na brasileira. A documentação existente parece não provar nada e as opiniões formam-se apenas por deduções e... patriotismo". Estado de incaracterização nacional inevitável, esse de que padecem valores comuns a Portugal e ao Brasil – a modinha, inclusive, e inclusive o padre Antônio Vieira –, pelo fato de, na verdade, não terem sido nunca valores ou expressões castiçamente nacionais ou nitidamente pré-nacionais, porém sempre binacionais, transnacionais ou, mais compreensivamente – podemos hoje dizê-lo –, lusotropicais. Como lusotropicais são as próprias predominâncias de cor – as de cores quentes, ecologicamente vigorosas e mais da natureza que das culturas a ela sobrepostas, a que se têm juntado algumas cores frias, vindas de fontes culturais como a maometana. É uma influência, a maometana, que se tem feito sentir, ou ainda hoje se manifesta, em quase todas as áreas que constituem o conjunto lusotropical de cultura harmonizada com climas e paisagens quentes. Marcam essas cores – as frias e as quentes – nessas várias áreas, não só as pessoas – em grande número pardas, amarelas, morenas –, como trajes regionais, casas, flores e plantas de jardins, legumes de hortas, potes, objetos de uso doméstico e culinário, panos simplesmente decorativos, tecidos de cores litúrgicas ou simbólicos, empregados em cerimônias religiosas, cívicas, escolares. São a "vária cor" que, surpreendida ainda nos começos, já alegrava os olhos de um Camões seduzido pela luz e pelas cores tropicais.

Se é certo que são os camponeses e os selvagens, e não apenas as crianças, que preferem, como destacam modernos estudiosos do emprego das cores nas artes, as cores chamadas puras e violentas nos objetos de que se servem ou de que se cercam, o fato de ser a comunidade lusotropical em grande parte composta de gente rural e semirrural, a que se juntam grupos consideráveis de selvagens, seria outro reforço de ordem cultural à saudável predominância de tais cores no ambiente sociocultural mais psicológico que lógico na sua estruturação, comum aos vários povos lusotropicais. Fato que merece a atenção dos fabricantes de tecidos que se destinem a tais povos que reunidos poderiam constituir grande mercado único para certos artigos caracterizados por cores e não apenas formas de sentido psicológico, além do ecológico, comum aos vários grupos dispersos da comunidade lusotropical.

Merece o mesmo fato também a atenção dos cinematografistas brasileiros e portugueses mais empenhados em ligarem "o filme à realidade" para usarmos a expressão de um mestre no assunto como é Alberto Cavalcanti. Aliás, é desse admirável técnico a observação de que como a pele dos povos que denomina "raças do sul" tem "mais pigmentos que a dos nórdicos, e por essa razão fotografam melhor em cor, o filme colorido faz como certos emigrantes portugueses que preferem amasiar-se com as pretas", isto é, prefere os trópicos com suas populações de "vária cor" e as cores também várias das suas paisagens. Ora, se essa procura de povos de cor para melhores efeitos técnicos de fotografia colorida pode, para alguns europeus e para os anglo-americanos, representar o perigo de se estremarem na sua arte cinematográfica – arte de revelação e não apenas de documentação, cada dia mais rica de recursos técnicos – em exotismo, em orientalismo bizarro e até em mau tropicalismo, apenas cenográfico ou somente pitoresco, para nós, brasileiros e portugueses, empenhados no desenvolvimento de um cinema que nos revele a nós próprios e aos estrangeiros melhor e mais plasticamente do que outras artes até hoje utilizadas para esse fim, a vantagem técnica de as figuras mais pigmentadas fotografarem melhor em cor coincide com a nossa realidade cotidiana: com a realidade cotidiana de ambientes lusotropicais nos quais predominam, cercadas por cores quentes, figuras de mulher e de homem pardas, amarelas, avermelhadas, alaranjadas, morenas: seres de uma forte pigmentação que, sendo fotogênica por si, é também sugestiva das possibilidades de serem captadas, por meios avançadamente técnicos de fixação artística, figuras de homem e de mulher, e também as de animais, em harmonia já antiga e como que telúrica, cromática, com ambientes carregados de cores não só de efeitos pitorescos ou estéticos, como – é o caso das figuras humanas – de significados psicológicos, sociológicos, culturais. Significados só inteligíveis, compreensíveis e assimiláveis através de profundas intimidades de adventícios com nativos. Tais intimidades sempre ou quase sempre se têm verificado quando são – ou têm sido – os nativos, povos tropicais, e os adventícios, europeus de Portugal, como que cultural e até psicologicamente predispostos a tais intimidades. O Brasil, em geral, e a Bahia, em particular, são disto uma evidência; e por isso mesmo, ricas substâncias para estudo, dentro de uma ciência que venha a denominar-se lusotropicologia e da qual se deve destacar, como especialidade, uma também possível lusotropicologia.

Daí parecer-me incompleto o historiador-sociólogo inglês Toynbee quando entre os grupos histórico-culturais mais significativos do Ocidente não inclui, ao menos como subgrupo, um que fosse esse especialíssimo, hoje continuado e ampliado pelo brasileiro e que, como nenhum outro europeu, tem estabelecido com as populações de cor e as culturas caracterizadas pelo uso artístico e psicossociológico não só de trajes talares, bissexuais, como de cores quentes, associadas no Ocidente moderno mais à expressão ou definição da mulher que do homem. Aos contatos especialmente íntimos, nos quais a gente lusitana se adiantou a outros europeus, no trópico, com as gentes nativas, a cultura ocidental deve mais de um enriquecimento importante, quer de arte simplesmente decorativa ou recreativa ou simbólica, quer de arte alongada em utilidade cotidiana ou em rotina ocidental de vida. Está nesse caso a generalização no Ocidente burguês de hábitos orientais – tropicais como o do chapéu-de-sol, o da sandália, o do pijama, ou o do leque.

O estudo sistemático de tais contatos, se os admitirmos como base de uma simbiose ecológica e cultural viva, ativa e criadora de novos valores, que se denomine lusotropical, é claro que não será um estudo científico ou sociológico ou antropológico fácil e simples. Será difícil e complexo. Mas a sua necessidade, sob esse e outros aspectos – vestuário, habitação, alimentação etc. –, impõe-se não só aos brasileiros que, como continuadores dos portugueses, precisam de sistematizar experiências e desenvolver antecipações dos antepassados, como aos norte-europeus que, como os ingleses, franceses, belgas, começam a considerar com novos olhos problemas tropicais.

O indivíduo de formação principalmente europeia tende a deixar-se influenciar de tal modo por essa formação que a objetividade da pesquisa, em que ele se empenhar, correrá o risco de ser prejudicada ou deformada de modo considerável pelo reflexo de tal influência, mesmo que se manifeste como negação violenta da atitude apologética, como sucedeu com Oliveira Martins, ao traçar a história do domínio da Índia pelo português. Entretanto é um estudo necessário e até essencial, podendo aplicar-se de maneira ainda mais pungente ao Portugal pós-Sagres a pergunta do professor Toynbee com relação à Inglaterra: "Resulta por acaso inteligível a história da Inglaterra, prescindindo-se das suas relações?".

Resulta por acaso inteligível a história do Brasil, prescindindo-se do estudo histórico-sociológico das suas relações com Portugal e com a Índia e as demais áreas tropicais que, desde Sagres, se tornaram parte viva da imaginação, do comportamento, da cultura, do cotidiano portugueses? Sugeriu o professor Toynbee, como o melhor método para o estudo daquelas influências recíprocas entre a Inglaterra e o exterior, o de "contemplar-se retrospectivamente o curso da história inglesa", partindo-se do atual para o remoto; e alargando-se o "campo inteligível" de estudo, da simples Nação-Estado inglesa a uma pluralidade de nações afins da inglesa – até o que chama "cristandade ocidental" –, aumentando-se assim as possibilidades de objetividade na difícil pesquisa histórico-sociológica. Evita-se, com efeito, por esse meio, o perigo principal de resvalar o pesquisador na subjetividade extrema, tão pronta a turvar-lhe a vista quando o seu critério é apenas o estatal-nacional. A substituição do Estado nacional como "unidade inteligível de estudo histórico" por agrupamento humano, a que se chame "sociedade", portadora de cultura que seja adjetivada segundo a sua extensão no espaço ou a sua projeção no tempo, reduz, com efeito, o risco de tal subjetividade, aliás inevitável de modo absoluto; inevitável nos seus irredutíveis.

É um critério, esse – seja-me perdoada a imodéstia de referir o fato – que vem sendo seguido em estudos brasileiros de história social sob critério sociológico desde dias remotos: quando ainda não proclamado pela voz poderosa de um Toynbee como anteparo de pesquisador aos perigos que o critério, estreito e sobrecarregado de emoções patrióticas, de considerar-se o Estado nacional unidade de estudo, pode causar no sentido de excessiva deformação da matéria investigada pelos compromissos do investigador com o seu próprio Estado. Compromissos dos quais ele, ao querer libertar-se de supetão, quase sempre se estrema no oposto: no da negação sistemática das virtudes nacionais, em que se excedeu entre nós Paulo Prado, ao escrever o seu *Retrato do Brasil*, e em que já se exagerara Oliveira Martins, ao evocar a ação portuguesa na Índia.

Transnacionalizando-se ou supranacionalizando-se no seu critério de estudo sem, entretanto, se dissolver o campo inteligível da sua pesquisa ou contemplação num indistinto espaço cosmopolita, reduz o pesquisador ou o analista histórico-sociólogo o risco de os preconceitos ou compromissos nacionalistas-estatais o impedirem de considerar o assunto que investigue ou analise sob aspectos trans- ou supranacionais. É sob esse critério que os objetos de estudo histórico-sociológico se tornam mais sociologicamente "sociedade", "comunidade" ou "cultura" e menos politicamente "Nação" ou "Estado". Assim vêm já há longos anos pesquisadores brasileiros considerando o Brasil, como objeto de estudos histórico-sociais, menos uma Nação-Estado que uma sociedade ou comunidade separável sociologicamente em subgrupos regionais e inseparável, nas suas formas essenciais de convivência ou de comunidade, das demais áreas ou regiões de formação lusitana desenvolvidas em espaço tropical sob a forma predominante, mas não única, de sociedades patriarcais, agrárias, ou pastoris. E assim se explica que o método de estudo lusotropicológico tenda a coincidir em mais de um ponto com o proposto pelo professor Toynbee para o estudo de reciprocidades como aquelas que condicionam a história inglesa como parte de uma experiência que se alarga na de toda uma sociedade: a denominada cristandade ocidental dentro da qual insisto em reparar que o mesmo professor Toynbee foi incompleto, ao deixar de incluir nela, como variante que tende a afirmar-se cada dia mais como variante, a do subgrupo que se denominasse lusotropical, cuja configuração, se não de cultura, de subcultura, ou de cultura simbiótica, se apresenta já, a mais de um estudioso do assunto, como objetivamente comprovável do ponto de vista histórico-sociológico.

Satisfazendo exigência de Alfred Weber, lembrada em página recente pelo professor F. Ayala, de ser a cultura como "corpo histórico", algo de "visível e captável historicamente", a cultura lusotropical apresenta-se ao sociólogo como algo de visível, ao mesmo tempo que de captável historicamente. E é o próprio professor Ayala que, comentando ideias de Alfred Weber, observa que há no caso de culturas ou de sociedades que denominarei aqui plurinacionais, o que ele chama "estruturas máximas sociológicas", constituídas pelas suas fronteiras culturais e não apenas nacionais-estatais. Talvez se possa dizer da cultura que venho denominando lusotropical que é, com relação à "cristandade ocidental" constituída por estruturas apenas internas, expressão de uma "estrutura sociológica máxima", no sentido de vir sendo uma cultura de viva e dinâmica fronteira: a fronteira sociológica da cristandade ocidental com culturas altas ou primitivas situadas em espaços tropicais com os quais já se acham estabelecidas pelo português contatos de tal modo íntimos que as reciprocidades entre as culturas assim comprometidas vêm resultando numa nova cultura, diferente das estruturas internas situadas dentro dos dois espaços, a maior distância de fronteiras sempre inquietas.

Agente de ocidentalização dos trópicos e da sua cristianização tem sido o português de tal maneira que em certos espaços tropicais, "cristão" e até "branco" quer dizer "português" e "falar cristão" quer dizer "falar português". Daí poder ser caracterizada como sociologicamente cristocêntrica, mais do que etnocêntrica, pela sua ação nos espaços tropicais.

Mas ao mesmo tempo tem sido e continua a ser o luso agente de tropicalização da cristandade ocidental, da sua melanização e até – em certo sentido – da sua descristianização e da sua desocidentalização, pelo efeito sobre culturas ocidentais e cristãs, de traços de cultura tropical de que o mesmo luso tem sido portador talvez mais franco e mais simpático – isto é, mais intimamente identificado com eles – do que outros europeus, de regresso de áreas tropicais. Não só de traços de cultura; também de atitudes libertárias adquiridas em espaços, como os tropicais, e naquelas áreas assinaladas por culturas chamadas primitivas, onde o adventício superiormente técnico se sente livre para práticas e expansões, se não impossíveis, difíceis, dentro das estruturas cristãs e ocidentais de sociedade.

Quer conservando-se em áreas colonizadas por Portugal, quer regressando delas a Portugal, essa espécie de libertino sociológico vem agindo – hoje muito menos que outrora – dentro da simbiose luso-trópico, no sentido da desintegração daqueles valores ocidentais e cristãos mais rígidos; e preparando o caminho para maiores liberdades de expressão de personalidade, quer entre indivíduos, quer entre grupos, dentro ou à margem do sistema de convivência que se tem desenvolvido e definido como lusotropical. Exemplo de indivíduo que à condição de lusitano juntou essa liberdade máxima de comportamento em área tropical: João Ramalho, no Brasil do século XVI. Exemplo de grupo: o mameluco paulista, desde cedo mais independente que outros grupos luso-brasileiros, da disciplina de forças lusitanizantes, ocidentalizantes e cristianizantes sobre o seu comportamento, que chegou a ser, na América, o de um grupo mais tropical que luso e quase sem lei nem rei do ponto de vista cristão-ocidental.

Isso em contraste com o grupo metropolitano baiano, durante séculos, como que mais luso que tropical no seu comportamento, a ponto de quase não ter participado psicológica e praticamente no movimento de independência que, em 1822, separou politicamente o Brasil de Portugal. Esses, porém, foram os extremos: de modo geral, o homem do Brasil atingiu essa crise política e ultrapassou-a, simbioticamente lusotropical na sua cultura e no seu comportamento; e hoje, mais do que nunca, sensível às vantagens da sua condição de homem quase sempre ecologicamente moreno – embora sejam vários os brasileiros alvos e louros – e de sociedade de configuração principalmente lusitana – embora não lhe faltem acréscimos de outras origens – num continente em que o espaço ocupado pelo Brasil é quase todo tropical.

Mais de um sociólogo tem salientado o fato de vir o colonizador europeu dos trópicos procurando identificar as suas características fisiológicas de branco ou quase branco com os traços culturais da civilização ocidental: identificação que o português cristocêntrico, ao contrário, quase sempre tem desprezado, identificando-se sociologicamente com o cristianismo e admitindo desde os seus primeiros contatos com a África negra – extensão e intensificação dos seus contatos com os mouros – a independência dos traços culturais da civilização lusocristã das características fisiológicas do indivíduo ou grupo que, tornando-se cristão, também se tornasse português. Foi essa atitude que permitiu ao português expandir-se fora da Europa, como se tem expandido, sobretudo no Brasil, lusotropical e cristocentricamente, não no sentido de ser teológica ou eticamente melhor ou mais intenso cristão que os demais, mas no sentido de vir sendo mais sociologicamente cristão que sociologicamente europeu. Sobre esse assunto, permite-me a liberdade de repetir aqui alguns dos reparos por mim já feitos no ensaio, publicado em Lisboa em 1957, *Integração Portuguesa nos Trópicos*.

Grenfell Price, no seu *White Settlers in the Tropics* – um dos melhores livros sobre o assunto –, sugere que os trabalhos manuais, repudiados em geral pelos europeus nos trópicos, são essenciais à sua saúde física; e certamente assim devem ser considerados do ponto de vista da sua saúde moral ou sociológica, pois o antagonismo entre trabalho manual e trabalho burocrático, ou entre trabalho – que nos trópicos seria obrigação de nativos – e ociosidade, privilégio nos trópicos de europeus, para assim ficar caracterizada a sua pretendida superioridade étnico-cultural, tem concorrido fortemente para a suposta incompatibilidade entre a civilização europeia e o trópico. Também nesse ponto foi sábio Afonso de Albuquerque que, ao estabelecer-se em Goa, providenciou para que artesãos portugueses, e não apenas artilheiros e soldados, constituíssem a população básica de europeus que, através de casamentos com mulheres tropicais, se estabilizariam na Índia em núcleo não só de população como de civilização lusotropical. E aqui convém acentuar, de passagem, outro aspecto da colonização portuguesa dos trópicos, que acusa da parte dos lusos o empenho de se fixarem nessas áreas como em terras dignas do seu inteiro amor, e não apenas do seu interesse econômico:

o cuidado de governos e autoridades da Igreja em promoverem casamentos interraciais. E, como quem casa, quer casa, daí decorreu em grande parte a arquitetura lusotropical, inteligentemente ecológica e tão expressiva da vontade ou gosto de civilização do português em terras quentes quanto o vestuário, a alimentação e, no Brasil, a preferência pela rede para repouso e mesmo para dormida. Expressões – todas essas – do que desde início houve de simbiótico entre a civilização europeia plasticamente encarnada no português e a realidade tropical, por esse mediador aceita em várias das suas estratificações, embora retificada, domesticada, alterada noutros.

Enquanto o europeu em geral, segundo o tropicalista Marston Bates – que entretanto não considera a exceção portuguesa, naturalmente por não a ter estudado como ela merece –, se tem recusado nos trópicos a situar-se com os indígenas sobre o que o tropicologista norte-americano chama "o mesmo plano de comparação", como se se tratasse de uma impossibilidade biológica e não, como é inteira ou principalmente, cultural, o português tem-se situado naquele plano, de tal modo que são – repita-se – os próprios indígenas ou nativos de áreas tropicais os primeiros a considerá-lo exceções: e a dividirem a humanidade, como os nativos do Congo belga, em europeus, africanos e portugueses. Eu próprio ouvi de um nativo do Congo belga essa classificação; como eu próprio ouvi de negros, em várias áreas africanas, a resposta, quase invariável, à pergunta "que és", a resposta "sou isto" ou "sou aquilo" – nomes de tribos africanas – em áreas não portuguesas; "sou português", em áreas portuguesas e entre os próprios negros vindos de Moçambique, que trabalham nas minas de Joanesburgo.

A insistência dos europeus não portugueses em se conservarem intransigentemente europeus nas áreas tropicais – apenas se abandonando mais do que na Europa às suas tendências viciosas (principalmente o abuso do álcool e de sexo) – e mantendo-se menos fiéis do que na Europa às virtudes cristãs, reflete-se de modo expressivo no sistema de alimentação que entre eles, nas mesmas áreas, vem sendo quase o mesmo da Europa, com um ou outro toque de cor local por senobismo ou exotismo senobe, enquanto entre os portugueses esse sistema de alimentação é uma das afirmações mais vigorosas de ser hoje a sua cultura nos trópicos não a portuguesa da Europa, sem tirar nem pôr, mas uma cultura simbiótica, híbrida, ecologicamente lusotropical. E, por isso, com qualidades de permanência que faltam às culturas apenas subeuropeias dos europeus intransigentemente europeus nos trópicos e que até para tomarem banho sob chuveiros parecem conservar os seus imperiais capacetes de cortiça, as suas londrinas capas de borracha, as suas galochas também inglesas e não sei que outras ingresias, francesias, alemãsias, ianquesias profiláticas – certo como é que o norte-americano tem sido em geral, nas áreas tropicais, um continuador dos métodos dos europeus de antagonismo entre o europeu e as paisagens, populações e culturas nativas.

Um alarmismo, talvez mais político nas suas intenções que científico nos seus métodos de indagação e no seu empenho de esclarecimento, tem ultimamente atribuído à situação alimentar dos povos tropicais, em particular, e dos não europeus, em geral, aspectos ou cores de situação catastrófica, quando a verdade não parece ser exatamente essa, desde que se considerem as várias situações alimentares de hoje do ponto de vista geral e não sob um critério etnocêntrico. Ainda que certos regimes de alimentação de povos tropicais pareçam bizarros a nutricionistas europeus e norte-americanos, os tropicologistas – e aqui se evidencia a necessidade de uma lusotropicologia que corrija não tanto nas ciências como nos cientistas os seus excessos etnocêntricos – têm procurado destacar que os seguidores desses regimes nos trópicos gozam do que um desses tropicologistas chama *"santé remarquable"*. Há nesse particular – opina o tropicalista Marston Bates – "campo de trabalho suscetível de nos fornecer informações muito úteis, tanto a nós mesmos" – isto é, ocidentais, europeus, civilizados – como "aos povos indígenas", isto é, tropicais – a quem o assunto mais diretamente interessa. E é o que têm revelado no Brasil estudos que, sem se darem por tal, são de caráter tropicológico, quando não lusotropicológico, como os de nutricionistas como os professores Silva Melo, Rui Coutinho, Dante Costa, e os de químicos como o professor Osvaldo Lima. Vários deles têm mostrado o extraordinário valor do caju, tão usado pelos indígenas do Brasil. E o professor Silva Melo, em páginas do mais autêntico sentido lusotropicológico, tem salientado a importância do arroz – base da lusotropicalíssima canja, que representa a assimilação pela gente lusitana de valor alimentar tropical encontrado na Índia –, quando comido à maneira tropical. Pois nesse ponto devemos lembrar-nos da advertência, tanto do professor Silva Melo como do dr. Marston Bates, no sentido de que o arroz é um dos alimentos tropicais que mais se tem degradado sob os supostos benefícios da técnica de mecanização do chamado aperfeiçoamento de alimentos, com que europeus superindustriais e pan-mecânicos, na sua concepção moderna de civilização, às vezes corrompem tropicais num como afã de os destropicalizar.

Mesmo assim, é interessante assinalar-lhe, como vão assinalando os paratropicologistas, que "a maior parte dos frutos da Europa atual e os métodos da sua cultura são devidos aos muçulmanos que no momento das invasões da Idade Média introduziram na Europa produtos e ideias do Oriente". Do Oriente e dos trópicos. E nessa missão como que histórica de transmissores de valores orientais e tropicais às civilizações europeias, os muçulmanos têm sido continuados de tal modo pelos portugueses, que o que hoje se nota de tropicalização nas culturas, paisagens e populações europeias é, em parte considerável consequência da irradiação de valores tropicais na Europa – e na América que se possa chamar boreal – pelos portugueses. Natural, portanto, que eles sejam particularmente tropicais na sua própria cultura europeia, responsável principal pela disseminação em áreas europeias da laranja doce e da manga, da jaca e, principalmente, da cana doce em áreas americanas; originadores também de numerosas denominações de frutos, vegetais, animais dos trópicos, talvez em consequência de ter sido a língua portuguesa preparada para o seu *status* atual de língua lusotropical, e não apenas europeias, pelo seu muito contato, anterior à expansão europeia nos trópicos, com idiomas prenhes de tropicalismos, como o dos árabes e o dos judeus sefárdicos.

Se os começos da ciência que se poderia hoje denominar lusotropical e de que a obra de Garcia d'Orta é uma das mais claras antecipações não se têm desenvolvido tanto, como era de esperar, entre portugueses e brasileiros, é que, por um lado as ciências experimentais atravessaram em Portugal, com repercussões no Brasil, uma depressão da qual só nos últimos anos se têm restaurado. E, da parte dos povos tropicais, o que parece certo é não ter havido nunca, em cultura casticamente tropical, tradição de ciência, do vigor da que se desenvolveu entre os ocidentais. Donde parecer a modernos tropicologistas esforço penoso e delicado, mas necessário, o de auxiliar o Ocidente o desenvolvimento de instituições técnicas e científicas nos trópicos: aliás já a Universidade Columbia mantém em Porto Rico excelente escola de medicina tropical. São esses próprios pré-tropicologistas que nos lembram a rapidez com que povos não europeus – embora não tropicais –

como, em grande parte, os russos e inteiramente os japoneses, têm assimilado técnicas e ciências do Ocidente, sem com isso sacrificarem de todo os valores e os estilos característicos das suas culturas.

Evidente a existência de matéria que sirva de objeto específico de estudo científico a uma ciência ou subciência – dentro de uma tropicologia que, pelo menos em potencial, já existe – que se caracterize como lusotropicologia, não me parecem incapazes os povos lusotropicais, quer na Europa e nas ilhas chamadas adjacentes, quer nos trópicos, de iniciarem lenta, modesta, mas proveitosamente, estudos lusotropicológicos que, ao aspecto cientificamente puro, juntem o aplicado, o funcional, o prático. Principalmente com relação à alimentação, ao vestuário, à casa, ao calçado, ao chapéu, à própria recreação. Um pouco de ciência e outro tanto de técnica que orientasse a criação e o aperfeiçoamento de indústrias ecológicas, em oposição às que, por obsessão de lucro capitalista e imperialista, enchem os mercados de produtos destinados ao mundo inteiro, como se os climas fossem todos iguais ao da Europa ou da América boreal, poderiam, desde agora, ir libertando os povos lusotropicais da absoluta dependência industrial, econômica, cultural dos produtos boreais, instalados nas próprias áreas tropicais.

Se é certo, como pensam cientistas de hoje – um deles Egon Glesinger, no seu *The Coming Age of Wood* –, que é provável estarmos a caminhar para uma fase de maior utilização da madeira na economia humana – isto é, nas artes de construção e na indústria química –, as florestas boreais, por maior que venha a ser o seu desenvolvimento, tornar-se-ão quase brinquedos de criança ao lado das tropicais, de cuja grandeza os pré-tropicologistas mal conseguem falar, sem se tornarem, como o alemão Konrad Guenther, poetas líricos desgarrados em especialidades científicas. Os especialistas norte-americanos e europeus em economia florestal veem nas florestas da Amazônia, do Congo e das ilhas orientais campo ilimitado para estudo científico e para utilização industrial sob critério científico; a Guenther – que conheci há 25 anos, em Pernambuco, empenhado em pesquisas de fitopatologia – só faltou repudiar no Brasil a sua toga de catedrático de universidade alemã para nascer de novo sob a forma tropicalista, ou de tropicologista de campo, de corpo e alma dedicado ao estudo das matas tropicais do Brasil.

Sendo assim, só aí se estende diante dos jovens do Brasil e dos vários Portugais espalhados em áreas tropicais um objeto de investigação científica que pode desde já ir consolidando nas nossas culturas o seu caráter de culturas lusotropicais suscetíveis de autoestudo lusotropicológico, que lhes acentue com a diversidade, a unidade; e ao mesmo tempo derive do que nelas é já simbiótica ou recíproca ou mutual ou complementarmente lusotropical – como a transplantação de vegetais do Oriente para o Brasil e do Brasil para a África – aplicações úteis à convivência humana não só nas várias áreas de residência em que os valores da Europa se têm juntado harmonicamente aos tropicais por mediação do gênio lusitano, como nas vizinhas ou semelhantes, vítimas de desarmonias e conflitos nas relações entre esse valores. Uma dessas aplicações: a modernização do velho uso da folha de mamão para a preservação ou o amolecimento de carnes.

A verdadeira industrialização dos trópicos, entendem tropicalistas modernos, dentre os quais Guenther e Bates, e o mestre inglês de geografia da Universidade de Londres, L. D. Stamp, que acaba de reinterpretar em livro quase tropicológico no seu critério – *Africa: a Study in Tropical Development* – em que as potencialidades afrotropicais se salientam –, dependerá do emprego inteligente que se faça do que um deles chama as "vantagens locais". Será precária entre nós toda indústria cenográfica que apenas procure ser o reflexo dos interesses boreais dentro daquele *"drive towards efficiency"*, que não é senão expressão de imperialismo nórdico nos trópicos, de que parece fazer a apologia outro inglês, J. S. Furnival, no seu *The Tropical for East,* ao lembrar que de 1900 a 1945 a produção de borracha pelo Extremo Oriente tropical subiu de quase zero a 700 mil toneladas da total produção mundial de 750 mil. Nada – exclama Bates – de continuarem os peritos ocidentais a ditarem aos povos tropicais o que estes devem fazer. Os povos tropicais devem situar-se entre os pioneiros e até – quem o diz é o norte-americano Bates, não sou eu – entre os líderes desses desenvolvimentos de cultura baseados em "vantagens locais". Os líderes que eles foram outrora, nos grandes dias dos árabes cujas ciências, integradas em culturas ligadas à vida, ao trópico, ao calor, tiveram sentido tropicalista e até pré-tropicológico.

Desde 1928 – data dos meus primeiros cursos de sociologia ou de ciência social a estudantes brasileiros ou estrangeiros, dos quais eu era então, ainda mais que hoje, simples colega e apenas aprendiz de uma ciência ou arte que não consegui nunca dominar, a de professor – que insisto na insuficiência dessas ciências sociais, enquanto permaneçam etnocêntricas, isto é, baseadas apenas na experiência ocidental de sociedades que se têm suposto a sociedade humana, de culturas que se tem intitulado a civilização. Sou dos que madrugaram no repúdio a esse unilateralismo e na busca de perspectivas verdadeiramente universais para aquelas ciências, através – por paradoxal que pareça – do regionalismo: um regionalismo orgânico e não desintegrador da essencial unidade da natureza humana. Esse critério é que me vem trazendo ao tropicalismo, à tropicologia e à lusotropicologia, em tentativas de captar através de tais critérios regionais de indagação e estudo, valores esquecidos da natureza humana em seus esforços de harmonização com as outras naturezas nas áreas quentes e por algum tempo tidas por hostis à civilização em qualquer das suas formas.

É-me assim agradável notar que, em obras recentíssimas, tropicalistas europeus e norte-americanos, para os quais ser um cientista tropicalista não significa ser principalmente um patologista, além deles, historiadores-sociólogos como o professor Toynbee e o professor Northrop, têm caminhado para esse critério, já antigo – perdoe-se ao autor a imodéstia de o referir – em trabalhos brasileiros. Entre os tropicalistas, anglo-americano ilustre que aqui tenho citado com frequência: Marston Bates. Este, em livro recente, e em flagrante coincidência de ideia com as de um já antigo tropicalista brasileiro, chegar a reclamar dos ocidentais que favoreçem nos trópicos o desenvolvimento do que chama uma "ciência fundamental" em que os conhecimentos do meio correspondessem a necessidades, digamos específicas, desse meio. Ciência que, no caso do estudo sistemático dos meios tropicais, em geral, seria aquela para que venho a sugerir a denominação de "tropicologia" e, no caso específico dos estabelecimentos e desenvolvimentos lusitanos nos trópicos, e da simbiose daí resultante, seria "lusotropicologia": subciência em relação à primeira. Para o cientista norte-americano, o homem do Ocidente ainda empreenderá transformações nos trópicos guiado pela ciência. Para essas transformações ninguém mais apto que o português da Europa, do Oriente e das Áfricas, e o seu continuador brasileiro que tem transformado os trópicos, sem pretenderem torná-los subeuropeus. Isso porque, antes de procurarem transformar os trópicos, eles próprios se têm transformado em lusotropicais de corpo e de alma, isto é, de cultura no seu mais amplo sentido antropológico. De cultura e até de raça, aceita a possibilidade de novas raças se estabilizarem sob o favor de circunstâncias ecológicas que operariam seletivamente sobre os adventícios, acentuando predominâncias de forma e de cor, talvez até de constituição e de temperamento, mais em harmonia com o meio. Sendo assim, é de imaginar-se que venha a estabilizar lentamente no Brasil, como nas demais áreas lusotropicais que tendem a formar, cada dia mais, um todo quase indivisível na sua unidade psicocultural, embora diverso pela diferença de contatos com vizinhos e por outras circunstâncias favoráveis à diferenciação de alguns dos seus subgrupos.

Homogêneo nas suas formas principais de organização e de cultura. Uno pela sua língua supranacional. Mas vário pelas linguagens nacionais e até subnacionais.

E com esse todo cultural, talvez se esteja a desenvolver em todo o mundo lusotropical um tipo de homem com tendências – repita-se – para moreno, nas suas predominâncias de cor, e talvez próximo do europeu mediterrânico, por um lado, e, por outro, do árabe ou do indiano, nas suas formas mais características de corpo. Talvez venha a ser chamada um dia "raça" – raça lusotropical –, se o conceito de raça sobreviver com o seu moderno vigor – o que é, aliás, pouco provável – entre os homens e povos do século vindouro.

Creio que nos é possível falar hoje de um processo lusotropical – ou lusotropicológico – que, como processo biossocial de contado entre grupos humanos, viria condicionando o comportamento, desde o século XV – desde o Infante –, da gente lusitana nos trópicos. E, ao mesmo tempo, marcando a adaptação pela gente lusitana de valores tropicais às suas necessidades e às suas tradições.

Os lusos seriam agentes de tal processo. Mas seriam também pacientes e até vítimas da sua atuação. Haveria entre homens e processos constante interação; ou ação reciprocamente condicionada. Ou, ainda, de acordo com o critério de desenvolvimento histórico-social decorrente do princípio hegeliano, tese e antítese até ser alcançada a síntese. Da síntese – no caso, a cultura lusotropical – seria absurdo pretender-se que constituísse simples decorrência de puras circunstâncias de meio ou de ação econômica, desprezando-se quanto agiram, no sentido de ser ela alcançada, personalidades de lusitanos típicos e, dentro dessas personalidades típicas, toda uma constelação de indivíduos criadores, como o infante D. Henrique, D. João II, Vasco da Gama, Afonso de Albuquerque, S. Francisco Xavier, S. João de Brito, D. João de Castro, Luís de Camões, Fernão Mendes Pinto, Garcia d'Orta, Sancho Pires, Diogo Gouveia, Duarte Coelho, João Ramalho, Jerónimo de Albuquerque Nóbrega, Anchieta,

Vieira, Alexandre de Gusmão. Cito S. Francisco Xavier e Anchieta porque, evidentemente, eles se aportuguesaram, tropicalizando-se à antes maneira portuguesa que ao modo espanhol.

Que o marxismo, fecundo como tem sido na sua influência sobre as modernas pesquisas histórico-sociais, não nos afaste do estudo, da análise e da interpretação das personalidades criadoras e das suas antecipações de sínteses que só anos e até séculos depois se têm realizado entre grupos ou culturas inteiras. Ainda há pouco, ilustre historiador inglês de Cambridge, Herbert Butterfield, pôs em relevo a perigosa tendência entre jovens estudantes de história influenciados pelo critério marxista de interpretação histórica, isto é, pelas variantes mais rígidas desse critério, para desprezarem a importância do elemento humano – a importância da personalidade humana – nos acontecimentos históricos. Essa importância, sentiam-na outrora os homens de estudo naqueles acontecimentos mais dramáticos do passado, pelo fato de a religião, central dos antigos estudos, concorrer para revelar, através de escritos religiosos, a natureza humana em algumas das suas significativas profundidades. À religião seguiu-se a poesia, com o seu poder de revelação das mesmas e de outras profundidades da natureza humana. E à poesia – lembra o erudito de Cambridge – seguiram-se a narrativa histórica e a biográfica, igualmente fortes na sua revelação de profundidades do ser humano mais complexo, e que a sociologia, em geral, e o marxismo sociológico, em particular, por algum tempo desprezaram por excessivo apego às generalizações baseadas sobre números ou quantidades.

Quando a verdade é que, segundo o professor Butterfield e outros mestres modernos de historiografia, é inútil pretender alguém conhecer ou descobrir como operam as chamadas forças históricas, se lhe falta o conhecimento da mente, da pessoa, da personalidade humana. Conhecimento – acrescente-se a esses mestres – que nos é fornecido mais pela literatura religiosa, poética, histórica, biográfica, que vem de séculos e tem sido produzida quase toda por homens de gênio, mais capazes que os comuns de serem reveladores e intérpretes dos extremos de profundidade e intensidade da natureza humana, que pela literatura apenas cientificamente psicológica, sociológica ou antropológica, tão recente entre os homens e em grande parte produzida por homens de inteligência e incapazes de criação literária: daquela que se alimenta do sumo obtido através de cortes em profundidade no que é mais intimamente humano no homem. Daí podermos concordar com o professor Butterfield em que a ideia de processo, em história – ou seja, de história considerada apenas sociologicamente como processo –, é instrumento perigoso nas mãos daqueles que não possuam ao mesmo tempo o que o mestre de Cambridge chama "uma alta doutrina de personalidade": *a high doctrine of personality*. Daí – também –, na consideração do processo que me parece mais característico do comportamento português, desde que Portugal se tornou no século XV rasgadamente extraeuropeu no seu *ethos* e na sua atividade, com acentuada tendência a fixar-se em espaços tropicais, quentes e até, como dizia Camões, ardentes, procurar eu, ao mesmo tempo, analisar as antecipações do mesmo processo, antes da sua generalização em processo – o processo lusotropicológico –, em personalidades das que Thomas – que dividiu as personalidades em criadoras, boêmias e filistinas – chamaria criadoras, embora algumas tenham sido mistas ou anfíbias e até tribais, isto é, criadoras-boêmias, como Camões, ou criadoras-filistinas, como Garcia d'Orta e Sancho Pires, ou criadoras-boêmias-filistinas, com Fernão Mendes. Raramente quase só filistinas, como Gabriel Soares, que teve, entretanto, o seu tanto de criador, embora pedestre. A compreensão dessas personalidades parece impor-se como essencial à explicação daquele processo, se é que processo e personalidades podem, nesse caso, ou em qualquer outro caso, histórico-sociológico, ser inteiramente separadas, para compreensão e para explicação dos todos que constituem.

Sou dos que pensam que só simultaneamente podem ser considerados processos e personalidades, com inteira vantagem para o esforço de análise ou a tentativa de síntese que se empreenda de qualquer passado social, nunca de todo anônimo, muito menos impessoal. Explica-se assim que, mesmo no estudo de passados da aparente impessoalidade dos povos ou grupos chamados primitivos, a moderna antropologia social tenha recorrido à técnica biográfica, ou a de provocação de depoimentos autobiográficos, do mesmo modo que se explica que, nas modernas biografias, não se separe o biografado, por mais excepcional que se apresente, do processo de interação social – ou sociocultural – dominante no seu meio de origem e de formação e no seu meio de atuação ou de expressão: com esses reparos, procuro salientar de início que, a inclusão de matéria biográfica, não contradiz mas procura completar, talvez intensificar e, quanto possível, aprofundar, o objetivo antropossociológico das sugestões que sirvam de base a uma possível tropicologia. Daí, à consideração dos contrastes "aventura" e "ciência", "previdência" e "imprevidência" no esforço português nos trópicos, dever seguir-se a consideração de personalidades também contraditórias – de "boêmios", umas, de "criadores" sistemáticos, outras: o caso do Infante – que, entretanto, se completaram, dentro desse esforço: Camões, Fernão Mendes, Garcia d'Orta, Gabriel Soares de Sousa. Todos eles continuadores, cada um a seu modo, do verdadeiro iniciador de um novo tipo de civilização sociologicamente cristocêntrica: o infante D. Henrique.

Já tenho mais de uma vez salientado, de ingleses e de outros europeus, terem sido quase sempre cristãos, certos de que a civilização europeia – e também cristã –, para se impor aos povos não europeus, devia conservar, nas áreas de clima quente, todas as suas ortodoxias europeias e até burguesas de vestuário, de calçado, de chapéu, de regime alimentar. Daí o etnocentrismo mais ou menos rígido, característico do seu comportamento nessas áreas e em face dos "indígenas" dessas áreas.

Para um moderno historiador inglês, como Arnold Toynbee, quando os ocidentais chamam a povo europeu "indígena", colocam-no fora da sua compreensão e consideram-no semelhante a animais selvagens; como parte da fauna e da flora locais, e não como constituído de seres humanos animados de paixões semelhantes às dos ocidentais. Essa tem sido, na verdade, a atitude tipicamente europeia da parte dos europeus boreais para com as gentes tropicais e as suas culturas; mas não a atitude caracteristicamente portuguesa. E talvez para isso tenha concorrido o fato, salientado ainda por Tonynbee, de se ter a civilização ocidental – da qual insisto em separar o português e, até certo ponto, o espanhol – entregue à conquista do Oriente – inclusive de áreas tropicais –, animada pelo desejo de unificação econômica do mundo, em torno do sistema econômico europeu; sem que lhe importasse, por conseguinte, acrescentar a transações econômicas seguidas de políticas – estas sob a forma de mandatos, tutelas, proletariados, quando não de puros e simples domínios quase sem transação – as transações culturais acompanhadas de técnicas, nas quais se especializou o português ainda mais do que o espanhol. E isso – como já procurei destacar em trabalho recente –, em grande parte, por ter sido a expansão portuguesa nos trópicos menos etnocêntrica – de povo que tivesse por centro da sua atividade a sua raça e o seu sistema de cultura pretendidamente étnico – que cristocêntrica, isto é, de povo que se considerasse sociologicamente mais cristão do que europeu. Precisamente a política inaugurada por D. Henrique, embora dentro de pouco tempo o seu caráter de "política" tivesse desaparecido sob o de "atitude".

4. A EXPERIÊNCIA PORTUGUESA NO TRÓPICO AMERICANO

A experiência portuguesa na América é parte de um complexo: a experiência portuguesa nos trópicos. Essa experiência incluiu a princípio só o contato do português com terras africanas; depois também com asiáticos; e, durante séculos, o contato simultâneo desse europeu com regiões quentes do Oriente, da África e da América.

São regiões pelas quais sua predileção se vem manifestando com a aparente força de uma vocação ou predisposição. Mais do que isto: quase com o rigor de uma sistemática de ação, precedida ou acompanhada de estudo senão sempre científico, quase sempre paracientífico, das condições de natureza e de vida nas mesmas regiões e das possibilidades de nelas se desenvolver o esforço lusitano em um meio ou espaço antes ideal, messiânico, desejado ainda que hostil, ou grandemente desfavorável, ao europeu: a atitude – esta última – de quase todos os outros europeus com relação aos trópicos e à sua "patologia".

Tendo sido um dos primeiros povos da Europa – talvez o primeiro – a ter contato com a Terra Nova e com o extremo meridional da África do Sul, e havendo, nas suas "bandeiras" transamericanas, chegado ao Peru, atravessando terras frias, o português parece nunca se ter empenhado com o seu melhor fervor em fixar-se em espaços nevoentos ou em adaptar-se a climas mais frios que o de Portugal. Seu clima messiânico ou ideal – a emigração portuguesa para países frios, como os Estados Unidos, tem sido principalmente de açorianos – parece ter sido sempre o mais quente que o de Portugal. Contra os próprios ventos frios da Espanha tem se manifestado muito significativamente seu folclore, juntando-os aos casamentos com espanholas, tidas por mulheres menos ternas que as portuguesas ou as tropicais: "Da Espanha nem bom vento nem bom casamento".

Por outro lado, o erudito Luís de Camões, em *Os Lusíadas*, mais de uma vez se torna o intérprete desse gosto da sua gente pelos climas quentes e pelas terras ardentes; e do repúdio português pelas terras frias e pelas regiões nevoentas.

Há em *Os Lusíadas* um evidente pendor da parte do poeta para a idealização de paisagens claras e luminosas: aquelas cujo esplendor melhor se revela em ambientes tropicais. E pela biografia desse grande português, tão típico da sua gente no modo aventuroso de ser ao mesmo tempo fidalgo e homem simples, guerreiro e poeta lírico, letrado e homem de ação, sabe-se que foi indivíduo alvo e louro, muito sensível aos encantos da mulher de cor: encantos a que se têm rendido nos trópicos tantos portugueses assim ruivos como morenos, assim nórdicos como tocados de sangue semita, mesmo quando lhes tem sido dado escolher entre mulheres brancas e pardas; ou entre brancas e amarelas; e até entre brancas e pretas. Preferência notada na Bahia dos primeiros séculos coloniais por viajantes franceses que visitaram a então capital do Brasil.

Esse melanismo talvez seja inseparável do que se possa denominar pantropicalismo do português, isto é, a tendência que a gente lusitana parece vir revelando mais do que qualquer outra da Europa para encontrar em terras ou climas quentes o ambiente ideal para a transeuropeização da sua atividade e até da sua cultura: espécie de paraíso perdido que as descobertas dos séculos XV e XVI lhe permitissem recuperar, a princípio – depois dos primeiros contatos, no tempo do Infante, com a África negra – principalmente, no Oriente; depois do século XVI, principalmente no Brasil, e quase sempre, subsidiariamente, durante essas duas fases, na África negra. Entretanto, desde meados do século XIX a África negra tomaria também cores messiânicas aos olhos de portugueses com a velha fibra pioneira e o antigo gosto por aventuras nos trópicos – inclusive a aventura da evasão, da fuga, naquela época de afrancesamento e de anglicização das elites portuguesas – em revolta contra a proximidade, em que se passou a viver na metrópole, aos excessos mecânicos e aos requintes ao mesmo tempo técnicos, cientificistas e "decadentistas" em arte e literatura, da Europa. Excessos, estes, que seriam duramente ridicularizados por um escritor português de gênio, cuja figura avulta do Portugal da segunda metade do mesmo século XIX com um extraordinário relevo: Eça de Queirós. É que Queirós, sob a aparência de simples diletante em torno de assuntos sociológicos e históricos relacionados com Portugal – os da especialidade do seu amigo e sob alguns aspectos, mestre, Oliveira Martins – fez às vezes, neste particular, obra de analista social arguto, e parece ter sido dos que começaram a compreender, no fim da vida, depois de ele próprio ter sofrido do mal do "francesismo" e um tanto de "anglicismo", haver no passado da sua gente constantes capazes de concorrerem, bem reorientadas e rearticuladas, para um rejuvenescimento português, que se processasse sob um novo sistema de relações dos portugueses modernos com aquele seu passado – com as sugestões mais fortes vindas daquele passado dinâmico: sugestões para contatos viris, másculos, renovadores, de portugueses com os trópicos agrestes como os africanos e os sertanejos do Brasil, antes capazes de avigorar energias europeias que de enfraquecê-las como os famosos contatos com o Oriente civilizado.

Uma dessas sugestões que parece vir evidenciando ou revelando, como que experimentalmente no decorrer dos últimos cinquenta anos, sua validez ou o poder dinâmico de certos mortos influírem sobre os vivos – como acreditava Comte ser tendência sociológica, pelo menos em certas sociedades – está na constância, regularidade e sistematização das relações do Portugal europeu com os Portugais tropicais: relações que garantam ao mesmo Portugal a condição de cultura transeuropeia, sem a qual esta cultura corre o risco de perecer de claustrofobia, isto é, sob a angústia de ser asfixiada ou sufocada pela falta de outro ar, além do europeu. Pois o ar europeu na verdade nunca lhe bastou para a sua vida; e a angústia, o quase desespero que os "Eças de Queirós" vieram a sentir na segunda metade do século XIX, parece ter decorrido principalmente do considerável afastamento em que se viveu então, intelectualmente, em Portugal, da tradição portuguesa de contato da melhor inteligência lusitana (o infante dom Henrique, Gil Vicente, Camões, Fernão Mendes Pinto, João de Barros, dom João de Castro, Garcia de Orta, Padre Antônio Vieira, Alexandre de Gusmão, Pombal, Lacerda, Garret) com a realidade que alguns vêm chamando ultimamente lusotropical. Isto é, uma realidade constituída pela inseparabilidade dos problemas portugueses de composição étnica e de organização social, das condições portuguesas de existência, dos motivos portugueses de vida, das inspirações mais artística e literalmente válidas para portugueses – de suas bases ou projeções tropicais: o Oriente, a América, a África tropicais, ligadas de modo especialíssimo à experiência transeuropeia dos portugueses. Esta experiência vem do século XV e não poderia ser hoje repudiada sem que Portugal perdesse os seus característicos principais, de uma forma que não ocorreria talvez a nenhum dos outros povos europeus que têm tido possessões ou domínio em áreas tropicais – com exceção, até certo ponto, da Espanha, também muito presa a uma experiência transeuropeia em terras quentes que lhe torna quase impossível viver de todo isolada dessa sua projeção nos trópicos e da projeção dos trópicos senão sobre sua atualidade mais ostensiva, sobre aquela sua intra-história – para usarmos a caracterização de Unamuno – que não é entre espanhóis passado inteiramente morto mas, de alguma maneira, vivo.

Acresce que, se politicamente, Portugal é hoje uma nação separada do Brasil – sua projeção no trópico americano –, sob o aspecto cultural os dois vêm sendo há mais de um século como partes igualmente vivas da mesma realidade lusotropical, ainda em pleno desenvolvimento. Desenvolvimento na América e desenvolvimento na África; e sobrevivência – que aqui só nos interessa sob o puro aspecto cultural – no Oriente. De modo que estamos – ao que parece – diante de um processo de formação de um terceiro homem ou de uma terceira cultura – um homem simbioticamente lusotropical, uma cultura simbioticamente lusotropical – que vem resultando numa realidade ainda inacabada; e que se vem formando por ter o português ido ao extremo, em época decisiva para o seu desenvolvimento extraeuropeu, de ter renunciado, como nenhum outro europeu até hoje, à sua pureza, quer étnica, quer cultural, a favor de formas híbridas de homem e de cultura, das quais vêm participando raças, ambientes e culturas tropicais transeuropeizados pela presença entre eles do mesmo português. Esse português há séculos que não age sozinho como português ido da Europa para os trópicos; mas tem a colaborar com ele, na criação de formas biológica e sociologicamente híbridas – lusotropicais – de homem, de comportamento e de cultura, não só seus descendentes (conservadores e renovadores nos trópicos, da parte lusitana ou hispânica ou europeia daquela etnia e daquela cultura), como europeus de outras origens, integrados no que o processo de transeuropeização tem de essencial. No último caso, a parte étnica do processo vem perdendo toda sua importância sob a ação da parte cultural, que é a que decisivamente tem caracterizado o processo, podendo-se até incluir entre os agentes de expansão de formas lusotropicais de homem e de cultura noutras Áfricas, que não hoje portuguesas, descendentes de escravos africanos que no Brasil adquiriram comportamento e cultura lusotropicais; e que regressando, livres, à África, durante o século XIX, introduziram na mesma África formas lusotropicais de comportamento e de cultura.

De alguns desses casos, deveras interessantes, de presença, ainda hoje, nas Áfricas inglesa e francesa, de formas lusotropicais, desenvolvidas no Brasil, de homem, de comportamento e de cultura, um pesquisador francês, em fraternal colaboração com um colega brasileiro, cujas ideias lhe teriam despertado perspectivas novas na observação de influências europeias na África negra – Pierre Verger – reuniu evidências que confirmam generalizações do mesmo investigador brasileiro voltado há anos, com especial atenção, para o estudo do assunto. São casos de importância considerável por parecer não haver outros, de conservação, na África, de formas de comportamento e cultura semieuropeia, semitropical, num equilíbrio semelhante ao brasileiro – como semelhantes ao brasileiro são outras interpenetrações de raça e culturas europeias com tropicais, características do Oriente e da África portugueses – adquiridas no trópico americano por escravos africanos; e por descendentes desses mesmos escravos resguardadas, até hoje, de dissolução, quer nas culturas africanas, quer nas subeuropeias – francesas ou inglesas – a que ali são admitidos negros africanos civilizados. Se tais formas de cultura e de comportamento vêm por si mesmas – isto é, por espontâneo apego aos valores característicos dessas culturas, da parte de descendentes de antigos escravos africanos no Brasil – resistindo, na África, àquelas absorções, é que parece haver naquelas formas alguma coisa que talvez as torne polivalentes nos trópicos em fases de alteração de vida e de culturas tropicais sob a influência da europeia, pelo fato de exprimirem ou representarem uma integração de valores europeus com tropicais em correspondência com os principais desejos, necessidades, ou solicitações de grupos ou comunidades em fase de transição, da pura tropicalidade à tropicalidade fecundada pela influência ou pela presença europeia.

Essa integração não há evidências de ter sido alcançada nas mesmas circunstâncias nem por ingleses nem por franceses, nem por holandeses, alemães e dinamarqueses, nem sequer por italianos, em seus contatos mais demorados e sistemáticos com populações e culturas tropicais: só por portugueses e, com menor intensidade, mas com igual disposição de ânimo para a vida transeuropeia nos mesmos trópicos como vida normal e capaz das mesmas expressões de cultura que dentro dos confins europeus, por espanhóis. Parece-me igualmente nítida – sociologicamente nítida – essa disposição de ânimo espanhol para o que se pode denominar, com don Mariano Picon-Salas, de "equilíbrio" entre "a destruição" causada pelos mesmos espanhóis no trópico americano e "*las adquisiciones nuevas*", isto é, o aproveitamento de valores indotropicais por eles realizado. Tais valores foram incorporados, em várias áreas, através da mestiçagem e da assimilação, à cultura espanhola, que assim se expandiu quase tanto como a portuguesa em cultura simbiótica que poderíamos chamar hoje de hispanotropical, como não podemos chamar de cultura anglotropical à da Jamaica ou a das Rodésias; nem de galotropical, a de Martinica ou a do Senegal.

Aqui tocamos no que talvez seja o essencial da diferença entre os dois processos de contato demorado e sistemático dos europeus, desde o século XV, com os trópicos, em geral, e desde o século XVI, com o trópico americano em particular: o processo hispânico – do qual o português se apresenta como a intensificação máxima no sentido, por assim dizer, pantropical, de completar o hispano o seu destino ou a sua missão extraeuropeia de povo ou cultura inquietamente europeia, integrando-se em espaços tropicais não como em espaços de todo hostis à sua raça e à sua cultura mas como em espaços para o português, e mesmo para o espanhol, sob vários aspectos, ideais; e o processo não hispânico, que tem consistido na dominação e exploração de recursos e populações tropicais por europeus de outras origens, aos quais tem faltado – a não ser em indivíduos ou subgrupos excepcionais – o ânimo e gosto pela integração nos trópicos; a disposição confraternizante para com os valores tropicais quer de raça, quer de cultura; o empenho para outra utilização desses valores senão a voluptuosa, a comercial, a econômica, estratégica. Do que há de essencial nessa diferença se apercebeu há um século um historiador mexicano, don Lucas Alaman, cuja apologia de método hispânico de agir no sul do continente americano vem resumida no capítulo segundo do estudo de don Mariano Picon-Salas sobre "*tres siglos de historia cultural hispanoamericana*", intitulado *De la Conquista a la Independencia*, e publicado também no México em 1944. Para Alaman – resumido pelo historiador venezuelano – o espanhol na América "*a diferencia del ingles, quiso incorporar-se formas indígenas*", que eram formas – acrescente-se – em sua predominância, tropicais de vida, comportamento, cultura. Sendo assim, enquanto a colonização da América por ingleses teria sido "*mero desplazamiento europeo hacia menas tierras*", o espanhol teria feito brotar na América, "*sobre un subsuelo autoctono primario*", uma cultura nova – a hispano-americana. Hispano-americana segundo a concepção de Alaman em sua *Historia de México* (1849-1852), revivida, quase um século depois, em ensaio magistral, por Picon-Salas; hispanotropical, diríamos hoje, embora com o risco de não incluir na generalização toda a América de colonização espanhola. Mas sem que esse risco importasse em desatenção – da parte dos que pretendemos interpretar as relações dos europeus com os trópicos, sugerindo o contraste da atitude hispânica com a não hispânica, de forma de tal modo sistemática que nos fosse possível falar numa hispanotropicologia e, particularmente, numa lusotropicologia que se especializasse no estudo, na descrição e na tentativa de explicação do que vem sendo o método hispânico e, particularmente o lusitano, de desenvolvimento de populações e culturas nos trópicos, simbióticas em sua maneira especialíssima de realizar íntima e profunda integração dos valores europeus com os tropicais – ao que nos parece um fato: o de que, fora dos espaços tropicais e subtropicais da América, pouco se apresenta, nas próprias áreas de colonização espanhola, de original ou novo como cultura, ou como tipo humano; de novo, de transeuropeu, de extraeuropeu. Daí muito do que na cultura da Argentina ou do Uruguai ou do Chile mais frios se distingue por excelência técnica ou primor intelectual se apresentar como excelência ou primor antes quase europeu subeuropeu que como afirmação transeuropeia ou extraeuropeia – o que de modo algum implica manifestações antieuropeias – de tipo étnico novo pela mestiçagem, ou de configuração cultural nova pela profunda interpenetração entre valores europeus e valores tropicais de cultura.

Em lúcido comentário às ideias de Alaman, apologéticas do método espanhol de colonização da América em oposição ao método inglês, o historiador Picon-Salas expõe ideias que coincidem com um critério por mim sugerido, desde 1933, para uma possível interpretação do processo socialmente ecológico de ocupação de áreas tropicais por portugueses, em contraste com o processo, também socialmente ecológico, de ocupação e invasão das mesmas áreas, por europeus de outras origens: coincidência que muito me honra. O ensaísta venezuelano diria hispânico e não apenas português; pois sua tese é precisamente a de que

> *si los británicos fueron buenos colonizadores cuando, como en la América del Norte, en el Sur de Australia e en Nueva Zelanda encontraron tierras de clima templado donde parecía fácil trasladar los costumbres y el estilo de vida de la*

metrópoli, no desplegaron igual esfuerzo en sus colonias del trópico. Nunca fueron equiparables las tradiciones de vida europea, de cultura y refinamiento intelectual con que España marcó su huella en Cuba y Puerto Rico con el inferior estilo de factoría que en las mismas aguas del Caribe mantuvo la británica Jamaica.

E lembra que "*documentadamente ha estudiado este problema el escritor cubano Ramiro Guerra en su valioso libro* Azúcar y Población en las Antillas" – livro, na verdade, capital para os estudos de hispanotropicologia que venham a sistematizar-se em ciência: tão essencial a esses estudos quanto alguns dos brasileiros. É que, ao contrário do espanhol e, principalmente, do português, nos trópicos tanto americanos como asiáticos, o inglês "*prefirió mantenerse al margen de los grupos elógenos, sin otra relación casi con ellos que la de patrón a siervo*". E ainda nos lembra – um tanto apologético da colonização espanhola, por algum tempo vítima de excessos de crítica desfavorável e sociologicamente mal embasada da parte de vários hispano-americanos – o ensaísta venezuelano não terem saído da "*Jamaica tórrida, buena produtora de ron y de caña de azúcar*" nem um Hostos nem um Rizol que como em Porto Rico e nas Filipinas hispânicas fossem intérpretes de nacionalidades nascentes. E ainda: "*Domesticar la tierra caliente, llevar una cultura urbana hasta los climas mis desapacibles y duros de la América Tropical – Cartagena de Indias, Panamá, Guayaquil etc. – fue una hazaña española, lograda con la pobreza de medios tecnicos que existieron entre los siglos XVI y XVII*" (p. 38).

Aliás, a referência que aí se fez aos climas tropicais como, em alguns casos, "*desapacibles y duros*", é contrária à ideia dominante entre europeus do Norte de virem esses climas sempre concorrendo para o amolecimento da energia europeia em áreas quentes em vez de virem por vezes se estremando em desafios a essa energia como no Oriente, na África e na própria América. Quem ainda hoje visita Goa e Moçambique depara com ruínas sem nenhum exagero monumentais de obras em que se exprimiu de modo verdadeiramente grandioso, naquelas épocas tropicais, a energia portuguesa; a qual só foi contrariada de modo considerável naqueles arrojos (nos quais se exprimia o ânimo de permanência ou a vontade de plena integração nos trópicos), pela malária – como, aliás, a energia francesa no Panamá e parece que a alemã em Catucá (no Norte do Brasil). À Venezuela e à Amazônia – trópico americano de clima tropical do pior –

se sabe ter chegado com o mesmo vigor a energia hispânica: espanhola, em Barinas, San Carlos, Ospino, Guanare, no alto Orinoco, no Norte Paraguaio; portuguesa no alto Amazonas (onde a engenharia portuguesa levantou em plena selva o Forte do Príncipe da Beira); e também ao centro de Goiás e de Mato Grosso, onde igualmente se fundaram cidades, vilas e lavouras portuguesas, em resposta aos desafios de um clima tido por inumano por outros europeus. Tivesse o português ou o hispano podido se aparelhar científica e tecnicamente, entre os séculos XVI e XVIII, contra a malária, e suas instalações urbanas, e não apenas agrárias, nos trópicos, teriam alcançado, talvez, uma grandeza julgada impossível, em espaços quentes, por outros europeus da mesma época: sempre marginais em seus contatos com os trópicos; transitórios; sem ânimo para, em tais espaços, levantarem igrejas, mosteiros, colégios, palácios, residências – e não apenas fábricas – como os erguidos pelos hispanos, dos quais os espanhóis – excedendo-se neste ponto, aos portugueses – chegaram a erguer ou fundar universidades em plenas áreas tropicais: desdenhosos de quanto mito norte-europeu já circulasse então contra as possibilidades de se desenvolverem em climas quentes as formas mais elevadas de cultura intelectual, moral e artística.

Contemplando a América do Sul, tal como ela viria a apresentar-se no começo do século XX a olhos criticamente norte-europeus, James Bryce chegou a generalizar, como que investido da missão de confirmar, já no século atual, aquela descrença em possibilidades julgadas por muitos norte-europeus tão remotas: *"Climate has told for much in compelling the inhabitants of the colder regions to work hard and enabling those of the hotter to take life easily".* Pelo que *"the tropical states have on the whole lagged behind the temperate ones..."*

O que não impediria o México e Cuba, a Venezuela, o Brasil, de virem a ultrapassar a Argentina, o Chile e o Uruguai, em afirmações de vigor cultural resultante de integração de energias hispânicas em áreas em grande parte rudemente tropicais nas suas condições de vida. Bryce hoje teria, talvez, que retificar-se a si mesmo e reconhecer com outros anglo-saxões como o anglo-americano Charles Morrow Wilson no livro *The Tropics, World of Tomorrow* (Nova York, 1951), que dos trópicos, hoje habitados por populações mestiças cuja cor – ao contrário da arianização sonhada por alguns arianistas – *"tend to grow darker"* (Wilson, p. 121) muito há que esperar, sob vários aspectos culturais – artísticos, médicos, intelectuais, industriais, agrários – ainda que o esforço humano – em grande parte de mestiços – venha precisando de enfrentar, em áreas como as hispanotropicais, obstáculos imensos: terras ácidas, como em parte considerável do Brasil amazônico, por exemplo; doenças das chamadas tropicais, contrárias tanto ao desenvolvimento humano como ao de animais e vegetais úteis; irregularidades d'águas. Desafios, todos esses, à capacidade dos povos tropicais para vencerem, nos espaços por eles ocupados, obstáculos que, sendo consequências do clima, não são imposições absolutas do mesmo clima, mas problemas de solução possível através de uma ciência e de uma técnica que se libertem das convenções norte-europeias e considerem ecologicamente tais problemas como se apresentam em condições tropicais de vida.

Talvez no desenvolvimento dessas especializações – dessas adaptações de ciência ou técnica norte-europeia ou anglo-americana a condições tropicais de vida – o moderno povo hispanotropical que mais venha avançando em experimentos úteis aos demais povos na mesma situação ecológica e da mesma tradição cultural, seja o brasileiro de formação principalmente lusitana. O que talvez se deva a vir o português possivelmente se compensando de sua inferioridade, em relação ao espanhol, quanto a recursos de instrução academicamente universitária nos trópicos – recursos que madrugaram na América Espanhola – por meio de experimentos extra-acadêmicos que desde o período colonial fizeram de mosteiros como o dos Beneditinos, no Rio de Janeiro, de hortos botânicos como o de Olinda, e de engenhos como o de Muribeca – onde o erudito Morais estudou, ainda na época colonial, alterações sofridas pela língua portuguesa no Brasil – centros de experimentação científica em torno de problemas peculiares aos trópicos: ao Brasil ou à América tropical. Ao desenvolvimento de formas de vida, de economia e de cultura hispânicas e cristãs em espaços tropicais. Tais os experimentos dos Beneditinos no Rio de Janeiro em torno de quais os tipos étnicos – os negros, os cafusos, os mulatos – mais capazes de trabalho eficiente ou de atividade inteligente no Brasil. Ou os experimentos em torno de plantas tropicais capazes de ser utilizadas no tratamento de doenças dominantes no Brasil, rebeldes a remédios europeus. Ou, ainda, aqueles outros em torno de alimentação de homens e animais empregados no trabalho agrário, empreendidos por fazendeiros. Ou – mais ainda – os estudos de José Bonifácio sobre minerais brasileiros: estudos extra-acadêmicos realizados no Brasil que lhe valeram consagração acadêmica na Europa, inclusive o título de doutor que lhe deu acesso à cátedra na Universidade de Coimbra.

Ainda há pouco, depois de visitar a Venezuela, escreveu um brasileiro ilustre que é também um dos homens de hoje que melhor conhecem os problemas sul-americanos de economia, o sr. Assis Chateaubriand (*Diário de Pernambuco*, 28 de julho de 1955), ter verificado basear-se a moderna pecuária venezuelana "em três mananciais brasileiros, melhor utilizados ali que no Brasil, onde o português ou o brasileiro os desenvolveu demonstrando suas virtudes ecológicas: "o capim de Angola, o capim Jaraguá e o gado Gyr". E acrescentava em sua correspondência de Caracas para os *Diários Associados* do Brasil: "Só vendo a lavoura venezuelana em Turen se pode ter ideia do modo como as estações experimentais e o laboratório aqui (na Venezuela) tratam aquelas gramíneas brasileiras. Tanto o Jaraguá como o capim de Planta ou de Angola (esse é aqui chamado em inglês de *Pará grass*) são gramíneas luxuriantes e ricas. Uma e outra são capazes de alimentar grande número de cabeças de gado por hectare". E ainda: "Depois de dezenas de anos de tentativas de formação de uma pecuária nacional com as linhagens bovinas europeias, convenceram-se os zootecnistas venezuelanos de que sem uma percentagem de rusticidade não fora possível obter uma pecuária adaptável às condições locais", isto é, tropicais. Esses zootecnistas "foram buscar a experiência brasileira, ou seja, de um país também tropical, onde depois de se haver tentado tudo em matéria de pecuária, se acabou no zebu cruzado como o padrão de uma pecuária própria para a nossa terra ao invés de uma pecuária europeia ou asiática".

Trata-se de uma das soluções obtidas por ciência ou técnica lusotropical através de meios caracteristicamente lusotropicais de pesquisa ou experimentação extra-acadêmica para problema econômico comum aos trópicos; e dos quais vizinhos hispanotropicais do Brasil como os modernos venezuelanos vêm utilizando às vezes com maior esmero ou perícia do que no próprio país de origem. O ponto, entretanto, a ser fixado aqui é que, entre os portugueses colonizadores dos trópicos, a ausência, nas áreas, quer orientais e africanas, quer americanas, por eles ocupadas, de universidades, não tem necessariamente significado entrave ao desenvolvimento de ciências e técnicas adaptadas à análise e à tentativa de solução de problemas tropicais peculiares a essas áreas; ou às condições tropicais em que têm sido obrigadas a viver instituições ou valores europeus ou boreais, importados ou trazidos pelos portugueses para essas mesmas áreas. Ao contrário: a ausência, sob vários aspectos lamentável, de tais universidades que em áreas lusotropicais teriam sido, como nas de colonização espanhola da América, centros de ciência ou de saber europeu nas suas formas mais ortodoxamente acadêmicas, importou, por outro lado, em favorecer, entre os portugueses estabelecidos nos trópicos, desenvolvimento de audácias experimentais em que, de modo empírico, se considerariam problemas tropicais em toda a sua tropicalidade e se procurariam soluções extra-acadêmicas e extraeuropeias para tais problemas. Audácias que viriam até aos dias já nacionais do Brasil, exprimindo-se, fora ou antes de universidades – as universidades que a América Portuguesa só viria a ter depois de já ostensivamente adulta em sua condição nacional – em experimentos, criações e sistematização científicas de repercussão senão universal, americana. Mesmo sem recordar-se a obra de mineralogista de José Bonifácio de Andrada e Silva, o chamado "patriarca da independência brasileira", e a de filólogo Morais, do *Dicionário*, podem ser sem favor incluídas entre trabalhos americanos coroados por aquela repercussão consagradora, a sistemática jurídica de Teixeira de Freitas, adotada em vários pontos pela Argentina e pelo Chile; as pesquisas de africanologista, especializado no estudo de formas afro-brasileiras de comportamento e de cultura, de Nina Rodrigues; as investigações folclóricas de Sílvio Romero; as indagações antropológicas e antropométricas de Roquette-Pinto; as médicas, de Osvaldo Cruz; os experimentos aeronáuticos de Santos Dumont; os agrários de Manuel Cavalcanti em torno da cana-de-açúcar; os econômicos de "valorização do café", os históricos de Varnhagen, Oliveira Lima, Capistrano de Abreu; as explorações do Brasil central realizadas pelo sertanista-geógrafo Cândido Rondon. Diante do que James Bryce, ao visitar o Brasil em 1911 – quando já iniciados ou realizados todos esses experimentos ou estudos brasileiros, vários deles em torno de assuntos tropicais, americanos, regionais, pela primeira vez considerados como objetividade científica – se acertou, ao lamentar o fato de serem então "*learning and the abstract side of natural science undervalued in a country which has no university, nothing more than faculties for teaching the practical subjects of law, medicine, engineering and agriculture*", foi um tanto leviano ao afirmar dos brasileiros terem "*a quick susceptibility to ideas, like that of Frenchmen or Russians, but have not so far made any great contributions to science, philology, or history*". O que lhe pareceu "*deficiency of a taste for and interest in branches of knowledge not directly practical...*" (Bryce, p. 418).

Ainda mais leviano, neste particular, foi o economista anglo-americano Roger Babson, no seu livro *The Future of South America* (Boston, 1815), ao acolher de "um dos seus amigos" brasileiros a pergunta maliciosa: "*There is something here in the tropics which takes the ginger out of all of us. Did you ever hear of a great inventor, artist, writer, or any other man of real note who did his work in the tropics?*". No Brasil já havia toda uma legião; nos países espanhóis da América tropical, outros tantos. Babson e seus amigos os ignoravam. Mas já os trópicos hispânicos – principalmente o Brasil – haviam produzido ou continuavam a produzir obras notáveis.

Ao mesmo sentido prático de resolver problemas tropicais de economia, de arquitetura e de convivência humana peculiares às terras onde o português decidiu radicar-se desde os seus primeiros contatos com a Índia – aí iniciou-se, aliás, fora da Europa, por iniciativa de Afonso de Albuquerque, a política dos casamentos mistos, ou lusotropicais – parecem ter obedecido outras das iniciativas do português que lhe dão categoria de pioneiro entre os colonizadores europeus dos trópicos; e pioneiro cujas antecipações se apresentam hoje, consideradas em sua justa perspectiva, como impulsos – ainda em expansão – das relações da Europa, em geral, e não apenas de Portugal, nem somente da Europa Ibérica – com os trópicos; e de umas áreas tropicais com as outras. Do trópico americano com a África, por exemplo; e com o trópico asiático. Para o desenvolvimento de tais relações muito concorreu o sistema de trabalho – o escravo – de que o português, como fundador da moderna agricultura nos trópicos, julgou essencial utilizar-se, seguindo mais o exemplo ou o método árabe de escravidão – e de relações pessoais, patriarcais, familiais, de relações dos senhores com os cativos – que o método impessoal, característico da escravidão industrial ou da semiescravidão praticada por europeus do Norte: o método seguido principalmente por norte-europeu em suas empresas nos trópicos. O que não importa em afirmar-se daquele tipo mais pessoal e menos industrial de escravidão que não implicasse por vezes crueldade da parte dos senhores para com os escravos, do mesmo modo que para com esposas e filhos. Parece, entretanto, ter o sistema pessoal de escravidão seguido, em sociedades hispanotropicais, e particularmente em lusotropicais, por sugestão, talvez, de exemplos árabes, concorrido, de modo por que não concorreu o tipo mais industrial de escravidão ou semiescravidão – mesmo quando requintou-se em não permitir ao patrão castigar o escravo como o senhor ao filho, dentro da disciplina patriarcal – para a integração do africano nas sociedades e culturas hispano e lusotropicais, das quais o mesmo africano se tornaria, com relativa facilidade, participante, a despeito de sua condição de escravo.

À escravidão de que o português se utilizou tão largamente na América, para fundar no Brasil a agricultura moderna nos trópicos, repita-se que o mundo moderno deve uma série de vigorosos impulsos culturais que modificaram quase de repente o antigo sistema de relações entre áreas: não só entre a Europa e o trópico, em geral – acentue-se mais uma vez – como entre áreas tropicais. Áreas que, de outro modo, teriam se conservado menos relacionadas, com prejuízo para as suas populações: para a alimentação, a recreação e o bem-estar dessas populações. O português, empenhando em desenvolver principalmente a lavoura tropical de cana-de-açúcar, concorreu para o desenvolvimento de lavouras então ancilares da de cana de um modo que veio beneficiar populações e economias tropicais, vítimas do seu próprio isolamento ou da sua própria inércia.

O geógrafo inglês professor R. J. Harrison Church, no seu *Modern Colonization* (Londres, 1951), destaca à página 20 ter sido com o fim de alimentar na África escravos a ser enviados para o Brasil, e para a alimentação desses grupos consideráveis de africanos durante a viagem da África para a América, que o português introduziu na África Ocidental "vasto número de plantas novas" ("*a vast number of new plants*"), como – dentre "as mais importantes" – a mandioca, a batata-doce, o milho, o coco, frutas cítricas. As laranjas, provavelmente vindas diretamente de Portugal. Mais tarde – acrescente-se ao professor Church – o cacau. Fosse qual fosse o motivo para a introdução de tão valiosas plantas alimentares da América tropical na África – introdução a que correspondeu a transplantação de vegetais da África e da Ásia tropicais, e não apenas da Europa temperada para as terras quentes da América, como a mangueira, a jaqueira, a caneleira, a fruta-pão, coco da Índia – o certo é que a ação do português como modificador da ecologia vegetal da África, da América, da própria Índia – onde introduziu o cajueiro, em benefício de populações humanas e animais e de economias e culturas, vítimas algumas delas da escassez ou penúria de alimentos, foi talvez o movimento mais considerável no sentido da modificação – modificação dirigida – de distribuição intratropical de vegetais úteis ao homem.

Ao mesmo tempo, parece caber ao português o mérito de ter sido, com o espanhol e talvez mais que o espanhol, o europeu que pioneiramente levou dos trópicos para a Europa maior número de valores e técnicas capazes de alterar a vida, a economia, a cultura europeias, no sentido de sua tropicalização: processo que vem até aos nossos dias, exprimindo-se na própria modificação do trajo europeu de verão – o moderno *slack*, por exemplo. Essa modificação, realizada pioneiramente pelo português na Índia, valeu-lhe a crítica de ingleses para os quais a dignidade imperial dos europeus nos trópicos não devia implicar alteração do seu trajo no sentido de sua adaptação a condições tropicais: a atitude portuguesa no Oriente segundo reparos de viajantes europeus não portugueses que visitaram então aquelas áreas orientais marcadas pela presença de portugueses residentes do trópico asiático e não transientes dele, à maneira de outros europeus. Tanto que à adaptação do trajo às condições tropicais os portugueses juntaram ali o gosto pela construção de igrejas, mosteiros, residências sólidas, em cuja arquitetura também começou a exprimir-se o desejo de combinar valores e técnicas ibéricas com valores e técnicas orientais ou tropicais de construção. Várias dessas combinações, simbioticamente lusotropicais realizadas como que experimentalmente na Índia – e mesmo assim de forma às vezes monumental – o português trouxe-as para o trópico americano, onde elas, com aspecto menos pomposo, talvez, mas igualmente sólido, se tornariam parte de toda uma sistemática de ocupação europeia do trópico com objetivos de residência, de permanência, de estabilidade. A casa-grande de residência senhorial do senhor de engenho no Brasil tropical, foi – pensamos alguns – a principal das expressões desse objetivo ou desejo português de permanência no trópico americano; ou de simbiose lusotropical na América.

A generalização do professor Church, de que "*although white settlers have affected the pattern of many tropical colonies, it remains true that most colonization is by association and is economic in character*", não se aplica ao que vem sendo o processo português de transeuropeização dos trópicos, e, ao mesmo tempo, de tropicalização dos europeus e dos seus descendentes fixados nos mesmos trópicos; e também da própria cultura matriz portuguesa enraizada na Europa e de culturas europeias com elas mais relacionadas, através de meios de convivência intraeuropeia. Todas essas culturas têm sido afetadas pela tropicalização do português nos seus gostos de vida e nos seus estilos de vida: inclusive, o gosto pelo maior uso de roupa íntima, de algodão ou tecidos tropicais, camisas, ceroulas etc. – que parece datar dos primeiros contatos do português com o Oriente tropical, embora o inglês pretenda ter sido o introdutor do pijama no moderno vestuário doméstico do europeu. Da rede – da rede característica do trópico americano – o português parece ter sido o principal propagador na Europa e na África e noutras áreas tropicais que a desconheciam.

Note-se, aliás, que o professor Church admite entre as exceções à sua afirmativa de vir a colonização tropical sendo, em sua maior parte, apenas *"by association"* e simplesmente *"economic in character"*, o caso, na verdade extraordinário para ter-se verificado em parte ou região já civilizada do Oriente tropical, de Goa, que destaca ser caracterizada por *"considerable intermarriage"* – resultado, como se sabe, de política planeada, dirigida e inaugurada por Afonso de Albuquerque há quatro séculos – por um *"esprit"* no qual ainda hoje se reflete o antigo fervor missionário que animou os primeiros contatos do português tanto quanto os do espanhol com os trópicos, juntando ao "caráter econômico" da colonização dessas áreas impulsos culturais e psíquicos de outra natureza. Daí o desenvolvimento de Goa num complexo que o geógrafo inglês reconhece refletir os característicos tanto de europeus como de orientais: *"which reflects the characteristics of both peoples"* (Church, p. 61).

Outro não tem sido o sentido do desenvolvimento do Brasil, complexo, hoje, de ecologia e de cultura lusotropicais, em que se juntam a contribuições e característicos europeus, até agora os decisivos, os de duas fortes culturas e populações tropicais: a ameríndia e a africana. Enquanto nas modernas províncias da África portuguesa o complexo lusotropical – simbiose sociocultural ou etnocultural e não simples "associação" de puro "caráter econômico" – vem se constituindo de modo a refletir característicos africanos e, em algumas áreas, também, indianos, de cultura e de composição étnica, justamente com os europeus; e todos dentro de configuração até o momento decisivamente – decisivamente e não exclusivamente – europeia e cristã, de cultura. Cultura, é claro, no sentido sociológico. Isto a despeito de esse processo simbiótico vir sendo perturbado por vezes, em áreas como Moçambique, pelo contágio de suas populações brancas com as populações intransigentemente europeias das Rodésias e da África do Sul; e também em Angola, em subáreas de exceção, como a constituída pela poderosa Companhia de Diamantes, cujos líderes portugueses parecem ser adeptos da política belga ou inglesa de "associação" com "segregação" dentro de objetivos quase exclusivamente econômicos de ocupação ou exploração dos trópicos por europeus.

Embora ainda se discuta o problema biossocial de ser ou não possível a brancos permanecerem nos trópicos, como residentes depois da terceira geração, o português vem se fixando em áreas tropicais com objetivos de permanência e pondo-se em harmonia com os ambientes extraeuropeus aí encontrados, sem preocupar-se – a não ser por exceção: quando procura imitar nórdicos ou sofre a pressão de nórdicos sobre o seu comportamento – com a sua pureza étnica *per se*. Entretanto em alguns casos a ocupação lusitana das mesmas áreas tem assumido desde o século XVI caráter aristocrático, como na Índia e em Pernambuco, por exemplo. Mas aristocracia antes de família ou de casta familial, constituída pela endogamia, que étnica ou preocupada com a pureza absoluta de sangue europeu. Ao contrário: animada desde os seus começos de tendências para a idealização de casamentos mistos, lusotropicais, sempre que representado o *stock* tropical por expressões de nobreza ou de equivalentes de nobreza europeia: filhas de caciques ameríndios intituladas princesas, por exemplo. Guerreiros também ameríndios enobrecidos com títulos de "capitães" ou "alferes".

Há quem pense, como Ilse Schividetzky, em seu estudo *Grundzüge der Völkerbiologie* (traduzido do alemão ao espanhol por Heriberto F. March sob o título de *Etnobiología – Bases para el Estudio Biológico de los Pueblos y el Desarrollo de las Sociedades*, México, 1955), que há limites naturais para a expansão do homem do norte da Europa, ao qual seria quase impossível a estabilização em massa nos trópicos (p. 121). O impaludismo viria agindo como um dos impedimentos por assim dizer ecológicos a essa estabilização de determinado tipo etnobiológico de homem em espaço ou área tropical; e a favor de outros, desde que parece hoje a alguns especialistas médicos que "a pigmentação da pele" não é estranha à "resistência a esta enfermidade", antes se mostra "diretamente relacionada" com ela. O português, em particular, como o hispano, em geral, por serem Portugal e as outras Espanhas, em parte considerável de sua população, gente morena, penetrada de sangue judeu e principalmente mouro, viria oferecendo maior resistência ao impaludismo tropical que outros europeus desejosos de se estabelecerem em espaços tropicais; e por esse critério se explicaria até certo ponto seu sucesso de estabilização em tais regiões. Além do que, para a resistência a doenças tropicais possivelmente correlacionadas com a pigmentação, estaria o português sendo auxiliado pelo seu gosto pelo casamento com mulher de cor, criador de híbridos lusotropicais que já parecem constituir um tipo especificamente biocultural em sua figura, seu comportamento, sua cultura. É ainda Schividetzky que (p. 281), no seu mesmo ensaio, *Etnobiología*, destaca dos europeus do Norte não parecerem sentir repugnância – isto é, repugnância física – pelas mulheres de cor: de outro modo não se teriam produzido populações mestiças na África do Sul e na Indonésia. O que lhes tem repugnado – ponto por mim salientado em ensaio publicado no Rio de Janeiro em sua primeira edição em 1933 – é a união legítima com tais mulheres, "o matrimônio seguido de todas as suas consequências biológicas e, principalmente, com propósitos de convivência permanente". Foi assim – reconhece Schividetzky – que "os colonizadores espanhóis e portugueses deram entrada em seus conjuntos étnicos a grandes massas de mestiços, admitindo-os em seu círculo de procriação: isto deu origem à formação de povos por completo novos".

Não me parece perfeita a expressão "por completo novos", com ênfase em "por completo", dado o fato de virem tais mestiços nas áreas tropicais de formação hispânica, em geral, e portuguesa, em particular, conservando no físico, no comportamento e na cultura – inclusive na dança, na música, na culinária – característicos tanto europeus como tropicais de populações e culturas maternas. O que neles é novo é o seu modo simbiótico de juntarem tais característicos como em Goa, por exemplo; ou em Salvador da Bahia; ou em Belém do Pará; ou na Ilha de Moçambique; ou nas de Cabo Verde.

Que nesse modo simbiótico de criar o hispano no trópico novo tipo de homem – principalmente de mulher – de comportamento, de cultura, o português vem se mostrando mais intenso na expressão ou realização do mesmo processo biossocialmente simbiótico, é sugestão que decorre das minhas tentativas de reinterpretação da experiência do luso no trópico como intensificação de experiência ou da sistemática hispânica; e não como negação dessa sistemática em qualquer ponto essencial; ou diversificação dela sob aspecto decisivo.

A intensificação de processo, porém, tem sido tal, da parte do português estabelecido nos trópicos, que parece autorizar-nos a particularizar o esforço lusitano nos mesmos trópicos e as realizações ou criações decorrentes dele, sob uma unidade menos de formas que de objetivos – o do estabelecimento da civilização cristã nos trópicos – que falta aos esforços espanhóis. Aliás, em meu modo de considerar o assunto – no relevo dado à unidade cristocêntrica do esforço português nos trópicos – já sugeriu eminente historiador mexicano especializado no estudo da colonização das Américas pelo espanhol, o professor Silvio Zavala, que talvez ressurja remota tendência manifestada por um jesuíta francês do princípio do século XVIII, o padre J. L. Lafitau, em sua *Histoire des Découvertes et Conquêtes de Portugais dans le Nouveau Monde*, publicada em Paris em 1733: esquecida obra de que foi o professor Zavala o revelador, ao resumir as ideias do jesuíta no excelente livro *América en el Espíritu Francés del Siglo XVIII*, aparecido no México em 1949. Não me parece que haja semelhança senão aparente nos dois critérios; e do próprio professor Zavala é o reparo de que Lafitau, propondo-se *"a tratar en conjunto de la expansión portuguesa en Asia, África y América, de suerte que las historias de Brasil, Etiopía, Molucas, las clasifica como 'morceaux detachés'"*, segue "antecedentes portugueses". Esses antecedentes portugueses – e não a obra do padre francês – terão vagamente concorrido para a ideia brasileira, esboçada no livro *O Mundo Que o Português Criou*, de virem as áreas tropicais de formação portuguesa constituindo uma "federação de cultura"; e essa federação – traço que supomos ter sido o primeiro a destacar – antes sociologicamente cristocêntrica – a ponto de o português ter se tornado conhecido de várias populações orientais como "cristão", e a língua portuguesa como língua cristã – do que etnocêntrica.

O mérito do livro de Lafitau sobre o esforço português consiste em, como obra de jesuíta numa época, como acentua o professor Zavala, de atuação simultânea dos jesuítas nos domínios coloniais da Espanha, Portugal e França – situação que lhes permitiu *"una visión internacional por encima de los puntos de vista engendrados por las rivalidades entre las potencias europeas"* – destacar na obra de um Portugal no século XVIII, já decadente, virtudes que vinham sendo esquecidas sob a glorificação quase exclusiva de conquistas talvez mais dramáticas, porém não mais importantes que as suas, como a do México e a do Peru, pelos espanhóis. Para Lafitau – resumido pelo professor Zavala – as "conquistas espanholas" – refere-se evidentemente às que se verificaram nos trópicos – "eram inferiores às portuguesas em muitos respeitos, animadas estas por uma diversidade no caráter das pessoas e nas formas dos acontecimentos que lhe pareciam faltar às espanholas". O professor Zavala resume as conclusões do jesuíta francês do século XVIII, sobre a obra portuguesa que o jesuíta chamava o "Novo Mundo" e que para Lafitau compreendia as Índias Orientais, compreendendo na verdade, ao que parece, todos os domínios dos portugueses. Destaca-se dessas conclusões a admiração de Lafitau por aquela atividade realizada, segundo o jesuíta, com "trabalhos imensos, perigos inúmeros, ações de valor surpreendente e às vezes incrível, domando e subjugando nações numerosas, humilhando os reis mais soberbos e levando a toda parte a fé de Jesus Cristo, sob o amparo dos seus descobrimentos e progressos...". Fervor apologético, talvez em excesso. Mas não deixa de ser significativo esse ânimo apologético, com relação aos portugueses e à sua obra nos trópicos, vindo não apenas de um francês, mas de um jesuíta com a "visão internacional" das atividades europeias nos trópicos: "visão internacional" destacada pelo professor Zavala. Em Lafitau parece ter se antecipado a moderna tendência mais para reabilitar que para exaltar tais atividades, em vez de se glorificarem apenas em nórdicos como o conde Maurício de Nassau a importância de suas contribuições para o desenvolvimento do Brasil em complexa civilização tropical. Civilização que alguns dos intérpretes atuais de sua formação histórica destacam ser antes sociologicamente cristocêntrica que etnocêntrica em seu modo de ser civilização; e à qual contribuições não portuguesas de étnica e de cultura podem continuar a enriquecer – entendem os mesmos intérpretes – de maneira valiosa, sem lhe comprometerem a unidade de formas básicas. Essa unidade de formas básicas é que vem tornando possível o desenvolvimento da hoje chamada civilização lusotropical em diferentes áreas e naqueles aspectos em que mais tem se afirmado sua originalidade.

E se é certo, como pretende o anglo-americano Marston Bates, em seu *Where Winter Never Comes – A Study of Man and Nature in the Tropics* (Nova York, 1952), que a cultura latino-americana vem se apresentando mais interessante naquelas áreas e naqueles aspectos em que mais tem divergido da típica cultura ocidental ou europeia – como na parte mexicana (p. 93) – também parece ser exato da cultura ou civilização que se possa chamar, hoje, lusotropical, que a sua virtude parece estar cada vez mais na sua capacidade de divergir da civilização europeia ou ibérica ou portuguesa, sem negá-la, contrariá-la ou combatê-la, mas tornando-a mais simbiótica com as diversas culturas tropicais a que se tem juntado. O fato de o trópico ser sob vários aspectos essenciais, naturais, ecológicos, senão o mesmo, quase o mesmo, quer se trate do Oriente, da África ou da América, e da atitude portuguesa diante desses vários trópicos – de sua natureza, de suas populações e de suas culturas – vir sendo quase a mesma em seu ânimo confraternizante, é que explica a unidade de formas básicas característica de uma civilização dispersa em vários continentes; cercada de vizinhos diversos; contrariada por inimigos, dos chamados geopolíticos, também diversos. Mas sempre a mesma na sua constância de ocupar espaços tropicais não procurando submetê-los étnica, social e culturalmente à Europa ou a Portugal de modo absoluto mas através de contemporizações étnicas, sociais e culturais, de que vêm resultando simbioses e não apenas associações de europeus com tropicais.

5. A PROPÓSITO DE GARCIA D'ORTA: PIONEIRO DE CIÊNCIA LUSOTROPICAL

Do esforço português nos trópicos e no próprio Oriente frio, já mais de uma vez tenho sugerido que foi um esforço em que à aventura se juntou quase sempre a ciência. À curiosidade pura e simples, a curiosidade interessada em ordenar, comparar, metodizar, ligar à vida, aplicar ao cotidiano o conhecimento de coisas exóticas ou de valores estranhos: estranhos para os olhos, o paladar, os sentidos, a experiência, a ciência, as convenções dos europeus.

O que se realizou dentro de uma tradição portuguesa tão remota, que já nos dias de Sancho II (1222-1247) se empenhava esse rei do século XIII – dizem-nos historiadores da ciência lusitana – em estimular nos monges do Convento de Santa Cruz, em Coimbra, atividades de pesquisa científica; e essas atividades que, na especialidade médica, já contavam com a experiência ou a ciência adquirida pelos portugueses de árabes e judeus, animaram-se então, de novo estímulo, ao chegar de Paris para os claustros de Santa Cruz, D. Mendo Dias, religioso que estudara com os doutores parisienses medicina de um novo e ousado tipo.

Sempre foi da tradição portuguesa assimilar a gente lusitana valores e técnicas de várias origens e ousadias ou iniciativas de outras gentes: a medicina dos doutores de Paris e não apenas a dos mestres judeus e árabes; valores de arquitetura do norte da Europa, que completassem os já assimilados dos mouros; técnicas de pintura norte-europeia, que em Portugal foram utilizadas muito lusitanamente por pintores portugueses numa arte de retrato psicológico, biográfico, sociológico, que chegou a ser um tipo de retrato quase científico sem prejuízo das suas virtudes artísticas ou estéticas. Que o digam os painéis de Nuno Gonçalves e vários dos retratos de família que se encontram em Portugal e alguns dos de vice-reis, guardados em Goa. Pena é que, no Brasil e noutras áreas tropicais sob o domínio lusitano, nem essa arte de retrato nem a da paisagem se tenham elevado da mediocridade. Nesse particular, o português foi superado no Brasil pelo holandês com um tal vigor, que a superação chega a ser humilhante para o luso.

Compreende-se que um português de Montemor-o-Novo, certo João Cidade (1495-1550), nascido no século XV, se tenha desde o século XVI antecipado a célebre norte-americano dos nossos dias – Clifford Biers – no que o professor Orlando Courrège chama "verificar *in loco* e *de visu* o tratamento dos alienados", através da sua própria condição de louco, verdadeira ou simulada. João Cidade foi, como louco, internado ou encafuado; e dizem os historiadores que "tosado valentemente", de acordo com a terapêutica violentamente teológica e simplistamente primitiva de cuidar de lunáticos, dominante então na Europa; até que, dado como curado, pôde com esse seu "saber de experiências feito" dedicar-se aos doentes do hospital-prisão, seu íntimo conhecido. Mais do que isso: foi esse extraordinário João quem fundou na Espanha a Ordem dos Irmãos Hospitaleiros, especializada em organizar os manicômios e em cuidar de loucos. E se raros o conhecem por João Cidade, muitos lhe reverenciam hoje a figura cristianíssima de benfeitor dos homens e de renovador de métodos de tratar lunáticos, sob o nome de João de Deus: o nome com que foi canonizado em 1691 português tão lusitano no seu espírito cristão, unido ao seu ânimo de aventura entre gentes e coisas estranhas.

Há, na verdade, alguma coisa nessa aventura de João Cidade a favor não da ciência chamada pura, mas da ciência ao serviço dos homens, que a torna característica de toda uma civilização. Sem a intensidade da façanha praticada por João Cidade, numerosos portugueses, desde o século XV empenhados em experimentar o que sofrem ou gozam ou simplesmente experimentam esses outros loucos que são, para o homem etnocêntrico, isto é, o homem certo de ser a sua civilização nacional a justa, a sã, a normal, e as diferentes da sua, as erradas ou endemoniadas ou nefandas, têm sido outros tantos "Joões Cidade", outros tantos "Joões de Deus", outros tantos "Joões" simplesmente "da Silva" ou "de Sousa", a fazerem de loucos entre os loucos, de primitivos entre primitivos, de bárbaros entre bárbaros, a viverem como indianos entre indianos, como mouros entre mouros, até quase como selvagens entre selvagens – o caso, no Brasil, de João Ramalho e, na África, os dos chamados "lançados" – para assim adquirirem um saber que só pela crua e dura experiência, pela vida vivamente vivida, teriam adquirido. Outro santo português no Oriente – João de Brito – chegou ao extremo – já recordei o fato – de se pintar de pardo para se sentir homem igual aos das Índias orientais e não intruso ou fantasma branco entre gentes de cor. Para juntar à sua condição de português a pele – no seu caso, como no de vários outros brancos de Portugal escurecidos pelo sol do Oriente, da África ou do Brasil, quase uma segunda natureza adquirida, em vez de herdada – de homem tropical.

Dentro do mesmo espírito, numerosos portugueses no Oriente e nos trópicos, desde o século XVI, se têm tropicalizado sem perderem de todo o íntimo, e às vezes quase secreto, quase maçônico, quase jesuítico, pelo sutil da dissimulação, quase mouro pelo misterioso disfarce da presença, sentido português de civilização que tem sido desde os mais velhos dias, o de juntar a gente lusitana valores de origens diversas para sínteses proveitosas aos homens em geral e não apenas a este ou àquele Estado, a esta ou àquela raça, a este ou àquele credo, em particular. Esse o universalismo português do qual, entretanto, seria vão pretender-se separar a constante de uma predileção imperecível: a predileção do português pela vida nas regiões tropicais; o seu gosto pelo aproveitamento de valores tropicais, sob aquelas formas europeias de convivência mais depurada de preconceitos dos europeus contra os não europeus; o seu empenho na adaptação de valores europeus a terras ou ambientes tropicais por outros europeus considerados impossíveis de ser conciliados com o que vêm exaltando como as formas mais altas de civilização.

Explica-se assim que, de uma boticário português, Tomé Pires, mandado em 1511 à Índia como feitor de drogarias – informam os historiadores –, tenha recebido a ciência europeia notável contribuição para o seu desenvolvimento em ciência universal. Que, de jesuítas portugueses destacados em terras tropicais, tenha a mesma ciência recebido, no mesmo século XVI e no XVII, contribuições igualmente valiosas para o seu desenvolvimento, através da introdução de valores tropicais no arsenal médico e não apenas no sistema agronômico dos europeus. E que essas contribuições tenham culminado na publicação de um livro memorável chamado *Colloquios dos Simples e Drogas e Cousas Medicinais da Índia e Assi de Algumas Frutas Achadas Nela*, escrito por alguém que, tanto quanto João Cidade, viveu vida como que de louco entre os quase loucos que eram, então, para os europeus mais convencionalmente europeus, os homens do Oriente. Estranhos homens que perfumavam as bocas mascando betel até cuspirem vermelho, como se estivessem tísicos; que na sua alimentação se serviam de ervas que pareciam plantas de feiticeiros; que se regalavam do leite, não de animais mas de vegetais, como o do coco; de sopas desconhecidas na Europa, como a canja de arroz; de temperos exóticos como a canela; de esquisitas frutas, como a manga e a jaca.

Garcia d'Orta – ou de Orta ou *ab Orta*, como aparece o seu nome em resumos latinos da sua obra: uma das obras lusitanas, como a *Peregrinação*, de Fernão Mendes Pinto, de maior repercussão fora de Portugal, através de traduções nas principais livrarias europeias, que dentro da língua portuguesa – observou e verificou com olhos, língua, olfato e pontas de dedos de cientista experimental usos e efeitos desses valores tropicais, muitos deles ignorados de todo pelos europeus, sobre gentes tropicais. Alguns desses efeitos, experimentou-os sobre a própria pessoa. Descreveu tais valores com exatidão. Anotou de quase todos as virtudes que lhes atribuía a ciência ou a experiência já antiga de povos ou sábios tropicais. Não procurou anotar só o que fosse raro na ciência ou na experiência das gentes orientais: também os seus pequenos valores de uso cotidiano. Ele próprio o declara nestas palavras significativas dirigidas a outro médico europeu: certo Ruano, com quem no livro estabelece diálogo: "Em todas estas cousas vos servirei, e vos direi a verdade; mas temo que as cousas que eu disser não sejam dignas de notar; porque a um grande letrado e que tanto soube no especulativo, não lhe contam senão raras cousas". Ao que o seu antigo condiscípulo em Salamanca responde, confessando-se como Orta adepto do que hoje chamaríamos ciência de campo: isto é, cientista dos que faziam então o contrário da maioria daqueles europeus, dados, segundo o próprio Orta, "pouco à pratica e muito às escolas".

Se nas *Décadas*, de João de Barros, nos lembram os historiadores já vir descrita com precisão a peste náutica, ou seja, o chamado "mal dos marinheiros", ou mal de Luanda – que não era outro senão o escorbuto, contra cujas devastações sobre os homens, por muito tempo alimentados só de biscoito, carne seca e peixe seco, os portugueses parecem ter sido os primeiros europeus a empregarem, como já empregavam os árabes, as laranjas e os limões e, porventura, a cana-de-açúcar, quase sempre plantada pelos antigos navegadores lusitanos de águas tropicais à beira-mar – nos *Colloquios* encontra-se talvez a sistematização mais rigorosamente científica, realizada no século XVI, dos conhecimentos de drogas tropicais adquiridos pela gente lusitana no Oriente. Adquiridos quer através de observação prudente, quer de aventurosas experiências de corpo inteiro, entre as populações das terras orientais. Nessas aventurosas experiências, os portugueses parecem ter exercido os demais europeus, a ponto de serem por estes censurados ou lamentados como gente demasiadamente fácil em se deseuropeizar e demasiadamente fácil em se barbarizar. Quando o que parece – repita-se – é que os portugueses nos trópicos se comportavam ante exotismos, barbarismos, tropicalismos, encontrados em civilizações ou culturas diferentes da europeia, animados do mesmo empenho que na Europa da mesma época anima os "Joões Cidade" entre os loucos, pela medicina mais simplista ou mais acadêmica considerados todos endemoniados; ou criaturas que devessem ser tratadas com exorcismos, violências, reclusão absoluta. Esse empenho, o de experimentar o suposto normal absoluto a vida de anormais, na rotina do seu cotidiano. O de conhecer o experimentador os defeitos do tratamento que de fato recebiam os supostos anormais dos seus opressores, às vezes certos de serem benfeitores; de sentir de perto os desejos e as aspirações daqueles desajustados que mais se esforçavam para conciliar suas diferenças de temperamento com as predominâncias de conduta em vigor em comunidades que as repeliam de modo às vezes violento. Não há exagero em dizer-se que, para a maioria dos europeus do século XVI, os povos chamados bárbaros – em grande parte, povos tropicais com quem se foram defrontando nas suas descobertas de "terras ardentes" – apresentaram-se como equivalentes sociológicos dos loucos que na Europa até então tinham sido tratados como endemoniados. E como endemoniados, indignos de outro tratamento que não fosse a violência purgativa ou a reclusão ou segregação punitiva em tocas ou grades ou dentro de ferros ou em aldeias ou bairros indígenas. Portugueses como João Cidade e como João Ramalho anteciparam-se aos demais europeus em se aproximarem de modo verdadeiramente cristão, um dos loucos, outro de selvagens, procurando viver o cotidiano desses homens diferentes dos tidos por cristã e eticamente normais. Procurando conhecê-los e compreendê-los pela participação da sua experiência e da sua vida. Agindo em profundidade, isto é, por empatia: muito mais do que por simples simpatia. Vicariamente.

Foi como agiu Garcia d'Orta, quanto aos efeitos sobre os homens dos trópicos – os situados em regiões tropicais – de plantas ou drogas ecologicamente tropicais: tornando-se ele próprio homem igual aos dos trópicos nas suas atitudes e disposições e relações para com aquelas plantas e aquelas drogas. Franciscanamente se aproximando delas como de irmãs que o europeu devesse assimilar ao seu sistema de alimentação, à sua agricultura, à sua medicina, à sua higiene de vestuário, sob a forma de valores que a natureza tropical, já dominada sob vários aspectos por maduras ou bem desenvolvidas civilizações tropicais, pusesse ao serviço dos homens, em geral, e não de hindus ou de maometanos ou de parses ou de anamistas, em particular.

Saliente-se mais uma vez o sentido ao mesmo tempo universalista e tropicalista da obra de pioneiro realizada por Garcia d'Orta na Índia. Pois uma das maiores importâncias dos *Colloquios* está na revelação de valores que, tendo sido até então só tropicais, se tornaram universais através da sua incorporação na ciência europeia, tendo por veículo não o hirto e acadêmico latim, mas uma língua portuguesa capaz de plasticamente descer a intimidades com o cotidiano dos povos exóticos: as suas canjas, os seus vinhos de caju, os seus vícios como o de fumar ou mascar tabaco ou diamba. Começara Orta – sabe-se pelo seu contemporâneo, o licenciado em medicina Dimas Bosque, valenciano – a escrever os seus *Colloquios* em latim; mas, para que "o proveito fosse mais comunicado, determinou escrevê-lo na língua portuguesa, a modo de diálogo". O que logo indica que em vez de livro só de ciência e para doutos, Orta quis escrever – e escreveu – obra de literatura e para o homem comum ler e não somente o letrado compreender. O seu sentido de literatura é que não era o dos retóricos, demasiadamente apegados, à imitação passiva de gregos e latinos: mal de que sofreu o próprio Camões. Escreveu Orta o seu livro – que Aubrey Bell considera tão estranho como a *Peregrinação* – no estilo simples e para a época revolucionário de homens que conversassem sobre coisas orientais e tropicais ignoradas na Europa. E escreveu-o assim, certo de que escrevia páginas revolucionárias. Tanto que confessa o seu medo de "mordaces línguas". Tratou puras verdades com puro estilo, escreve dele o licenciado Dimas Bosque.

Donde poder afirmar-se hoje que Garcia d'Orta fez no século XVI, dentro da melhor literatura – aquela mais capaz de se universalizar sem se vulgarizar no mau sentido de se tornar rasteira –, paraciência lusotropical da melhor: aquela que, sendo regional na sua inspiração e na sua aplicação imediata, é universal nos seus significados mais amplos e nas possibilidades mais plásticas da sua utilização em benefício dos homens, seja qual for a raça ou a cultura ou o meio físico ou a classe desses homens. Ninguém ignora hoje que a todos os homens, e não apenas aos situados em áreas ou ambientes tropicais, são capazes de beneficiar produtos dos trópicos como o café, o cravo, o tabaco, o cacau, a canela, a ipecacuanha, o ópio, tecidos da Índia, algodões, óleos e resinas da América, o amendoim, a papaia, o caju, vários deles divulgados na Europa pela ação se não exclusiva, influente e, às vezes, decisiva, dos portugueses. Para o conhecimento pela gente europeia de muitos desses valores à luz de uma sistematização paracientífica avançada para a época, é que desde o século XVI contribuiu Garcia d'Orta com um desses livros dinâmicos, potentes, fecundantes, de sexo intelectualmente masculino tal a sua ação procriadora, como é decerto o intitulado *Colloquios dos Simples*. Livro que, por essa sua rara virtude de fecundar a cultura e não apenas esta ou aquela ciência particular de uma época ou de uma sucessão de épocas, faz, em língua portuguesa, companhia a *Os Lusíadas* e à *Peregrinação*, tendo concorrido para abrir caminho a toda uma literatura lusotropical ao mesmo tempo de ciência da natureza e de ciência do homem, que tem esplêndido desde o mesmo século de Orta em páginas das mais expressivas escritas em língua portuguesa. Em livros escritos no Brasil ou brasileiros como *O Caramuru*, de Santa Rita Durão, as *Noticias do Brasil*, de Gabriel Soares, *Inocência* e *Retirada da Laguna*, de Taunay, *O Sertanejo*, de José de Alencar, *Minha Formação*, de Joaquim Nabuco, *Os Sertões*, de Euclides da Cunha, *Rondônia*, de Roquette Pinto, *Canaan*, de Graça Aranha, *Cabra Nonato*, de Raul Pompeia, *Bagaceira*, de J. A. Almeida, *Quinze*, de Raquel, *Hileia Amazônica*, de Gastão Cruls, o quase brasileiro *A Selva*, de Ferreira de Castro, *Bangüê*, de J. L. do Rego, *Sagarana*, de Guimarães Rosa, *Alimentação, Instinto e Cultura*, de Silva Melo: – esse médico e sociólogo, espécie de continuador, no Brasil de hoje, dos métodos e das técnicas de indagação, do ponto de vista médico-sociológico, de valores tropicais, dos métodos inaugurados no século XVI pelo extraordinário pioneiro de ciência lusotropical que foi Garcia d'Orta.

Será que essa atitude, ao mesmo tempo de regalo estético e de curiosidade de saber, de conhecer, de esclarecer, característica de tantos escritores portugueses dos séculos das Descobertas e das aventuras ultramarinas e, ainda hoje, de portugueses e brasileiros em face da natureza, da mulher e de condições ecologicamente tropicais de vida, deva ou possa ser considerada efeito ou resultado exclusivo das provocações dessa natureza e dessas condições, isto é, da sua atuação sobre o espírito ou a sensibilidade do luso ou do seu descendente ou continuador brasileiro? Exclusiva, não direi. Mas decisiva, ouso sugerir que sim. Pelo menos o que se convencionou chamar fase épica da literatura portuguesa – literatura no seu amplo sentido cultural, de modo a incluir obras como os *Colloquios* de Garcia d'Orta – é principalmente representada por um bloco de produções – desde a crônica historiográfica ao livro de viagens, desde a correspondência que a crítica portuguesa classifica "de e para El-Rei" à carta jesuíta ou à relação missionária ou ao próprio sermão já com sabor de ensaio, como os sermões de Vieira, desde a filosofia política ao teatro (sabido que nos próprios autos de Gil Vicente se refletiu a aventura tropical dos portugueses), desde o roteiro do tipo dos de D. João de Castro (nos quais o professor J. Batiste Aquarone, da Universidade de Montpellier, destacará, em estudo a ser publicado em breve, virtudes literárias até hoje um tanto desprezadas) ao livro dos chamados de marinharia ou a tratados, como o *Esmeraldo*, de Duarte Pacheco, ou a *Esfera*, do matemático Pedro Nunes – que são produções tocadas pela preocupação com valores e terras tropicais ou pela visão e pela experiência, ou o desejo de experiência, dessas terras, desses valores e das suas condições de vida. O que já se tem dito de Os *Lusíadas* – que é, como épico do Ultramar, o "termo de uma trajetória" vinda de longe, já tendo o Ultramar, o Oriente, o trópico, muito antes de Camões, começado a excitar a imaginação do português com alguma coisa de messiânico no espaço que decerto antecedeu o messianismo no tempo representado por D. Sebastião: mito destinado a compensar decepções políticas e fracassos militares que, entretanto, não impediram o português de continuar a buscar "terras ardentes" – e o que se tem afirmado de Azurara (primeiro cronista da expansão portuguesa nos trópicos), isto é, ter sido precedido por Fernão Lopes na "consciência de uma nova idade" portuguesa que hoje podemos denominar idade lusotropical – pode-se afirmar de Garcia d'Orta: também ele foi o homem se não de gênio, quase de gênio, que primeiro deu expressão nítida e repercussão universal a temas de conhecimento científico da natureza tropical pelo europeu que era já um conhecimento esboçado ou tentado por outros portugueses voltados com curiosidade científica para aqueles temas.

Acredita-se hoje que se tenham extraviado escritos de caráter paracientífico de pioneiros portugueses do tipo de João de Barros – tão seguido por Camões –, que teriam marcado em geografia e, talvez, em etnologia, começos tão notáveis de ciência lusotropical, quanto os de Garcia d'Orta com relação à botânica e à farmacopeia. É possível que à chamada "política de segredo" se tenha sacrificado mais de um estudo valioso, por portugueses do século XV ou do XVI, de coisas e valores tropicais ainda ignorados por outros europeus. Entre o material sacrificado a tal política, estaria a correspondência secreta de Pero da Covilhã com El-Rei, quando em missão também secreta no Oriente e na África.

A botânica de Garcia d'Orta é uma botânica de interesse principalmente médico: dentro, por conseguinte, do melhor sentido português de ciência que quase sempre tem sido o de ciência ligada à vida. Estendendo-se por áreas tropicais, o português, desde o começo dessa sua expansão, foi um europeu atento ao conhecimento de ervas, plantas e vegetais que foi descobrindo entre as populações nativas. Explica-se assim que, entre eles, tenha madrugado a medicina tropical de que pode ser considerado pioneiro, sob o aspecto da ciência das plantas aplicável ao tratamento da saúde dos homens, o autor dos *Colloquios* – livro, repita-se, de repercussão europeia igual à de *Os Lusíadas* e à da *Peregrinação*. Se no Brasil colonial não apareceu um douto igual a Garcia na capacidade de sistematizar conhecimentos de gentes indígenas sobre valores médicos da flora regional, em livro que rivalizasse com o escrito pelo grande português à base da sua experiência indiana e com o chamado Manuscrito Bodiano, escrito há quatrocentos anos no México em asteca por Martin de la Cruz – ele próprio asteca e conhecedor da medicina nativa e traduzido em latim por outro ameríndio, Juan Badiano, e guardado durante séculos na Biblioteca do Vaticano onde só em 1929 o descobriu o professor Charles V. Clark –, nem por isso faltou inteiramente aos primeiros contatos dos portugueses com essa área tropical curiosidade científica ou paracientífica pelos valores vegetais quer de interesse médico, quer de importância para a alimentação, o vestuário, o chapéu, encontrados entre as populações indígenas. O *Tratado de las Siete Enfermidades* – publicado em 1623 – é obra de certo médico, Aleixo de Abreu das Alcáçovas, que, segundo lembra o professor Orlando Courrège, esteve em Angola em 1597, tendo também visitado o Brasil. E outro moderno estudioso do assunto, o professor Gilberto Osório de Andrade, em trabalho recente, recorda três figuras de médicos que no primeiro século de colonização portuguesa da América desenvolveram por algum tempo atividades científicas em Pernambuco, tendo daqui considerado problemas que podem ser denominados de medicina tropical. Saliente-se de passagem que a medicina foi desde velhos dias ciência muito portuguesa, tendo-se, no século XIII, o português Pedro Julião ou Pedro Hispano distinguido por estudos ou trabalhos médicos, até que, eleito papa com o nome de João XXI, ou XXII, abandonou a ciência de tratar principalmente do físico pela de cuidar principalmente das almas dos homens. Natural, portanto, que a ciência médica tenha sido uma das que a gente lusitana levou para a sua aventura tropical, aplicando-a – como aplicou a sua ciência agronômica – a novos meios físicos e procurando enriquecê-la – como enriqueceu a sua ciência agronômica, a sua arquitetura e a sua culinária – com o conhecimento de plantas, ervas, madeiras, vegetais encontrados entre os povos das chamadas "terras ardentes".

Se hoje podemos falar, de acordo com a sugestão que tenho desenvolvido desde 1951, numa possível lusotropicologia, essa nova ciência, ou subciência, teria como característica principal o afã, porventura mais desenvolvido no português que nos demais europeus, de ligar simbioticamente os valores da sua cultura aos encontrados nas terras tropicais e dentro, ou de acordo, com as condições de vida próprias dessas áreas. Donde podermos considerar a obra de Garcia d'Orta esforço nítido de pioneiro não só de uma atitude que se denomine lusotropicalismo, mais de um começo de sistematização científica, ou paracientífica, de atividades investigadoras e práticas, condicionadas por essa atitude de simpatia com o meio tropical e, mais do que isso – repita-se – de empatia, sistematização que talvez justifique o nome inevitavelmente pedante – repito-o – de lusotropicologia, que tenho sugerido para caracterizar tais atividades, já que lusotropicalismo apenas designaria aquela atitude, aquela disposição, aquele ânimo e suas consequências desconexas ou soltas; ou apenas literárias ou artísticas no sentido – de modo algum desprezível – de impressionistas ou expressionistas. Em Garcia d'Orta é tão claro o propósito de sistematização de conhecimentos de coisas tropicais de interesse para a expansão europeia, em geral, e portuguesa, em particular, em áreas quentes, que resulta igualmente clara e evidente a sua condição de precursor de uma ciência lusotropical: de uma lusotropicologia especializada em assuntos de botânica, de nutrição, de medicina, de higiene, de saúde, considerados nas suas relações de interdependência com outros aspectos do estabelecimento do luso e dos seus valores principais nos trópicos; e esse estabelecimento não aventura a esmo, mas esforço organizado, dentro de previsões de caráter já científico ou quase científico.

Não foi apenas lusotropicalista mestre Garcia d'Orta, mas já lusotropicologista. Isso por ter feito já ciência, ou paraciência, e não somente pré-ciência, lusotropical, em relação ao uso ou aproveitamento pelo luso de plantas alimentares e, sobretudo, medicinais nativas do Oriente e cultivadas e utilizadas pelos indianos dentro da sua complexa civilização. Abriu assim o caminho a um procedimento, semelhante ao seu, da parte de portugueses que, noutras áreas tropicais, com menos talento ou menos gênio do que Garcia, se antecipam a outros europeus no aproveitamento de valores nativos de flora e fauna. No próprio aproveitamento de técnicas extraeuropeias, inclusive orientais e tropicais, de tratamento como que psicológico de doentes de males quase sempre tão europeus quanto tropicais, embora considerados peculiares a condições tropicais de vida. Não deve ser esquecido o fato de que um padre da Índia portuguesa – cuja estátua se ergue hoje numa das praças de Pangim, onde a visitei em 1951 – ganhou fama europeia como precursor da aplicação à medicina ocidental do mesmerismo ou magnetismo ou hipnotismo. O curioso é que não tenha sido no Brasil, desde o século XVI já muito burocratizado, nem na burocratizadíssima Goa dos séculos XVI e XVIII, sobrepovoada de burocratas de punhos de renda que tanto contribuíram para arruinar o esforço português no Oriente, mas no México, que o Europeu tenha aprendido da gente nativa, técnica considerada valiosa pelos astecas para o tratamento não sei se diga psicológico, mas com certeza, a seu modo, ecológico ou tropicológico, da "fadiga daqueles que" – nas palavras do Manuscrito Bodiano – "administram o governo ou exercem cargo público": tratamento que ia de estimulante lava-pés com água quente em que se deitavam ervas à fricção do corpo inteiro do burocrata ou do sedentário fatigado, com unguentos de sucos de fruta, de flor, de folha, de casca de árvore, aos quais se acrescentavam o sangue de certos animais selvagens. Sucos e sangues quentes e tropicais capazes de dar aos burocratas, enfraquecidos pela sedentariedade em clima quente, "o vigor" – segundo ainda o ms. – de "gladiadores". Esse "vigor de gladiadores" parece que os portugueses no Brasil tropical preferiram procurar ganhá-lo através de aventuras ou experiências biológicas de miscigenação – ou de união de europeus com ameríndios. Aventuras das quais alguns estudiosos do assunto – Hooton, por exemplo – supõem haver resultado, sob a figura da gente bandeirante, um vigor híbrido que, permitindo façanhas assombrosas de mobilidade, teria corrigido excessos de sedentariedade da parte de burocratas, frades e latifundiários estabelecidos no litoral. Os homens-caranguejos da caracterização maliciosamente fradesca de certo cronista da era colonial brasileira: caracterização que seria injusta se tivéssemos de estendê-la a todos os burocratas, frades e senhores de terras, como que por natureza sedentários; mas, dentro dessa sedentariedade, úteis e até fecundos nas suas funções ou vocações de civilizadores ou renovadores de áreas ou paisagens tropicais. Pois só com gente andeja, só com bandeirantes, só com sertanistas não se teria consolidado no Brasil a civilização lusotropical desde o século XVI estabilizada em torno das casas-grandes da área do açúcar e dos sobrados de Salvador da Bahia, com os seus inevitáveis burocratas, felizmente menos numerosos na América do que na antiga Índia portuguesa. Recorde-se, a propósito, que se na Índia lusitana não chegou a praticar-se tratamento psicológico de burocratas como no México indo-hispânico com o auxílio de ervas astecas, empregou-se o chamado bangue; e Orta nos fala nos *Colloquios* de "grandes capitães" que "antigamente costumavam embebedar-se com bangue para se "esquecerem dos seus trabalhos e não cuidarem e poderem dormir". Bangue que dir-se-ia absorvido hoje para os mesmos efeitos por capitães brasileiros, dos quais diria Camões: não cuidam.

Fala-nos Garcia d'Orta nos seus *Colloquios* de plantas ou ervas da Índia capazes de animar homens desalentados; de outras, virtuosas em sentido contrário, isto é, no de enlanguescer, como o bangue, indivíduos necessitados de repouso e até de sono. De ambos os excessos parecem ter sofrido, conforme o seu tipo biológico, portugueses nos trópicos e sujeitos a ares ou ventos ou calores que, sendo os de temperatura mais amada pela maioria da gente lusitana, não deixavam de afetar em alguns o ânimo ou a capacidade de trabalho, excitando os excitáveis e amolecendo os fáceis de ser vencidos pelos excessos tropicais de calor ou de sol. Eça de Queirós não parece ter sido o primeiro português que, deslumbrado com as cores do Oriente Médio – que conheceu –, se sentiu, entretanto, vítima na América tropical de um calor que em Cuba só faltava fazer dissolver-se em suor – horrível suor, segundo ele – a gente menos sedentária. Garcia d'Orta nos seus *Colloquios* ensinou aos europeus no século XVI, num livro que conserva até hoje, embora arcaica parte da sua ciência, a sua frescura de obra literária e filosófica de homem de gênio, o uso de ervas e plantas valorizadas pela experiência de hindus e maometanos da Índia ou do Oriente e capazes, pelos seus efeitos, de corrigirem nos homens excessos de desconforto causados pelo clima tropical ou por uma vida de ritmo europeu de atividade em clima tropical. Preocupou-se também com as ervas capazes ou havidas por capazes de avivar nos homens o poder sexual: problema que o português, povo pouco numeroso, teve de enfrentar de várias maneiras nas regiões tropicais que povoou. Pena não ter vindo Garcia de Goa ao Pará onde, sob o efeito do açaí, teria parado o tempo bastante para se inteirar de virtudes de plantas ou ervas de que os ameríndios do Brasil amazônico se utilizavam para vários fins, com uma sabedoria ecológica digna de ter sido desde então recolhida e consagrada por um tropicalista da eminência de Garcia d'Orta.

Foi esse pioneiro de ciências lusotropical feliz em ter sido objeto no século XIX de um estudo que é, na língua portuguesa, verdadeira obra-prima de biografia sociológica: *Garcia d'Orta e o seu Tempo*, do conde de Ficalho, considerado pelo sóbrio Edgar Prestage livro "magistral". Feliz em ser exaltado por outro lusófilo inglês, Aubrey Bell, como autor de obra tão vigorosamente extravagante como a de Fernão Mendes Pinto, pelo que apresenta de fora das convenções numa originalidade de livro de ciência que é também, a seu modo, literatura, embora literatura diferente em estilo e em sabor da dominante na sua época, em língua portuguesa ou em qualquer língua neolatina. Feliz, ainda, na repercussão que obtev na Europa culta, tornando-se, em toda ela, um desses livros impetuosamente triunfantes no estrangeiro, que não têm faltado à literatura em língua portuguesa. O caso da *Peregrinação*, de Fernão Mendes, dos *Colloquios*, de Garcia d'Orta.

Nunca ninguém escrevera um livro como os *Colloquios*. É um livro tipicamente lusotropical pelo que há nele de influência de meio ou ambiente ou matéria tropical sobre a inteligência, a sensibilidade, pode mesmo dizer-se o gênio de um português no século XVI, disposto àquela atitude de simpatia alongada em empatia para com os trópicos, que tornaria possível desenvolver-se toda uma ciência, toda uma arte, e até toda uma filosofia de vida, em geral, e não apenas de relações de Europeus com plantas ou ervas tropicais, em particular, que possa ser denominada lusotropicologia.

Estive em 1951 em Goa em sítios dos quais me informou esse admirável erudito hindu – e não apenas indiano – que dirigia então o Arquivo do Estado da Índia, que eram sítios que a tradição honrava entre os mais frequentados pelo autor dos *Colloquios*. Lamentei no momento não me ter feito acompanhar até o

Oriente do meu exemplar, aliás raro, do livro de Orta, como me fizera acompanhar de um exemplar de *Os Lusíadas*, de outro da *Peregrinação*, de Fernão Mendes, e do *Roteiro*, de D. João de Castro. São talvez os quatro livros básicos, na língua portuguesa, do ponto de vista de uma literatura ou de uma ciência que se denomine lusotropical.

Uma coisa é certa: vi na Índia, no Oriente, na Ásia tropical valores que talvez me tivessem escapado se não tivesse lido as páginas de Garcia d'Orta. Ele é autor essencial para uma compreensão do Oriente por brasileiro ou português animado de sentido lusotropical de vida e de cultura. Nenhum de nós pode deixar de lê-lo. Ou dar-se ao luxo de ignorá-lo. Nem ao de desconhecer a riqueza de sugestões que especialmente para os brasileiros de hoje está contida, guardada, ia dizendo escondida, em livros como a *Peregrinação*, e o *Roteiro*, de D. João de Castro.

Há alguma coisa, no Oriente tropical, que o português, antepassado do brasileiro, tornou para sempre valor, problema, experiência, futuro que interessa ao brasileiro de hoje. Ou que nos deve interessar. Há mais de oitenta anos, prefaciando em Viena a segunda edição dos *Colloquios*, em língua portuguesa – a primeira fora de 1563 e de Goa – Varnhagen lembrava ao governo do Brasil que fizesse ir ao Oriente um vaso de guerra brasileiro, "acompanhado de um bom jardineiro", que recolhesse vivas, plantas tropicais, das descritas por Orta, a fim de serem introduzidas no Brasil. A sugestão que eu trouxe do Oriente foi a de irem uma vez por outra às áreas lusotropicais dali e da África vasos de guerra nacionais, não apenas para colherem plantas, mas para avivarem contatos dos brasileiros com populações lusotropicais que vêem no Brasil um país líder de civilização moderna nos trópicos ou um país particularmente afim dessas populações, nos dias críticos que algumas delas atravessam.

Foi a sugestão inteligentemente acolhida pela Marinha do Brasil. Vários oficiais das Forças Armadas Nacionais me têm trazido a sua solidariedade à ideia de uma política lusotropical.

O que é triste é que, tendo realizado viagem tão longa pelo Oriente e pela África um brasileiro não de todo incapaz de observar, para proveito do Brasil, instituições e situações tropicais, fora da autoridade, da Marinha e de líderes das Forças Armadas, raros brasileiros responsáveis pelos destinos nacionais tenham manifestado o menor interesse por tal viagem. Raro o jornal que a comentou do ponto de vista das relações luso-brasileiras. Raro o homem público que revelou qualquer curiosidade pelas coisas observadas por um escritor de formação universitária e por algum tempo membro independente do Parlamento Nacional, em áreas cujo futuro se entrelaça com o nosso. Sinal de que não estamos, hoje, no Brasil do tempo de Rio Branco e que, ao contrário, o espírito dominante entre nós é o que fala pelas "mordaces linguas" tão temidas pelo velho Orta.

6. CAMÕES, LUSISTA E TROPICALISTA

Quem, entre os adolescentes portugueses ou brasileiros, lê *Os Lusíadas* por gosto ou volúpia literária? Quem entre os estudantes ainda meninos ou já moços de Língua e Literatura Portuguesas deixa, entre nós, o colégio ou o liceu entusiasta e não inimigo – inimigo secreto e às vezes ostensivo – de *Os Lusíadas*? Um ou outro esquisitão.

Entretanto, há em *Os Lusíadas* um poema para adolescentes que a caturrice pedagógica dos professores em geral esmaga ou abafa sob o excesso de preocupações de mecânica gramatical. É um poema de aventuras. Um poema de glorificação da energia humana, como percebeu Joaquim Nabuco. E as suas principais aventuras são as do europeu a descobrir terras virgens e quase virgens de homens brancos. As do cristão desgarrado entre infiéis ou entre o gentio. As de um celta louro e ardente, perdido entre gentes morenas, pretas, pardas, amarelas que a sua portuguesíssima capacidade de compreensão do exótico acaba por amar, do mesmo modo que acaba por estimar valores de natureza tropical escandalosamente diferentes dos europeus. As aventuras, enfim, de um português a antecipar-se aos europeus mais ousados da sua época em atrevimentos magníficos de descoberta ou de reconhecimento de terras, gentes, plantas, animais, mares, rios, costumes, minerais, pedras preciosas.

Pelo seu realismo, talvez possa dizer-se do Camões de *Os Lusíadas* que abriu o caminho a outro contador célebre de aventuras que contadas quase não se acreditam e que é, sob a forma de romance acontecido a europeu aventuroso entre gentes exóticas – romance tão amado pelos adolescentes –, o Defoe de *Robinson Crusoe*. O mesmo Defoe famoso pela sua evocação – talvez a sua obra-prima – da praga de Londres.

O realismo de *Os Lusíadas* – livro mais sobrecarregado de erudição acadêmica e de eloquência latina que o romance corajosamente de terra a terra do inglês – é menos evidente que o de Defoe. Mas não deixa de ser realismo arrepiado de aventuras possíveis somente fora da Europa. Trata-se de livro realista e paracientífico. Nem pode o poeta português ser acusado de traição ao propósito de dar ao seu poema qualidades que em geral só se associam hoje – partida a unidade de ciência e arte que chegou a haver na Renascença – aos puros livros de ciência:

> A verdade que eu conto nua e pura
> Vence toda grandíloca escritura.

Aliás, já que a propósito de Camões lembrei o inglês Defoe, devo lembrar o anglo-americano Herman Melville, ainda mais que o autor de *Robinson Crusoe*, continuador de Camões: das suas ousadias de literatura cósmica, oceânica, tropicalista. Ousadias baseadas num "saber de experiência feito" revelado pelo português em descrições como a da tempestade no Índico e em caracterizações, exatas até nos pormenores, como as das canoas indígenas surpreendidas pelos europeus em águas tropicais: "*mui veloces, estreitas, e compridas*"; as velas de "folhas de palma bem tecidas"; e animadas por figuras esplendidamente de cor.

Saber parecido com o de Camões seria revelado pelo norte-americano com vigor igualmente épico e igual rigor na captação das formas das coisas e das cores das pessoas empenhadas em lutas contra mares e ventos ásperos ao contar, numa história interrompida por ninguém sabe quantas digressões, umas eruditas, outras pitorescas, algumas científicas, várias apenas anedóticas, tudo em torno à perseguição de uma baleia branca – imensa e terrível e, na sua brancura, quase tão sobrecarregada de símbolos quanto em *Os Lusíadas* o também gigante Adamastor – por baleeiros, também eles homens simbólicos, embora monstro e baleeiros nos sejam apresentados com o mais forte realismo. Sem fantasias que lhes deformem sem quê nem para quê a realidade: só acentuados ou intensificados alguns dos seus traços para se tornarem, além de simbólicos, cósmicos, e dramaticamente universais. É uma narrativa, a de *Moby Dick*, de quem correra vários mares e principalmente os tropicais; vira de perto monstros e fúrias dessas águas; e, como Camões, sentira, em ilhas povoadas por gente de cor, a sedução dos trópicos: da sua vida, das suas mulheres, das suas formas, das suas cores. Cores cuja beleza contrasta com aquele "incolor" terrível "de sepulcro universal habitado pelo nada" que Melville atribui à baleia de brancura aterradora; e que era o monstro albino a que os marinheiros chamavam Moby Dick.

Parece que foi o encanto daquelas cores, em contraste com esse excesso de brancura, que atraiu Melville para os trópicos de que, entretanto, o separaria a civilização anglo-saxônica com os seus profiláticos de toda a espécie. Com a sua sistemática valorização moral e estética – até quase os nossos dias – do "incolor" e da "brancura": uma sistemática difícil de ser vencida por esporádicos rebeldes, mesmo quando indivíduos de gênio. Morrendo burguesmente funcionário de alfândega em Nova York, esse continuador, de certo modo, de Camões que foi Melville seria, talvez, uma daquelas frustrações trágicas, comuns entre os nórdicos de ânimo literário ou artístico, de branco predisposto ao melanismo da vida tropical: frustrações que vêm marcando nas civilizações nórdicas uma das suas maiores deficiências em face das hispânicas – especialmente da lusitana –, célebres, como também a italiana, pelas suas audácias de harmonização de europeus com gentes de cor.

Camões foi um realista capaz de ter sido um Defoe no século XVIII ou um Melville no século XIX, mas um realista animado por uma quente imaginação de romântico aventuroso tanto no corpo como na alma. Guloso do que ele próprio chama "vária cor", não só como artista: também como homem. Como homem de ciência e como homem simplesmente homem: português no viço do sexo: por conseguinte, com o sexo e o paladar nos olhos, nos ouvidos, no olfato, nas pontas dos dedos. Foi o que predispôs a ser tão sugestivo intérprete de um mundo cheio de cores e formas espantosamente novas para os olhos do europeu do século XVI, de sabores ignorados pelo seu paladar, de perfumes estranhos ao seu olfato, de macios de corpo nu de mulher e de tecidos finos de vestir homem, ainda desconhecidos pela sensibilidade ou pela sensualidade europeia.

Camões foi mais: foi um dos primeiros a fixar, em língua europeia, novas formas de cores não só de figura humana como de traje de homem encontrados nos trópicos; e os seus flagrantes são daqueles que, ao saber poético, às vezes prejudicado pelo ranço da retórica acadêmica, juntam a exatidão no pormenor etnográfico:

> De panos de algodão vinham vestidos,
> De várias cores, brancos e listrados,
> Uns trazem derredor de si cingidos,
> Outros em modo airoso sobraçados;
> Das cintas pera cima vêm despidos,

> Por armas têm adagas e tarçados.
> Com toucas na cabeça e, navegando,
> Anafis sonorosos vão tocando.

Note-se, de passagem, a palavra "anafil", do árabe "*anafir*" – segundo os entendidos –, que Camões engasta entre as latinas para acentuar a impressão de exótico ou de tropical do ambiente e das paisagens encontradas pelos Portugueses a caminho de uma quase messiânica "terra ardente". Afinal, o que os portugueses buscavam – antecipando-se como povo ao afã individual de Rimbaud – era o "rio Índico" e principalmente – segundo o próprio Camões –, "a terra ardente": terra já em vários trechos amaciada pela presença de árabes, cujo auxílio – alternado com oposições – os lusos começaram a ter na própria África, à luz de um sol que, sendo velho aliado da gente moura, seria maior amigo ainda da gente lusitana; à luz de Febo que, quando descia às águas para repousar ao fim de "claro dia", era continuado por Febe: pela lua tropical que o português, ainda mais que o mouro, associaria aos seus amores, às suas aventuras, e não apenas à rotina da sua lavoura e das suas lidas de agricultores.

Tais deslumbramentos para os sentidos, ele procurou comunicá-los aos europeus através de palavras que, sendo todas quase latinas ou derivadas do latim, e não exóticas, como as hoje portuguesas anafil, palanquim, canja, mandarim, marajá – consagradas portuguesas, com numerosas outras, por esse esplêndido lusotropicalista que foi Moraes do *Dicionário* e de outros trabalhos pioneiros de filólogo lusotropical, escritos em Pernambuco – tomaram, entretanto, no seu poema, posições e relações de tal maneira novas para os olhos e os ouvidos lusitanos, de tal modo aventurosas para a inteligência e a sensibilidade do europeu, que *Os Lusíadas*, como realização linguística e obra literária, como épico ulissiano, embora seguisse formas convencionalmente épicas, dentro de uma sistemática que do princípio ao fim revela o homem de estudo, de saber e até de ciência ao lado do lírico, deve ter tido, para os seus primeiros leitores europeus do século XVI, alguma coisa do *Ulisses*, de Joyce, para a gente moderna. Alguma coisa de novo nos próprios sons de palavras pela primeira vez juntas ou reunidas, em inesperadas relações talvez menos lógicas que psicológicas de adjetivos nunca dantes acrescentados a substantivos.

Quando o próprio Camões proclama, com uma imodéstia justificada apenas pelo gênio,

> Nem me falta na vida honesto estudo
> Com longa experiência misturado,
> Nem engenho, que aqui vereis presente,
> Cousas que juntas se acham raramente.

é como se o poeta se alongasse em apologista de si mesmo e nos oferecesse uma síntese da sua afoita mas na verdade bela e forte realização; e nos revelasse, além do seu propósito de juntar, em narrativa de novo sabor épico, imagens de coisas e seres raramente juntos através de palavras também raramente juntas, a sua consciência de ter unido ao "engenho", "honesto estudo", e ao estudo, longa "experiência".

Não falava de outiva. Não inventava. Não delirava. Não fantasiava sobre a realidade tropical, a não ser para a ajustar às vezes às tradições de grandeza da mitologia greco-romana; e é lamentável que, em mais de um caso, o retórico tenha prejudicado o tropicalista atento às formas e às cores das terras ardentes que os seus próprios olhos souberam descobrir ou surpreender ainda virgens de outros olhos europeus de artista-cientista.

O seu poema – admitidos os excessos de retórica erudita que uma vez por outra o prejudicam – é um poema principalmente de coisas vistas. Mais de figuras reais de homens vivos que de velhas figuras não só de retórica como de mitologia. Um poema de aventura. Mas aventuras vividas, quase todas, pelo próprio poeta e por portugueses, como ele, de carne fraca e sexo forte e não etéreos; ou que, como aquele governador da Índia referido por Garcia d'Orta – talvez algum D. João de Castro, negação de Tenório – recorriam a drogas da Índia não para se excitarem mais do que o normal, mas para perderem do sexo o excesso de furor; ou a fome exagerada de mulher. É um poema – o de Camões – de mágoas, medos, alegrias, amores experimentados por um portuguesíssimo português que em Coimbra havia sido rapaz boêmio e com pretensões a mata-mouros; e, em Lisboa, romântico de paixões arriscadas e proibidas pela etiqueta da época. Apenas a esse romântico não faltara iniciação em estudos graves e em conhecimentos sérios. Não só dos chamados clássicos como dos na época considerados científicos. Iniciação nas melhores ciências e nos melhores métodos europeus do seu tempo, de procurar conhecer um homem o espaço e a natureza; e, dentro e, às vezes, acima da natureza, o passado, a forma, o caráter da figura ou do ser humano. Daí atribuir a Camões aquele renovador de estudos portugueses da literatura, que é um dos mais profundos críticos modernos do autor de Os Lusíadas, o professor Hernâni Cidade, além da "intuição criadora", "inteligência artística", as duas fecundadas – acrescenta – "pela cultura humanística e científica". Daí o realismo que chega em Camões a ser obsessão: obsessão pelo que o mesmo crítico chama "conteúdo da realidade", recordando aquelas palavras do autor de Os Lusíadas:

> A verdade, que eu conto nua e pura,
> Vence toda grandíloca escritura.

Essa "verdade nua e pura", Luís de Camões a experimentara desde novo do modo mais nu e puro – perdendo até uma das vistas nessas aventuras de experimentação às vezes heroica –, pois como o conhecimento da "disciplina militar", em particular, o verdadeiro conhecimento da natureza, da vida, dos outros homens, em geral, "não se aprende, Senhor, na fantasia, sonhando, imaginando" nem apenas "estudando", isto é, estudando nos livros ou nas escrituras, "senão vendo, tratando, pelejando". Era pela ciência de campo, experimental, ativa, dinâmica, que clamava esse português extraordinário e, ao mesmo tempo, típico, do século XVI. De modo que se ele foi, além de lusista, melanista e tropicalista, o seu tropicalismo, mais do que o seu melanismo erótico, em vez de simples enleio lírico, teve alguma coisa de científico no modo de ser experimentação, observação, estudo, sobre experiência viva, quente, ardente, de novas formas e cores de paisagem e de figura humana. Ele que aconselhou aos homens de governo a se apoiarem no saber dos "expertos", que aconselha a El-Rei:

> Tomai conselho só de experimentados,
> Que viram largos anos, largos meses,
> Que, posto que em ciente muito cabe,
> Mais em particular o experto sabe,

depois de ter destacado em palavras nítidas:

> Os mais experimentados levantai-os,
> Se com a experiência tem bondade,
> Pera vosso conselho, pois que sabem
> O como, o quando, e onde as cousas cabem,

não foi nas suas viagens por "terras ardentes" um turista ou um diletante ou um curioso apenas de pitoresco, mas um homem de estudo atento ao "como", ao "quando" e ao "onde" das coisas tropicais.

Faz Camões em *Os Lusíadas* verdadeiro elogio do *"learn by doing"*, entre os ingleses consagrado por Defoe no seu *Robinson Crusoe*: tipo de herói individualista que aprende a vencer asperezas de natureza diferente da europeia, não decorando fórmulas cimo que mágicas de velhos autores, mas lidando a seu modo e em lutas não só de braço como de corpo inteiro, com problemas vivos e novo. Faz Camões tal elogio, ao considerar a ciência – a cosmografia geografia, a etnografia, a política – ao mesmo tempo arte ciência e arte de ver, de tratar face a face com a realidade, com a natureza – principalmente a tropical – com inimigos aparente? ou reais do homem ou do europeu, em geral, ou do português, em particular, de vencer obstáculos em lutas, como já se disse, quase de corpo a corpo, dirigidas pela inteligência e não apenas conduzidas por instintos que se denominassem de conservação ou de agressão, de aquisição ou mesmo de criação.

Em Camões junta-se sempre, como em Garcia d'Orta, ao gosto pela aventura experimental o respeito que o grande poeta mais de uma vez demonstrou com uma prudência de aprendiz de frade beneditino, e o outro, com uma cautela de físico que fosse também um boticário de convento, pela tradição de saber acumulado: o saber dos velhos e até dos especialistas. O saber dos doutores avançados nas suas ideias, por um lado, e, por outro, o saber dos simples "Velhos do Restelo", apegados às tradições orais de sabedoria e de prudência. Nunca se fez em língua portuguesa – nem mesmo nos *Colloquios dos Simples*, de Garcia d'Orta – obra que pela universalidade do seu lusismo e do seu tropicalismo chega às vezes a rivalizar com *Os Lusíadas* e a *Peregrinação* de Fernão Mendes – maior ou melhor apologia dos sábios, não tanto das escrituras como de saber experimentalmente acumulado ou cotidianamente vivido – o saber dos velhos, dos expertos, dos peritos: o próprio saber da gente rude habituada ao trato com a natureza – do que em *Os Lusíadas*:

> Que, posto que em ciente muito cabe,
> Mais em particular o experto sabe.

Até em versos irônicos ele faz o elogio dos que em vez de livrescos são diretos no seu saber:

> Vejam agora os sábios da Escritura
> Que segredos são estes da Natura.

E não nos esqueçamos do saber dos velhos encarnado por Camões na prudência um tanto antirromântica do Velho do Restelo:

> ...um velho de aspeito venerando.
> ...Cum saber só de experiências feito.

Donde o comentário de mestre Antônio Sérgio:

> Ser *experto*, ter um saber *só de experiências feito*, é, na boca de Camões, o elogio mais inteiro, a garantia de maior valor: pois, como se sabe, repetidamente eleva ele o saber experimental, a longa prática das coisas, o critério único verdadeiro da verdadeira sabedoria – sendo essa até uma feição essencial da sua doutrina e da sua política.

Vai além mestre Sérgio: reconhece ter Camões contraditoriamente condenado, pela palavra do Velho do Restelo, a aventura portuguesa que, a nosso ver, foi uma aventura principalmente em terras tropicais e entre gentes tropicais.

Mas a verdade é que foi através dessa contradição de atitudes – a que o levou a exaltar a aventura dos românticos por um lado, e por outro, a valorizar a ciência acumulada pelos velhos, para os quais era preciso considerar a realidade através de fatos cuidadosa e prudentemente observados e vistos por muitos, guardados pela tradição, experimentados e interpretados pelos expertos – que Camões se tornou, no século XVI, precursor do que hoje podemos talvez chamar lusotropicologia. Foi Camões um dos primeiros portugueses a lançar as bases para um conhecimento sistemático da natureza, do homem, das coisas tropicais, que correspondesse a necessidades portuguesas de expansão em países ou terras de clima, solo, condições de vida, formas e cores de paisagem, de homem, de mulher, de menino, para as quais o lusitano se sentia, como se sente hoje, particularmente predisposto ou inclinado, devido, ao que parece, à situação ou à própria ecologia de Portugal e ao especialismo passado da gente portuguesa: gente meio moura e um tanto israelita na sua cultura. São regiões, as tropicais, que, em *Os Lusíadas,* vêm caracterizadas como aquelas.

>Por onde duas vezes passa Apolo,

E também como "regiões quentes", como terras "onde o dia é comprido", como "berços onde nasce o dia", como partes do mundo de "mais verdade que as outras" e "quase junto" daquelas partes onde "o Sol ardendo".

>Iguala o dia, e noite em quantidade.

São, ainda, os trópicos e o Oriente para o autor de *Os Lusíadas,* como "términos" da "roxa Aurora" buscados ardentemente por portugueses – por D. João III, por exemplo; e pelo próprio Luís de Camões:

>Os términos que eu vou buscando agora.

Términos que não eram senão o Levante, o Oriente, toda uma "terra nova" de particulares seduções de forma e de cor viva para uma gente incapaz de compreender o encanto das regiões frias como as escandinavas; ou as habitadas pelo inglês que, segundo um Camões outra vez irônico, "entre as boreais neves se recreia". Evidentemente, para Camões, não era entre gelos que o homem encontrava o melhor sabor da vida, pois ele próprio, ao destacar os piores dissabores da existência, parece particularizar este: "...os torpes frios no regaço do Sul e regiões de abrigo nuas". O que não significa que, para ele, a vida ideal fosse a mole e doce daqueles trópicos de caricatura onde a todo o esforço se opusesse o ócio ou o prazer com os seus "manjares novos e esquisitos", os seus "vários deleites e infinitos, que afeminam os feitos generosos". Esse tropicalista do século XVI era um entusiasta do esforço, da lida, da aventura difícil do "buscar" – pelo homem – "co seu forçoso braço as honras que ele chama próprias suas".

>Engolindo o corrupto mantimento
>Temperado com o árduo sofrimento,

foi como às vezes Camões experimentou o trópico, inclusive o sofrimento das tempestades e dos frios que nos desertos das terras quentes podem à noite ser terríveis.

Compreende-se, assim, que o fervor tropicalista de Camões no próprio começo do século XVII se tenha comunicado, no Brasil, a aventureiros dos chamados "bandeirantes". É o que revela documento guardado no Museu Paulista e já comentado pelo seu antigo diretor, mestre Afonso d'E. Taunay. "No verso de uma página de um 'inventário do sertão'" – o do bandeirante Pero de Araújo, membro da bandeira do capitão Antônio Pedroso de Alvarenga, realizado em dezembro de 1616 talvez, às margens do Araguaya – "encontram-se quatro 'estoreas' de *Os Lusíadas* escritas pelo escrivão da bandeira". Dessas "estoreas" – acrescente-se à informação do mestre Taunay – desprende-se alguma coisa da dinâmica tropicalista que teria levado aqueles bravos homens de ação a enfrentarem, em terras tropicais, perigos e asperezas com um ânimo igual ao dos portugueses que primeiro se fixavam em "terras ardentes" da África e da Ásia. Note-se, porém, dos "bandeirantes" lusitanos e descendentes de lusitanos e ameríndios que na América, como na África e no Oriente, foram homens que, sem temerem com dengos de mulher as asperezas e os perigos, evitaram "recrear-se" ou sequer fixar-se entre gelos ou no meio de brumas. Aliás, ouso sugerir de passagem – apenas sugerir – que no tropicalismo lusitano, o pendor do lusitano desde o século XV para fixar-se em terras quentes, evitando as frias, talvez se deva enxergar um aspecto ou resíduo irracional do seu antiespanholismo, básico no desenvolvimento do seu espírito nacional. Esse antiespanholismo parece ter encontrado uma das suas justificativas na repugnância portuguesa aos terríveis ventos frios da Espanha. Repugnância sintetizada pela gente portuguesa nas palavras: "Da Espanha, nem bom vento, nem bom casamento". É expressão de preconceito folclórico extremamente significativa para o sociólogo, pela sua associação de ventos – isto é, clima, região, geografia, ecologia – com casamento – isto é, mulher, família, casa, sociedade. Tal preconceito, parece que o português o levou consigo ao atravessar mares em busca das "terras ardentes" a que se refere Camões: terras onde não se esquivaria a casamentos com mulheres nativas dessas regiões de bons ventos, isto é, ventos mais quentes do que frios. É evidente que o preconceito, trouxe-o o português para a América onde, nas suas audácias de penetração das terras sul-americanas, mostrou que poderia ter-se fixado no Pacífico: mas, para essa fixação, parece ter-lhe faltado entusiasmo ou gosto, como lhe faltou gosto para se fixar na África do Sul e na Terra Nova. E talvez venha a descobrir-se, através de cuidadosa pesquisa, que, na América do Sul, os ventos do Peru tomaram o lugar dos ventos da Espanha no preconceito da gente luso-brasileira contra os ventos frios, pela mesma gente tolerados apenas no Rio Grande do Sul.

Não procuro afeiçoar os fatos a uma tese: a de em Camões se encontrar um claro precursor do que hoje se considere lusotropicologia. Nem avanço de modo algum que no autor de Os Lusíadas já exista, nítido e definido, um começo de possível lusotropicologia de que nós, os modernos que tentamos fixar em ciência particular – ciência semelhante à islameologia que vem sendo sistematizada em ciência particular, dentro do latifúndio das sociológicas – tendências ainda dispersas e vagas, fôssemos apenas modernizadores. Modernizadores de substância já antiga. Modernizadores de um Camões à espera apenas de sistemática sociológica. Encontrar gente moderna precursor em autor antigo e mesmo remoto nem sempre significa considerar-se tal gente, ou concordar em ser considerada, apenas modernizadora de autor antigo ou remoto. O precursor muitas vezes é aquele que se limitou a ter tido intuição vaga – como Sylvio Romero com relação a certas posições modernas na sociologia hoje desenvolvida no Brasil – daquilo que, uma vez definido, parece ovo de Colombo, tão simples e até banal parece ser; mas que não se pôs de pé senão por um difícil esforço de definição que tanto teve de ousadamente criador quanto de prudentemente crítico no seu desenvolvimento.

Parecem, entretanto, pontos tranquilos – entre os que seria necessário estabelecer para virmos a considerar Luís de Camões remoto precursor de uma possível ciência moderna que, à sombra principalmente da sociologia da Cultura e da Ecologia, se denomine lusotropicologia: em primeiro lugar, que a sua obra foi de ciência e não apenas de literatura, assim como a de Garcia d'Orta foi de literatura – embora literatura antirretórica – e não apenas de ciência; e em segundo lugar que, como bom português, a sua curiosidade científica especializou-se, tanto quanto a sua volúpia literária de expressão épica nunca de todo separada da lírica, em estudar, fixar, descrever figuras e coisas orientais e tropicais ou situadas em ambientes – ambientes e não apenas cenários, note-se bem – orientais ou tropicais. O celta louro e parece que dólico, que foi Luís de Camões, parece ter-se deliciado com especial fervor em amores com mulheres morenas, amarelas e talvez até de todo pretas, encontradas em terras quentes e entre populações orientais. Os seus olhos, o seu olfato, o seu paladar, os seus ouvidos parecem ter-se exaltado e como que encontrado experiências essenciais, e não apenas aventuras superficialmente estéticas ou turisticamente voluptuosas, em contato com essas mulheres; e com plantas, alimentos, formas, temperos de cores também vivas, dos trópicos e do Oriente.

Quanto ao primeiro ponto – o caráter científico ou paracientífico da epopeia de Camões –, admitem os melhores estudiosos dessa epopeia complexa – um deles o professor Fidelino de Figueiredo – que ela se distingue por uma vasta riqueza de conhecimentos de astronomia, de geografia, de história, de botânica, de anatomia. Essa riqueza – acrescente-se a tais mestres – acentuada pela exatidão de observações da natureza e das populações tropicais e do Oriente a que se entregou o poeta – como que discípulo distante da Escola de Sagres –, sem sacrifício das suas virtudes literárias, e que parece exprimir-se na sua preferência pelos valores e talvez pelas gentes tropicais. Comete erros de geografia ou de história, é certo, em face da geografia e da história da sua época e não apenas das de hoje. Dá a Escandinávia como ilha e não península. Confunde-se a respeito de Cabo Verde. Mas raramente comete enganos, salientam os eruditos e os críticos, "apesar de ter redigido o poema" – observa um deles, o já citado professor Hernâni Cidade – "sem as comodidades necessárias a consultas eruditas". E "pelo que toca às informações geográficas, etnográficas, naturalistas" – acrescenta o historiador – "e quanto mais no poema implique ou explicite cultura geral ou aproveitada leitura, desde livros de crônica a livros de astronomia, é sabido que se tem escrito sobre Os Lusíadas monografias de todo o gênero, e todas concluem pelos seus acertos de conhecedor em anatomia como em botânica, em astronomia como em marinharia". O que coincide com o retrato de outro estudioso ilustre de Camões, José Maria Rodrigues, de ter o autor de Os Lusíadas sempre procurado conformar-se com o que "a observação e o bom senso lhe dilatavam", por menos comprometido que se mostrasse a escrever, em versos, rigoroso trabalho científico. Até em trechos do poema onde a alguns comentadores parece ter havido licença poética – como no célebre "e vós... pêras... entregai-vos aos pássaros" – outros eruditos têm restabelecido a fidelidade de Camões ao processo como que ecológico das pereiras, sobrecarregadas, desfazerem-se da sobrecarga, deixando os pássaros inutilizarem partes da sua produção para a restante poder medrar.

Sobre botânica é particularmente expressivo o depoimento do conde de Ficalho, orientalista português que, para se documentar sobre a ciência de pioneiro de Garcia d'Orta, estudou com minúcia as plantas e drogas da Índia experimentadas pelos europeus nos seus primeiros contatos com o Oriente. Escreve Ficalho que "o grande poeta tinha sobre os vegetais do Oriente noções que, para o seu tempo, eram não só bastante extensas como admiravelmente rigorosas". E adianta que, em Camões, cada frase ou epíteto, que descreva ou caracterize um produto tropical ou oriental ainda novo para a Europa, mostra "um conhecimento seguro da natureza da substância". Assim

> a pimenta e o cravo são *ardentes*, o aloés é *amaro*; o lenho de aloés é simplesmente *pau cheiroso*: mas o sândalo usado como perfume, e também o medicamento, é *salutífero* e *cheiroso*; o benjoim, que exuda dos troncos num estado pastoso, quase fluido, é o *cheiroso licor que o tronco chora*; mas à cânfora, que prontamente se solidifica em pequenas gotas semicristalinas, chama-lhe *as lágrimas, num licor coalhado e enxuto*; a canela é a *cortiça cálida cheirosa*.

E não nos esqueçamos do fato de que igualmente seguro – embora nem sempre numeroso – é o conhecimento revelado, que Camões em *Os Lusíadas* mostra ter adquirido de algumas das mais lurvas complexidades a que hoje chamaríamos sociologia das civilizações tropicais: o sistema hindu de castas, por exemplo. Não só dessa como de outras excentricidades sociais – excentricidades do ponto de vista europeu, é claro – que pôde com os próprios olhos observar no Oriente, quase repetindo a façanha, por ele celebrada, de Pero de Covilhã e Afonso de Paiva: os dois enviados de D. João II, quase sempre disfarçados em mouros, que

> viram gentes incógnitas e estranhas.
> ...Vendo vários costumes, várias manhas,
> Que cada região produze e cria.

É certo que simplifica as castas nos extremos, desprezando sutilezas que, na época, quem melhor soube aprender e fixar foi outro português, esse um tanto proustiano no gênio de descobrir e valorizar pormenores significativos do comportamento dos homens civilizados dos trópicos ou do Oriente: Fernão Mendes Pinto.

Quando o professor Cidade diz de Camões que ele "se formou na lição experimental do seu grande século – século de Duarte Pacheco Pereira, de Pedro Nunes, de D. João de Castro e do seu amigo Garcia d'Orta", tendo sido também o século do "João de Barros cujas *Décadas* atentam quase tanto na ação do Homem como nos fenômenos mais notáveis que na Natureza pela primeira vez se lhe deparam" e da *Peregrinação,* de Fernão Mendes Pinto, obra excepcional pelo "esforço de captar a realidade e simultaneamente realizar a beleza", refere-se, na verdade, toda uma constelação do que se possa denominar hoje lusotropicologia. Toda uma constelação de homens que se destacaram então pelo empenho de captar da natureza e das gentes do Oriente e das regiões tropicais uma realidade; e, ao lado de uma realidade, uma beleza ou uma estética, além de uma filosofia da vida e de uma nova filosofia do tempo, em relação com o espaço, cujo conhecimento, ou reconhecimento, talvez já considerassem essencial ao estabelecimento do homem português e dos seus principais valores de culturas nessas regiões, entre essas gentes, dentro dessa natureza diferente da europeia mas igualmente habitável, igualmente humana e igualmente susceptível de cristianizar-se. Empenho que madrugou no infante D. Henrique.

A "dilatação da lei da vida eterna", a que se refere Camões, tornou-se principalmente uma dilatação do modo português de interpretar essa lei e de viver essa vida; e o modo português de ser cristão foi sempre um modo de gente europeia particularmente disposta a confraternizar com as gentes dos trópicos e de misturar os seus valores e os seus sangues com os extraeuropeus de terras ou regiões quentes. Para tanto foi preciso ao português, ainda mais que a outros europeus – aqueles que apenas se tornaram senhores de terras tropicais pela violência – um conhecimento da realidade tropical, não apenas científico, porém humanístico; não apenas inspirado em simpatia por essa realidade, mas em empatia: na capacidade do português de quase de todo se dissolver em homem ou ser tropical, parecendo ir perder-se no cálido, no tórrido, no exótico, quando, na verdade, a sua sobrevivência nos trópicos vem acontecendo há séculos sob a forma de uma nova síntese de formas de homem e de formas de cultura: as lusotropicais. Nova síntese, também, de relações de tempo – o tempo europeu com o tempo tropical, condicionado, um por novas condições de espaço, outro por novas condições de existência.

Formas novas de homem e de mulher e relações novas de espaço e de tempo, de que Luís de Camões viu apenas os começos ou esboços. Teriam elas decerto merecido a sua aprovação entusiástica de europeu liberto dos preconceitos medievais, não só contra a nudez como contra as cores, como a vermelha, identificadas pelo cristão medieval do norte da Europa com os demônios, se Camões tivesse vivido o bastante para acompanhar os efeitos da miscigenação sobre a população lusotropical. Ele que a certo indivíduo do seu tempo acusou de, pelo vício da caça, fugir "da gente e bela forma humana", como se a "gente" e a "bela forma humana" fossem valores de que um homem normal nunca devesse afastar-se para deliciar-se de solidão ou solitude, sentiria, com o seu gosto pelo que chamou "vária cor", o enriquecimento dessa forma e dessa gente através da miscigenação praticada pelos portugueses no Oriente e, principalmente, nos trópicos, com um amor que nem sempre foi apenas a luxúria imaginada por historiadores às vezes superficiais nas suas generalizações.

Não há exagero em dizer-se que, sob a fascinação de uma luz que só se conhece nos trópicos e que só nos trópicos aviva de brilhos sem nuanças europeias, o vermelho, o verde, o azul, o amarelo, até fazer dessas cores, novas cores, enriquecidas também de novos esplendores pelos amarelos, pardos, vermelhos que resultam da mistura de raças entre os homens, Camões se tornou um grande renovador da língua portuguesa. Um revolucionário de um vigor, de uma audácia, de uma plasticidade que, entre os escritores do seu tempo, só foi excedida, talvez, pelo menos erudito, porém mais psicólogo, mais artista, mais escritor de prosa ao mesmo tempo sociológica e política, Fernão Mendes Pinto; e nos tempos seguintes, em Portugal, igualada apenas por Oliveira Martins e Eça de Queirós: um Eça marcado de orientalismo pelo contato breve, mas voluptuoso, com o Oriente que para sempre inundou de cores não europeias a sua visão do mundo; e, no Brasil, pelas audácias ou violências verbais de tropicalista que dão a Euclides da Cunha o seu maior de originalidade. Foi Euclydes fraco, talvez, na sensibilidade às cores – tão aguda em Camões, Fernão Mendes, Eça, Oliveira Martins, Ramalho, Ficalho –, mas estranhamente forte nas reações às formas mais ásperas de paisagens e de gentes tropicais, que procurou traduzir em novo e tropicalíssimo barroco, diferente do jesuítico-tropical de Viena.

Com a língua portuguesa anterior a Camões – isto é, a língua de Bernardim – já observou o professor Hernâni Cidade que "podia pintar-se entardecer saudoso ou doçura de idílio melancólico, mas de modo nenhum ela poderia comunicar-nos a sensação do esplendoroso colorido de certos quadros como, em momentos de mais forte vibração, gostava de pintá-los o poeta *feito de carne e de sentidos*". Era uma língua – a de Bernardim – a que faltava o contato com o trópico que desse novo sabor ao que nela era apenas neolatina.

Esse seguro conhecedor moderno de coisas camonianas que é o professor Hernâni Cidade convida-nos a reparar nas "notações de coisas luminosas" que marcam em Camões o enamorado de "vária cor que os olhos alegrava": "ebúrnea luz", "nítidas estrelas", "lúcidos planetas", "caminho lácteo", "argênteas ondas", "áureas aves", "níveo cisne". Para o douto professor de Lisboa, na opulenta adjetivação de Camões manifesta-se o seu empenho de dar "sublimidade adequada à emoção épica".

Não sei se posso concordar com essa generalização do crítico. Talvez a adjetivação camoniana, na época em que apareceu, nova e até esquisita em língua portuguesa, deva ser principalmente interpretada como expressão de outro empenho menos técnico e não só mais estético como mais psicólogo e mais humano: o empenho de comunicar o artista-humanista aos olhos, aos ouvidos, à sensibilidade do europeu o gosto de formas e cores tropicais. Formas e cores em que madrugava, nos dias de Camões, todo um mundo novo pela substância e pelas formas e cores mais nítidas, mais áureas, mais ebúrneas, mais lúcidas, mais ardentes, mais quentes, tanto de natureza quanto de figura humana e de coisas ao serviço do homem ou inventadas para seu uso ou regalo ou deleite. Daí ter Camões acrescentado à língua portuguesa vários daqueles vocábulos, ainda latinos mas cheios de um esplendor antes oriental que ocidental, nos quais erudito e perspicaz observador francês – Valery Larband, mestre em assuntos de língua e de estilo e bravo tradutor do *Ulisses*, de Joyce, para a língua francesa – salientou há anos, em página que só um grande mestre poderia ter escrito, ser característica da língua portuguesa, dando como exemplo página célebre de Oliveira Martins: mestre de prosa com equivalentes do vigor ou do esplendor camoniano em expressão poética. E esse esplendor com alguma coisa de positiva ou caracteristicamente oriental ou tropical a distingui-lo dos puros brilhos latinos de prosa neolatina nas literaturas europeias;

e na literatura portuguesa de Fernão Lopes e, principalmente, na de Frei Luís de Sousa, de Bernardes, de Herculano, dos Castilhos, de Garrett, de Antero.

É que Camões foi, à sua maneira – repita-se –, um Joyce não só pelas audácias com que renovou o gênero épico de expressão literária, como pelas palavras que inventou, fazendo uma língua neolatina refletir luzes e sugerir cores e formas extraeuropeias de vida e de figura humana. O irlandês faria a língua inglesa refletir, através de inovações linguísticas de sua audaciosa iniciativa, as formas psicológicas de um mundo até Joyce, Freud e Bergson, quase ignorado nas literaturas europeias: o do subconsciente.

O mundo que Camões quis principalmente revelar, através de palavras quase novas e de novas combinações de adjetivos com substantivos, não foi outro senão o começo de um novo estilo tanto de convivência humana como de identificação do homem com a natureza: e esta principalmente a tropical. Estilo a que hoje podemos chamar de lusotropical e que teve por precursor o infante D. Henrique.

Faltou infelizmente a Camões o conhecimento da "quarta parte" desse mundo novo – o Brasil. A essa "quarta parte" o autor de *Os Lusíadas* apenas alude. Não a tendo visto ou conhecido de perto, não quis suprir com a retórica a falta de um conhecimento de "experiências feito": o único conhecimento que o seu realismo compreendia. Pois não nos esqueçamos de que a sua insistência em ser arte ou ciência da guerra uma arte ou ciência de experiência, que só se adquiria "vendo, tratando, pelejando", revelava uma atitude ou posição de espírito que nele evidentemente se estendia às demais artes ou ciências do homem. A todas aquelas – podemos hoje supor – que constituíam apoio às intenções do português da Europa de se estabelecer em regiões tropicais não como intruso mas como elemento capaz de se integrar nessa natureza a nas culturas humanas com elas já harmonizadas. Capaz de comunicar a essa natureza e a essas culturas, do potencial português de energia organizadora – a monarquia completada pela família patriarcal – e da sua cultura predominantemente cristã – a "Fé" e o "Império" a que se refere Camões– o bastante para renovar tais culturas e aproximar da Europa e da cristandade populações de cor e espaços tropicais. O programa de relações do português com essas populações e com esses espaços pioneiramente traçado pelo Infante.

Digo o bastante porque não me parece que a atitude do português com relação aos trópicos ou ao Oriente se tenha extremado, nos grandes dias de expansão lusitana por essas áreas, senão por exceção, numa política ou numa sistemática hirtamente imperial ou duramente teocrática, que justificasse a pretensão que animaria portugueses quase dos nossos dias: a de se organizar uma "Ciência Colonial Portuguesa", à base da experiência ultramarina da gente lusitana. Pretensão que ainda agora há quem pretenda opor a uma possível lusotropicologia. Seria amesquinhar-se uma ciência ao mesmo tempo cultural e ecológica – como essa possível lusotropicologia – num simples ramo de arte política, hoje quase arcaico: o especializado no estudo e na consagração do domínio europeu sobre populações e áreas consideradas coloniais.

Passou o tempo de tal "ciência" ou "arte" política com a qual, aliás, Camões nunca parece ter-se identificado de todo. Pois não lhe faltou a visão de outro tipo de relações entre brancos e povos de cor, entre europeus e populações tropicais: relações baseadas num amor com tendências a igualitário, que ele foi dos primeiros a praticar como homem e não apenas a elogiar como poeta.

7. FERNÃO MENDES PINTO, TROPICALISTA

Outro precursor remoto da ciência que venha a definir-se como lusotropicologia creio que foi, na verdade, o meio esquecido Fernão Mendes Pinto. Muito do que houve nele de curiosidade por valores exóticos foi simpatia por valores não só orientais como tropicais; e nessa simpatia, manifestada de modo normal e não esotérico, revelou-se o português múltiplo, que não deixou nunca de ser, por mais que o Oriente lhe tivesse enriquecido a natureza e o trópico colorido a cultura. O português-cronista, o português-viajante, o português-dramático, o português-moralista – no sentido francês de moralista –, um tanto em oposição ao português apenas lírico que a Europa consagrou como o português por excelência, ao atribuir a uma parece que hipotética "religiosa portuguesa" as célebres "cartas de amor" aparecidas na França e em francês.

Fernão Mendes Pinto é um desmentido ao mito de panlirismo lusitano; e uma alta afirmação da capacidade portuguesa para a literatura objetiva, realista, dramática a seu modo: o modo também das *Histórias Trágico-Marítimas*. E, se não sociológica, sociográfica na sua exata descrição ou caracterização não só de culturas como de pessoas diferentes dos europeus pela forma, pela cor e pela alma.

"Mas isto é literatura!", dirá o leitor a quem a primeira leitura da *Peregrinação*, de Mendes Pinto, surpreender ou desapontar pelo viço ou pela frescura de revelação literária do Oriente e do trópico, que torna esse livro um dos mais festivos, um dos mais coloridos e também um dos mais dramáticos que já apareceram em língua europeia. E é. E que tem que seja a *Peregrinação* literatura? Que significa isto, contra o seu hoje por todos os bons críticos reconhecido valor, se não científico, paracientífico: valor como geografia, como história, como etnografia, como sociografia, como sociografia em grande parte relativa à Ásia tropical?

Contra, evidentemente, nada; a favor, muito. Pois as páginas de Fernão Mendes Pinto põem-nos diante de uma rara maravilha de fusão de arte de expressão e de ciência de descrição, talvez melhor realizada por ele que por Luís de Camões em *Os Lusíadas*. Fusão mais bem realizada pelo prosador quase sempre poético que pelo poeta às vezes prosaico por excesso de exibição de saber erudito. Em Fernão Mendes Pinto se acham, na verdade, uma revelação e uma interpretação daqueles mistérios de natureza humana, diferente da europeia, encontrados pelos Europeus do século XVI nos trópicos e no Oriente, em palavras mais livres que as da epopeia camoniana de pedanteria erudita nas suas formas hoje arcaicas, isto é, greco-romanas. Formas de que abusou o autor de *Os Lusíadas* em algumas das suas páginas. Embora sem lhe faltar o "saber de experiência feito", exaltado acima de qualquer outro pelo próprio quase-bacharel de Coimbra que foi Camões, o livro do por algum tempo quase-jesuíta que ainda menino fugira da "pequenina casa lusitana" por gosto de aventura, paixão de espaço livre, desejo de conhecer paisagens e gentes novas – gosto de aventura oriental e de experiência tropical – junta a esse saber vivo uma tal espontaneidade que chegou a parecer a muitos fantasia, ficção, invenção de tropicalista a quem, não as muitas letras – como no caso do chamado apóstolo do gentio –, mas os muitos calores ou ardores, experimentados no Oriente, tivessem feito delirar. Delirar, enredar, mentir. "Fernão, mentes? Minto!" "Mentes" em vez de Mendes. "Minto" em vez de Pinto.

Sabe-se hoje que não era esse extraordinário português homem a quem os ardores dos trópicos e os esplendores do Oriente fizessem facilmente perder o equilíbrio de sensibilidade completa pela inteligência. A inteligência nele foi quase sempre tão vigilantemente crítica que não sucumbiu aos fervores místicos: aqueles que quase o arrastaram a uma vida de renúncia, de sacrifício e até de martírio, no gênero da do seu mestre e amigo, o grande padre Francisco, isto é, Francisco Xavier. O Francisco Xavier que fez delirar inteiras populações tropicais e orientais com o seu modo antes franciscano, lírico e português que jesuítico, didático e espanhol, isto é, castelhano, de ser cristão e pregador de cristianismo e conquistador de almas para Cristo.

O que não significa que não houvesse em Fernão Mendes Pinto alguma coisa de homem da Companhia de Jesus. Ele próprio se sentiu atraído para esse estilo sabiamente psicológico de considerar a Igreja valores orientais inclassificáveis como "primitivos" ou "simples" ou "inferiores", que foi o estilo jesuítico de ação missionária no Oriente. Fernão Mendes Pinto foi português parece que desde novo e plástico, inclinado a admirar e estimar tais valores, sem deixar de se acrescentar e de acrescentar Portugal aos exotismos assim admirados, amados e assimilados. Refazendo-se de uma inteira experiência mística – a que quase fez dele jesuíta no Oriente –, revelou-se Fernão homem de inteligência capaz de compensar, retificar, equilibrar extremos de sensibilidade, numa combinação de contrários própria de especialíssimos indivíduos de gênio.

Que espécie de aventureiro foi Fernão Mendes Pinto nos trópicos e no Oriente, antes de se tornar o revelador dos trópicos e do Oriente que fazem da *Peregrinação* um dos livros mais perene e poderosamente universais que já se escreveram em qualquer língua? Foi aventureiro comercial: tendo ido menino para o Ultramar, aí enriqueceu e chegou a ser nababo. Foi político: chegou a desempenhar missões de embaixador de que teriam sido de todo incapazes os simples diplomatas de rotina, por mais ágeis no aprendizado de zumbaias indianas de salamaleques orientais. Foi escravo de gente oriental como Cervantes de mouros vizinhos da Espanha. Foi, por algum tempo, homem da Companhia de Jesus. Mas dele e da sua ação o que sobressai com mais brilho aos nossos olhos é o seu arrojo individual de europeu desgarrado, mas não desorientado, entre gentes tropicais e civilizações orientais, antes até o fim da vida vencedor de perigos de clima e de meio exóticos, quer pelo viço da saúde, que nele parece ter sido prodigiosa, quer pela energia de querer, sem a qual não teria realizado metade sequer das façanhas que realizou. E, ainda, pela sabedoria, quase instintiva no português, de saber contemporizar com os mais profundos exotismos – principalmente os de terras quentes –, sem neles se perder ou corromper; de saber extrair desses exotismos, as suas delícias, sem se depravar nos seus excessos; de saber aproveitar os seus valores, sem neles se dissolver; e assimilar as suas virtudes, sem por amor delas renunciar de todo às nativas, às europeias, às cristãs.

Arrojo individual de ação nos trópicos e no Oriente têm revelado outros europeus, além do português; outros "Fernões" sequiosos de aventura e de fortuna, além dos lusitanos; outros homens de gênio de formação ocidental, além de Fernão Mendes Pinto, como, nos nossos dias, o Lawrence chamado da Arábia. Com toda a razão escreveu, em página célebre, Antônio Ennes, a propósito de tais aventuras, que não são especialidades de povo algum: "são antes" – acentua ele – "reservadas para certas classes que em todos os países se podem constituir sob o influxo de determinadas causas sociais...".

Os aventureiros notáveis pelo arrojo individualista de ação, que Ennes denomina "pioneiros de civilização", seriam, segundo o sagaz tropicalista português do século XIX – que, aliás, esquece os insatisfeitos, como os Rimbaud, os Gauguin, os Lawrences, com as convenções de vida social (inclusive a sexual) em nações mais ortodoxamente europeias, para pôr em relevo só os inconformados com a mediocridade ou a penúria dos seus limites econômicos – recrutados não "na prudente burguesia nem nas pacíficas e timoratas populações rurais"– fontes, aliás, de bons e sólidos emigrantes do tipo estável, que, deixando Portugal, se têm estabelecido no Brasil –, mas quase sempre na "massa dos deslocados e dos inclassificados, dos indivíduos que a necessidade de viver sujeita a todos os misteres, a todos os trabalhos e a todos os perigos, desenvolvendo neles faculdades adaptadas à sua situação". Seriam tais "pioneiros de civilização", ainda segundo a simplificação um tanto arbitrária de Ennes, "a vanguarda das invasões inglesas nos países novos", como no século XIX a Austrália subtropical e a Nova Zelândia; e os seus traços principais, os de "homens para tudo", com "constância para todos os sofrimentos, perseverança para as empresas mais impossíveis, uma absoluta falta de escrúpulos na escolha dos fins e no emprego dos meios, uma infinidade de aptidões para o viver dos natos, rijos de corpo, intrépidos de ânimo, a um tempo trabalhadores e bandidos". Para Ennes, o Portugal do século XIX não dispunha de gente assim para as suas empresas africanas; mas já a tivera: perdera-se-lhe a raça. E perdera-se-lhe a raça porque Portugal havia séculos que não vinha a educar e a temperar a sua gente para as aventuras a que se afoitara no Ultramar, mas habituara-a à proteção excessiva do Estado, em vez de "*se suffire*" dentro do bom e rijo sentido individualista de ação. Se alguém duvidasse disso, que comparasse na África as "colônias madeirenses que, apesar de apaparicadas pelo Estado", definhavam – pensava Ennes – onde os bôeres prosperavam "entregues a si, vencendo as distâncias com os seus prodigiosos carros, mantendo os hotentotes em respeito ao alcance das balas, obrigando a terra, as feras, as florestas e os rios a pagarem páreas à sua atividade empreendedora e forte".

Exagero de pessimista terrível que foi às vezes Ennes, com relação ao Portugal do seu tempo, embora não lhe faltasse razão quanto ao declínio do espírito individualista de ação entre os portugueses, vítimas às vezes de uma educação sob outros aspectos admirável – a jesuítica –, que se extremou, em alguns casos, nos seus rumos paternalistas tanto quanto o Estado pombalino nas suas atividades policiais e burocráticas de feitio igualmente paternalista.

Desses extremos teria que sofrer, como sofreu, a projeção da cultura lusitana – cultura no sentido sociológico – nos trópicos e, especialmente, no Oriente. Teria que deles se ressentir a cultura lusotropical que, tendo-se iniciado com uma vitalidade, do século XV ao XVII, assombrosa, no século XVIII se amesquinharia, para, nos últimos decênios do século XIX e nos começos do XX – desde a renovação dos métodos de colonização da África com modernos tropicalistas da fibra de Norton de Matos –, vir a readquirir alguns dos seus antigos vigores. E o que se vê é, ao lado da crise atual na África do Sul dos métodos bôeres de colonização enérgica e até violenta – tão enérgica que ainda pretende manter policialmente, à bala, hotentotes, a demasiada distância da suposta superioridade absoluta dos europeus brancos –, as vitórias docemente definitivas, em terras tropicais, de lavradores madeirenses, só no início dos seus esforços e na aparência da sua ação, vencidos, em energia criadora, pelos holandeses, seus vizinhos na África Ocidental.

Fernão Mendes Pinto pertenceu àquela raça de aventureiros de que Ennes, com sagacidade sociológica, parece ter compreendido não ter sido nunca raça nem nação, mas classes; ou raça apenas – pode hoje dizer-se – no sentido social de há séculos e entre vários povos vir a ser um grupo como que biológico, mas na verdade biossociológico, constante nos seus traços e nas suas disposições e na sua situação, ora psicológica, ora sociológica, de gente marginal; e como toda a gente vigorosamente marginal, insatisfeita, inquieta, desejosa de novo espaço para a sua atividade e de novas oportunidades para a expressão da sua energia. Num país como Portugal, quase contra a natureza e por aventura, constituído precoce-mente em nação à parte do todo hispânico e contra a nação espanhola, contra os ventos frios de Castela e contra os casamentos com mulheres absorventes de Castela – "da Espanha, nem bom vento nem bom casamento": ditado que talvez devesse ser ampliado em "da Europa fria, nem bom vento nem bom casamento para português" –, era natural que, com as crises de suprimento de víveres, crescentemente agudas desde o século XIII e já estudadas, em páginas inteligentes e bem documentadas, por João Lúcio de Azevedo, Antônio Sérgio e Magalhães Godinho, se desenvolvesse o número de marginais; e dentro dele, a raça dos aventureiros, para a qual não nos devemos esquivar a admitir tenham concorrido também, com as suas tradições ou constantes antes culturais que étnicas, de mobilidade, os mouros e os judeus, talvez mais frequentes que os nórdicos – porventura numerosos entre os primeiros povoadores portugueses tanto do Oriente como de Pernambuco entre aqueles povoadores portugueses de Piratininga, dos quais brotaram os paulistas mais dinamicamente bandeirantes. Donde não ser pormenor de todo insignificante a ascendência judaica que alguns pesquisadores atribuem a Fernão Mendes Pinto e que explicaria, talvez, o fato de não ter ele permanecido na Companhia de Jesus, receosa – poderá alguém supor – de cristão-novo tão fascinantemente genial entre os seus missionários em ação no Oriente.

Verdadeira aquela ascendência, em vez de diminuir, enriqueceria a lusitanidade de Fernão Mendes que às muitas ou várias condições que experimentou na sua vida de aventureiro sempre fiel a Portugal e sempre em função – pode-se acrescentar – da cultura portuguesa no Oriente e nos trópicos, teria unido a condição de português, como Montaigne e como Espinosa, descendente de cristão-novo peninsular. Um cristão-novo que teria chegado também à condição de jesuíta, adquirindo assim rara plenitude de conhecimento íntimo dos extremos culturais – mas não psicológicos, pois psicologicamente se assemelhavam – que faziam, no século XVI, a força daquela complexa lusitanidade, desde o século anterior ampliada em lusotropicalidade através dos primeiros casamentos, estimulados pelo Estado português ou pelo grande príncipe que foi D. Henrique, de gente lusitana com gente da Guiné; e nos quais se expandiram os casamentos, já comuns em Portugal, de nórdicos com mouros ou de celtas com judeus. Não nos esqueçamos de que o viço de lendas em torno de "mouras encantadas", exaltadas como mulheres ideais, pode ter exprimido o pendor português para casamentos mistos. Essas mulheres, filhas de terras ou de civilizações tropicais como a dos mouros, por extensão, teriam tornado também, diante da imaginação popular, as suas civilizações e terras maternas civilizações e terras ideais. Isso em contraste com as mulheres, as terras, as formas de civilização mais caracteristicamente espanholas – ou assim consideradas por olhos portugueses – que parecem ter sido as castelhanas, isto é, as das regiões mais repugnantemente frias para a sensibilidade portuguesa e mais casticamente europeias e católicas da Espanha. Regiões a que o folclore português cedo parece ter atribuído – como já recordei – características de terra, de clima e de mulher que deveriam ser evitadas pelo português. Os bons ventos e os bons casamentos, não estando para o português desejoso de emigrar ou obrigado à aventura da emigração, nas terras vizinhas porém frias da Espanha castelhana, nem entre as suas mulheres, deviam estar nas remotas e, em compensação, quentes; e de mulheres ainda mais morenas que as de Lisboa. As terras dos trópicos.

Acentue-se mais uma vez que o tropicalismo português talvez represente, entre outras reações particularmente lusitanas a provocações e estímulos de caráter econômico e ecológico das terras e populações tropicais descobertas nos séculos XV e XVI – estímulos sobre um povo não de todo integrado na condição de europeu e no clima da Europa –, um aspecto de marginalidade do português com relação à Europa fria ou boreal que, no Oriente e principalmente na África e na América, se teria prolongado em aversão a ventos ou regiões frias. Aversão que, não tendo sido traço saliente em Fernão Mendes Pinto, nele se exprimiu de modo indireto, no gosto e até na volúpia que revela, na *Peregrinação*, pelas cores dos trópicos e do Oriente, sem as nuanças das europeias, embora com as suas próprias e sutis combinações novas para olhos europeus; na satisfação que parece ter encontrado no convívio com mulheres orientais de cores também novas, junto com formas esquisitas de face, de corpo e de traje; no prazer que parece ter experimentado diante dos ritos, de cerimônias, de alegorias que no Oriente teriam acordado nele, possível filho de cristão-novo, velhas inclinações de português com alguma coisa de israelita, por esse ritual ou por essa liturgia de vida, com as cores tropicalmente ardentes e orientalmente várias, a encherem dos mais sutis significados os atos e os modos de trajar dos homens e não apenas das mulheres e dos meninos.

A ser verdade a origem judaica de Fernão Mendes Pinto, o episódio da sua experiência ou aventura jesuítica nos trópicos não tem nada de espantoso: além de seduzido na sua sensibilidade por esse sedutor de almas que foi Francisco Xavier, ele teria sido tentado, na sua inteligência, pela possibilidade de se valer dos recursos intelectuais de jesuíta para melhor compreender as civilizações tropicais e orientais ou desenvolvidas no Oriente e nos trópicos com o seu maior viço. Diante de civilizações sutis como a hindu, como a budista, como a parse, era natural que, num português do gênio de Fernão, sensível tanto às formas exóticas de natureza humana como às formas também esquisitas de paisagem tropical ou oriental, se aguçasse, para compreender e interpretar tais civilizações e assimilar dos seus valores aqueles que pudessem enriquecer a sua cultura ou a sua personalidade lusitana, o que um lusitano do século XVI, desgarrado no Oriente, pudesse reunir dentro de si de mais perspicaz, de mais sutil: a perspicácia israelita, a astúcia moura, e a sutileza jesuítica. Tornando-se jesuíta, foi como se adquirisse o direito de usar instrumentos de observação da natureza humana que só os jesuítas sabiam então usar, completando com as suas sutilezas modernas as velhas sutilezas dos mouros e as dos judeus, já particularmente habituadas a tratar com gentes e coisas tropicais.

Não nos esqueçamos, a propósito dos judeus, que a sua língua revela serem superiores aos demais povos em saber psicológico, no que esse saber pode ter de intelectual, de abstrato, de racional: daí encontrarem-se no idioma hebreu, como já lembrou Jellineck, onze palavras que designam procura, busca, pesquisa, 34 que designam diferentes modos de distinguir ou separar diferenças – o *distingo* e o *subdistingo* dos teólogos e moralistas católicos levados a extremos – e quinze – note-se bem – que designam "combinação" ou "combinar". A herança, mesmo indireta, de um tal saber intelectualizado ou sofisticado bem pode ser a explicação, num homem de gênio como Fernão Mendes Pinto, da segurança com que discrimina, separa, distingue, nas coisas mais complexas por ele observadas no Oriente e nos trópicos, além de cores, complexidades que outros europeus não souberam observar ou não puderam compreender. Ninguém mais do que ele merece aquela classificação de homem de imaginação "combinatória", proposta por Wundt e já aplicada à imaginação do judeu, para caracterizar o seu poder ou a sua capacidade de apreensão intelectual da coisa complexa. Apenas em Fernão Mendes Pinto se nota isto de muito pouco israelita e até de pouco jesuítico, por um lado, e de galaico-português e, ao mesmo tempo, franciscano, por outro: a sua capacidade de empatia. A imaginação e a sensibilidade nele completam quase sempre a inteligência, permitindo ao observador direto da realidade, que ele quase sempre foi, dissolver-se na pessoa ou na coisa observada, antes de se verificar a recomposição dessa pessoa ou dessa coisa como criação literária ou artística ou científica: obra do mesmo observador – mas observador participante, enfático – alongado em criador.

O que não quer dizer que Fernão Mendes Pinto tenha padecido do excesso de lirismo que um moderno e sagaz estudioso das letras portuguesas, o crítico João Gaspar Simões, lamenta na maioria dos autores lusitanos. É o próprio João Gaspar Simões, aliás, que exclui dessa predominância lírica (que um superficial poderia levianamente associar a mau tropicalismo ou mau exotismo), o autor da *Peregrinação*, salientado pelo ilustre crítico como exemplo dos portugueses que "preferiram" o conhecimento direto da realidade à sua "transfiguração lírica". Seria Fernão Mendes Pinto o melhor exemplo daquele não pequeno, mas por muito tempo desprezado, número de bons escritores portugueses – os cronistas e os viajantes de Quinhentos – que infelizmente – lamenta o crítico João Gaspar Simões – não adquiriram "o prestígio que sempre entre nós esteve reservado aos poetas – especialmente ao Camões de *Os Lusíadas*". Um Camões contra quem João Gaspar Simões talvez se extreme, ao considerá-lo de algum modo responsável por toda uma tendência, ainda hoje forte entre portugueses: o sacrifício ao "maravilhoso" e à "retórica" daquelas "verdades" que devem ser consideradas "naturais", e tratadas como "naturais" em literatura, mesmo – ouso sugerir – quando o artista, para acentuar ou intensificar a realidade que contém, e não a negar, recorra aos alongamentos que tornaram célebre o Greco e foram como que sistematizados pelos expressionistas modernos.

No retratar dessas "verdades" consideradas "naturais" está, na verdade, a força literária de cronistas portugueses, como Fernão Lopes, e de viajantes, como Fernão Mendes Pinto: um Fernão o seu tanto expressionista, em função de um sentido de vida nele mais dramático que lírico. E o ponto que deve ser acentuado a esse propósito é o aparente paradoxo de ter sido o melhor realismo na literatura portuguesa o resultado de contatos do Lusitano com aquelas "terras ardentes" que injustamente gozam da fama de só desenvolverem nos homens o gosto pelo exagero verbal, pelo excesso lírico, pela retórica literária.

Na verdade, o que há de retórica em *Os Lusíadas* não se apresenta como tropicalismo ou verbalismo adquirido nos trópicos, mas como vício literário levado pelo poeta, de Portugal aos trópicos. Nos tropicalistas e orientalistas portugueses a pouca retórica é superada de tal modo pelo gosto de observação direta e de descrição exata – ou apenas intensa: expressionistamente intensa, como em Fernão – da realidade, das paisagens, dos tipos humanos, que essa literatura tropicalista ou orientalista vem até aos nossos dias como a mais vigorosa demonstração de capacidade do português para o melhor realismo literário: aquele que tem qualquer coisa de científico na exatidão sem se tornar cientificista na pedanteria de atitude ou de palavra. Daí o paradoxo: o pendor do português para esse bom realismo, já manifestado nos cronistas da marca de Fernão Lopes, acentuou-se nos tropicalistas e nos orientalistas: nos de gênio, como Fernão Mendes Pinto, tanto quanto nos terra-a-terra como, no Brasil do século XVI, Pero Vaz de Caminha, Gabriel Soares de Sousa, Cardim, Gândavo; como Gregório de Matos e Frei Vicente do Salvador; como o próprio Vieira. Uma ou outra exceção: a mais escandalosa delas talvez devendo ser considerada a de Rocha Pitta. De modo que não se pode de forma alguma atribuir aos trópicos ou ao Oriente influência sobre a literatura portuguesa no sentido daquele mau tropicalismo que significa retórica, ênfase, exagero, o sacrifício da realidade a um maravilhoso cenográfico ou a um exotismo teatral. "Tropicalismo" de que por algum tempo foi acusado Fernão Mendes Pinto, a ponto de ter sido considerado escritor de fantasias que pretendesse fazer passar por verdade aos olhos de europeus incautos.

O tempo, porém, encarregou-se de reabilitar o suposto fantasista da *Peregrinação*. O tempo, precedido por essa espécie de "posteridade contemporânea" que é a crítica estrangeira, certo como é que o livro de Fernão Mendes Pinto, ao contrário de *Os Lusíadas*, encontrou em estrangeiros quem se antecipasse aos portugueses em compreendê-lo e ao seu modo de ser verdadeiro, sendo, ao mesmo tempo, sinteticamente dramático, grecoidemente expressionista, até, na sua apresentação de formas de homens, de sociedades, de paisagens tropicais e orientais desconhecidas na Europa.

Na sua apresentação de coisas tropicais desconhecidas na Europa, Fernão Mendes Pinto, se tinha costela judaica, revela-se pouco judeu, sabido, como é, que o judeu, frequentemente bom em matemática, em jurisprudência, em física, em ciências abstratas, raras vezes tem sido bom pintor, escasseando-lhe, segundo alguns psicólogos, as grandes virtudes plásticas. Justamente nessa receptividade ao mundo exterior é que se extremou Fernão Mendes Pinto; e dela é que se encontram expressivos exemplos em numerosos portugueses que, nos trópicos, souberam ser, em dias remotos e em mais de uma região, os primeiros europeus a fixar em roteiros, cartas, mapas – embora não em pinturas – paisagens, configurações e formas de cultura ou de civilização, figuras de homem e de mulher, animais e plantas, com uma precisão nos traços e uma exatidão nas cores, que têm sido proclamadas por etnógrafos, etnólogos, geógrafos, botânicos e zoólogos modernos. Pena que a semelhante capacidade literária e científica não tenha correspondido a tecnicamente pictórica: deficiência difícil de ser perdoada ao português nos trópicos.

A receptividade ao mundo exterior, não sendo encontrada senão raramente entre judeus, é encontrada com frequência noutro povo nômada, ao qual a cultura ou o *ethos* português – inclusive o seu pendor para a vida nos trópicos – muito deve: o mouro. Não que, entre os árabes ou os mouros, os pintores de figuras ou paisagem – pintura, entre eles, pela própria força de pressão religiosa substituída pela síntese geométrica – possam ter servido de inspiração aos portugueses e à literatura pictórica em que se destacaram tropicalistas como Fernão Mendes Pinto. Mas por se terem sempre salientado mouros e árabes por um conhecimento de cores, superior ao de gregos e romanos. Um conhecimento nada vulgar de cores, adquirido talvez de mouros ou árabes, parece ter dado a Fernão Mendes Pinto e aos demais tropicalistas portugueses da época das descobertas nítida vantagem sobre outros europeus do século XVI na descrição de paisagens, na caracterização de figuras e na evocação de acontecimentos tropicais e orientais.

À mesma origem talvez deva atribuir-se outro traço do lusotropicalismo de Fernão Mendes Pinto: aquela sua constante disposição de sensibilidade ou de inteligência para se entregar a "novas possibilidades" e "novas combinações de acontecimentos" que, segundo o professor Sombart, é disposição muito dos nômadas, com tradição de vida inquieta em terras quentes e em desertos áridos. Em contraste com os chamados silvanos – sedentários, estáveis, lentos –, os nômadas seriam gente por excelência móvel e ágil. Mais do que isto: nas terras quentes encontraria quase toda essa gente o seu meio ideal, sempre que nessas terras de sol achasse também possibilidades de novas e vantajosas combinações de vida, de atividade, de recreação, sem neves nem gelos capazes de perturbarem ou dificultarem tais combinações, limitando-as dentro das imposições da própria sedentariedade.

Explica-se, talvez, em grande parte, por antecedentes de cultura nômada e semita o fato de mais de um português ter encontrado desde o século XVI – na verdade desde o XV, desde o programa traçado para a expansão portuguesa pelo Infante –, nos trópicos e entre populações de cor, terras e mulheres messiânicas, ardentemente buscadas pelo próprio Camões quando partiu ainda moço para a Índia; e por Fernão Mendes Pinto, desde a sua fuga, ainda menino, para o Oriente, onde viveria vida múltipla, intensa, aventurosa. O trópico, o Oriente, a África, o Brasil têm sido para tais portugueses um como substituto no espaço de um encontro, retardadíssimo no tempo, com uma era messiânica: a de Sebastião. D. Sebastião, não tendo voltado a Portugal, os portugueses do tipo de Fernão Mendes Pinto, isto é, com o seu gosto pelas terras ardentes e pelas cores quentes, têm encontrado no espaço – nos espaços tropicais – compensação para o seu fracasso trágico no tempo: o fracasso de um D. Sebastião que não voltou. Terras messiânicas em lugar de uma era messiânica. E desse messianismo, nenhum profeta mais sedutor que o peregrino Fernão Mendes Pinto.

8. ARTE, CIÊNCIA E SOCIEDADE: IMPORTÂNCIA DA ARTE PARA A MODERNA CIVILIZAÇÃO LUSOTROPICAL

Em curso que recentemente professei em universidade brasileira de simples, mas mesmo assim, ousada, introdução à sociologia da arte e essa aplicada a situações hispanotropicais, particularmente lusotropicais, de ecologia e de cultura, parti das seguintes generalidades já consagradas hoje em sociologia da arte: 1ª: a arte é universal na cultura do homem, como um dos meios de comparticipação de experiência emocional entre indivíduos, experiência que sendo, pelo que nela é emocional, psicológica na sua base, é cultural nos seus temas e símbolos, sociológica nos estímulos sociais a que obedece, quase sempre ecológica no material de que se serve, e, ainda, social e cultural no seu modo de ser expressão comunicativa e integrativa. 2ª: o que se classifique como arte, sob esse critério, sendo sempre experiência emocional, varia nos seus estilos e no seu material, com o tempo e com o espaço. 3ª: a arte, como experiência emocional, enriquece, aumenta ou intensifica a apreciação da vida pelo homem, podendo ser, mesmo entre primitivos, principalmente e até livremente lúcida, 4ª: a arte aumenta a eficiência do homem – e daí reformadores como Fourier terem atribuído grande valor à música e a outras formas de arte que o trabalhador goze durante o trabalho, sentindo-se mais feliz com a vida que vive e com o trabalho que executa. 5ª: a arte poderá ter grande influência sobre um grupo, através do estímulo que dê a certas formas de atividade desejadas por governo ou instituição dominante, como a arte passivamente "realista" oposta outrora pelo nazismo alemão e hoje pela Rússia soviética à expressionista, o seu tanto anárquica; ou a arte de azulejo com desenhos geométricos, desenvolvida pelos maometanos como expressão de um monoteísmo ligado a todo um sistema de atividade e de vida. 6ª: a arte une indivíduos e grupos, dentro de uma comunidade, concorrendo para os integrar num sistema ou num estilo cultural, podendo servir de exemplos a arte helênica, a bizantina, a gótica, a maia, a vitoriana e, a nosso ver, a arte hispanotropical, particularmente a lusotropical, e devendo o estudante de antropologia ou de sociologia, que desejar especializar-se no estudo desse aspecto do assunto – a arte como elemento de um estilo de cultura ou de civilização –, ler com a maior atenção o recente e sugestivo trabalho de um dos maiores antropólogos-historiadores dos nossos dias, o professor A. L. Kroeber, *Style and Civilization* (1957), no qual esse mestre inteligentemente sugere que os estilos de traje, mesmo oscilando com as modas e parecendo assim ser simples perversão dos estilos de belas-artes, contêm traços de "manifestações estilísticas de genuína criatividade artística e que a interpretação semelhante pode ser dada dos estilos de preparação, ao mesmo tempo útil e estética, de alimentos, característicos, sob a forma de "cozinhas" nacionais ou regionais, de vastas áreas de cultura e às vezes associadas a grandes civilizações, dentre as quais enumera a chinesa e japonesa, a francesa, a italiana, e a espanhola, quando talvez devesse já dizer – que me seja desculpada esta explosão de ideia fixa – espanhola e hispanotropical, incluindo-se assim, num só conjunto cultural, quitutes afins nas suas características de estilo, como a canja indo-portuguesa, os tamales mexicanos, a feijoada brasileira.

Mais: *a)* a arte entre grupos primitivos mostra-se associada de modo íntimo a necessidades práticas do homem, das quais se desprende em culturas complexas até pretender tornar-se autônoma ou quase autônoma, parecendo também todas as formas primitivas de expressão artística estar, se não sempre, quase sempre, associadas à religião e à mágica; *b)* as condições de espaço físico parecem influir sempre sobre o desenvolvimento de formas de arte neste ou naquele sentido, notando-se das artes plásticas que se têm desenvolvido principalmente em espaços de clima temperado ou quente, e da música e da literatura, que se têm desenvolvido principalmente em espaços de clima frio, e devendo associar-se, até certo ponto, o desenvolvimento particularmente intenso da escultura em mármores na Grécia à abundância do mármore em terras gregas; *c)* sobre o mesmo desenvolvimento parecem influir também, pela ação dinâmica da cultura, capaz de retificar, até certo ponto, condições de espaço físico, fatores culturais como: o econômico, através de economias tribais ou nacionais em que se verifique *surplus* para criações de caráter mais especificamente artístico; o político, através de atitudes da parte dos poderes politicamente dominantes favoráveis à atividade ou à liberdade criadora do artista; o pedagógico ou o missionário, quando, em escolas ou em missões, em vez de dificultar, favoreça tendências para a criação artística da parte de crianças, adolescentes, moços, nativos, rurícolas, e atitudes deles, de relativa independência, de uns com relação a adultos e a velhos, de nativos, com relação a adventícios, e de rurícolas, com relação a urbanitas, deixando assim de dar relevo apenas à absorção passiva de conhecimentos pelo estudante ou pelo nativo ou pelo rurícola, ou à imitação, também passiva, de valores consagrados, pela criança, pelo jovem ou pelo nativo ou pelo rurícola.

Dessas generalidades é evidente que a maior parte delas se apoia em estudos antropológicos que, de sociedade primitivas, se têm ultimamente estendido a populações rurais encravadas em sociedades civilizadas e às próprias sociedades civilizadas de tipo menos complexo. Sou dos que não acreditam em sociologia a que falte o apoio de tais estudos; nem em sociólogos de todo estranhos à antropologia. Se há feito de que me orgulhe é de ter estabelecido no Brasil – no Rio de Janeiro e graças à compreensão do professor Anísio Teixeira, quando ali fundou uma universidade demasiado universitária para a sua época – a primeira cátedra de antropologia Social e Cultural, precedida da Física, que funcionou na América do Sul.

Isso sem que se desprezem as relações dos estudos antropológicos com os humanísticos, de História, de Arte, de Literatura, de Filosofia. Ao contrário: insistindo-se neles. É assunto a que já me referi noutro dos meus trabalhos. Volto a versá-lo neste por me parecer necessário acentuar tais relações, tratando-se de dar sistemática quanto possível científica ao estudo de problemas de arte, que sejam também problemas de antropologia e de sociologia.

Há quem enxergue na tendência para tornar a antropologia assim vizinha – às vezes perigosamente vizinha, deve reconhecer-se – da História, da Literatura, da Arte, da Filosofia – romantismo que deve repugnar à ciência. Tais críticos – seja-me permitido repetir aqui o que já disse naquele outro trabalho – olvidam-se decerto de que modernos estudiosos da antropologia e das suas relações com outras ciências têm chegado a afirmar que sem Rousseau não haveria antropologia moderna. O inglês Lindsay escreve, em página recente, que os irmãos Grimm, aos quais se deve o início dos modernos estudos de folclore – eminentemente românticos nas suas origens –, "*may thus be ranked as the founders of Anthropology*", isto é, de antropologia social e cultural, seguidos por Mannhardt e seus colaborados nos estudos dos costumes de camponeses europeus e dos seus cultos pré-cristãos de fertilidade. Todos eles, românticos de primeira água. Aliás, do próprio Augusto Comte, criador do positivismo, acaba de destacar, em estudo deveras sugestivo, o professor Cruz Costa, que, a despeito de todo o seu positivismo, foi um romântico, isto é, um neorromântico.

Românticos ou neorromânticos foram decerto os pioneiros da antropologia moderna. Românticos no seu afã pelos estudos de campo e nos seus temas: o primitivo, o selvagem, o camponês, a criança. O que não impediu alguns deles de se terem tornado clássicos.

Ao mesmo tempo, foi ao intensificar-se a expansão imperial da Europa – o contato de europeus com não europeus – que se intensificou – já o lembrei em ensaio publicado em recente edição de *Problemas Brasileiros e Antropológicos* – a tendência para o estudo científico desses povos "pitorescos". Veio essa expansão despertar o interesse da Europa "civilizadora" pelos costumes e culturas de povos "não civilizados": um interesse romântico. Aparecem Tylor e Morgan, Spencer e Frazer. Não tardam a surgir na Europa, Schimidt e, na América inglesa, Powell, Brinton, Boas; e no Brasil, Nina Rodrigues e Roquette Pinto. Realizaram os dois brasileiros trabalho antropológico de campo, que se seguiu ao do meio-romântico, mas de modo algum desprezível, do ponto de vista científico, Gonçalves Dias.

Na Europa, continuando os estudos antropológicos, apareceu Durkheim para retificar o que Lindsay chama o "racionalismo tyloriano", retificado também por Boas. Rimbaud abandona a poesia supracivilizada pelo estudo quase científico de um povo primitivo. Roheim amplia o critério psicanalítico de Freud na sua aplicação aos mesmos primitivos. Ampliação realizada com maior arrojo por Malinowski e por outros funcionalistas. Os primeiros discípulos de Boas desenvolvem a sua ideia de áreas de cultura. Rivers inicia o estudo do "intercurso funcional" entre elementos e processos sociais e culturais característicos de uma cultura, servindo-se das suas pesquisas de campo entre melanésios. Vêm os estudos alemães de culturas africanas e ameríndias: no Brasil, as de Kock Grinberg, continuador de certo modo de Von den Stein. Aparecem os Difusionistas.

Halliday nega a importância da contribuição folclórica na criação das culturas, sustentando serem as expressões folclóricas sobrevivências de arte ou literatura nobre ou erudita. As próprias mágicas seriam sobrevivências de religiões. Definem-se restrições aos esforços de simplificação de Morgan: do seu esquema evolucionista. Antropólogos do mesmo modo que sociólogos chegam à conclusão de ser necessária contra essas e outras simplificações arbitrárias esforços no sentido do que uns denominam "metodologia unitária" e outros têm preferido chamar metodologia inter-relacionista e que, uma vez desenvolvida, identificaria a antropologia com a história sociocultural do homem. E prepararia o caminho para a meta-antropologia: a moderna meta-antropologia.

Compreende-se, em face desse desenvolvimento da antropologia – continuo a repetir aqui, com alguns acréscimos, sugestões esboçadas noutro dos meus trabalhos –, que ela, antropologia, tendo partido do desejo do europeu de surpreender, nos não europeus e nas suas culturas, dessemelhanças e semelhanças de vida e de comportamento com a civilização europeia, se tenha afirmado a ciência profundamente humana que é; e capaz de auxiliar poetas, artistas, compositores a adquirirem maior compreensão – *"fuller understanding"*, como diz um crítico inglês – das artes e das relações entre arte e vida. Já há muito – nota esse arguto crítico – que se vinha procurando na natureza e nos povos "naturais" base para uma "livre potencialidade" que permitisse ao observador julgar as formas existentes de sociedades civilizadas. Desde os gregos a Rousseau. O próprio simbolismo definir-se-ia sob o aspecto de tentativa de opor transformações profundas aos padrões dominantes no pensamento, na arte e no comportamento europeus civilizados, compreendendo-se assim que Rimbaud tenha passado da ideia de "correspondências orgânicas" ao regresso à natureza, que se exprimia no seu rasgo romântico de europeu que abandonou a Europa pela África e a poesia, não só pelo comércio – como geralmente se diz –, como também pelo estudo antropológico de povos africanos em estado de livre potencialidade criadora. Desse seu rasgo romântico resultaram outras aventuras de europeus nos trópicos: artistas e cientistas à procura da mesma "potencialidade" que lhes permitisse ver melhor a própria civilização europeia, pelo contraste dos seus estilos com os de outras civilizações e culturas. Daí o orientalismo francês. O tropicalismo de vários nórdicos. Gauguin, Stevenson, Lawrence da Arábia, Frobenius, Allain Gerbault, Picasso. O próprio

Malinowski confessar-se-ia um romântico, embora juntando ao seu romantismo virtudes clássicas: o caso de alguns dos mais ostensivos românticos e neorromânticos, em contraste com certos supostos "clássicos" em que são evidentes, se não os defeitos, as características românticas.

Tem razão Lindsay, a meu ver, quando destaca em Picasso que o seu "regresso" a elementos primitivos de arte, a sua busca da "imagem primitiva" para a expressão de bases orgânicas de forma em toda a sua possível simplicidade, a sua abstração, como intrusão, na arte, de generalização científica – já desejada por Rimbaud –, são tendências contraditórias. Mas essas contradições, ele as tem sugerido – como as não conseguiu sugerir Rimbaud ao abandonar a arte pela tentativa de ciência antropológica – pela fusão, numa só "imagem criadora", dos dois critérios de captação da realidade: o analítico e o orgânico. Fusão tornada possível, em grande parte, pela antropologia como estudo que, de analítico, pode tornar-se analítico e orgânico a um tempo, expandindo-se então em obras nas quais se encontram hoje, como em várias obras europeias anteriores à Renascença, interpretação artística e explicação científica de certos povos ou homens situados. *Os Sertões* realizaram nos nossos dias essa fusão, em língua portuguesa, já realizada, aliás, por Fernão Mendes Pinto na sua *Peregrinação*: obra de interesse antropológico, que, sendo arte, é também ciência; sendo analítica é também orgânica.

Uma sociologia da arte que se especialize no estudo do que se se realiza atualmente, entre grupos como o brasileiro, no sentido de uma arte diferente tanto da civilizada como das primitivas presentes na formação da cultura hoje nacional do Brasil, não pode alhear-se dos estudos antropológicos realizados sob critério a um tempo analítico e orgânico; e que venham concorrendo para obras de arte concebidas e realizadas sob o mesmo critério, como foi entre nós, Brasileiros, *Macunaíma*, de Mário de Andrade. Isto é: sobre o conhecimento científico pelo artista de problemas ligados à sua arte, contanto que esse conhecimento não importe em subordinação passiva do artista à ciência antropológica.

Importa, é certo, tal critério em estabelecer-se correlação de muito do que se pretende ser absoluto na beleza, em arte, com o estudo do conhecimento dessa mesma beleza – pelo menos, de grande parte dela – por situações particulares de espaço tanto quanto de tempo sociocultural.

Neste ponto – o da relatividade da beleza sob a forma de obra de arte –, temos que admitir a distinção estabelecida por Dessoir entre "filosofia do belo" e "filosofia da arte". É o que Dessoir chamava "filosofia da arte" – distinta da do "belo", na arte e na natureza – que se relaciona diretamente com a sociologia da arte, na consideração, por critérios diferentes, do lugar e da função da arte na experiência humana. É assunto que vem versado por Listowel, em sua A Critical History of Modern Aesthetics, da qual existe desde 1954 tradução espanhola sob o título: História Crítica de la Estética Moderna. De Max Dessoir – cuja residência em Berlim me lembro (pura recordação sem importância) de ter visitado em 1931, apresentado a esse ilustre mestre alemão por um dos seus melhores amigos – saliente-se ter sido um crítico às vezes áspero do seu rival italiano, como filósofo da arte, Benedetto Croce, a quem muito germanicamente negava valor como "pensador sistemático". É que lhe repugnava o "expressionismo" de Croce, isto é, a identificação, em arte, de "intuição" com "expressão"; e não sabendo sobrepor-se à ideia alemã de que, fora da sistemática germânica, não existe filosofia, principiava por negar ao italiano qualidades de filósofo, antes de combater o seu "expressionismo".

No assunto, entretanto, não nos toca entrar nestas considerações em torno da relatividade de beleza. São considerações não tanto no campo especificamente croceano de beleza intuída, ao mesmo tempo que exprimida, como no daquelas obras de arte mais sujeitas, como exteriorizações de cultura no sentido sociológico de cultura, a influências socioculturais e ecológicas de ambiente; e nas quais se têm definido tipos e épocas de civilizações. Condicionadas por influências socioculturais e ecológicas, essas obras de arte constituem para alguns negação de uma "beleza natural" que, a rigor, não existiria desde que a natureza, sem o homem e a sua visão artística ou cultural, seria simplesmente "aestética". Os valores estéticos seriam todos relativos. E a pressão social de caráter econômico, que sofreriam as obras de arte chamada aplicada, obedeceria a normas que Sir Herbert Llewellun Smith chegou a denominar The Economic Laws of Art Production. Haveria – segundo ele – uma "adequação" da obra de arte – arte aplicada – a condições econômicas do grupo apreciador e utilizador da mesma espécie de obra de arte, quer através de custo de produção, de esforço e de materiais artísticos, quer de poder aquisitivo do referido grupo.

Não é preciso ir-se a tal extremo para se admitir íntima relação das artes com as condições de vida – inclusive as de economia – do grupo onde elas florescem. Daí falarmos quase sempre em artes tendo por traços principais de caracterização das suas expressões ou dos seus estilos, espaços ou tempos socioculturais: a escultura grega, a arquitetura gótica, a pintura bizantina, por exemplo. Dentro dessa tendência é que me parece possível atribuirmos características gerais de tempo e de espaço socioculturais a uma arte hispanotropical, particularmente lusotropical, que se estaria a desenvolver de modo semelhante em diferentes áreas; e da qual o Brasil estaria atualmente numa situação de líder que lhe permitiria criar modelos pioneiros, para as populações dessas e de outras áreas, de trajes, de casas, de móveis, de imagens de Cristo e de Santos católicos, de calçados diferentes dos modelos europeus e correspondentes a condições a um tempo civilizadas e tropicais de vida e de convivência.

Em curso universitário que ousei conduzir, recentemente no Brasil, em torno de problemas de sociologia da arte considerados sob critério principalmente regional ou ecológico, procurei aplicar essa sociologia a condições hispanotropicais, em geral, e lusotropicais, em particular, da ecologia e da cultura. Incluindo tal aventura sociológica a consideração de artes de construção, de móvel e de vestuário em áreas tropicais onde florescem civilizações modernas, é natural que nos leve a examinar aspectos da arte, hoje tão desenvolvida no nosso país, da arquitetura civil. E um dos aspectos sociológicos dessa arte assim desenvolvida no Brasil é o da negligência da casa média e, sobretudo, da pequena pelo arquiteto, enquanto a arquitetura grandiosa se tem desenvolvido.

O problema da casa pequena permanece sem solução no Brasil. É prejudicado, por mais paradoxal que pareça, pelo fato de possuirmos uma arquitetura especializada no edifício grandioso que rivaliza em arrojos de modernidade com as melhores da Europa e da América.

Quando há alguns anos – já referi o fato noutro dos meus trabalhos – o Instituto Joaquim Nabuco de Pesquisas Sociais quis trazer para o Brasil um técnico da ONU que nos comunicasse o saber já acumulado por estudiosos de vários países, como o nosso, tropicais e subdesenvolvidos, em torno do assunto, o representante do Rio de Janeiro da mesma organização internacional deu parecer contrário a essa justa pretensão brasileira. Tratava-se de um Monsieur Laurencie, francês e amável, mas, no caso, desorientado, embora extremamente simpático ao Brasil e aos brasileiros. Não se compreendia – alegava ele – que o Brasil, famoso pela sua arquitetura moderna, pleiteasse a vinda de um técnico da ONU especializado em arquitetura. Ignorava o bom do francês que há arquitetura e arquitetura. Que a nenhuma especialidade se pode aplicar, mais literal e exatamente do que a esta, a sabedoria evangélica: "Na casa de meu Pai há muitas moradas". Muitos tipos de casa. Muitos modos de construir. Muitas maneiras de uma casa ser casa, conforme uma variedade de circunstâncias, condições, situações ecológicas e econômicas. *Oîk*, em grego, quer dizer casa; e é raiz tanto da palavra "economia" como da palavra "ecologia". E se a moderna arquitetura brasileira se distingue pelas soluções que vem oferecendo com segurança e inteligência para a construção de certos tipos de casa – os grandiosos ou os monumentais –, faltam-lhe ainda soluções para a construção das casas simples que tenham de ser construídas do modo mais econômico e mais ecológico que for possível.

Sobre essa particularidade devemos procurar aprender com os arquitetos de outros países que têm estudado e, até certo ponto, resolvido o problema, sob esse duplo critério – o ecológico e o econômico: arquitetos da Colômbia, da Venezuela, da União Indiana, do Estado de Israel. De muito temos de nos orgulhar, os brasileiros, quanto ao que alguns dos nossos compatriotas têm realizado em diferentes artes: principalmente na de construir. Nada, porém, de perdermos a humildade necessária à intensificação e à ampliação de um esforço até hoje quase limitado à arquitetura especializada no edifício grandioso; e deficiente com relação à economia reclamada angustiosamente pela nossa situação de país pobre e subdesenvolvido. Está mais do que evidente que não é com cenografia que se resolverá problema tão sério; nem com associações, ligas, serviços, campanhas, cruzadas que se denominem "contra o mocambo" ou "contra a favela". Nunca, como nos dias que o Brasil atravessa, de desbragado aventureirismo, foram virtudes mais necessárias ao seu desenvolvimento, aquela modéstia e aquela honestidade que signifiquem, da parte tanto dos artistas quanto dos homens de ciência, dos de letras, dos de ação, dos de governo, dos da Igreja, não timidez exagerada nem excesso doentio de escrúpulo, mas consciência: a consciência dos que realizem seus trabalhos sabendo que devem começar pelas bases; a consciência dos que não se deixam levar pela vaidade de substituírem o esforço duramente criador pelo aparente, que tanto tem de fácil quanto de falso. Quase se pode dizer da criação verdadeira que é sempre dor e não apenas glória, esta todos sabemos que às vezes tardia.

Professei há dois anos na Universidade do Recife um curso – a que já me referi – de tentativa de Introdução à sociologia da arte aplicada a situações lusotropicais, hispanotropicais, em geral, e em particular, num tom que não é o dos sociólogos que se prezam de ser intransigentemente científicos. Mas não me parece de todo impróprio dos sociólogos assumirem atitudes das chamadas construtivamente críticas, diante de certos problemas da sua época e do seu meio, merecedores de estudos sociológicos.

Aos homens de estudo que, dentro da sociologia ou da antropologia, procuram analisar principalmente as culturas ou as civilizações, não é de modo algum estranho o fenômeno chamado de "criatividade" no seu aspecto sociológico: criatividade cujas hegemonias nem sempre são as mesmas. De modo que a predominância de ação criadora é ora de uma, ora de outra, das províncias ou atividades que constituem o conjunto de uma civilização, sobre esse conjunto ou sobre esse complexo. Sabe-se assim, pelos historiadores da cultura ou da civilização europeia, que, na denominada Idade Média dessa civilização, predominou, como atividade ou província criadora, a religiosa, enquanto no período grego, predominara, como província criadora, a artística completada pela filosófica e, de certo modo, pela científica; e, na época moderna da mesma civilização, tem predominado a atividade ou a província econômica, criadora, através de um capitalismo agora em crise, de valores de importância máxima na sua e em outras províncias. Não parece haver assim a predominância exclusiva, em todas as civilizações, ou em todas as épocas de uma civilização, do fator econômico. Acentuo de início esse ponto para de início procurar salientar que não parece ser exata a generalização segundo a qual o que é arte, numa civilização, seria sempre a sobremesa ou o supérfluo ou a cúpula dessa civilização, em relação com os seus valores básicos ou fundamentais. Dessa generalização tem resultado o desdém com que certos homens públicos de hoje, considerando-se eminentemente práticos, tratam problemas de artes e artistas. É um desdém que resulta da sua falta de perspectiva histórica e do erro de tudo pretenderem considerar de acordo com predominâncias ou hegemonias de criatividade que, sendo transitórias, lhes parecem permanentes.

A verdade parece ser esta: estamos numa fase de civilização que talvez venha a assinalar, na história das culturas, o fim de uma hegemonia de criatividade – a da província econômica – e o começo de outra, em que as atividades não econômicas do artista, de pensador, do homem de ciência adquiram um *élan* criador que deixem na sombra a atividade do industrial ou a do comerciante. É, na verdade, o que nos leva a crer a crescente automatização ou "automação" da vida civilizada no Ocidente europeu e na América saxônica – automatização da qual resultam, cada dia mais, problemas menos de organização de trabalho que de organização de lazer. E a organização do lazer é para ser realizada, através de meios técnicos de generalização das criações, por uma criatividade mais do artista que do industrial. Pelo menos é como me aventuro a interpretar as suas tendências, depois de um contato esclarecedor com aquelas áreas superindustrializadas da Europa, onde a automatização começa a ser tão intensa quanto nas áreas superindustrializadas dos Estados Unidos.

Quem diz organização do lazer em civilizações superindustrializadas ou industrializadas diz problemas que vão exigir o máximo de artistas e não somente de sociólogos, como o professor Lewis Mumford, nos Estados Unidos, especializados no estudo das relações das artes com a vida e o tempo sociais das comunidades. O máximo dos arquitetos, dos engenheiros especializados na ciência-arte de construção de pontes, dos escultores, dos pintores, dos compositores, dos artistas de teatro, de rádio, de televisão, de cinema e dos seus orientadores. Pois de todos muito se exigirá para que o lazer dos homens se torne forma quanto possível superior, e não tediosa ou ociosa ou medíocre, de vida ou de viver; ou de esperar, como diria um místico espanhol, daqueles para quem viver é esperar.

Como nos estamos preparando, os povos do Ocidente, para essa nova fase de civilização em que a criatividade econômica vai ser, segundo os melhores indícios, superada pela científica e pela estética, sem que a religiosa deixe de ser chamada a desempenhar papel de importância máxima? A verdade é que não nos estamos a preparar de modo algum para ela, desviada como se acha a nossa atenção desses problemas imensos, para o igualmente imenso, da sobrevivência da civilização moderna, através de uma política que nos resguarde da chamada guerra atômica. É um erro, a negligência com relação a essa preparação essencial para a paz, pois afinal o perigo da guerra atômica pode vir a ser afastado pelo bom senso dos homens responsáveis pela política militar das grandes potências de hoje. E, afastado esse perigo, a automatização avançará sem que os povos superindustrializados se encontrem sociológica e psicologicamente preparados para esses seus avanços.

Nós não somos, os do Brasil, um povo superindustrializado. Somos um povo que se tem rápida e às vezes desordenadamente industrializado em algumas áreas, com sacrifício de outras. Mas somos um povo, pela própria situação física do nosso território, em grande parte atlântico, sujeito a influências imediatas sobre o nosso gênero de economia e o nosso ritmo de vida, dos avanços de automatização nas áreas superindustrializadas da Europa e da América. Daí, também, povos como o brasileiro precisarem de começar a sua preparação para a nova fase de civilização em que, por mais paradoxal que nos pareça, o trabalho humano – o trabalho rotineiro da maior parte dos homens – perderá em importância para o lazer, deixando vazio ou oco um tempo psíquico ou um tempo social que terá de ser preenchido por novas substâncias de criação não só científica, como estética, ética, religiosa, filosófica. Correto esse prognóstico, vê-se que não exagero nem deliro quando ouso prever a superação da hegemonia econômica pela estética, e não somente pela científica, no novo tipo de civilização para a qual rapidamente caminhamos.

E se caminhamos rapidamente para esse novo tipo de civilização, que fazem as escolas de Ciências, de Letras, de Belas-Artes, os museus e os centros de pesquisas voltados para a conservação e o estudo de valores estéticos, que não tratam de caminhar para ele? Que fazem as escolas de Belas-Artes que não deixam a sua atual rotina pedagógica por novos programas de estudo em que seja acentuada a necessidade de arquitetos, escultores, pintores, decoradores, compositores, cineastas, teatrólogos procurarem construir, esculpir, pintar, decorar, compor, representar, pensando em homens cujo lazer vai aumentar enormemente, enquanto vai diminuir o seu trabalho nos campos, nas oficinas, nas fábricas, nas "usinas"?

Bem sei que essa antecipação não depende principalmente delas, escolas, nem dos museus, mas, em países como o Brasil, dos supremos poderes políticos que dirigem, até certo ponto, atividades culturais, científicas, estéticas. Nem por isso devem professores e estudantes de escolas de Belas-Artes ou de Ciências, de Letras ou de Filosofia, conservar-se inertes e à espera das papas ou dos mingaus que lhes venham dar de colher os bons dos papás-governos, às vezes tão demorados nas suas providências e tão lentos nos seus métodos de atualização ou de modernização do ensino que ministram aos seus filhinhos.

É para a consideração de tais problemas que nas escolas brasileiras e portuguesas de Belas-Artes, de Arquitetura, de Engenharia se deve estudar a "sociologia em relação às Artes". Principalmente com relação à Arquitetura e ao Urbanismo. Não se compreende mais um arquiteto, um urbanista, um escultor, um pintor, um decorador, a quem falte iniciação ou aproximação sociológica aos problemas e aos fatos de convivência humana relacionados com suas especialidades artísticas. Nenhuma dessas especialidades artísticas existe no vácuo: todas elas têm um sentido social. Não que se pretenda submeter qualquer delas a uma simplista arregimentação ou ordenação científica: no caso, sociológica. Nem que se confunda sentido social com sentido socialista, solidarista ou comunista de vida ou de organização. De modo algum. Do que o artista precisa de se inteirar é do que há de social nas condições de criação ou de produção da sua arte; nas condições de desenvolvimento e de expressão dessa arte; na sua adaptação a situações de convivência humana que variam com o tempo e com o clima sociais como variam com o tempo e com o clima físicos.

Se, como acentua o historiador Paul Schrecker em ensaio que denomina de análise de estrutura das civilizações, nem toda a civilização tem encontrado a beleza, procurada pelos artistas, no mesmo tipo de paisagem ou nas mesmas proporções do corpo humano, é que o social, o cultural, o tempo, influem sobre as artes, condicionando-as de modo que exige explicação psicológica ou esclarecimento sociológico. Esse esclarecimento, se pode iluminar o nosso conhecimento do passado, poderá também preparar-nos para novas condições de vida civilizada. E um aspecto interessante dessas relações complexas do artista com o social é que puros pensadores ou puros poetas ou puros sociólogos podem antecipar-se aos artistas propriamente ditos em atitudes artísticas para com a própria natureza, através de uma nova filosofia das relações gerais do homem com o espaço: com a paisagem, por exemplo; ou com o mar, em particular; ou com o trópico. Sabe-se, assim, que data de Rousseau – o Rousseau do "contrato social" – o movimento de moderna aproximação da paisagem pura, da pintura e das artes da arquitetura e de jardim, sendo recentíssima, em arte, a pintura específica de paisagens. E no Brasil é evidente que as relações crescentemente amorosas do arquiteto, do jardineiro-paisagista e do próprio urbanista com a paisagem tropical se relacionam com a valorização brasileira do trópico que em literatura, tendo começado um tanto retoricamente com José de Alencar, se purificou e intensificou, nos últimos anos, através do esclarecimento sociológico dos valores tropicais para a vida, a economia, a arte brasileiras.

Pintores, escultores e decoradores, além de arquitetos, urbanistas e jardineiros-paisagistas, devem conservar-se o mais possível em dia com essas valorizações pela ciência ou pela literatura de aspectos das relações do homem com o meio, negligenciados pelos nossos antepassados e que, parecendo constituir objetos exclusivos de estudo sociológico ou antropológico ou de preocupação apenas de intelectuais, pertencem também à chamada província estética. Foi inteirando-se de estudos antropológicos e, até certo ponto, sociológicos, de arte, de escultura, de pintura, entre povos chamados primitivos da África, que Pablo Picasso conseguiu dar à pintura, à escultura, à cerâmica modernas da Europa ou do Ocidente, novos rumos, libertando-as de convenções exclusivamente europeias; e acompanhando, assim, como artista de gênio criador, a sociologia moderna, no seu afã de se libertar de convenções ocidentais – o mal do marxismo, o mal do próprio freudismo – para se tornar ciência o mais possível do homem social diversamente situado.

Ou muito me engano ou estamos, no Brasil, numa fase em que muitas são as oportunidades abertas ao artista para realizar obra nova, brasileira, original, contanto que ele, artista, tome contato com esse meio, menos a esmo ou às cabeçadas que através de ciências que o esclareçam sobre as suas relações de homem com esse meio: com o sol, com a luz, com as cores, com as formas, com as sombras características desse meio ou a ele peculiares. Cores e formas de plantas, de animais, de árvores, de montanhas, de morros, de paisagens, de plantas e formas e cores de mulheres e de homens criados pelo trópico ou aqui recriados pela mestiçagem. De modo que os seus estudos sociológicos deveriam ser estudos também de ecologia social. Ou mais especificamente: de ecologia tropical. O que não impediria os brasileiros revoltados contra essa ecologia ou inconformados com ela de se evadirem real ou ficticiamente do seu meio para realizarem obra artística a seu gosto ou de acordo com o seu temperamento antitropical, através da exaltação das névoas ou das brumas. Nada de fazermos do tropicalismo brasileiro uma seita fora da qual não houvesse salvação. O mundo é vasto e muito diverso nas suas cores e nas suas formas, nos seus climas e nos seus ambientes. O puro fato de nascer um indivíduo no Brasil não o obriga a ser como artista um entusiasmo do sol forte, da luz crua e das cores quentes. O seu ideal de luz e de cor pode ser o boreal; e a sua vocação pode ser para a pintura verlainiana, toda de nuanças, de cinzentos, de azuis claros.

Assim como artistas europeus, inconformados com a Europa, têm encontrado em regiões tropicais as suas regiões ideais, o mesmo pode suceder a brasileiros a quem repugnem as cores e as formas de mulheres e paisagens tropicais. O que sucede, porém, é que, revoltando-se contra o meio, eles realizam obra de quem, não se achando integrado com esse meio, é provocado, excitado, estimulado pelo mesmo meio a reações como que antiecológicas. O reparo crítico que já ousei levantar, não à pintura, em geral, de mestre Cândido Portinari – artista que muito admiro e a quem pessoalmente muito estimo, e que é uma pintura impregnada de tropicalismo brasileiro –, mas à sua pintura religiosa ou católica, em particular, é que ela tem sido, do ponto de vista sociológico, uma pintura antibrasileira e antitropical e até anticristã e anticatólica, por ser uma pintura que, realizada no Brasil e por artista brasileiro e destinando-se a igrejas brasileiras, se apresenta, entretanto, sob a forma e sob as cores de uma pintura em que as nossas senhoras e anjos são sempre nossas senhoras e anjos louros, ruivos, alvos, venezianos, europeus. Pintura, por conseguinte, do ponto de vista da crítica ou da interpretação sociológica que se faça de um pintor e da sua arte de integração no meio e não de revolta contra ele, subeuropeia e até colonial de artista que, como católico ou como pintor de imagens católicas, se conserva, no Brasil, europeu; e incapaz de conceber uma Nossa Senhora morena e até mulata; ou um anjo caboclo e até preto.

Apresento tal fato para sugerir as possibilidades de uma sociologia da arte através da qual se pretenda, não impor limites nacionais ou temporais a um artista, mas considerar a maior ou menor autenticidade de produções de um pintor ou de um escultor ou de um arquiteto em relação com o seu meio, por um lado, e por outro, com o seu tempo ou com o tempo, seja ele passado, presente ou futuro, conforme os fins a que se destinem as suas produções. Um pintor brasileiro que sistematicamente só pinte figuras de madonas e de anjos sob a forma e as cores de mulheres e adolescentes nórdicos e ruivos e envolvidos em pelúcias e veludos europeus é semelhante a um arquiteto brasileiro que só traçasse planos de residências, para o Brasil tropical, em forma de chalés suíços ou de *cottages* inglesas. Há relações entre as obras de arte e o meio e o tempo sociais e até certo ponto físicos a que se destinam, que são relações que podem ser esclarecidas e mesmo previstas e, de certo modo, se não orientadas, sugeridas pelo sociólogo ou pela interpretação sociológica desse meio e desse tempo, sem que isso importe em admitir-se a conveniência de uma arte passivamente subordinada a qualquer espécie de ciência. O artista é livre para se revoltar contra ciências e conveniências sociais, contanto que a sua atitude seja de revolta; e não concorde em interpretar – sendo brasileiro – o sentimento católico ou a realidade ecológica na sua pintura para fins religiosos ou cívicos. Pode até chegar ao extremo de ser apocalíptico e desejar a destruição dessa realidade e do tempo social em que viva, assim como do próprio porvir. Nesses casos, porém, ele nada tem que ver com a interpretação nem daquela realidade nem de tempo social, desde que carrega dentro de si uma realidade e um tempo como que individuais e antissociais em relação com os dominantes.

Mas quando a sua atitude, em vez de ser de absoluta ou de radical ou de algum modo suicida revolta contra meio e tempo sociais, é de integração neles ou com eles, mesmo através de críticas violentas a algumas das suas constantes ou das suas tendências, sente a necessidade de interpretá-los, como Velásquez interpretou a Espanha do seu tempo, como Le Corbusier tem interpretado o moderno tempo europeu e as suas projeções sobre o futuro, como Lúcio Costa interpreta esse mesmo tempo e esse futuro condicionados pela situação tropical e pela herança ibérica e como que hispano-árabe do Brasil, então a obra do artista é uma obra de relação com meio e com tempo, na qual há aspectos que interessam particularmente ao sociólogo. Compreende-se assim que sociólogos como, nos nossos dias, Lewis Mumford, sejam sociólogos preocupados com os problemas dessa relação. E justifica-se a sugestão que aqui se faz no sentido de se estabelecerem em escolas brasileiras de Belas-Artes cátedras de sociologia da arte.

Não há arte no vácuo, senão sob formas mórbidas e suicidas que, podendo ser interessantíssimas, são raríssimas; e, mesmo essas assim raras, só aparentemente se realizam à inteira revelia de meio ou de tempo. Quase toda a arte está em relação com um meio e com um tempo sociais – tempo que pode não ser propriamente o presente, mas o passado ou o futuro; e ser até sectariamente tradicionalista ou sectariamente futurista. No momento, talvez, o que mais nos indique uma sociologia da arte especializada na análise de relações entre arte e espaço e arte e tempo social, seja uma crescente, embora não sectária preocupação com o futuro, social: um futuro que já faz sentir a sua presença entre nós, brasileiros, através de exigências de transformação de modos ou estilos de vida a que tendem a adaptar-se modos e estilos de arte.

Uma dessas transformações – repita-se – é a que já começa a resultar da crescente automatização ou "automação" da vida e da economia humanas: redução de trabalho e aumento de lazer. Estamos diante de um futuro social em que o lazer significará tédio, angústia, suicídio, crime, se não o soubermos encher com substâncias ricas de novos significados para a existência e de novos motivos para a ação do homem. Precisamos de uma arte, de uma ciência, de uma filosofia, de uma religião que desde já se preparem para assumir a hegemonia de criatividade exercida desde a chamada Revolução Comercial pelos príncipes da economia comercial e ultimamente pelos reis de indústrias e das finanças. São príncipes já mortos e reis talvez já moribundos. A sua substituição ninguém pode dizer ao certo como se verificará no que se refere à coordenação de novas forças por novos coordenadores. Mas os indícios são no sentido daquela transferência de hegemonia de criatividade que venha a dar a gênios capazes de organizar o lazer dos homens a importância dos atuais ordenadores do seu trabalho. E, fora a religião, nenhuma força se apresenta mais capaz dessa atividade criadora e até transfiguradora do que a arte.

9. ARTE, SOCIOLOGIA E TRÓPICO: EM TORNO DA PRESENÇA DO PORTUGUÊS NOS TRÓPICOS

Há quem pense, como o professor Eliel Saarinen, na sua *Search for Form* – livro publicado em Nova York em 1950 –, que na busca de forma se exprime do modo mais característico a vitalidade de uma cultura: e por forma ele quer dizer forma artística. Sendo assim, há sinais de vitalidade nas modernas culturas lusotropicais: principalmente na brasileira. Na arquitetura, na arte de jardim, na pintura, na culinária, na própria literatura e não somente na música brasileira. Em todas essas artes alguns artistas do nosso país e uns poucos de Portugal têm buscado, nos últimos anos, formas que correspondam à integração de valores europeus em ambientes tropicais e à fusão de valores europeus com valores tropicais. Pois esses novos jogos de relações entre substâncias, à sombra de formas antigas, parecem exigir não a destruição dessas formas, mas a sua renovação: a sua recriação constante, persistente, ativa.

Para o professor Saarinen – voltando a esse moderno teórico da arte, cuja contribuição para a sociologia da arte me parece extremamente valiosa –, a busca de forma só é efetuada em resultados quando há criatividade, isto é, capacidade, além de desejo, gosto, alegria, de criar, da parte dos que a buscam. Ausente a criatividade, assim compreendida, do esforço artístico, a busca de forma torna-se pura simulação, assemelhando-se à arte folclórica quando, de criadora nas suas variantes de forma tradicional e regional, se amesquinha artisticamente, embora se engrandecendo comercialmente, em indústrias de *souvenirs*, feitos às vezes de encomenda por adventícios sensíveis apenas ao que há de simplesmente exterior ou superficial no pitoresco das regiões e das suas tradições populares. Exemplo expressivo dessa desvalorização da arte folclórica – dentro dos seus limites, criadora – pela atividade que se especializa no fabrico de *souvenirs* regionais, temo-lo sob os nossos olhos: o exemplo oferecido pela arte popular de cerâmica em certos meios rurais de Pernambuco.

A arte plástica é por alguns teóricos de arte definida como "criação em espaço": definição que coincide com o critério regional e até regionalista de arte. Daí as formas de arte se alterarem com concepções humanas de espaço, não só físico como social, a concepção japonesa tendo produzido, por exemplo, o jardim japonês, caracterizado sociologicamente pela intimidade, e que é uma como miniatura de jardim, como lembra o professor Saarinen; enquanto a arte babilônica de jardim tendia ao jardim grandiosamente público, dentro de outra concepção de espaço, tanto físico como social, à qual se assemelharia a romana. É o professor Saarinen quem destaca da moderna concepção de espaço, dominante entre as sociedades civilizadas de hoje, que é uma concepção dinâmica, em contraste com a grega, a chinesa e a medieval, que eram estáticas, podendo acrescentar-se a esse analista de fenômenos de arte assim no tempo como no espaço, que as concepções romana e árabe marcaram, nos tempos e espaços sociais dominados por elas, zonas intermediárias entre a concepção estática e a dinâmica de espaço e tempo. Essas concepções intermediárias refletiram-se em manifestações de arte como a do aqueduto, a da ponte, a da galera, a da liteira, a do cavalo ajaezado para vencer largas distâncias com rapidez, artes já ligadas ao movimento do homem e até à sua expansão no espaço. Mas movimento e expansão condicionados a espaços relativamente pequenos.

Se aplicarmos às civilizações que hoje se desenvolvem, à base de valores árabes ou europeus, em áreas tropicais vastas, o conceito de relação das suas manifestações de arte com as suas concepções de espaço, talvez cheguemos à conclusão de serem concepções antes dinâmicas que estáticas, de tal modo favoráveis se apresentam as condições tropicais de clima e de luz às formas de vida e de arte que sejam extremamente plásticas em seu modo de ser vida e arte. Se é certo que, mesmo fora das áreas tropicais, se busca o máximo de contato com a natureza e de exposição ao ar livre, ligando-se as residências a jardins, parques, pátios coletivos e antes funcionais que cenográficos, por se ter acentuado uma concepção dinâmica de espaço sob o estímulo de vários fatores de ordem cultural na sua influência sobre a arquitetura, a pintura, a escultura – sendo uma dessas influências a crescente democratização social dos espaços –, tal pendor só pode intensificar-se nos trópicos. Nos trópicos, o desenvolvimento da arte dos jardins ligados a blocos de residências coletivas favorece a arte dos murais de azulejo no exterior dos edifícios, a arte das esculturas públicas, os concertos e as exposições de quadros ao ar livre, o teatro, os mamulengos, as danças, os jogos artísticos igualmente ao ar livre, a própria missa campal acompanhada de cerimônias e atos religiosos de caráter artístico ao ar livre.

No sentido de terem concorrido para uma dinamização de espaços que vem significando também a tendência para aos próprios espaços temperados se adaptarem, quanto possível, relações mais livres e mais íntimas do homem com a natureza, favorecidas pelo clima e pela luz tropicais através de artes glorificadoras ou valorizadoras desse clima e dessa luz, é que até artistas europeus dos últimos setenta ou oitenta anos podem ser classificados como paratropicais nas suas concepções de espaço. Não só pintores como Gauguin, Degas, Van Gogh, Picasso, como escritores: os dois Lawrence, Hudson, Rimbaud, Melville. E escultores: Epstein, por exemplo, que tanto se inspirou na mulher tropical da África, que as suas esculturas se tornaram marcadas pela tendência de africanizar a mulher europeia.

Já não pode ser dito hoje do inglês que do trópico só levou para a Inglaterra o gosto pelo banho, o pijama e um pouco de teosofismo. A Inglaterra sofre hoje dentro dos mais sagrados dos seus muros o impacto de artes e concepções tropicais de espaço ligadas a artes que são criações no espaço; e que se exprimem num maior à-vontade de traje leve, num maior uso de cores vivas no traje das pessoas e na decoração das casas, num maior gosto pelas aventuras do paladar em torno de quitutes tropicais, possíveis agora em numerosos lugares tanto de Londres como de Nova York, Amsterdã, Paris. Também num maior gosto por música e danças tropicais; num maior gosto pelo teatro e pela música ao ar livre, aproveitados ao máximo os curtos meses de verão nas ilhas britânicas.

Talvez não esteja longe o dia de tornar-se Londres um novo centro de modas masculinas, dentro da sua já tradicional predominância nessa arte: centro de modas masculinas para os trópicos e centro de modas masculinas tropicalizadas em vários dos seus aspectos, como já é o caso do pijama, do *slack*, dos sapatos quase chinelos ou quase sandálias. A concepção de espaço da parte do inglês tem-se tornado crescentemente dinâmica, à proporção que o seu etnocentrismo estático, insular, fechado ao exótico e ao trópico, vem declinando. Ele já não é hoje o europeu para quem o único espaço verdadeiramente civilizado era o constituído pelas ilhas britânicas, física, social e culturalmente. Admitindo outras civilizações, como civilizações, começa a admitir que dos trópicos cheguem até ele valores de cultura, inclusive valores de arte: tropicalismos que possam combinar-se como anglicismos. Nessa atitude é que o precedeu o português ou o hispano. Com relação a essa atitude é que o brasileiro pode considerar-se herdeiro de uma tradição hispânica, em geral, e portuguesa, em particular, favorável ao desenvolvimento, no Brasil, de um conjunto de artes que, sendo europeias, sejam também tropicais.

Não se compreende que Londres tome ao Rio de Janeiro ou a Lisboa o lugar de criador de novas artes masculinas de traje, ao lado de novas formas de escultura e pintura e arquitetura, tanto religiosa como profana, em que se valorize a relação da figura humana com o espaço tropical. Artes e formas em que os gostos e estilos europeus, nesse particular, sem serem destruídos, sejam ultrapassados, para que se verifique a sua harmonização com uma concepção mais dinâmica de espaço, provocada pela existência já normal do homem civilizado e moderno em ambiente tropical. Por conseguinte, mais exposto ao ar livre, ao sol, à luz, às chuvas tropicais: vantagens de cujos excessos pode facilmente defender-se, nesse mesmo ambiente, mais favorável ao movimento, durante grande parte do ano, que os espaços boreais ou frios, dado o fato de que, com os próprios produtos dos trópicos – a borracha, por exemplo –, é possível proteger-se aquele homem civilizado e moderno, situado no trópico, de sol e chuva, quando excessivos.

Já existe tentativa no sentido de antecipar-se o Brasil a outro qualquer povo na criação de uma forma ao mesmo tempo artística e ecológica do traje para o homem civilizado no trópico. Mas tentativa isolada, aventurosa, romântica, de um paulista que talvez seja o único paulista de hoje com alguma coisa de genial: o maior dos paulistas pela visão, pela sensibilidade, pela cultura artística. Um brasileiro que talvez venha a ser um Santos Dumont.

O fato de conservar-se ele até hoje figura um tanto cômica e até ridícula, aos olhos dos demais brasileiros, mostra que é difícil ao pioneiro, ao renovador, ao experimentador, evitar o ridículo, quando aparece isolado e só com as suas inovações. Não o evitou Heitor Villa-Lobos, quando a sua música brasileira impregnada ora de ternura, ora de violência tropical, primeiro feriu ouvidos convencionalmente europeus ou subeuropeus. Foi vaiado estridentemente: vaias que constam da estatística de vaias a inovadores em arte musical levantada pelo professor Mueller. Não o evitaram Cândido Portinari e Cícero Dias quando das primeiras exposições das suas pinturas. Se dele escaparam Lúcio Costa e Oscar Niemeyer é que os seus arrojos apareceram sob forte proteção oficial que também se estendeu ao pintor Portinari, embora não conseguisse beneficiar os arrojos da escultura de Celso Antônio: a proteção do ministro Gustavo Capanema. É o que está faltando a Flávio de Carvalho: um Gustavo Capanema, à sombra de cujo prestígio oficial se sistematizassem os seus esforços de renovador artístico e científico do traje do homem civilizado, conforme exigências do meio tropical.

Quanto ao escultor Celso Antônio, o que se verificou foi que contra o que havia e há de expressionista na sua vigorosa arte de glorificação de figuras tropicais de homem e de mulher em escala monumental levantou-se um clamor inspirado por agitadores sectariamente políticos na sua atitude de apologistas da chamada arte realista-social. Sou dos que lamentam que tal tenha sucedido, pois a escultura de mestre Celso Antônio é, a meu ver, das que mais poderiam concorrer para marcar praças, parques, jardins e edifícios monumentais brasileiros com expressões de uma arte de escultura glorificadora, como deve ser a arte de escultura monumental no Brasil para ser autêntica, de formas tropicais de homem e de mulher, de adolescente e de criança, o mais possível tropicalmente nus. Um quase nu – é claro – casto, como o das madonas ou nossas senhoras em parte nuas, os peitos maternais expostos, que têm sido esculpidas por artistas africanos: nuas da cintura para cima, umas; outras com mantos de leve proteção contra o sol, que não se confundem com os medievais, da arte europeia – pesados e monásticos, segundo condições europeias de vida.

Lembremo-nos do seguinte: que a civilização europeia, completada hoje pela anglo-americana, é uma civilização que não se tendo originado, senão em parte, no trópico, se sente estranha a regiões tropicais; e que até hoje não conseguiu estabelecer-se na sua pureza em qualquer área tropical. O tropicalista Marston Bates, no seu *Where Winter Never Comes* (1955), admite, à página 82, que se considere a América Latina tropical o único exemplo de transplantação em larga escala de cultura europeia para o trópico; mas uma transplantação em que os elementos não europeus de cultura têm resistido à sua absorção pelos elementos europeus. A tal ponto que o mesmo tropicalista é de opinião que se possa apresentar essa América tropical como demonstração da tese de que a civilização europeia, na sua forma pura, não é adaptável aos trópicos. E aqui Marston Bates revela-se de acordo com aqueles que há anos sustentam tese mais ampla: a de que a variante europeia de civilização não deve ser considerada a civilização de modo total ou exclusivo. E ele próprio admite da civilização latino-americana que ela se apresenta mais interessante naqueles estilos e naqueles lugares – precisamente os tropicais – em que mais vem divergindo dos tipos ou modelos europeus, pela conservação ou recuperação de elementos dos ambientes nativos ou pela fusão desses elementos com os europeus, como se tem verificado na arte mexicana. Ou – poderia ter destacado – na arte brasileira. Ou como se está a verificar em áreas orientais e africanas de formação portuguesa com a casa, com o móvel, com a música, com a culinária e até com o tratamento artístico da figura humana, quer na pintura, quer na escultura, quer em modas regionais de traje e de calçado.

Justamente nesse particular é que a alguns de nós parece estar a superioridade do processo de colonização portuguesa, em particular, ou hispânica, em geral, sobre outros processos de civilização europeia, em que se tem verificado a tentativa ou o esforço sistemático, ou de impor às populações ou regiões tropicais a civilização europeia, como a civilização – inclusive, no plano da arte, como a arte do vestuário, a da arquitetura, a da escultura que, fora dos estilos europeus, seria exotismo, esquisitice, excentricidade – ou de deixar a essas populações o direito absoluto de viver à parte das adventícias, como sobrevivências exóticas em espaços na superfície europeizados. É o que se tem feito, por exemplo, na União Sul-Africana, com a consequência de não apresentar essa civilização europeia transplantada para a África e aí conservada em estufa sociológica, nenhuma arte que caracterize nem a sua situação extraeuropeia no espaço físico nem a sua persistente condição europeia em ambiente não europeu. Do ponto de vista artístico, talvez não haja hoje civilização mais estéril.

Ao sociólogo da arte, essa esterilidade talvez se apresente como viva revelação do fato de que dificilmente se verificam manifestações artísticas em grupos a que falte contato íntimo com o seu meio físico, que inclua a intimidade sexual com os nativos desse meio, através da qual se desenvolvam outras intimidades. Pela mesma falta de intimidade, não tanta, mas quanta, da parte do inglês com relação à Índia, por ele dominada durante três séculos, explica-se sociologicamente não se ter desenvolvido nem uma arte nem uma civilização profunda ou integralmente anglotropical. Tão pouco existem em começo ou em desenvolvimento civilizações simbioticamente holando- ou francotropicais, a despeito de longas permanências de holandeses não só na África como nos trópicos asiáticos. E o motivo parece estar sempre no fato de não se terem verificado nas relações desses europeus com os trópicos intimidades que, à base de uma intimidade sexual profunda, capaz de se estabilizar em famílias organizadas, tenham desabrochado em artes simbióticas como as que têm desabrochado em espaços não europeus marcados pela presença hispânica.

Considere-se a alpercata ou a sandália ou o chinelo, por exemplo, que em alguns desses espaços se têm afirmado em manifestação de arte simbiótica, com a adaptação de elementos europeus aos não europeus. É hoje ponto tranquilo entre os tropicalistas que a sandália ou a alpercata é ideal para os trópicos, evitando o seu uso a doença chamada de "pé-de-atleta", quase sempre associada ao uso de meia e de sapato em climas quentes. É assunto versado na obra coletiva organizada por L. H. Newburgh, *Physiology of Heat Regulation and the Science of Clothing*, publicada em 1949 em Filadélfia.

Como é ponto tranquilo entre eles o repúdio às calças compridas do homem de formação europeia – e hoje até da mulher – em climas tropicais, que pedem antes o uso de túnicas, togas, vestes soltas, às quais uma arte ecologicamente tropical do traje poderia dar uma variedade de formas e de cores combinadas, impossíveis no caso de calças compridas. O mesmo parece certo de xales, mantos, véus para a proteção da cabeça contra excessos de sol: tão usados pelos povos tropicais antes de lhes terem sido impostos chapéus ou adornos europeus de cabelo. Ao uso, por povos tropicais de tais mantos ou xales, e ao seu desconhecimento de chapéus europeus está associada a sua arte de penteado, que entre alguns desses povos assumiu grande desenvolvimento e se afirmou em numerosos valores simbólicos de condições de sexo, casta, idade, tribo, cultura, a ponto de, através deles, ser possível ao antropólogo identificar origens culturais diversas de grupos etnicamente semelhantes. O mesmo se pode dizer da tatuagem de ventres, braços, peitos, entre alguns desses povos tropicais, para os quais esses adornos sobre a própria carne, às vezes com valores simbólicos, substituíam adornos em vestes ou trajes entre eles supérfluos ou indesejáveis por motivos ecológicos.

Não iremos ao extremo de sugerir a valorização de tais tatuagens pelo homem ou pela mulher civilizados nos trópicos, embora uma ou outra tatuagem possa vir a ser admitida como estética civilizada. Mas são várias as soluções estéticas de traje acompanhadas de adornos da figura humana, que se têm desenvolvido em áreas tropicais de colonização portuguesa, suscetíveis de universalização, alguns através de estilizações que as desprendam das suas substâncias especificamente tropicais. E agora que começa a haver, na Europa e nos Estados Unidos, pendor ou gosto acentuado por artes tropicais, não se compreende que o Rio não se torne um centro de irradiação daquelas soluções, para o que industriais com alguma visão poderiam valer-se da colaboração não só de antropólogos-sociólogos como de pintores e escultores com a necessária imaginação artística completada pela científica. Ainda há pouco, num jornal brasileiro, se destacava, em crônica vinda de Paris, ser nesse momento tendência dominante nas modas elegantes europeias o que na crônica se chama "exotismo:" exotismo em grande parte tropical. Diz-se nessa crônica merecedora da nossa melhor atenção:

"Costureiros, chapeleiros, joalheiros, desenhistas de tecidos já se têm inspirado muitas vezes, para criar os seus modelos, nessa arte um tanto estranha aos nossos olhos de ocidentais, mas que não deixa de ser verdadeira arte. Nos tecidos, a ingenuidade de certos desenhos, a ousadia das combinações de cores, o brilho de certas cores concebidas para os lugares onde o céu se conserva sempre azul, são outras tantas originalidades que tentam os 'caçadores de ineditismo', que são os criadores das novas fibras empregadas nas indústrias têxteis". Acentua mais o cronista: "As saias largas, muito franzidas na cintura, essas encantadoras *jupes paysannes* que alcançam tanto êxito entre as jovens, porque enchem um pouco as formas ainda um pouco infantis, são feitas para essa espécie de tecidos". E quanto aos chapéus, informa: "Quanto aos chapéus, o 'tonquinês', pontudo, como os tetos dos pagodes, ainda continua em voga, pois aparecem em vários modelos de grandes casas de Paris".

Mais: "Os costureiros ainda apresentam os casacos 'mandarim', a linha 'pagode' e as mangas japonesas". Quanto aos chamados acessórios, há, para a praia e o campo, a bolsa "musmé", feita de palha trançada, em coloridos brilhantes, ou bordado de motivos orientais, sobretudo figurinhas de chineses e flores de loto. Alguns modelos são forrados de tropicalíssima borracha, o que os torna – segundo um observador – "muito práticos, pois permitem que a banhista leve para a praia todo um arsenal de objetos de produtos de beleza". Estão também em grande moda, na Europa, certas fantasias de inspiração oriental ou tropical: colares, braceletes, "clips" e brincos que imitam dentes de elefantes; ou os colares floridos iguais aos usados pelos indígenas dos mares do Sul; ou, ainda, anéis semelhantes aos das mulheres de certas regiões da África ou como os sinos que trazem os "coolis" de Saigão.

Evidentemente há um desafio ao Brasil, da parte da moderna civilização ocidental, no sentido de se tornar o nosso país, como líder que é, sob vários aspectos – noutros aspectos essa supremacia continua a par de Portugal –, da civilização lusotropical, um ativo mediador entre o Ocidente e o Oriente, entre a Europa ou a América setentrional e o trópico, no que diz respeito a artes que representem não só a adaptação do homem civilizado aos espaços tropicais como a assimilação pelo homem civilizado, situado em regiões frias, de valores estéticos desenvolvidos em regiões quentes e que levem sugestões de sol e de cores quentes para os verões e para os próprios invernos europeus. A arquitetura brasileira já é, ao lado da música, um vigoroso começo de resposta a esse desafio. Mas a escultura, a pintura, a ourivesaria, as artes menores de traje e de trançado, de cerâmica e de móvel, a culinária, a doçaria, podem tornar-se outras tantas respostas da nossa parte a um desafio que está vibrantemente no ar.

"Que é dos pintores do meu país estranho, onde estão eles que não vêm pintar?", perguntava há mais de meio século o poeta português Antônio Nobre. O nosso brado agora não se deve dirigir só a pintores mas a todos os artistas brasileiros e lusotropicais capazes de criação sob a inspiração ao mesmo tempo da sua situação de tropicais e da sua condição de continuadores da civilização europeia fora da Europa.

Em 1934, houve, no Brasil, um Congresso Afro-Brasileiro que se reuniu no Teatro de Santa Isabel, do Recife. Vários africanologistas, atendendo ao apelo dos organizadores daquela primeira e ousada tentativa de coordenação de estudos antropológicos, sociológicos, psiquiátricos, folclóricos, musicológicos e literários em torno de assuntos afro-brasileiros, participaram de reuniões, tidas apenas por pitorescas pela maioria dos brasileiros cultos de então e temidas por alguns deles pela sua possível ligação com a propaganda comunista na América Latina, mas nas quais, durante dias, se fixou a atenção de alguns dos maiores cientistas sociais do mundo inteiro, despertada por *The New York Times*.

Foi a esse Congresso que apresentei, naquele velho ano, pequeno trabalho, ilustrado pelo pintor Cícero Dias, sobre diferentes modos de numerosas mulheres do povo, de origem africana, usarem, no Brasil daquela época, turbantes, xales, lenços e panos, chamados da Costa, sobre as cabeças ou sobre os ombros; ou armarem os cabelos em trunfas ou em penteados persistentemente africanos na sua estética; e em violenta oposição ou, pelo menos resistência, aos penteados por outras mulheres da mesma camada social imitados dos das senhoras das classes altas, de figuras de mulher aparecidas nos anúncios das revistas elegantes, dos de figurinos franceses das costureiras também elegantes.

Até hoje lamento o fato de ter esse trabalho sido apreendido pela polícia política de então, num dos seus raids, em busca de papéis suspeitos, ao "atelier", então num segundo andar do cais Martins de Barros, do grande pintor que, por essa e outras, deixou o seu velho burgo para se arrancar de vez em Paris e aí passar de figurista a abstracionista. Perdi, com a retirada de Cícero Dias para Paris, o melhor dos meus colaboradores de pesquisas regionais que, em 1934, já se estendiam à sociologia da arte em aspectos, dessa espécie de sociologia, que nunca deixaram de me seduzir.

O curioso, porém, a respeito daquela pesquisa brasileira de que infelizmente só tomaram conhecimento os africanologistas presentes ao Congresso Afro-Brasileiro em 1934, reunido no Recife, é que, do livro *Suriname Folklore*, que apareceria em 1936 em Nova York, tendo por autores Melville J. e Frames S. Herskovits – ele, como eu, antigo discípulo de antropologia de Franz Boas na Universidade Columbia –, constariam algumas páginas a respeito do chamado em inglês "*headkerchief*", usado pelas mulheres de cor de Suriname, e, segundo aqueles africanologistas, "*existing... in some form wherever Negroes are found in the New World*". E também eles – os Herskovits – enxergaram considerável interesse antropológico nos "*methods of tying these kerchiefs*", através dos quais lhes pareceu possível identificar a origem africana de afro-americanos, dada a diversidade regional nas formas de uso africano dos mesmos "*headkerchiefs*": formas estilizadas ou institucionalizadas de arte utilitária. Pelo modo de as mulheres continuarem a usar os seus panos ou rodilhas de proteção à cabeça em Suriname confirmava-se a origem delas: a África Ocidental. A arte a servir de esclarecimento para a origem exata de uma cultura desgarrada das suas raízes.

Na sua pesquisa puramente antropológica, os Herskovits descobriram não ser incomum no Suriname uma mulher do povo possuir até cem desses panos de ordinário coloridos – vermelhos, amarelos, vermelhos e amarelos – de proteger a cabeça. Os desenhos dos tecidos de que eram feitos as rodilhas ou os panos de proteger a cabeça, há vinte anos, no Suriname, apuraram os Herskovits que eram geométricos ou de flores. O modo de os atar toda uma arte, devendo a elegante ou a "coquette" antes de armar o seu pano tê-lo feito lavar e engomar. No processo de armar o pano, ao espelho, apuraram os dois antropólogos que mesmo a mulher já fraquejada nessa arte não gastava menos de dez minutos. Uma vez armado o pano em rodilha elegante, passava a ser usado como se fosse um equivalente do chapéu usado pelas senhoras europeias. Dos vários modos de se armar, entre as mulheres de cor de Suriname, o pano de proteção ou de adorno à cabeça, destacaram, os Herskovits, pelas suas configurações, triangular e em forma de leque, sendo entretanto de notar que a essas e a outras configurações correspondiam significados, na maioria dos casos, de natureza sexual: disposição para o amor ou o namoro; sinal de já ter tido a mulher experiência sexual; sinal de virgindade; sinal de ser a mulher correspondida no seu amor.

À pesquisa que se esboçou no Brasil, ao estudo desses panos ou lenços, armados em turbantes, ou desses panos-rodilhas, acrescentaria eu hoje o de panos caídos da cabeça sobre os ombros, em evidente proteção da mulher contra o sol ou contra a chuva: proteção a que se junta o adorno artístico sob o aspecto de diferentes formas de panejamento dadas ao pano branco ou ao xale de cor. Também o estudo de diferentes penteados de cabelo de mulher caracteristicamente africano e o dos panos que envolvem o torso da mulher: os panos característicos do traje da chamada "baiana": umas das expressões mais interessantes não só da arte brasileira do traje considerada apenas esteticamente nas suas formas como de que essa arte vem representada de resistência da brasileira descendente de africano, através de uma arte ostensiva como a do traje, às modas e aos estilos civilizados, europeus, americanos, de traje de mulher.

Os penteados de cabelo caracteristicamente africano, em que se dê a essas características étnicas ênfase ou relevo estético, são hoje raros no Brasil. Tem havido entre nós, da parte das mulheres mais africanas nas suas características étnicas de cabelo, crescente capitulação às modas e aos estilos europeus de penteado artístico, através de processos de amaciamento ou de arianização do cabelo. Seria, entretanto, de interesse tanto sociológico como antropológico a pesquisa que se empreendesse em torno das sobrevivências tanto desses penteados como daqueles vários modos regionais de uso de turbantes, panos armados em rodilha, panos usados sobre a cabeça, panos usados sobre os ombros, panos de torso, pelas mulheres do povo brasileiras nas áreas em que foi maior a influência africana.

Pensando na possibilidade de vir a realizar-se entre nós semelhante pesquisa é que, em viagem de estudos realizada pelo Oriente e pela África, de 1951 a 1952, procurei, quanto possível, documentar-me acerca das mesmas sobrevivências em áreas luso-africanas, que possam ser consideradas de transição cultural da África para o Brasil através da mediação portuguesa. Mediação outrora tão atuante naquelas áreas do Brasil para onde foram trazidos em maior número africanos de diversas áreas da África; e hoje ainda atuante naquelas áreas africanas onde se opera a transição da cultura africana para situações culturais semelhantes às que se verificaram no Brasil, e ainda se verificam, embora hoje sob o impacto de uma arianização que não é de esperar vir a ocorrer de modo tão intenso na África.

Daí o possível interesse, do ponto de vista do estudo sociológico de sobrevivências de formas de arte africanas numa sociedade, como a brasileira, em que cada dia se acentua ou se intensifica a europeização, de fotografias que documentem a vivacidade dessas sobrevivências em áreas que se acham, hoje, quase na mesma situação cultural em que se encontraram algumas das brasileiras, nas épocas de maior impacto africano sobre a nossa cultura em formação.

Aliás, dessas sobrevivências de formas de arte condicionadas por situações culturais ou étnico-culturais, hoje já quase extintas, na sua antiga pureza nas principais áreas do Brasil, mas, ainda assim, sugestivas, repita-se que talvez possam artistas modernos, de entre os chamados menores – costureiros, modistas, chapeleiros, cabeleireiros –, desenvolver estilos de vestidos, chapéus, penteados – inclusive aqueles em que o cabelo encarapinhado seja artisticamente valorizado –, mantilhas, em que a arte africana ou ameríndia ou indiana, já abrasileirada, possa ser aproveitada pela europeia, sem aquele desprimor ou aquele desdouro, outrora associado, nos meios mais elegantes de sociedades como a brasileira, a grande parte do que fosse valor ou estilo de cultura, primitivo ou africano. O que já se está a verificar na música, na dança e, até certo ponto, na escultura e na pintura, pode vir a ocorrer com maior frequência naquelas artes menores, desde que se acentue no brasileiro a consciência de não ser vergonha ou opróbrio para a sua cultura, já diferenciada da europeia, mas predominantemente europeia nos seus motivos e nos seus padrões de vida, o fato de que, de entre essas predominâncias, irrompam hoje, aqui e ali, sob formas de artes, quer maiores, quer menores, um número cada vez maior de valores africanos ou ameríndios, em melhor correspondência que os puramente europeus com as condições ecologicamente tropicais de vida e de civilização num país como o Brasil.

10. EM TORNO DE UMA ARTE SIMBIÓTICA: A LUSOTROPICAL

Precisa uma arte regional, para se desenvolver saudavelmente, em qualquer espaço, inclusive nos espaços tropicais, de todas as diferentes tendências representadas pelos vários elementos biossociais e socioculturais que componham a sociedade de que ela seja expressão: pela criança, pela mulher, pelo velho, pelo adulto, pelo adolescente. São esses os principais componentes biossociais de qualquer sociedade. O adolescente – cronológico ou psicológico: principalmente o psicológico – é por excelência o elemento renovador ou inovador; e ideal, nessa função, quando na sua arte conserva alguma coisa de criança.

Na arte brasileira de hoje, ele acha-se representado com grande vivacidade por esse adolescente sempre inquieto que foi, até o fim da vida, o compositor Villa-Lobos e por esse outro adolescente admiravelmente renovador que é o paulista Flávio de Carvalho, engenheiro e pintor, e que talvez venha a ser novo Santos Dumont brasileiro – repito o que já sugeri noutro dos meus ensaios – quanto à contribuição original que promete para a solução de problema do vestuário do homem civilizado nos trópicos, como um problema ao mesmo tempo de higiene e arte. Não se compreende que essa solução não parta do Brasil, que é evidentemente hoje a maior civilização moderna nos trópicos; e talvez o grupo mais avançado em arte moderna, de entre os que constituem hoje o complexo lusotropical de civilização: uma civilização simbiótica, tal a profundidade de integração do europeu no trópico já atingida dentro dela. E um problema acerca do qual estamos na obrigação de nos comportar, para resolver, não tanto como velhos conservadores nem como adultos que prefiram em arte a convenção à inovação, mas como adolescentes que, para realizarem obra necessária de revolução artística, pareçam adolescentes transviados.

Para a solução desse problema como de outros problemas típicos de sociologia em arte ou de arte em sociologia – o da casa, e o do móvel para os climas quentes, o do penteado de acordo com características étnicas de cabelo diferentes das caucásicas ou europeias, o da representação na pintura e na escultura de Cristo, da Virgem e dos Santos segundo características de raça e de cultura não europeias, o do manto, xale ou mantilha como proteção contra o sol –, o brasileiro de imaginação artística tem a seu favor numerosas sugestões de combinações de traje europeu com trajes de indígenas de áreas tropicais que têm sido realizadas, através de mais de quatro séculos, por portugueses e descendentes de portugueses, nos espaços marcados pela sua presença. Foi este um dos problemas de sociologia de arte nos quais mais se fixou a minha atenção de estudante do que tenha denominado civilização lusotropical, em recentes viagens de estudo no Oriente e na África, sabendo como é que, para os cientistas modernos especializados em assuntos de vestuário, a toga solta, de árabes, a tanga, dos africanos, o camisolão dos maometanos, são trajes que nos climas quentes devem ser preferidos às calças europeias com os seus cinturões particularmente prejudiciais ao homem tropical. Com algumas fotografias, reduzidas a *slides*, que ilustram no Museu de Arte de São Paulo, diferentes fases dessa e de outras combinações de arte europeia com arte tropical nessas áreas, procurei dar às minhas conferências sobre o assunto, o máximo de objetividade. Lamento não ter podido exibir fotografias relativas aos túmulos afro-cristãos de Moçâmedes, dos quais presumo ter sido o primeiro a surpreender o valor antropológico e, além desse valor, o artístico. Tais fotografias acabam de ser publicadas pela Universidade da Bahia.

São túmulos – os desse grupo até certo ponto separado da comunidade predominantemente europeia nos seus estilos de arte – em que influências lusocristãs e negro-africanas aparecem integradas, destacando-se pelas suas esculturas, evocativas menos dos mortos como indivíduos do que como membros de tribo e de profissão; e essas evocações sob a forma de figuras e símbolos corajosamente coloridos. Talvez delas um Cícero Dias ou outro Flávio de Carvalho possa extrair sugestões para uma arte verdadeiramente lusotropical de túmulo, que bem poderia ter o seu início em São Paulo: a São Paulo para sempre ligada à história da arte lusotropical pelo que houve de audaciosamente renovador na sua Semana de Arte Moderna, animada por adolescentes eternos como foram Mário e Oswald de Andrade.

Saliente-se, a propósito de artes correspondentes, dentro de comunidades mais ou menos complexas, a subgrupos biossociais ou socioculturais, como a arte das crianças e a arte das mulheres, e, numa sociedade multirracial, e separada, segundo critérios étnicos, em subgrupos, como a sociedade dos Estados Unidos, a arte dos negros, a arte dos ameríndios, e, de modo especial, a arte dos montanheses de Kentucky (que conservam cantigas da época elizabetiana), que essas artes constituem expressões de tempos sociais vividos psicologicamente de modo diverso do vivido pelo grupo dominante. Mas sendo a tendência da arte, como co-participação emocional provocada por estímulos estéticos, antes para unificar que para dividir os subgrupos que formem um grupo nacional, tais artes separadas, numa comunidade nacional, tendem a concorrer, quando não lhes sejam opostos obstáculos de outra natureza, para uma só arte, complexa, enriquecida por elementos de procedências diversas, quanto à subárea e ao tempo sociais.

No Brasil, comunidade nacional hoje sem grupos étnicos nem biossociais, de sexo ou de idade, rigidamente diferenciados do dominante, tem-se verificado livre contribuição artística de ameríndios, negros, italianos, alemães, sírios, japoneses, e outros elementos, para o que já se pode considerar uma arte brasileira – destacando-se como expressão artística mais característica do Brasil, a expressão musical. Mesmo assim nota-se no desenho das crianças e nos brinquedos artísticos feitos por crianças, no bordado, na renda, nas esteiras feitas por mulheres, nas redes, potes e figuras de cerâmicas feitas por ameríndios, na arte dos matutos e dos sertanejos, características de artes conservadoras nas suas soluções, nas suas matérias e nas suas técnicas.

Nas modernas sociedades civilizadas, a chamada adolescência transviada tem sido, nas suas mais ostensivas maneiras de divergir dos adultos em comportamento, gostos, ideias, uma expressão, visível a olho nu, de um adolescentismo caracterizado pela revolta contra o estabelecido. Semelhante revolta tem sido, também, ao menos nas mesmas sociedades civilizadas, uma constante na vida artística, representando a inovação ou a diferenciação contra a conservação ou a tradição estática.

É um adolescentismo que tende a prolongar-se, na sua expressão nas artes, além dos vinte anos do adolescente, chegando às vezes certos adolescentes desse tipo a não superar nunca a adolescência. Rimbaud e Van Gogh foram casos expressivos de adolescentismo permanente nas artes, como foi James Joyce, como foram, no Brasil, Euclides da Cunha, Mário e Oswald de Andrade, Villa-Lobos, como é hoje Flávio de Carvalho, como continuam, em plano universal, a ser, Charlie Chaplin e Jean Cocteau.

Há sociedades ou culturas, como as primitivas, e como, atualmente, a russo-soviética e a dos Estados Unidos, que tendem a fechar as artes aos adolescentes e às suas diferenciações, daí resultando estagnação nas mesmas artes e noutras atividades tribais ou nacionais, que passam a ser infantis, feminis ou senis, e não apenas adultas, nas suas características principais, dando-se por vezes o transbordamento das energias inovadoras do adolescente em atividades extra-artísticas.

A verdade é que está quase sempre incompleta a arte a que falte a presença do adolescente. A subordinação de uma arte ao adolescentismo ou a adolescentes seria um excesso lamentável. Mas excesso lamentável é também o da arte que se fecha de todo ao adolescente ou ao adolescentismo.

Mesmo assim nota-se no desenho das crianças e nos brinquedos artísticos feitos por crianças, no bordado, na renda, nas esteiras feitas por mulheres, nas redes, potes e figuras de cerâmicas feitas por ameríndios, na arte dos matutos e dos sertanejos, características de artes conservadoras nas suas soluções, nas suas matérias e nas suas técnicas. Artes assim conservadoras necessitam de ser, uma vez por outra, fecundadas por "adolescentes" do tipo de Villa-Lobos, de Flávio de Carvalho e de Cícero Dias, que as façam como que nascer de novo, sob o aspecto de artes, se não revolucionárias, revolucionadas.

Em todas as manifestações de arte mais características da cultura ou da civilização ainda jovem, mas já sociologicamente visível, que possa ser denominada lusotropical, é evidente que o maior avanço até hoje realizado tem sido o brasileiro. A música, a arquitetura, a culinária brasileiras destacam-se pelos seus triunfos de pioneirismo num campo de atividade artística em que tudo parece indicar que ao esforço criador do Brasileiro vão juntar-se esforços semelhantes de criação artística da parte de outros grupos da comunidade lusotropical.

Aliás, do pioneirismo brasileiro em artes ligadas aos trópicos, já se pode dizer que se estende, pelas suas repercussões orientadoras ou sugestivas mais diretas, a um complexo maior de civilização: o que venho há anos denominando hispano-tropical. É um complexo com relação ao qual a cultura brasileira tem hoje responsabilidades que do plano cultural se alongam pelo político, como tenho procurado insinuar aos líderes políticos do nosso país, só tendo até hoje encontrado simpática compreensão para tais ideias, na sua quase totalidade, da parte do senador Lourival Fontes, que já se ocupou do assunto, em discurso no Senado da República, reconhecendo a contribuição, nesse sentido, de um simples escritor. Em discurso recente, o professor Oliveira Salazar chegou já às margens do assunto mas, com a discrição própria dos grandes políticos, não fez referência alguma direta aos homens de estudo brasileiros que têm aberto novas perspectivas a um esforço em conjunto, que do campo cultural se estenda ao político, da parte dos vários componentes de um moderno complexo de civilização, além de português, espanhol. Hispânico, portanto, nas origens europeias dos povos, todos situados em espaços tropicais ou quase-tropicais que constitui aquele conjunto de civilização: inclusive de formas de artes caracterizadas por um estudo que é comum a todas.

Do ponto de vista do estudante de sociologia da arte, sempre atenta à correlação de formas sociais com formas artísticas, são de considerável interesse as modernas tentativas brasileiras, algumas já triunfantes, no sentido de uma arte de representação dramática servida pela música, pela dança, pela pintura que interprete, em sínteses teatrais e cinematográficas, o que tem havido de desajustamentos e ajustamentos étnicos-culturais, na formação brasileira. Não é outro o sentido da dramatização levada a efeito por Antônio Callado, por Raquel de Queiroz, por Lima Barreto e José Carlos Cavalcanti Borges, de dramas em potencial contidos, em símbolos transferíveis, na literatura escrita, sociológica ou beletrista: transferíveis dessa literatura para o teatro. O mesmo é certo de *O Auto da Compadecida*, de Ariano Suassuna, onde se faz o mesmo com a literatura oral. Creio que outro aproveitamento a fazer-se hoje é o dos anúncios dos jornais, dos solicitados ou dos "a-pedidos": brasileirismo de possibilidades dramáticas ainda não aproveitadas.

A tendência, ainda tímida, no moderno teatro brasileiro, para o aproveitamento da música e da dança popular do São João e do Carnaval – essa com uma simbologia de cores, que, vigorosamente folclórica, parece pedir utilizações teatrais – pode ser desenvolvida sob o favor das circunstâncias de ordem sociocultural, peculiares ao Brasil de hoje; e semelhantes às circunstâncias da mesma espécie que favoreceram na Inglaterra elizabetiana o aproveitamento de baladas e canções, histórias bíblicas, mitos clássicos, lendas medievais, efusões líricas de trovadores. Também aqui teríamos a utilização de matéria regional – matéria constituída por contribuições de natureza cultural vindas de origens diversas – em linguagem universal, isto é, acessível, em língua portuguesa, a todo o brasileiro ou a todo o lusotropical culto: o mesmo que em literatura estão a fazer hoje novos escritores como, no Sul, Guimarães Rosa, Mário Palmério, Antônio Olavo, e no Norte, poetas como Mauro Mota, João Cabral de Melo, Carlos Pena Filho. É pena que não se tenha realizado o plano de Serge Lifar de vir ao Brasil colher matéria brasileira para *ballets*: plano que desenvolveu depois de longas conversas que tivemos, eu e ele, sobre o assunto e sob a sedução de exemplos como o da balada do Cabeleira que lhe citei, destacando nela o como desejo das canas de açúcar de se fazerem dança ou de se personificarem em dançarinos simbólicos.

"Cada pé de cana era um pé de gente."

O canavial a querer ser gente, pessoa, dança. Drama dançado além de cantado. Drama não só brasileiro, em particular, como hispanotropical, em geral, dada a profunda e generalizada identificação do homem hispanotropical com a cana-de-açúcar. Drama, também, capaz de repercussão universal, através de uma forma de expressão da fácil capacidade de universalização do *ballet*.

A referência ao maior aproveitamento da literatura oral, música, dança no drama leva-nos a considerar de passagem o possível declínio da literatura escrita ou da arte escrita, na nossa época. Ainda há pouco, em artigo num dos nossos jornais, sobre artes gráficas, um estudioso brasileiro de assuntos de arte, atualmente em Paris, Orlando da Costa Ferreira, aludiu a recente livro publicado em Paris, *L'Écriture* (1955), no qual o seu autor, Charles Higonnet, admite estarmos já numa época – época de considerável interesse do ponto de vista da sociologia da arte como sociologia especializada no estudo das formas artísticas de comunicação – que talvez venha a denominar-se "depois da escrita". A propósito do que, Orlando da Costa Ferreira recorda ter esse conferencista salientado em ensaio já antigo que, graças a modernos sistemas de transmissão audiovisual de conhecimentos e notícias e também de literatura dramática, o analfabetismo perderia grande parte, senão a quase totalidade, do seu significado social e culturalmente patológico. O analfabeto poderá com efeito participar, grandemente, através do disco, da televisão e do cinema falado e cantado, de artes por algum tempo dirigidas principalmente ao alfabetizado capaz de ler livro, revista ou jornal, como a arte do romance, sob a forma de obra literária, a do conto ou a do folhetim redigido para jornais, a do poema escrito ou impresso. Por esse exemplo se vê que as formas sociais de interação humana, inclusive os meios tecnológicos dessas formas se realizarem, condicionam a predominância de formas artísticas assim como alteram a hierarquização de valores tanto sociais – o analfabeto em relação com o alfabetizado – como artísticos: a literatura escrita em relação com a oral.

Essa correlação entre formas sociais e formas artísticas não nos esqueçamos que se exprime, em grande parte, temporalmente, através de épocas caracterizadas por motivos de vida que se refletem nos de arte ou provocam reações nos de arte, e regionalmente. Daí a atualidade do movimento que tem pretendido dar bases regionais às artes brasileiras, sem prejuízo nem da sua universalidade nem da sua modernidade, embora outros, como o hoje paulista Antônio Rangel Bandeira, venham inteligentemente, a salientar, do próprio Villa-Lobos, que a sua força – inclusive a sua irradiação na Europa e nos Estados Unidos – está na expressão que ele dá à experiência do Brasil.

Um dos melhores críticos literários dos mais novos do Brasil, Joel Pontes, referiu-se, não há muito, ao "regionalismo" como um movimento "sobrepujado". Não me parece que Pontes tenha razão – a não ser que ele veja no regionalismo brasileiro um movimento cujos propósitos seriam sectários e imediatos. Mas se nesse movimento reconhecermos o primeiro esforço sistemático que houve entre nós no sentido de uma possível conciliação de modernidade com tradicionalidade e regionalidade, então essa tendência nunca foi mais vigorosa do que agora, dentro e fora do Brasil. No Brasil, ela manifesta-se em grande parte do que é melhor na mais recente arte literária: no romance do mineiro Guimarães Rosa, por exemplo; na poesia do pernambucano João Cabral de Melo Neto; e também no teatro de Ariano Suassuna e José Carlos Cavalcanti Borges, de Antônio Callado, de Raquel de Queiroz e de Luís Jardim; na arquitetura de Lúcio Costa; na de Henrique Mindlin; na arte de jardim de Burle-Marx; na pintura de Portinari, Cícero Dias, Di Cavalcanti, Caribé, Pancetti, Lula Cardoso Aires, Francisco, Brennand, Aloisio Magalhães – essa, uma interpretação admirável do trópico úmido. Fora do Brasil, sente-se essa conciliação tanto nos Faulkner como nos Malraux; por ela se condiciona a teoria de arte de teatro de Jean Duvignaud; a cerâmica artística de Pablo Picasso não tem outro sentido;

nem é outro o sentido daquela moderna arquitetura, rival da brasileira, que se ergue nas áreas devastadas da Alemanha, da qual é exemplo o novo teatro de Münster. Nesse teatro o artista moderno chegou ao extremo do máximo aproveitamento artístico de uma autêntica ruína local no interior do edifício novo; e digo máximo aproveitamento porque ela é refletida em espelhos modernos que ampliam a sua presença, fazendo que grande parte do novo confraternize com essa sobrevivência romântica.

Mais: mais famoso ainda que o teatro de Münster, que tive o gosto de visitar o ano passado e do qual trouxe a mais forte das impressões, é o novo teatro de Sidney, obra de arquiteto dinamarquês de quem já se disse que na sua arte integra o helênico, isto é, o tradicional – no caso o tradicional clássico em vez de ser o tradicional romântico, a moda alemã do teatro de Münster –, e o moderno. Na verdade, o que há de integrativo na arte de Joern Utzon vai além: ela junta ao helênico, isto é, ao tradicional ou clássico, o moderno, e ao moderno, o regional romântico, numa desmoralização ostensiva da ideia de serem o "clássico" e o "romântico" valores ou critérios inconciliáveis em arte. É que as conchas de concreto, superpostas em níveis diferentes, que, no edifício, correspondem à necessária elevação do proscênio, pela sua alvura se integram na paisagem como se fossem velas brancas dos iates, cujas formas se tornaram características líricas da paisagem regional. Para essa paisagem, o teatro abre-se, nos seus *halls* e *foyers*, em terraços donde se veem mar e iates. Como o teatro de Münster, o de Sidney destaca-se pela leveza que lhe dá uma graça de formas no espaço que corresponde à sua função principal, que é uma função poética.

Uma cidade brasileira como o Recife – ou como Fortaleza – bem poderá vir a ter um teatro em que as velas das jangadas completadas pelos coqueiros sejam os seus elementos formais, de leveza e de graça das suas funções integradas na substância de paisagem regional e de grande parte da existência por ela condicionada: uma existência talássica. Para realizações desse tipo é preciso que os arquitetos, nunca esquecidos de juntar à modernidade a regionalidade e à regionalidade a tradicionalidade, saibam integrar as funções e as formas dessas outras substâncias ao mesmo tempo tão universais e tão regionais, tão tradicionais na vida ocidental e tão modernas na vida de um povo atual, que são os hotéis, os sanatórios, os conjuntos universitários.

Precisamente na capacidade de conciliar nas artes e nos estilos de vida região, tradição e modernidade é que estamos fracassando, alguns brasileiros e vários portugueses, dentro de uma civilização – a lusotropical – que deve a essa conciliação o melhor do seu vigor.

Da mesma maneira que me tenho, em vários trabalhos já publicados, referido com simpatia à política tradicionalmente portuguesa de assimilação de valores que se têm tornado ao mesmo tempo que modernos, regionais e tradicionais, no Oriente e na África tropicais, devo salientar que dessa tradição de política social ou de política cultural se têm por vezes desviado, nos últimos decênios, homens de governo e outros líderes portugueses responsáveis pela direção das relações de Portugal com populações do Oriente e da África. Inclusive – ponto que aqui nos interessa – com as suas artes: as artes mais intimamente ligadas à sua vida ou à sua cultura, no sentido sociológico de cultura.

Ainda o ano passado me referia, sobre este assunto, em Lisboa, fatos significativos, um dos mais conhecidos agrônomos portugueses especializados no estudo de solos e plantações da parte lusitana de Timor: o meu amigo Ruy Cinatti, que atualmente estuda antropologia na Inglaterra. Desses fatos, o que mais me impressionou, de entre os referidos por esse informador idôneo, foi o de ter, nos últimos anos, a administração portuguesa em Timor criado embaraços aos tecidos feitos em casa pelos indígenas daquela ilha e aos estilos de traje por eles adotados, conforme velhas tradições que se conformam com as condições de clima da região, por entender a mesma administração que tais tecidos e estilos, de um evidente interesse artístico, além do higiênico, devem ser substituídos pelos europeus, mandados da Europa para aquelas terras e populações não europeias. Exatamente o contrário da atitude ou da orientação que devia estar a ser, ou vir a ser, seguida pelos homens do governo português de Timor, se fossem homens esclarecidos pelo estudo antropológico e sociológico do assunto. Mais: se fossem homens de governo mais penetrados do conhecimento das tradições portuguesas de administração de terras e populações tropicais. O que tem sucedido é que alguns desses homens de governo portugueses, do mesmo modo que alguns líderes de indústrias portuguesas nas províncias portuguesas nos trópicos, em vez de virem a seguir tais tradições, têm imitado exemplos belgas, franceses, ingleses de administração colonial. Ora, esses povos europeus por algum tempo e, alguns, ainda hoje, senhores de terras e populações tropicais, raramente têm deixado de ver nas manifestações de arte dessas populações outro valor senão o de exotismo, ao contrário da orientação tradicional portuguesa, no sentido de conciliações de técnicas e estilos europeus com os dos povos tropicais.

Erram os portugueses quando insistem hoje em exigir de não europeus nos trópicos, do sexo masculino, que usem calças como prova de estarem civilizados. É um erro social e um erro artístico. De modo geral procurei mostrar a mentirosa base científica de tal exigência, em trabalhos escritos, por solicitação dos organizadores do último Congresso Mundial de sociologia, para ser um dos quatro trabalhos básicos do mesmo Congresso.

Mais: quando estive em Angola, foi-me dito que dos indígenas assimilados se exigia, por lei, para a cidadania portuguesa, que dormissem em rede. Lei evidentemente inspirada no desejo, que existe, ainda hoje, da parte de certos portugueses, homens de governo e particulares influentes pelo poder econômico, de tratarem populações não europeias como inferiores, à maneira dos anglo-saxões, dos holandeses, dos belgas, dos próprios franceses e italianos quando senhores de colônias. É assim que, na área dominada pela Companhia dos Diamantes, em Angola, se tem a impressão de estar em terras que justificariam a acusação dos Portugueses de serem colonialistas no seu tratamento de indígenas da África e dos seus valores: inclusive os valores artísticos, reduzidos a peças exóticas ou etnográficas de museu, sendo, aliás, o museu mantido pela Companhia excelente. Excelente mas colonialista. É uma obra, a dessa Companhia que me informam ser em parte estrangeira, que não recomenda Portugal à simpatia dos que não compreendem a expansão portuguesa no Oriente e na África senão como a de um povo europeu que se distingue dos outros pela sua tradicional capacidade para formar com populações e culturas tropicais, novas populações e culturas, do tipo que alguns de nós denominamos lusotropicais. Inclusive no que se refere a artes, tanto maiores como menores.

Em algumas das fotografias que exibi em São Paulo, no seu Museu de Arte, para ilustrar uma conferência sobre o assunto, apareceram flagrantes de danças dionisíacas que, em certos grupos étnico-culturais da Guiné, que tive a oportunidade de visitar, são, como entre os manjacos, danças de adolescentes, os quais também se dão a jogos – danças com alguma coisa de "capoeiragem" na sua violência; e a extremos de tatuagem de ventre nas mulheres moças. Foi-me dito dos adolescentes desse grupo, na Guiné, que, quando reprimidos nas suas danças e jogos-danças e jogos violentos, se extremam em aventuras noturnas em que o roubo de gado, o rapto de mulheres e o próprio homicídio de indivíduos de outros grupos não seriam raros. Por conseguinte, precocidade transviada. Já os mancebos balantas tendem a ser apolíneos nas suas danças como nas suas artes; e os fulos, ao que parece, intermediários entre esses extremos. O mesmo é certo de saracoles e mandingas, cujo comportamento mais apolíneo que dionisíaco parece estar associado aos seus trajes de islamizados; e entre os fulos da Guiné, há figuras de dançarinos individuais semelhantes aos nossos palhaços de circo pela sua habilidade em momices e caretas.

Mais apolíneos que dionisíacos se revelam outros indígenas africanos de grupos étnico-culturais que visitei, como os de Huíla, em Angola. Mas é característica – o comportamento apolíneo, nas pessoas, ou a expressão apolínea, nas artes – mais evidente em grupos orientais e indianos, principalmente hindus, como os que visitei, na própria Índia, tendo-os também ouvido cantar, dançar e rezar nos seus pagodes: aí há um contraste com essa sua tendência apolínea no abuso dionisíaco de foguetes, bombas como as nossas de São João, fogos de artifício, sendo notório o apuro na arte dos fogos de artifício entre certos orientais e, hoje, por influência deles, entre portugueses e brasileiros. É curioso verificar-se que certos orientalismos foram adotados pelos portugueses pelas suas formas ou expressões artísticas, sem os seus significados religiosos ou mágicos ou de definição de castas rígidas, como, além dos fogos de artifício, os dragões de pedra ou de louça nos portões de chácaras, para guarda ou resguardo das casas contra os espíritos maus; as plantas, empregadas com os mesmos fins magicamente profiláticos em jarros ou umbrais de jardim que na Índia, institucionalizados como arte religiosa doméstica, chamam-se "tubos" e encontram-se tanto nas casas nobres como à frente dos simples mocambos; os palanquins ou machilas que definiam, entre indianos hindus, pessoas de casta alta, e algumas das quais, abertas, as suriapanas, tinham alguma coisa da nossa rede de transporte, que foi pelos portugueses introduzida, para esse fim, em Angola. Interessante será o estudo do novo tratamento artístico que a rede tem recebido de mãos africanas, como interessante é observar-se como certas formas cristãs de arte, ligadas aos símbolos máximos do catolicismo, receberam, ou têm recebido no Oriente e na África um tratamento artístico, através do qual se nota a tendência para essas formas se harmonizarem com artes tradicionalmente ligadas à vida, à cultura, à ecologia orientais e africanas. No Convento de São Francisco de Assis, de Goa, mostrou-me o cônego Costa, no museu lapidário que ali existe, um conjunto de esculturas cuja base é uma figura nua de feitio oriental, sobre a qual se apoia a Sagrada Família vestida. Vi um altar indonésico no qual só o símbolo da cruz e, como arte simbólica, adventício: tudo o mais é arte oriental adaptada a uma nova função. O mesmo é certo de alguns dos paramentos de culto católico, bordados a ouro, que vi na Basílica da chamada Velha Goa, com arabescos orientais a decorar símbolos católicos. O que, entretanto, me impressionou particularmente foi o gosto da parte de artistas orientais e africanos mais rústicos em tratarem o Cristo como um mártir ou Deus nu e de tanga, identificado mais com eles, homens nus e de tanga na sua maioria, do que com os europeus ou ocidentais – o que se nota também num Cristo do Amazonas, admiravelmente ecológico, que figurou na exposição de Arte Sacra de Lisboa em 1951. O mesmo se nota numa Nossa Senhora esculpida em Timor por mãos lusotropicais, cuja fotografia faz hoje parte da minha coleção de ilustrações de arte lusotropical: "madona" nua da cintura para cima com o Menino Jesus nu nos braços. Mas também no Oriente português, se veem, santos católicos, de marfim, esculpidos por artistas orientais, em trajes orientais; e até Nossas Senhoras, como a indo-portuguesa do século XVII, pertencente ao conde de Nova Goa, orientais nas suas características de traje artisticamente tratadas.

Insisto aqui nesse ponto – a arte lusotropical das imagens do Cristo, da Virgem, de Santos – porque através dessa arte me parece ser possível um estudo de tendências psicológicas e de acomodações ecológicas já realizadas entre sociedades lusotropicais, que nos permitirá, aos portugueses e aos brasileiros, desenvolver uma arte do traje do homem civilizado no trópico: arte útil, sem deixar de ser arte bela. E aqui confesso não ser dos que morrem de amores nem pelo estetismo absoluto nem pela submissão absoluta da arte aos chamados objetivos práticos, como se não houvesse, mesmo entre primitivos, aquela alegria estética de criar, a que o meu mestre de antropologia, Boas, chamava *Kinestetica* e a que outro antropólogo, tanto quanto o autor da *Primitive Art*, voltado para o estudo da arte com especial interesse, Gene Wetfish, chama no seu recente *The Origin of Art*, "dança das mãos". É uma arte útil, a do traje, para a qual o brasileiro está no dever e na situação – repito – de dar hoje a máxima contribuição. É do Brasil – repito – que devem partir, além de uma arquitetura já triunfante de adaptação da civilização europeia ao trópico, os melhores arrojos de utilização das curvas da rede em móveis modernos e os melhores arrojos de utilização de tradições tropicais de traje solto – árabe, indiano, africano – num novo tipo de vestuário que nesse particular integre artística e higienicamente o homem civilizado residente nos trópicos na ecologia tropical. Para o que ele terá de romper com preconceitos de excessiva subordinação a Londres, Paris e Nova York. O Rio de Janeiro, Lisboa e, sobretudo, São Paulo, pela união dos seus artistas com os seus industriais, estão já maduros para se tornarem centros de novos e ecológicos tipos artísticos de móveis, de vestuário, de turbante, de sandália e de penteado e joia de mulher.

E quando digo penteado, incluo o que valorize, em vez de desprezar, por "esnobismo" arianista ou pararianista, o cabelo da mulher – ou do homem – negro ou mulato, atualmente seduzido pelos artifícios que o fazem negar ou esconder essa sua característica de raça, suscetível de estilização estética. Valendo-se de sugestões que nos vêm da África – de culturas africanas, negras, dentro das quais a arte do penteado chegou a requintes ou primores merecedores de admiração e não apenas de curiosidade –, o cabeleireiro brasileiro poderá desenvolver penteados modernos capazes de se tornarem moda não só entre muitas das nossas compatriotas como entre mulheres negras ou de origem principalmente negra de outras áreas tropicais. Está aberto para o brasileiro, perito na arte do penteado, um campo tão sedutor de atividade criadora e de influência transnacional como o que está escancarado ao arquiteto e aos artistas especializados nas artes de vestuário, de móvel, de brinquedo para criança, de sandália, que tenham a coragem de criar estilos modernos de casa, de móvel, de traje, de brinquedo, de sandália, que correspondam a condições tropicais de vida e a tradições extraeuropeias de arte.

11. ARTE E CIVILIZAÇÃO MODERNA NOS TRÓPICOS: A CONTRIBUIÇÃO PORTUGUESA E A RESPONSABILIDADE BRASILEIRA

Estamos deficientes, os portugueses e os brasileiros, em várias técnicas de adaptação do moderno homem civilizado a condições tropicais de vida. Uma dessas técnicas – volto a este ponto – é a do vestuário. Outra – nova insistência que espero seja bem compreendida pelo leitor – é a da casa simples, barata, ecológica, tanto urbana como rural, para o trópico: problema na solução do qual arquitetos indianos, israelitas, colombianos se estão adiantando aos portugueses e brasileiros e recorrendo, mais do que esses, à cooperação de sociólogos, antropólogos e economistas. Na solução do problema do vestuário ecológico para o trópico, árabes, indianos e cubanos talvez se estejam a adiantar aos portugueses e aos brasileiros. Daí a importância dos experimentos do paulista Flávio de Carvalho em torno de um problema aparentemente só de higiene, mas, na verdade, também de arte – e arte de especial interesse para um antropólogo ou um sociólogo.

Creio que, entre nós, a camisa por fora das calças do matuto é uma sobrevivência indiana. Uso oriental adotado pelo português antigo, introduzido por ele no Brasil e que deve ser recuperado, pois o estudo científico do assunto muito condena o cinto ou o cinturão. O *slack* e o *pijama* são evidentemente tropicalíssimos no moderno traje ocidental de verão, que mostram que europeus do Norte e anglo-americanos começam a dar o seu apoio, com um retardamento de séculos, ao português dos séculos XVI e XVII, pioneiros nessa como noutras espécies de tropicalismo.

Devo dizer que me ocupei há pouco do assunto, perante uma *élite* mundial de sábios, alguns dos quais consideram hoje a ciência social brasileira tão original, nas suas contribuições para a ciência social geral, como a arquitetura dos Niemeyer e a música dos Villa-Lobos, para a arte moderna. Foi isso em trabalho apresentado à Reunião Mundial de Sociólogos, em Amsterdã, em 1956, à qual compareci por ter sido um dos quatro convidados especiais dos seus organizadores, para redigir um dos quatro trabalhos principais ou básicos da reunião. Os outros três foram Von Wiese, da Alemanha, Ginsberg, da Inglaterra, e Davy, da França.

O professor Georges Gurvitch, que é, como se sabe, russo, embora hoje naturalizado francês e professor da Sorbonne, informou-me que a parte daquele meu trabalho, redigido e publicado em inglês, sobre a sociologia ecológica dos trópicos – inclusive a sociologia do traje – muito impressionou os sociólogos e antropólogos russos que, pela primeira vez, desde 1917, se juntaram na Holanda, em 1956, aos seus colegas de outros países, para a consideração em conjunto de problemas sociológicos e antropológicos. É claro que no Brasil essa espécie de participação brasileira na reunião de sociólogos de Amsterdã não teve a mínima repercussão. Aliás, o que se tem dito de melhor, há anos, entre nós, sobre esse e outros problemas de ecologia tropical, não tem tido a menor repercussão; e só a terá quando as ideias ou sugestões de pensadores e homens de ciência brasileiros forem adotadas pelo estrangeiro e consideradas originais por europeus e americanos. O Brasil é uma terra de bonzinhos que não chegam a apedrejar os seus profetas: requintam-se apenas em não tomar conhecimento deles, embora exaltando por vezes chantagistas e até escroques. Compreende-se assim que o engenheiro Flávio de Carvalho, que é, a meu ver, um brasileiro moderno tão importante como Oscar Niemeyer, tenha dado às suas ideias sobre o traje adaptável ao clima brasileiro um aspecto meio carnavalesco. O brasileiro médio não falha nunca em interessar-se pelo que lhe cheire ou a carnaval ou a mágica. Tanto adora os carnavais de toda a espécie quanto despreza aqueles esforços inteligentes e sérios que se desenvolvam sem guizos e sem passes de mágica. Basta que se considere a pouca atenção que se dá entre nós à obra de um César Lattes, de um Froes da Fonseca, de um Osvaldo Gonçalves Lima. E não me parece exagerado dizer-se de Oscar Niemeyer, de Lúcio Costa, de Manuel Bandeira e do próprio Villa-Lobos que são hoje mais admirados no estrangeiro do que no Brasil, que tão pouco soube fazer justiça a um Vital Brasil ou a um Roquette Pinto.

O paulista Flávio de Carvalho faz bem – repito – em juntar aos seus experimentos sobre o traje, que são experimentos inteligentes e merecedores da melhor atenção brasileira, alguma coisa de carnavalesco. Como psicólogo, que é, conhece o Brasil. E o Brasil precisa começar a interessar-se pelo problema do traje ecológico para o trópico. Precisa aperceber-se da importância que há, para o brasileiro, em se antecipar a outros povos na solução desse problema, como se antecipou, de modo inesquecível, na solução do problema da dirigibilidade dos balões e do próprio aeroplano. Mestre Flávio – pois é incontestavelmente um mestre – poderia ir além dos seus arrojos individuais; e fundar em São Paulo um centro que se especializasse no estudo do problema sob vários aspectos – inclusive o da fibra mais conveniente para o tecido do traje ideal para o trópico. Também o problema da cor ou das cores mais próprias para esse traje poderia ir sendo considerado experimentalmente num tal centro. E o econômico. O psicossociológico do traje duplo: um para o sexo masculino, outro para o feminino, sem serem esquecidos os trajes mais adequados à criança, ao menino, ao adolescente: talvez as principais vítimas, nos trópicos, do vestuário antiecológico. Também os trajes de trabalho, entre nós, copiados passivamente dos europeus e anglo-americanos, precisam sofrer completa revisão. Aliás, se o centro cuja conveniência ou necessidade aqui sugiro não se fundar em São Paulo, então, no Instituto de antropologia que será em breve fundado no Recife, por iniciativa do professor Antônio Figueira, diretor da Faculdade de Medicina da Universidade do Recife, e tendo por principal pesquisador o maior mestre brasileiro de antropologia Física – o professor Froes da Fonseca –, procurarei desenvolver, dentro do estudo comparado das diversas situações tropicais em que o homem desenvolve atualmente civilizações, rivais das europeias sob vários aspectos, pesquisas em torno do problema do vestuário para o trópico. Pois é problema que deve ser considerado tão importante quanto o da casa, o do móvel, o do alimento, o das artes plásticas e o da recreação ecológica para o trópico: os principais problemas que serão estudados nesse novo instituto com que o Brasil avivará a sua presença nos modernos estudos científicos e humanísticos sobre o homem e as suas civilizações.

Será o novo instituto, na sua parte de antropologia Social e Cultural, um centro de estudos ecológicos e antropológicos de caráter principalmente tropicológico: o primeiro esforço sério no sentido da sistematização de uma necessária tropicologia. Dentro dessa tropicologia é natural que, para nós, brasileiros, tenham particular interesse os estudos em conjunto de problemas comuns às populações e áreas do complexo por alguns de nós denominado lusotropical, de civilização, que aliás é parte de um complexo maior: o hispanotropical. Problemas de sociologia da arte, como o da casa, o do vestuário, o do móvel, o do transporte, o do penteado artístico ou estético, são dos que mais deverão atrair a atenção dos pesquisadores de um Instituto de tropicologia, ao mesmo tempo que antropologia, como o que deverá ser estabelecido em breve no Recife.

De especialíssimo interesse para o brasileiro, empenhado no estudo de tais problemas, é a contribuição que nos venha das áreas do Oriente e da África mais marcadas pela presença portuguesa. Foi, em grande parte, em conjunto com as suas populações que se formou a população brasileira, do ponto de vista da adaptação dos seus estilos de casa, de vestuário, de móvel, de transporte, a condições tropicais de vida.

De Angola já se tem dito que foi, por algum tempo, mais colônia do Brasil que de Portugal. Houve um sistema de relações entre as três áreas que pode ser, com efeito, denominado triangular. Essa figura de geometria sociológica chegou, porém, a reduzir-se a relações de tal modo complementares entre as duas mais fecundas áreas tropicais de formação portuguesa, que a presença de Portugal, em relações assim intertropicais e complementares de gentes predominantemente lusitanas nos seus motivos de vida e nos seus estilos de civilização, se tornou apenas uma inspiração vinda de longe, embora sempre atraente. A civilização que mais atuou sobre Angola, do século XVII ao começo do XIX, foi a lusotropical, já firmada no Brasil, sem que com isso sofresse o sistema lusotropical de comunidade nas suas condições essenciais de todo político ou de conjunto cultural.

Tal complementaridade brasileiro-angolana estendeu-se a influências de caráter artístico. Angola, ainda hoje, nas suas subáreas mais antigas, o atesta. As suas igrejas e os seus sobradões acusam, nessas áreas, influências brasileiras ao lado das puramente portuguesas.

É outro assunto que está a merecer estudo sistemático e minucioso, o dessa influência da arte brasileira sobre as subáreas mais antigas de Angola: estudo que se realize sob critério sociológico ou antropológico-cultural ou histórico-social. Diante da necessidade de tais estudos, não há quem não se aperceba do fato de não ser luxo para o Brasil o desenvolvimento do ensino, nas suas principais universidades, de uma sociologia da arte, ou das artes, que comece por estender as suas pesquisas de campo ao complexo lusotropical de civilização. Pois parece haver expressões de arte, comuns às várias áreas tropicais de formação portuguesa, que, talvez só estudadas sob critério assim unificador, ou unificado, do que nelas sejam formas sociológicas, além de formas artísticas, adaptadas a substâncias étnicas, ou a solicitações econômicas, sociais, culturais e, até certo ponto, ecológicas, diversas, se apresentem na sua integridade. De certas expressões de arte religiosa ou de arquitetura doméstica ou civil que têm marcado há séculos a paisagem de subáreas mais antigas de Angola, é evidente que perdem a sua integridade artística ou a sua significação cultural, aos olhos de quem insista em estudá-las à parte daquele complexo; ou em relação apenas com Portugal; ou em conexão somente com a Europa.

Talvez em nenhum campo de estudos o critério de se estudarem as várias expressões de cultura de origem portuguesa que se encontram em diferentes áreas tropicais, sob o critério de constituírem expressões de um só complexo – lusotropical – seja mais fecundo, do que no campo da sociologia da arte. Há nesse campo muito problema interessante a ser esclarecido por quem saiba ver em manifestações artísticas, além do que nelas seja, se não superiormente estético, estético tão somente, as suas relações com os conjuntos regionais de cultura em que apareceram; nos quais floresceram ou têm florescido; dos quais de algum modo dependeram – ou ainda dependem – para a sua conservação ou para a sua valorização. E não só com esses conjuntos regionais: também as suas relações com os complexos transregionais de comunicação ou de cultura formados por esses vários conjuntos regionais, como é o complexo lusotropical de cultura ou de civilização.

Assim como valores de arte, sob o aspecto de novas combinações de formas europeias com substâncias – ou com substâncias já estilizadas em formas – orientais, de cultura, foram trazidas do Oriente para o Brasil por um português como que de corpo e alma empenhado em fixar-se com amor, e não por simples ou pura sede de domínio imperial, em tudo que fosse terra quente ao seu alcance, valores de arte, sob o aspecto de novas expressões daquelas combinações já experimentadas ou realizadas no Brasil, foram levados pelo mesmo português, ou pelo seu descendente ou continuador e às vezes mestiço, do Brasil para a África, especialmente para Angola. Até ex-escravos africanos, de regresso à África, foram cúmplices do português nesse processo de transculturação, em que os valores dinâmicos modificadores de culturas relativamente estéticas foram valores já mistos:

valores europeus adaptados aos trópicos, através das suas novas combinações de formas europeias com substâncias ou condições tropicais; ou através de novas combinações de formas europeias com formas tropicais.

Da influência do Brasil sobre Angola até o meado do século XIX, escreveu recentemente um estudioso inglês de coisas angolanas, que chegou a significar a tal ponto abrasileiramento do teor de vida luso-angolano, que *"life in Luanda was like life in a Brazilian city"*. Daí a sua generalização um tanto enfática de terem sido tais relações *"extraordinarily close relations"*, quando o fato nada tem de contrário às normas portuguesas de expansão europeia nos trópicos: apenas tornou evidente, desde o século XVII, a capacidade, que madrugou no português antes de amadurecer no inglês, de se organizar, fora da Europa, em sistema transregional de cultura, quase independente de tutela europeia, embora persistentemente europeu nos seus principais motivos de vida e nas suas mais características formas de arte. Isso pelo fato de até governadores gerais de Angola, nomeados por Lisboa, terem sido, no século XVII, brasileiros como André Vidal de Negreiros. Donde nada haver de estranho no fato de se terem edificado em Luanda, além de igrejas – a de Nossa Senhora da Nazaré, por exemplo –, palácios e sobrados – o de Dona Ana Joaquina, construção já do século XVIII, entre outros – com alguma coisa de brasileiro no seu modo tanto externo como interno de serem igrejas, palácios e residências nobres de portugueses em terra tropical.

Recebendo do Brasil valores de arte, em particular, e de cultura, em geral, que já representavam adaptações de civilização europeia a condições tropicais de clima e de existência, Angola beneficiou-se da experiência portuguesa na América, do mesmo modo que o Brasil já se beneficiara da experiência portuguesa no Oriente. Essas sucessivas apropriações, desde o século XVI, de valores já experimentados, no Oriente ou no Brasil, por novos e aventurosos grupos, mistos, na sua cultura, parte europeia, parte tropical, representaram o começo de uma política cultural da parte dos portugueses, da qual se pode hoje afirmar ter decorrido, por um lado, o que o professor Silva Cunha chama, em livro recente (Coimbra, 1953), "sistema português de política indígena", que tem consistido num processo de lenta integração de nativos dos trópicos no grupo social colonizador; por outro lado, o que venho a denominar, desde 1951, civilização lusotropical. Inclusive – acentue-se neste ensaio – um conjunto de artes marcadas pelo mesmo caráter simbiótico e desenvolvidas, em grande parte, por transplantações sociologicamente culturais de uma área para outra, entre as várias que constituem a comunidade lusotropical.

O historiador inglês Charles Boxer, numa das suas melhores páginas de síntese do que foi a ação portuguesa no Oriente de 1500 a 1800, salienta terem-se os lusos deixado influenciar na sua arte pelos estilos asiáticos de decoração de cerâmica e de móvel; pelos tapetes e tecidos; pelas sedas e porcelanas; e que vários objetos de arte oriental foram por eles trazidos do Oriente para as áreas por eles ocupadas na África e na América. Não nos devemos, entretanto, esquecer de que a marcha dessas influências parece ter sido principalmente no sentido não só Oriente-Europa como no sentido Europa orientalizada-trópico americano; e também no sentido direto Oriente-trópico americano, ao qual se seguiu a nada insignificante fase de abrasileiramento, também direto, de Angola pelo Brasil: a marcha no sentido trópico americano-trópico africano, com a transferência, para Angola, assim como para São Tome, de valores de cultura – inclusive valores de arte – já experimentados no Brasil. A propósito do que, temos de admitir a possível influência dos alpendres em frente ou em torno de igrejas e capelas portuguesas, que se desenvolveram como que sistematicamente na Índia tropical como tendo sido a influência que principalmente se fez sentir em capelas brasileiras, no sentido da relativa generalização entre nós dos mesmos alpendres de feitio antes doméstico ou patriarcal que eclesiástico; e que o professor Robert Smith pretende terem refletido, no Brasil, sugestões apenas europeias, como a do Palácio Episcopal de Viseu, a da Universidade Jesuítica de Évora e a das residências jesuíticas de Elvas e Ponta Delgada. Dificilmente pode alguém ser enfático ou dogmático na caracterização de tais influências, tratando-se de um sistema de cultura transregional, como foi o português, em que as tendências patriarcais de organização social e de definição cultural dos vários grupos de origem lusitana espalhados pelos trópicos em formas de adaptação de vida europeia à ecologia tropical ou quase tropical, por vezes superaram, em vigor, as tendências oficiais ou metropolitanas no mesmo sentido; e em que nem sempre foram diretas, de Lisboa ou de Portugal, as influências civilizadoras que se manifestaram entre essas populações, sob a forma de combinações de valores europeus com valores ou, simplesmente, com condições tropicais de existência ou de convivência.

Ao arquiteto Fernando Batalha, autor de A *Arquitectura Tradicional de Angola* (Luanda, 1950), não têm escapado as semelhanças da arquitetura angolana com a brasileira. É assunto a ser estudado com maior minúcia. Da pesquisa para o esclarecer poderia ser encarregado um arquiteto-historiador como o próprio Fernando Batalha, a quem fosse dada a oportunidade de vir comparar o seu conhecimento de igrejas e edifícios antigos de Angola com igrejas e edifícios antigos do Brasil, que ele viesse estudar de perto. O Museu de Arte de São Paulo bem poderia ter a iniciativa de trazer ao Brasil, com esse objetivo, o arquiteto Fernando Batalha.

O que parece a alguns de nós, que estudamos sob critério antropológico ou sociológico, histórico ou político, o complexo de civilização formado pelos vários grupos de portugueses, descendentes de portugueses e continuadores ou modificadores de portugueses, fixados ou estabelecidos nos trópicos, é que nenhum aspecto desse complexo se deixa verdadeiramente esclarecer, a não ser quando estudado em relação com o todo de que faz parte. Isso é tão certo do que é imaterial como do que é material – inclusive sob a forma de arquitetura, escultura, pintura – no mesmo complexo de civilização.

Tais sugestões acompanham, com insistência, o homem de estudo brasileiro que considere a importância do estudo sociológico das Áfricas marcadas pela presença portuguesa para a análise e a interpretação, em conjunto, do tipo de civilização de que o Brasil e hoje líder: a civilização lusotropical. Líder, inclusive, das suas artes, atualmente em pleno desenvolvimento. Não é menor a importância com que se apresenta, ao mesmo homem de estudo, o Oriente português, do qual o Brasil recebeu valores ou inspirações de considerável interesse para o desenvolvimento das suas artes mais caracteristicamente tropicais.

O Oriente português não foi ainda estudado sociologicamente, nem sequer historicamente, do ponto de vista das suas relações econômicas, em particular, e de cultura, em geral – algumas de verdadeira interdependência– com a América portuguesa: com o Brasil. É um estudo a ser feito por alguém que, conhecendo profundamente a situação brasileira e os seus antecedentes europeus, ameríndios e africanos, se disponha a um convívio íntimo com aquele Oriente especificamente português e com as áreas suas vizinhas; para que, através desse convívio íntimo, acompanhado do estudo sistemático do assunto, possa o estudioso vir a distinguir e fixar as principais daquelas relações de interdependência, dentro das gerais, de influência recíproca, que se têm verificado durante um período já de alguns séculos.

Entre as relações de influência recíproca entre esses dois espaços – o Oriente e o Brasil – essenciais à projeção da cultura portuguesa nos trópicos –, projeção de que resultou o que alguns denominam hoje um tipo simbólico de civilização, a saber, a lusotropical, já muito desenvolvida em várias partes da África – ocupam lugar importante as relações de troca ou intercâmbio de valores da natureza: árvores e plantas que o Português transferiu do Oriente para a América tropical, do mesmo modo que transferiu da América tropical para o Oriente plantas e árvores hoje tão em harmonia com as paisagens orientais, a ponto de nos darem a ideia de sempre terem florescido no Oriente. O caso do cajueiro, por exemplo, que aliás constitui, sob a forma de castanha beneficiada, uma das bases mais consideráveis do sistema atual de comércio da Europa e dos Estados Unidos com algumas das áreas orientais.

A tomarmos, no estudo, ou na simples consideração, das relações de significado econômico, do Brasil com o Oriente – especialmente com o Oriente português – e das suas decorrências sociais e culturais, o aspecto artístico dessas decorrências, como o nosso principal centro de interesse, teremos de procurar repercussões do cajueiro, do caju, da castanha do caju, como forma, cor, sabor sobre as várias expressões de arte que se têm desenvolvido no Oriente como expressões de civilização lusotropical. Tais repercussões é evidente que existem como, no lado do Brasil, existem as do coqueiro da Índia, as da mangueira, as da caneleira, as da árvore de fruta-pão, as da carambola, as de outras frutas, plantas e árvores orientais, sobre expressões várias de arte, quer erudita, quer popular, sem excluirmos de arte as expressões de estética culinária, quer na elaboração de quitutes que possam ser considerados artísticos pelo primor da sua confecção, quer na apresentação e decoração, sob formas e cores atraentes, dos mesmos quitutes. Outras repercussões, sob formas diversas de arte de produto de natureza brasileira levado pelo português para o Oriente, são as que se referem a caixas de rapé e a cachimbos. Merecem elas cuidadoso estudo, do mesmo modo que está a merecer estudo a repercussão de motivos brasileiros de natureza e de cultura em artes caracteristicamente orientais e luso-orientais como a da porcelana, a da escultura em marfim, a do leque, a do bordado.

Por outro lado, ainda não se fez estudo sistematicamente sociológico ou antropológico da repercussão de motivos, símbolos e valores orientais, e das próprias artes orientais, de cerâmica, de bordado, de colcha, de esteira, de sandália, de jarro, de habitação, de recreação, de decoração, de alimentos, de adorno pessoal (ouro, prata, lantejoulas, véus), de vestido, de brinquedo de criança, de culto religioso, de liturgia social, de transporte, de cama, de móvel, em geral; sobre as várias formas de arte ligadas a diferentes atividades dos portugueses que primeiro se estabeleceram nos trópicos, ou às diversas zonas de convivência ou aos diversos modos de existência humana, que se têm desenvolvido dentro da civilização lusotropical do Brasil. Lembremo-nos de que algumas dessas formas, antes de se desenvolverem no Brasil, madrugaram no Oriente fecundado pela presença portuguesa.

O português no Oriente foi, através da Inquisição, um opressor de populações e culturas orientais. Mas quase que só através da Inquisição e de métodos inquisitoriais de expansão católica, de doutrinação, de europeização, de catequese. Tal sistema e tais métodos representaram apenas um aspecto de presença luso-católica no Oriente – e não essa presença na sua totalidade, como têm pretendido alguns críticos mais veementemente antiportugueses e anticatólicos da ação lusitana naquela parte do mundo. O católico português quase sempre tolerou práticas, costumes e ritos acatólicos e orientais, alguns dos quais foram assimilados ao culto católico e aos estilos portugueses de convivência, sob formas da adaptação à cultura e às tradições europeias. Tais assimilações ou contemporizações resultaram por vezes em combinações de interesse artístico ou de valor estético, além do que representaram de vantajoso como acomodação social. Por terem adotado valores orientais de vestuário, adaptando-os a formas europeias, em alguns casos com um máximo de transigência com o exótico – "exótico" que já representava formas de vestuário ecológico, harmonizado a condições tropicais de vida –, o português recebeu, no século XVII, críticas severas de ingleses, para os quais essa transigência significava desprestígio para a civilização europeia e para a raça branca nos trópicos. Aliás, não se compreende que estejam hoje reformadores do Egito e reformadores do clero católico – da sua indumentária – a quererem impor a homens do trópico as calças ocidentais até a sacerdotes, quando está cientificamente provado que o traje ecológico do homem, para os países quentes, é o que evite as mesmas calças e modernize de algum modo o camisolão, a toga, a própria tanga. Ou as saias-calças que se encontram em algumas áreas tropicais.

A tolerância portuguesa de credos e costumes orientais diferentes dos católicos e europeus nunca representou falta de interesse, de simpatia, de preocupação pelas populações orientais, quer hindus, quer persas, quer maometanas, quer budistas. Houve sempre, da parte desse europeu ibérico, o afã de transmitir a esses grupos não europeus valores cristãos e europeus, considerados por ele essenciais ao bem-estar humano. Daí terem-se verificado, nas áreas do Oriente marcadas pela presença lusitana, em contraste com manifestações de intolerância teológica da parte do português, numerosas combinações de valores europeus com não europeus, cristãos com não cristãos, que tomaram o aspecto de novas expressões culturais, constituindo essas expressões grande parte do que se pode denominar civilização lusotropical. Ainda agora, porém, se pode ver no Oriente português muita diversidade dentro da unidade lusotropical, que é uma unidade plástica, flexível, compreensiva e de modo algum monolítica ou hierática ou inflexível. Daí o pitoresco de que vários europeus se têm regalado ao tomarem contato com populações lusotropicais do Oriente, em grande número vestidas de um modo que, não sendo o europeu, já não é o puramente oriental, embora se vejam também indivíduos trajados puramente à europeia, outros, ortodoxamente à oriental, com cores simbólicas de diferentes castas e credos; e muitos, de fino, fresco e leve branco. São ainda várias as túnicas ou os vestidos soltos, à maneira de túnicas ou de togas, ostentados pelos próprios indivíduos do sexo masculino. E não são poucos, de entre esses indivíduos, os que nos dão a impressão de ostentarem não só o traje como o tecido ideal para os dias quentes naquelas terras tropicais. O que é, sem dúvida, exato do *sari* das indianas.

A essa diversidade de costumes é evidente que vem corresponder considerável liberdade de expressão tanto religiosa como artística. E fato significativo a esse respeito é o do túmulo – suntuosa obra de arte europeia – de São Francisco Xavier, em Goa, ser objeto de um culto cristão a que se têm associado orientais de outros credos, para os quais o santo católico tem sido, através de séculos, expressão de uma superioridade de espírito digna do seu respeito religioso. Entretanto, há cristãos ou católicos na Índia – indianos puros – que me pareceram de tal modo intransigentes no seu modo de se considerarem uma ilha no meio de um oceano de credos não cristãos, ou acatólicos, que não me foi difícil, em contato com eles, encontrar explicação para aquele caso de intensa intransigência católica que foi, no Brasil, enquanto aqui viveu, o jesuíta padre Antônio Fernandes, indiano de Goa.

Tanto a essa fé assim intransigente como àquele cristianismo contemporizador – o mais caracteristicamente português – se deve uma variedade de manifestações artísticas que, partindo do Oriente, têm vindo enriquecer ou influenciar a arte cristã noutras áreas de civilização lusotropical. Um dos aspectos mais interessantes dessa arte mista ou simbiótica tem sido o que vem dando substâncias étnicas não europeias a símbolos e formas europeias de culto cristão. Inclusive a escultura e a pintura de Cristo, Madonas, Meninos-Jesus, Santos, com características orientais de fisionomia e dentro de roupagens ou trajes orientais. Trajes não só opulentos como típicos de ofícios diversos – o de oleiro, o de cesteiro, o de tecelão, o de ourives, o de marceneiro, o de escultor em marfim –, certo como é que, no Oriente português, tem havido, nesse particular, alguma aculturação, evidente em trajes de camponeses e artífices, tocados, quando cristãos, de influências ibéricas, que devem remontar a dias remotos. Nesses dias, artífices europeus foram levados de Portugal para o Oriente, ao mesmo tempo que artífices orientais foram trazidos a Portugal para criar escolas de seus ofícios ou fazerem aprendizes europeus de suas especialidades. Distinguiram-se então os artífices, mestres na arte do móvel de madeira rendilhada, que se sabe ter influenciado o mobiliário brasileiro. Ainda hoje se veem na Índia portuguesa casas de residência, como a da família Rebelo, perto de Goa, notáveis pelos seus móveis de madeira rendilhada, os seus lustres, as suas porcelanas de Macau, os seus tapetes – luxos de nababos que do Oriente português e tropical se comunicaram se não sempre diretamente, através de Lisboa, à América igualmente lusitana e igualmente tropical.

Sobre a arquitetura da parte portuguesa da América já é sabido ter sido considerável a influência de valores e de técnicas orientais assimiladas pelos portugueses, à base do que já havia de mourisco na sua arte de construção e na sua higiene doméstica adaptadas ao calor, à luz, ao clima tropicais ou quase tropicais. Talvez deva ser considerado luso-indianismo o já referido alpendre na frente ou em redor de igrejas ou capelas, muito frequente na Índia portuguesa e que no Brasil colonial caracterizou várias construções religiosas, dando-lhes condição ecológica e, ao mesmo tempo, aspecto menos de capelas que de residências patriarcais. O que não se comunicou do Oriente ao Brasil foi o costume dos cemitérios como que alpendrados ou cobertos por vastos telheiros, como proteção dos túmulos contra as fortes chuvas tropicais. Nem esse costume nem o de se atribuir uma importância tal aos túmulos de família que alguns são na Índia portuguesa, como aliás noutras áreas orientais, monumentos nos quais particulares gastam somas consideráveis: verdadeiras fortunas. A alguns desses túmulos se juntam suntuosos monumentos comemorativos de mortos queridos, próximos a casas de residência, de seus descendentes: tais os monumentos que se veem em frente à casa de velha família indo-portuguesa, os Menezes Bragança, que visitei em Goa; e que é, como a casa dos Rebelos, exemplo de uma arquitetura senhorial parenta da de casas-grandes assobradadas do Brasil. Notei que uma das suas dependências era a especialmente destinada a abrigar o palanquim da família: peça artisticamente trabalhada. Em visita a outra residência do interior de Goa – essa de hindu importante – observei guardar uma das suas dependências curioso andor, também artisticamente trabalhado. O principal adorno simbólico desse andor era constituído por um grupo de cães em estado de ereção: manifestação de culto fálico.

Visitando com vagar essas residências rurais e outras, urbanas e suburbanas – as hindus sempre embostadas, isto é, o seu chão revestido de uma camada de bosta de boi à qual se atribuem virtudes misticamente profiláticas –, pude observar que não são poucas as que se mantêm no interior fiéis a tradições hindus ou maometanas ou parses de arquitetura doméstica, com pátios internos, no meio dos quais nunca falta, no caso das residências ortodoxamente hindus, pequenas, não sei se diga "ermas", onde se conserva planta profilática ou sagrada, que resguarda os moradores de influências maléficas da parte de estranhos. É um indianismo hindu que não se comunicou aos indianos cristãos nem desses se transmitiu aos brasileiros como se transmitiu o gosto pela canja – que é um caldo ou uma sopa indiana – tão adequado, do ponto de vista higiênico, aos trópicos, pelo véu, pela chinela, pelo foguete nas festas religiosas, em torno aos pagodes ou templos, e cívicas, nas praças públicas– orientalismo tanto na Índia portuguesa quanto no Portugal europeu, ainda que a sua origem seja, ao que parece, chinesa. Aliás, é curioso notar-se o fato de se ter derivado de pagode a palavra, hoje tão corrente em língua portuguesa, pagodeira, para significar festa ruidosa. Não há festa religiosa no Oriente a que falte o foguete, o fogo de artifício, o fogo de vista às vezes sob formas artísticas que foram adaptadas pelos portugueses às suas comemorações de santos católicos, de procissões e de cerimônias cristãs.

Vi procissões e cerimônias católicas na Índia portuguesa que, pelo esplendor dos seus roxos, dos seus vermelhos, dos seus amarelos, sob o forte sol tropical, me pareceram irmãs mais velhas de procissões e cerimônias católicas brasileiras. Vi imagens de santos quase do tamanho de homens. Imagens muito coloridas que me fizeram pensar nas que nos restam, no extremo sul do Brasil, das Missões Jesuíticas: algumas delas – nas Missões – ocas, de modo a permitirem que um homem de dentro delas se dirigisse aos devotos: autênticos santos de pau oco. No Oriente, se houve tal combinação de arte cristã com astúcia missionária, não surpreendi exemplo dela entre as velhas imagens que pude examinar. Vi alfaias, paramentos, relicários, em velhas igrejas e em antigos conventos de Goa – alguns desses conventos e dessas igrejas, em ruínas – que me impressionaram pelo que há nelas ao mesmo tempo de orientalmente rico e de orientalmente artístico – tanto quanto esse orientalismo se pode conciliar com a ortodoxia católica. Também esculturas em pedra e em madeira, nas quais se juntam orientalismos a tradições greco-romanas e cristãs de símbolos e de arte.

Pode-se concordar com o inglês que denominou Goa a "Roma do Oriente". O que os portugueses aí levantaram sob a forma de igrejas e conventos grandiosos revela, da parte desse povo, uma capacidade para se afirmar nos trópicos campeão de arte monumentalmente católica que superasse em grandiosidade à dos chamados pagodes, quer hindus quer de outros credos, que parece só ter sido igualada pelos espanhóis no Peru e no México, onde esses outros hispanos procuraram também superar em arrojos de arte monumental religiosa os majestosos templos incas e astecas.

Não foi só em Goa, é certo, que os portugueses assinalaram a sua presença nos trópicos em construções monumentais ou grandiosas de valor artístico: também em Marrocos, na Abissínia, na África, em Macau, na América. Mas em Goa essas construções de valor artístico em escala monumental chegaram a uma grandiosidade que não há exagero em classificar – como já a classificou o conde de Penha Garcia – de "prodigiosa". Aliás, já no século XVII, o francês Pyrard de Lavai havia destacado de Goa que o número das suas igrejas grandiosas era "*merveilleux*", e, sua Santa Casa, única pelo que apresentava de monumental. É que em Goa definiu-se o ânimo do português de se instalar em terras tropicais "com todas as suas tradições e toda a sua arte", como acentuou já, em página notável, o mesmo geógrafo. Fixou-se o português em Goa como quem deitasse raízes nos trópicos, acentue-se desse esforço pelo que nele se exprimiu em arquitetura e em monumentos de caráter permanente ou definitivo.

No Oriente – são ainda reparos do conde de Penha Garcia –, os portugueses familiarizaram-se com "todos os segredos do luxo e da pompa asiáticos", alguns dos quais – acrescente-se ao geógrafo – eles assimilaram às suas constantes da arte de construir, transferindo-as para outras áreas tropicais por eles ocupadas não como transeuntes mas como residentes. Os arcos em ferradura das casas marroquinas foram um desses elementos por eles assimilados; os estilos de telha e de telhado dos pagodes chineses, outro. Mas enquanto se processava essa assimilação de elementos de arte tropical ou oriental pelo luso, processava-se também o oposto: a transferência para os trópicos e para o Oriente de elementos de arte portuguesa – da de construção, da de culto religioso, da de vestuário, da de escultura, da de pintura, da de adorno pessoal – com tal vigor, que assim como São Paulo de Luanda, por exemplo, deu a Pierre Daye a impressão de um burgo lusitano integrado na África, Macau pareceu a Lord Northcliffe, com as suas casas predominantemente cor-de-rosa e verde, uma cidade da beira do Tejo transportada para o Oriente e ali integrada. Integrada porque quem diz presença portuguesa no trópico diz integração europeia em espaço tropical.

Essa é decerto a característica principal das artes que os portugueses têm desenvolvido no Oriente, em particular, e nos trópicos, em geral: o de serem artes que, marcando a presença europeia ou cristã nessas terras, têm também marcado a assimilação pela civilização cristã de substâncias não europeias de modo algum incompatíveis com as formas europeias de cultura, em geral, e de arte, em particular.

Porque os santos todos brancos, os anjos sempre louros, as Virgens Marias sempre alvas, o Cristo sempre ruivo? A arte lusotropical tem contribuído, como talvez nenhuma outra, não só para desmanchar essa identificação absoluta do tipo norte-europeu de homem, de mulher, de adolescente, de criança, com as mais sagradas figuras ou símbolos do cristianismo, como para a substituir pela representação ou a simbolização do sagrado sob formas humanas etnicamente diversas. Essa diversidade vem significando maior plasticidade: maior plasticidade cultural e, dentro dela, maior plasticidade artística, na expressão das relações do homem com o sagrado através de cores, formas de corpo, características de fisionomia, que se têm afastado de padrões europeus e medievais para darem à arte cristã a universalidade de espaço e de tempo que lhe convém.

Se é exata a sugestão que aqui se faz no sentido de se ter realizado semelhante contribuição da parte dos portugueses no Oriente e noutras áreas tropicais para a universalização da arte cristã, trata-se de contribuição deveras valiosa, quer sob o aspecto artístico, quer sob o aspecto social. Ou sociologicamente cultural.

12. A LÍNGUA PORTUGUESA: ASPECTOS SOCIOLÓGICOS DA SUA UNIDADE E DA SUA PLURALIDADE NOS TRÓPICOS[1]

Mestres e estudantes de problemas técnicos e literários de linguagem, em geral, e da língua portuguesa, em particular, não devem considerar-se senhores absolutos da matéria. São problemas que interessam também ao estudante de antropologia e de sociologia.

Há mesmo uma sociologia da linguagem que me dei já ao luxo intelectual de invocar no próprio Parlamento brasileiro, quando ali se discutiu, no meu tempo de deputado, com menos ciência que veemência, o problema da chamada "língua brasileira". Era eu então deputado por Pernambuco, não pela vontade de qualquer partido político, mas por imposição da mocidade universitária. Por conseguinte, com responsabilidades especialíssimas de ordem intelectual, dentro daquela casa de representação nacional. Não tinha o direito de, nem de leve, resvalar para a demagogia, em assuntos relacionados com a dignidade intelectual do Brasil, como é o problema da definição sociológica da sua língua: a portuguesa, que é hoje também a língua de milhões de outros indivíduos, espalhados em áreas, tanto como a brasileira, portuguesas nas formas mais características da sua cultura. Áreas quase todas tropicais. E as áreas tropicais, sabemos estarem atualmente em foco, pelas suas possibilidades de desenvolvimento econômico, ao lado dos obstáculos que oferecem à civilização, isto é, à civilização puramente europeia. É um aspecto do assunto – o ser hoje a língua portuguesa a língua de um considerável conjunto de populações de cultura predominantemente lusitana espalhadas em áreas principalmente tropicais – que

---

[1] Algumas das sugestões aqui esboçadas foram apresentadas pelo autor aos estudantes de Língua e Literatura Portuguesas da Universidade da Bahia, em conferência proferida em novembro de 1957, a convite do professor Hélio Simões, no Instituto de Estudos Portugueses da mesma Universidade; outras, em conferência proferida em maio de 1959, na Universidade do Brasil, sob a presidência do reitor Pedro Calmon.

lamento não ter sido considerado pelo erudito Barbosa Sobrinho, no sugestivo ensaio que acaba de publicar sobre problema tão complexo.

O fato de se terem desenvolvido no Brasil, como em partes do Oriente e da África marcadas pela presença portuguesa, valores a que nenhum sociólogo ou antropólogo objetivo negaria a qualidade de civilizados, parece mostrar que não há incompatibilidade entre civilização e trópico. E aspecto particularmente expressivo dessa crescente consolidação de valores civilizados – embora de modo algum ortodoxamente europeus: nem tal coisa se compreenderia senão como obra-prima de artifício sociológico – nas áreas tropicais marcadas por aquela presença é a também notável expansão da língua portuguesa, como a língua conveniente, e até talvez se deva dizer, essencial, às populações tropicais das mesmas áreas; como língua geral ou supranacional das populações dessas áreas, sem prejuízo da conservação, para fins particulares, das suas sublínguas regionais ou tribais.

É uma língua, portuguesa, que já se tornou a de toda uma vasta comunidade – a lusotropical – com características que a têm destacado cada dia mais das línguas simplesmente neolatinas, pela crescente tropicalização das suas vozes, dos seus sons, do seu modo de corresponder a estilos e a conveniências de populações de várias origens étnicas e culturais integradas em países quentes, dentro das normas de interpenetração ou de tolerância que tornam possível uma *pax* lusitana, diferente da romana e principalmente da britânica.

É de um livro recentíssimo publicado em Paris, obra do professor Marcel Cohen, *Pour une Sociologie du Langage*, essa caracterização sociológica de língua: "...on parle de langue *pour le langage d'un grand tout qui sent sa cohérence en regard de l'étranger*...". Precisamente o caso da língua portuguesa como língua hoje binacional de um grupo de povos – os que formam o complexo lusotropical de civilização – em relação com os estrangeiros. Sendo assim, não se compreende movimento algum no sentido de se amesquinhar língua assim geral, partindo-se a língua portuguesa em duas, três ou quatro sublínguas: uma delas a que se denominasse brasileira.

Que haja diversidade dentro da língua portuguesa, compreende-se. Semelhante diversidade é própria de toda a língua falada por milhões em áreas nem sempre contíguas. E nesse particular é vasta a matéria – problemas ao mesmo tempo linguísticos e sociológicos – que se oferece à análise daqueles que, dentro da sociologia, se especializem em estudos de sociologia da Linguagem. Daí a importância atribuída por pioneiros desses estudos, como o professor Cohen, às influências da "vida social" sobre os "fatos linguísticos"; e eu acrescentaria ao professor Cohen, se tivesse autoridade para tanto, que de entre essas influências deveriam talvez ser destacadas, pelo seu caráter específico, as que denominaria regionalmente condicionadas. Assim, não o clima em si, mas o modo social de vida condicionado por este ou por aquele tipo de clima, pode ter sobre a língua falada por populações situadas em clima muito frio ou muito quente, repercussões nada desprezíveis: assunto a que os linguistas têm feito referências em numerosos trabalhos, mas que não parece ter sido até agora considerado por antropólogo cultural ou sociólogo, do ponto de vista particularmente sociológico do que se poderia chamar uma ecologia sociocultural da linguagem.

De tal ponto de vista se aproxima, é certo, H. L. Koppelmann, citado pelo professor Cohen, que recorda a interessantíssima classificação daquele mestre, de linguagem, segundo condições materiais de existência humana em sociedade: as "línguas confidenciais", de sons discretos, impostas pela existência em casas demasiadamente próximas umas das outras; as "línguas de interior", faladas desassombradamente no interior de casas de paredes grossas; e as línguas faladas ao ar livre, como em geral a dos pescadores; e quase sempre caracterizadas pela predominância de vogais.

Nesta última classe talvez devesse ser filiada, pelas suas predominâncias de caráter ecológico-social, a língua portuguesa: predominâncias que teriam sido fornecidas de início pelos contatos da população lusitana com o mar; depois pela sua expansão principalmente em áreas ou espaços tropicais, propícios aos sons indiscretos, às vogais escancaradas, talvez aos próprios "ãos". É assunto que está a pedir estudo especializado em que à pesquisa linguística se junte a sociológica ou antropológica, ambas sob critério ecológico. Ou seja: sob o critério de considerar-se o que nas constantes da língua portuguesa em diferentes áreas – quase todas tropicais – tem sido a ação do trópico, não por si, mas através dos modos regionais ou ecológicos de vida ou de existência ou coexistência que tem favorecido.

Na reunião de 1957 do Instituto Internacional de Civilizações Diferentes – consagrada à consideração e ao estudo de problemas de pluralismo étnico e cultural –, um dos assuntos versados pelos membros do Instituto foi o das línguas em relação com a coexistência de duas ou mais culturas e etnias, dentro de uma nação ou de uma comunidade. E nesse ponto foi-me possível destacar naquele conclave de sábios, da língua portuguesa, que, no Brasil, tendo atravessado um período de coexistência com a tupi, terminou por ser a única língua pré-nacional, antes de ser a nacional, sem que o tupi tivesse sido atingido por opressão étnica ou cultural, caracterizada pela violência sistemática. O que se verificou foi a generalização, nos Brasis, da língua portuguesa, pela conveniência geral das várias populações da América colonizada por portugueses; e essa conveniência devida àquela superioridade a que se referiu uma vez Unamuno com relação a valores que de regionais se tornam nacionais. O caso da língua castelhana na Espanha.

Unamuno sustentava haver entre as populações regionais, inclusive no tocante às suas sublínguas, superioridades e inferioridades *parciales respectivas*. E sem castelhano, reconhecia *"la superioridad de la lengua castellana sobre el vascuence, como instrumento cultural..."*. É que desejava que o seu *"pueblo vasco"* se assenhoreasse de tal modo da língua castelhana que pudesse vir a *"influir en el alma de los pueblos todos de lengua castellana, y mediante ellos en el alma universal"*. Acerca do que não deixou de lembrar exemplo muito expressivo: *"Es un hecho sabido que el poeta que pasa por el mas genuino representante del alma escocesa, Burns, no cantó en el dialecto de los antiguos escoceses, dialecto que en las montañas de Escocia agoniza, sino en un dialecto escocés de la lengua inglesa"*.

Por meio da língua portuguesa e através dos Gonçalves Dias e dos José de Alencar é que se manifestou a presença, na literatura romântica neolatina, daquela parte mais ameríndia da população brasileira que, pelo gosto de alguns indianófilos, deveria ter feito da língua tupi a sua própria língua literária. Houvesse-se verificado tal persistência do tupi entre nós, brasileiros, e essa sua literatura ter-se-ia estremado em simples curiosidade. A tendência que prevaleceu, de absorção do tupi pela língua portuguesa, sem que essa tivesse deixado de acolher um número considerável de indianismos, parece ter sido a melhor solução cultural para o Brasil, onde a língua portuguesa se tem enriquecido com numerosas outras infiltrações: a africana, a italiana, a alemã, a síria, a polonesa. Talvez exista um linguajar de descendentes de alemães no Rio Grande do Sul que se prestasse a uma tentativa joyciana de língua literária teuto-brasileira, através de experimentos de estética linguística que fossem ali empreendidos por um novo Guimarães Rosa.

Mas experimentos de alcance mínimo no Brasil e fora do Brasil. O natural é que aconteça, em países como o Brasil, em que a língua nacional – a portuguesa – é uma língua plástica, que não se fecha a infiltrações saudáveis, os Meyer, os Moog, os Menotti, os Bopp, os Grieco terem-se exprimido em língua brasileiramente portuguesa, à qual têm acrescentado a sua experiência regional de filhos de alemães e de italianos. Mas filhos de alemães e de italianos integrados num ideal de vida e de convivência, desenvolvido pelo português em contato íntimo com o trópico: com a sua natureza aberta; com as suas populações antes plásticas que hieráticas, em face do europeu menos etnocêntrico que todos os outros europeus nos seus modos de tratar não europeus; com as culturas em vigor entre essas populações: populações já senhoras de muitos mistérios da natureza tropical. Esse domínio cultural do homem, sobre uma natureza diferente da europeia, fez-se através de uma língua em que a natureza estranha passou a ser definida, caracterizada e até interpretada de modo vivo e às vezes exato, graças à considerável assimilação de indianismos pela língua dos adventícios: os portugueses e os seus descendentes nascidos nos vários Brasis.

Quando me refiro ao ideal de vida desenvolvido pelo português em contato assim íntimo com o trópico, não posso esquecer-me das páginas recentes em que um intelectual português residente há anos no Brasil – o professor Agostinho da Silva – sugere que, a partir do século XVII, começou a haver, no Brasil, para muitos portugueses, um "Portugal ideal" – projetado em tempo e espaço ideais: ideia que coincide com a de um trópico, para os portugueses, messiânico, por mim sugerido – em contraste com o "Portugal real": segundo ideia minha, fixo no espaço europeu e fixo também no tempo apenas histórico. São páginas, as do professor Agostinho da Silva, merecedoras da melhor atenção brasileira. Principalmente as que o autor de *Reflexão à Margem da Literatura Portuguesa* consagra a esses dois Portugais, considerando que o "Portugal ideal" se teria desenvolvido principalmente, no Brasil, com Antônio Vieira e Alexandre de Gusmão, com Pero Vaz e Pero Lopes. Poderia ter acentuado o erudito português que, com a mística ou a política desse "Portugal ideal", se desenvolveu nos Brasis – ou no Brasil – uma língua portuguesa que se abriu, como talvez nenhuma outra, das europeias, ao "saber de experiência feito" de não europeus já integrados em espaços e ambientes tropicais. E aqui me encontro de novo no assunto hoje da minha predileção, que é o de ter a civilização portuguesa deixado de ser apenas europeia, primeiro sob a sugestão, depois sob o impacto, do trópico: impacto que tem atingido em cheio a língua portuguesa.

Deve ser destacado o fato de ultimamente terem aparecido no nosso país trabalhos de jovens pesquisadores voltados para problemas de sociologia da linguagem. Dois desses trabalhos constam do n.1 (1957) dos *Estudos de sociologia*, publicação da Faculdade de Ciências Econômicas da Universidade de Minas Gerais e intitulam-se, um "Notas sobre a Sociologia da Linguagem", de Carlos Pinto Corrêa, outro, "Símbolo. Símbolo e Sinal. Linguagem", de Roberto Carvalho Matos. No primeiro refere-se o pesquisador ao "regionalismo mineiro" – que é atualmente, em literatura, com o escritor Guimarães Rosa, o mais vivo e criador dos regionalismos brasileiros e aquele que melhor ilustra o fato de ser o regionalismo no Brasil uma força ainda em plena expansão – como "dos mais típicos", dentro do "contexto brasileiro", do ponto de vista da sociologia da linguagem. E destaca a obra, na verdade notável, do mesmo Guimarães Rosa como "um testemunho não só das particularidades vocabulares dos mineiros, como ainda dos sistemas de vida e estruturação das sociedades rurais de Minas", para admitir, mais adiante, ser "importante fator de influência nos Estados do Sul" – isto é, de influência sobre a língua e a literatura – "a imigração"; e recorda a esse respeito expressiva página de Mário de Andrade, à qual bem poderia ter acrescentado testemunho ainda mais expressivo: o de Antônio de Alcântara Machado.

Interessante trabalho, na verdade, o iniciado pelo jovem pesquisador mineiro a quem ouso lembrar a conveniência de continuar as suas investigações, deslocando a área de variações regionais de língua e de expressão literária, do simples "contexto brasileiro", para o lusotropical; e acrescentando aos fatores de influência, a vizinhança de povos de outras línguas ou o impacto atual da língua inglesa sobre a portuguesa, não só no Oriente e na África, como na América, isto é, no Brasil. É sugestão que ouso também fazer aos jovens baianos que se voltam com crescente entusiasmo para o estudo filológico dos problemas de língua e literatura portuguesas, ao qual tantas vezes é conveniente acrescentar-se o estudo sociológico.

Pois é evidente que a linguagem daqueles escritores de hoje que, sendo brasileiros e até internacionais na sua repercussão, são também regionais nos seus ambientes e nas fontes da sua arte de expressão – o caso de um Guimarães Rosa, depois de ter sido o de um José Lins do Rego, o caso de um Mário Palmério, depois de ter sido o de um Afonso Arinos, o caso de um Erico Verissimo, depois de ter sido o de um Simões Lopes Neto, o caso de um Jorge Amado, depois de ter sido o de um Aluísio de Azevedo –, precisa de ser estudada pelo filólogo com o auxílio do sociólogo. Através da linguagem deles e da de outros escritores como Monteiro Lobato, Rachel de Queiroz, Carlos Drummond de Andrade – um Drummond que, sem ser escritor de ficção, se tem afirmado, ao lado de Gilberto Amado, um dos maiores prosadores brasileiros dos nossos dias e, na verdade, de todos os tempos –, é possível que se chegue à conclusão de se ter processado no português do Brasil, em relação com o de Portugal, "ruralização" semelhante à *"ruralisacion"* observada pelo professor Amado Alonso no espanhol da América em relação com o da Espanha: tese que vem defendida por esse mestre admirável em El Problema de la Lengua en America. Essa ruralização, se ocorreu no Brasil, ter-se-ia verificado dentro da influência atribuída por alguns de nós ao complexo sociocultural "casa-grande e senzala", na formação do Brasileiro: inclusive na sua formação linguística.

Por aí se explicaria a erupção naqueles escritores mais expressivamente brasileiros, do que o professor Amado Alonso, tratando do espanhol da América, considera "rasgos arcaicos", em relação com o espanhol que se urbanizou ou poliu na Europa. É que na sociedade rural do Brasil – nas suas várias ilhas socioculturais – ter-se-ia conservado dos colonizadores dos séculos XVI e XVII um português que se tornou "arcaico" para as áreas urbanizadas, quer de Portugal, quer do Brasil; mas que, através de escritores que culminaram em Euclides da Cunha, depois de se terem antecipado em Antônio Vieira e, principalmente, em José de Alencar, se tem valorizado numa prosa de eruditos com alguma coisa de telúricos: num português mais brasileiro, isto é, mais ligado a experiências especificamente brasileiras, que o desde aqueles séculos em processo de evolução urbana, acadêmica, europeia. Ou subeuropeia: o caso da prosa de brasileiros excessivamente acadêmicos e, ao mesmo tempo, urbanos, no seu modo livrescamente castiço e quase sempre artificial de escrever a língua portuguesa. O caso de toda uma legião de escritores corretos, mas sem vigor telúrico, no Brasil: escritores nos nosso dias representados por um Tristão da Cunha, correto ao extremo do requinte, mas incaracterístico do ponto de vista da expressão de uma terra ou de um ambiente não só extraeuropeu como tropical. O que é certo também de Afrânio Peixoto.

Do extremo de urbanização escapou, no Brasil, o urbanista Machado de Assis, pelo que havia nele de genial: o gênio de escritor abriu os ouvidos desse carioca não de todo típico no seu modo de ser urbanista a vozes vindas das províncias, das serras, das fazendas. Em livro recente, *Ao Redor de Machado de Assis*, o escritor Magalhães Júnior lembra, no capítulo "Machado de Assis e os Clássicos Portugueses", ter sido Machado quem introduziu na língua portuguesa e na literatura brasileira, a palavra "caipora"; e ainda quem pediu um lugar no nosso léxico para o vocábulo "paternalismo" – tão sobrecarregado (pode qualquer de nós acrescentar ao escritor Magalhães Júnior) de sugestões rurais e ao mesmo tempo patriarcais. Além do que, o português de Machado está salpicado de outros brasileirismos rurais como "iaiá" e "mecê".

Daí ser um português, o do autor de *Quincas Borba*, de certa maneira colorido por influências brasileiras, direta ou indiretamente rurais e provincianas. A sua própria matéria dramática, retirou-a Machado de um Brasil escravocrático e patriarcal; e, por conseguinte, rural e provinciano nas bases do seu sistema de convivência, tendo a "Corte" por simples cúpula.

Cúpula, inclusive, do seu sistema de comunicação verbal: da sua língua desenvolvida em português do Brasil, mais nos campos que nas capitais. Mais nos vários Brasis rurais – pastoris e sobretudo agrários – que no por muito tempo relativamente tênue Brasil urbano: o representado a princípio pela capital da Bahia – a cidade do padre Antônio Vieira e, depois, de Ruy Barbosa –, e, de certa altura em diante, pelo Rio de Janeiro – a cidade de Machado de Assis; e por algum tempo, no plano especificamente cultural, pelo Recife: a cidade de Joaquim Nabuco.

Cidades – mesmo essas – constantemente influenciadas pelos sistemas rurais – o nacional ou os regionais – de convivência e de cultura, de que foram metrópoles antes condicionadas, do que imperiais. De modo que de tais sistemas rurais desceram sobre as cidades, suas metrópoles regionalmente condicionadas, sucessivas ondas de ruralização da língua portuguesa: da própria língua. Guimarães Rosa, com todos os seus arrojos experimentais, continua, nesse particular, José de Alencar e Afonso Arinos; Simões Lopes e José Lins do Rego; Monteiro Lobato e Alcides Maya; José Américo de Almeida, Rachel de Queiroz e Jorge Amado.

Nada de desprezar-se, para o desenvolvimento de uma língua e da sua literatura, o que venha da boca do rústico, mesmo do rudemente analfabeto. O rústico brasileiro é um rústico numas áreas próximo do ameríndio, noutras, do negro, ainda noutras, de gente do campo vinda analfabeta ou quase analfabeta da própria Europa: das aldeias, das montanhas, dos campos da Europa. E o analfabeto tem impedido, desde dias remotos, a língua portuguesa, do mesmo modo que a espanhola, de fechar-se em língua pedantemente erudita na sua condição de neolatina.

Destacou-o em páginas de mestre e hispanófilo insigne que foi Aubrey Bell. Bell chegou a escrever que, se os portugueses não protegessem a literatura oral, a poesia popular, o folclore dos seus rústicos, não haveria esperança alguma para o desenvolvimento em Portugal de uma "grande literatura". O mesmo devia pensar-se, segundo ele, da literatura brasileira.

É que, a seu ver, só protegendo-se aquelas fontes de espontaneidade e de autenticidade, se evitava a excessiva relatinização do português pelos eruditos com prejuízo do vigor, da frescura e da flexibilidade da língua que, para ser culta, não deixe de se alimentar das sugestões ou das constantes agrestes. Ele próprio se referiu uma vez à palavra "mar" como uma das ameaçadas de perder o seu insubstituível vigor, tornando-se sempre, em língua escrita ou literária, oceano. Isso contra a tradição da melhor prosa portuguesa: a que começou com Fernão Lopes, de quem escreveu o severo crítico inglês que as suas crônicas não perderam, através do tempo, a vida ou o movimento, ainda hoje nos comunicando como só a melhor literatura nos comunica, sons como o de cavalos a galoparem ou o de homens a murmurarem. Essa espécie de literatura, Fernão Lopes realizou-a conservando abertos os ouvidos àquelas vozes da gente do povo e àqueles ruídos de vida cotidiana – sobretudo rural – que de Portugal passaram ao Brasil, menos com os doutos do que com os analfabetos que para cá trouxeram plantas e gado, superstições e histórias.

Vozes que aqui se conservaram, como em redutos, entre rústicos muitos dos quais analfabetos; e tão instintivamente seguros do espírito da língua e tão defensores dele, quase por inércia, das por vezes infelizes inovações eruditas dos doutos que nunca acharam meio de substituir palavras como "mar" por palavras como "oceano"; nem palavras como "pai" por palavras como "genitor"; nem palavras como "casa" por palavras como "tugúrio". Essa deformação da língua seria realizada já no século XIX principalmente pelo mau jornalismo, envernizado de superficial erudição, que quis por algum tempo competir com as academias em pedantismo verbal. Hoje o mau jornalismo especializa-se em outros meios de descaracterização do idioma, pela introdução, quase sempre forçada, no vernáculo, de anglicismos mal assimilados da língua de origem; e vários deles desnecessários. Quando até nesse particular os semidoutos poderiam aprender com os rústicos a arte de aportuguesar ou abrasileirar palavras inglesas: arte que já enriqueceu a língua portuguesa com palavras saborosamente formadas, ou talvez deformadas, do inglês pela boca da gente rústica, como sulipa, grogue, breque, loré, algumas das quais do Brasil se têm comunicado a outras áreas de língua portuguesa. E o mesmo é certo de indo-espanholismos como xarque, gaúcho, poncho. Em Angola fui informado de que alguns desses neologismos de origem brasileira são já correntes na fala cotidiana da gente luso-angolana, embora continue a haver da parte do luso-africano a mesma resistência que da parte do português da Europa a anglicismos de origem brasileira como "*bond*" e o "alô" telefônico. O sucesso ou o insucesso de neologismos, partidos de uma área, numa língua falada em várias áreas, é problema extremamente sutil. A voga da canção brasileira noutras áreas de língua portuguesa parece vir a favorecer, ultimamente, a difusão, nessas áreas, de neologismos de origem brasileira. A canção brasileira tem-se desenvolvido numa força nada desprezível de abrasileiramento da língua portuguesa em Portugal, na África e no próprio Oriente. Já se tornou rival, nessa influência, da língua de romancistas, hoje muito lidos pelos portugueses da Europa e do Ultramar, como José Lins do Rego, Jorge Amado, Erico Verissimo. O mesmo começa a suceder através do teatro, sendo de prever uma irradiação, semelhante à dos romancistas e à dos autores de letras de sambas e baiões, nas áreas europeia, africana e oriental de língua portuguesa, de jovens dramaturgos brasileiros da espécie de Ariano Suassuna e de Antônio Callado – para só falar nesses dois. Pois o teatro começa a adquirir no Brasil um vigor em que parece exprimir-se o começo de relações mais íntimas entre o público e a língua literária.

13. UMA MÍSTICA LUSOCRISTÃ DE INTEGRAÇÃO

Erudito jesuíta português, o padre A. S. P., impressionado com o que viu na África em dois anos e meio de atividade missionária, acaba de contribuir para o desenvolvimento ou o avigoramento no Portugal africano de uma "mística" lusocristã de relações entre portugueses europeus e não europeus, com um livro deveras interessante. É uma mística, a seu ver, susceptível de se expandir numa outra, para a qual sugere, contra o conceito de "lusotropicalidade" formulado já por pesquisador brasileiro para dar o máximo de amplitude à caracterização do sistema, hoje binacional, de expansão europeia nos trópicos iniciada pelo português, a denominação, evidentemente arcaica, de "luso-brasilidade".

Tão importante me pareceu, desde o primeiro contato, e a despeito dessa e de outras divergências, o trabalho, ainda em manuscrito, para o qual o padre A. S. P. me deu a honra de solicitar de Portugal um prefácio, que resolvi lê-lo com toda a lentidão possível; com todo o vagar; criticamente; anotando-o; separando nas suas palavras o que nelas é matéria socioantropológica e de límpido interesse científico do que, além de filosofia humanitária e cristã, me pareceu principalmente apologética do esforço lusitano ou da obra católica na África.

Apologética empenhada em valorizar ou supervalorizar exemplos das normas tradicionais de política social dos portugueses católicos no Ultramar. Há exemplos clássicos, dignos, segundo o autor de *Pátria Morena*, de serem hoje seguidos ou revividos. Assim se retificariam, segundo ele – e acompanho-o, ora sociólogica, ora extrassociologicamente, em várias das suas atitudes (que aliás coincidem com as que venho assumindo há anos, isto é, desde a publicação de *O Mundo Que o Português Criou*, em face dos mesmos problemas de contato lusitano com os trópicos) –, erros portugueses dos últimos decênios: desvios daquela política sob a influência de sugestões sul-africanas, inglesas, belgas.

Pois tem havido considerável influência não só sul-africana como inglesa e até belga sobre a política social portuguesa seguida em Moçambique e na própria

Angola. E os ingleses são europeus cujas relações com os povos tropicais da África, da Ásia e da América têm às vezes resultado em maravilhas de arte política; mas nunca – nem mesmo na Jamaica – em obras de engenharia social que sequer se aproximem em solidez e profundidade das realizadas pelos portugueses antigos no Oriente, no Brasil e nas Áfricas. Pelo que não se explica que nesse particular sejam imitados por portugueses, ingleses ou anglo-americanos, quando as próprias inteligências anglo-saxônicas mais lúcidas vêm há anos encontrando nas práticas lusitanas sugestões que a gente britânica ou anglo-americana deveria seguir; e estaria a seguir de modo considerável, se no meio dela fossem muitas as mulheres da sensibilidade e da plasticidade da filha de *sir* Stafford Cripps, casada com negro de bem e mãe de mestiço anglo-africano.

Diante de trabalhos como o do ilustre jesuíta português, não é possível a um antropólogo ou sociólogo com algum brio profissional esquivar-se à consideração da antítese, inteligentemente posta em relevo pelo professor Howard Becker, em recente estudo sobre o que denomina "valores supremos" – "*Supreme Values and the Sociologist, or, Our Roles and Their Loyalties*": a antítese entre os sociólogos chamados "melhoristas" e os intitulados "puristas". O professor Becker distingue da neutralidade ética da ciência, a posição do cientista: posição que está condicionada por padrões de cultura, inseparáveis de orientações éticas. Daí o fato de poder o mesmo homem ser cientista num dos papéis (*roles*) ou funções que desempenhe – o papel científico – e buscar outro fim ou outros fins em outras fases da sua vida, podendo servir-lhe para essa busca o seu único critério científico de valor: o de que o controle de situações pela ciência é desejável. Fiel como cientista a esse valor científico supremo, não importa, do ponto de vista científico, no que ele, cientista, se empenhe: em alcançar para si o poder político ou em ser útil aos socialmente necessitados; em defender a sua nação ou em sustentar a sua classe. Daí: "*There is no good reason why a man passionately convinced of the need for national solidarity should not devote his efforts to the pursuit of that ultimate value and still be a sociologist who subjects his work in his scientific role to the requirements of the Scientific Faith*". De modo que assim como o trabalho "*professidly scientific*" deve ser julgado por padrões científicos – e não por padrões políticos, humanitários e religiosos – por outro lado, o cientista que tenha "tempo, energia e pendor para ser patriota, humanitário, religioso", tem o direito – conclui o professor Becker –

de desempenhar plenamente esses papéis. Foi o que fizeram, aliás, sociólogos como Max Weber e Benes; o que tem feito o próprio Becker; o que vêm a fazer antropólogos sociais que, sendo cientistas, têm sido ao mesmo tempo patrióticos ou humanitários no seu empenho de pôr a antropologia cientificamente social ao serviço de causas nacionais ou humanitárias, sem deformarem à *la* Lysenko a sua ciência para a acomodarem a fim extracientífico. Ruth Benedict assim agiu; assim agiu Kurt Lewin; e assim têm procedido um Robert S. Lynd e uma Margaret Mead. Obras como a recente *Human Problems in Technological Change* – publicada sob a direção do professor Edward H. Spicer pela Fundação Russel Sage em 1952 – mostram como aquela coexistência de função científica com outras funções cuja possibilidade é assinalada pelo professor Becker, se tem acentuado, sem que a ciência chamada social se torne "melhoristamente" social com prejuízo ou sacrifício da sua qualidade científica; ou se deforme em lysenkismo.

Pátria Morena é ensaio que está escrito com intuitos principalmente "melhoristas" e apologeticamente políticos – a política de uma nação amada, a política de uma Igreja venerada –, embora não resvale de modo algum em lysenkismo, que sacrifique a ciência à política. O autor, desempenhando salientemente o seu papel humanitário, de cristão, e patriótico, de português, desempenha também o seu papel de observador científico de uma situação – a da África portuguesa – suscetível de ser alterada por meios científicos; ou por controle científico, no sentido de se tornar mais humanitariamente cristã e mais democraticamente portuguesa. E a contribuição que traz para o estudo dessa situação – contribuição de missionário desdobrado em observador científico – é, em vários pontos, valiosa sob critério sociológico ou antropológico, e para fins sociológicos ou antropológicos, vindo, então, a favorecer a sugestão esboçada no ensaio brasileiro *Aventura e Rotina*, de ser necessário ao missionário cristão moderno, em terra ou entre gente africana – ou asiática ou ameríndia – perspectiva sociológica ou socioantropológica das culturas diferentes da europeia com as quais tem, como missionário, de lidar. Sob pena de cair no erro de identificar o cristianismo com a civilização europeia, de tal modo que esta identificação lhe prejudique o esforço cristianizante, tornando-o às vezes simples atividade europeizante. Ou o que é pior: simples atividade de agente não da civilização europeia, em geral, mas do que essa civilização tem de particularmente burguês, capitalista e individualista. De peculiar aos interesses de uma classe e de uma fase do desenvolvimento europeu. Erro, aliás, mais comum do que se supõe; e mais prejudicial do que se imagina à causa do cristianismo protestante e mesmo católico romano no Oriente e nas Áfricas. Da minha viagem, há poucos anos, de observação ao Oriente e à África – particularmente ao Oriente e às Áfricas portuguesas –, é uma das impressões que mais vividamente conservo: a de se apresentar quase sempre aos olhos de orientais e de africanos como cristianismo inflexível no tempo e no espaço o que é na verdade uma variante regional e transitória de cristianismo: o cristianismo europeu ou, mais especificamente, o cristianismo europeu-burguês ou europeu-burguês-capitalista dos séculos XVIII, XIX e XX.

Outra vez nos defrontamos como estudantes de sociologia e antropologia Social, interessados nas relações de uma cultura com outras, com o problema de sistemas de valores na conduta humana. O professor Howard Jensen tem razão quando salienta – em nota editorial que precede a obra *Through Values to Social Interpretation, Essays on Social Contexts, Actions, Types, and Prospects*, de Howard Becker (Durhan, 1950) – a necessidade de prover a metodologia sociológica ao sociólogo moderno de meios racionais e empíricos de tratamento da experiência humana, considerada no que chama, em inglês difícil de ser traduzido em português, aspectos de valor – "*valuational aspects*" –, cuja interpretação adequada, dentro de princípios sociológicos, caberia à teoria sociológica substantiva. Difícil – sem essa consideração de valores como sistemas – separarmos sociologicamente, nos valores do cristianismo, o que neles é cristão, com potencial de universalidade – universalidade da chamada conceitual – do que é apenas cristão-europeu ou somente cristão-europeu-burguês. Só considerando esses dois sistemas de valores, conseguiremos dar configuração sociológica a um tipo lusotropical de civilização que, sendo cristão (sociologicamente "sagrado"), é também europeu (sociologicamente "secular"). Transbordando entretanto, como tem transbordado, desses limites, tem essa civilização chegado a ser, mais de uma vez, ao mesmo tempo, cristã e europeia nos seus valores socialmente decisivos. Decisivos mas de modo algum exclusivos. Ao contrário: plásticos transigentes, permeáveis a valores de outras origens, de modo a poder, como o cristianismo, tolerar infiltrações de valores maometanos, "fetichistas", hindus, sem deixar de ser, em pontos essenciais, cristianismo; e poder, como civilização de origem principalmente europeia –

ou ibérica –, admitir penetrações de valores de outras origens – principalmente tropicais –, sem deixar de ser, em pontos também essenciais, europeia ou ibérica.

Os valores aqui considerados "decisivos", poderíamos identificá-los com os que um dos maiores antropólogos-sociólogos dos nossos dias, o professor Ralph Linton, chama "conceituais" para os distinguir dos "instrumentais". A tolerância ou admissão, no conjunto de valores lusotropicais, de valores "instrumentais" não europeus e até não cristãos não comprometeria, do ponto de vista sociológico, na civilização lusotropical – possível objeto de estudo particular, dentro de uma possível tropicologia geral, cada dia mais necessária como estudo ecológico-cultural: estudo particular que se denominaria lusotropicologia – os valores decisivos: cristãos e europeus. Ao contrário: daria provavelmente a esses valores – os conceituais – maior viço e assegurar-lhes-ia condições mais vigorosas de universalidade combinada com a diversidade regional: a diversidade dos valores instrumentais. Esses referem-se, pela definição do professor Linton, a valores de ação ou circunstância, como, por exemplo, os vários meios – culturalmente vários e ecologicamente vários – de que se servem diferentes culturas ou sociedades humanas para exprimirem um sentimento comum a muitas delas: o do pudor. Tanga – para o homem – numas culturas ou sociedades; toga, noutras; calças, na Europa Ocidental.

O professor Linton salienta no seu estudo, publicado em 1954, sobre *The Problem of Universal Values*, ser exemplo de valor instrumental o uso de tanga indiana pelo mahatma Gandhi, que, por esse motivo, deixou certa vez de ser recebido pelo "chefe de grande denominação cristã": insistia esse líder em que o indiano se apresentasse de calças à maneira ocidental. Por aí se vê que os valores conceituais são abstratos, enquanto os instrumentos são concretos, havendo a tendência para nos concretos se concentrar maior carga emotiva que nos abstratos.

O autor de *Pátria Morena* como que oferece outro exemplo de valor instrumental a sobrepor-se em importância ao conceitual, a ele correspondente, quando recorda o caso de administradores encarregados, nas províncias portuguesas da África, de julgarem se nativos ou indígenas candidatos à cidadania se encontram em condições culturais de a merecer, tropeçam em supostos impedimentos como o de não dormir o indígena em cama mas em esteira: espécie de equivalente africano – acrescente-se ao padre A. S. P. – da rede ameríndia. Com critério que corresponde ao sociológico ou antropológico social, levanta-se o padre contra a estreiteza de tais administradores, vítimas (seja dito de passagem), do mesmo modo que alguns missionários católicos na mesma África (falo com conhecimento direto do assunto), da absoluta falta de iniciação em estudos socioantropológicos com que eles e administradores civis deixam Portugal – os seus seminários e até o seu Instituto Superior de Estudos Ultramarinos – a caminho das Áfricas e do Oriente. O padre A. S. P. escreve ter tido ocasião de verificar na África que, na apreciação por administradores dos hábitos de indígenas, para admissão ou não desses indígenas à cidadania, há administradores que fazem fincapé em considerar o uso da esteira indígena "hábito selvagem". Ao que o erudito jesuíta objeta em palavras que só podem merecer inteiro apoio de antropólogos sociais e sociólogos – principalmente dos animados de critério ecológico: "A esteira não deixa de ter vantagens higiênicas consideráveis". Considera-a vantajosa pela simplicidade, pela frescura e pela higiene, e acrescenta, esquecendo-se, aliás, de aludir à rede ameríndia, adotada pelo europeu em vários pontos da África: "Gente refinadamente civilizada, antes de existir, no mundo, a civilização ocidental, não conheceu, através de todo o Oriente e outros países quentes, leitos mais complicados do que a esteira tradicional". E ainda: "Dormir em cama ou esteira é jeito ou hábito de vida privada e mesmo íntima que em nada compromete nem a montagem nem o brilho das sociedades civilizadas".

Poderia ter acentuado o autor de *Pátria Morena* o aspecto ecológico do problema: o fato de, do ponto de vista ecológico, a esteira ser preferível, para dormida agradável e asséptica em clima quente ou tropical, à cama europeia de madeira ou de ferro, com o seu colchão de palha, pena ou crina de cavalo, as suas molas e as suas complicações ainda paleotécnicas exigidas ou sugeridas pelo viver em ambiente boreal: principalmente pelo viver burguês nesse ambiente. É o que acontece à rede no extremo norte do Brasil: ganha à cama em condições de higiene ecológica, como têm verificado observadores europeus. E é pena que não aplique o padre A. S. P. o mesmo critério, que aplica ao uso da esteira, ao uso das calças ocidentais nos trópicos, que lhe parece adequado, talvez mesmo o ortodoxamente cristão, quando os estudos científicos têm evidenciado o contrário: ser o traje do homem mais adequado aos trópicos não o ocidental mas o oriental geralmente considerado maometano ou hindu: a camisa solta à moda indiana hoje ocidentalizada sob o rótulo inglês de "*slack*"; e muito antes dos ingleses e dos anglo-americanos adotada dos indianos pelos portugueses sob severas censuras dos ingleses de épocas mais imperialmente europeias ou britânicas que a atual. Quem duvidar que leia na biblioteca da Real Sociedade Asiática de Bombaim – onde fui em 1951 gentilmente recebido por sábios e letrados da União Indiana – livros de viajantes ingleses do século XVII que se referem à Índia portuguesa; e aos costumes e estilos de traje orientalizados, seguidos naqueles dias pela gente luso-indiana; e alguns dos quais se comunicariam do Oriente português ao Brasil.

É recente o trabalho sobre o assunto, *The Physiology of Heat Regulation* – trabalho a que tantas vezes me tenho referido – em que Paul Spyle chega à conclusão de ser a toga, sem roupa de dentro, o melhor traje para o trópico: pelo menos para o trópico denominado seco. É – como se sabe – o traje maometano depois de ter sido o dos cristãos primitivos. Porque não o reabilitar a moderna civilização cristã nos trópicos, animando-se da coragem de se deseuropeizar em valores instrumentais para se adaptar a meios diferentes dos europeus temperados e boreais?

Entretanto, surpreendo o padre A. S. P. em contradições com o critério sociológico por ele lucidamente seguido, quanto ao uso da esteira em vez do da cama, nos trópicos: quando exagera de tal modo o que lhe parece a insignificância tanto em valores instrumentais como conceituais das culturas afrotropicais de tipo denominado primitivo, que se situa entre aqueles que não concebem qualquer impugnação à substituição da tanga afrotropical – semelhante à indiana, ocidentalizada hoje pelos ingleses sob a forma híbrida de tangas-calças curtas: os *shorts* – "por uns calções, ao menos, e camisa...". Conforma-se assim com a ideia de serem as calças ou calções insígnias, no homem, de civilização cristã, quando é apenas de civilização burguesamente europeia, nesse como noutros valores instrumentais, inadequada aos trópicos.

Não se compreende que, por simples preconceito, missionários cristãos insistam tanto na África e no Oriente em impor a não europeus cristianizados o uso das calças europeias burguesas, deixando ficar em situação de desvantagem, se não estética, ecológica e higiênica, em relação com os maometanos, cujo traje é, como se sabe, a toga ou o timão; e com os indianos e africanos, que às calças preferem tangas: tangas e togas tão decentes, do ponto de vista da moral conceitual do pudor, quanto as calças da Europa burguesa. Explica-se que industriais europeus e anglo-americanos, fabricantes de calças feitas, insistam, em anúncios, em associar as calças à moral, à civilização, à própria condição viril. Mas considerado o assunto sociologicamente, tão precária é essa associação quanto a associação da cama europeia à civilização, como único instrumento digno do homem civilizado para a dormida ou o repouso do corpo.

É lamentável encontrar-se num trabalho como o do padre A. S. P., quase todo tão lúcido na sua maneira de encarar a tarefa missionária e civilizadora dos europeus nas Áfricas tropicais, um ou outro deslize deste sabor: "Eles (os indígenas das Áfricas em estado denominado 'primitivo'), de próprio, que mais podem apresentar que o trapito sebento duma tanga?". Injustiça flagrante. O próprio autor de *Pátria Morena* salienta o uso da esteira africana como hábito aproveitável ou estimável dos mesmos indígenas e repudia a caracterização desse hábito como "selvagem". E como a esteira, há vários outros usos de africanos que podem e devem ser assimilados pelos europeus, como no Brasil e noutros países tropicais da América têm sido adotados pelos europeus, dos indígenas, além da rede, a ipeca, a quinina, o curare, a bola de borracha, alimentos, unguentos, bebidas, tintas, adornos, instrumentos musicais, vasilhas, potes, cestos.

Essa utilização de valores indígenas africanos deve processar-se o mais possível em sociedades como as de origem lusitana na África, para as quais o padre A. S. P. não hesita em desejar que, rearticulando-se com o passado português, desenvolvam hoje, vigorosa política de miscigenação. Como admitir-se a miscigenação, repudiando-se a interpenetração de culturas no que se refere a valores instrumentais? A suficiência europeia em meios ecologicamente diferentes dos europeus tem qualquer coisa de racismo: outra forma de suficiência, de vaidade, de orgulho europeu em face de populações e situações não europeias. Aliás, é merecedor de atenção de sociólogos e antropólogos sociais o fato de haver na África portuguesa cemitérios afro-cristãos como o de Moçâmedes, em Angola, onde os túmulos apresentam formas e decorações que se afastam das convencionalmente europeias para se expandirem em sínteses luso-africanas e afro-cristãs que talvez só aí se encontrem; que talvez só aí tenham tido essa possibilidade de expressão e de afirmação. Pois tratando-se de zona de cultura de ordinário fechada, pelo seu caráter de sagrada, a infiltrações, mesmo de pura ordem instrumental, de valores de cultura atrasada e dominada sobre a adiantada e dominante, o cemitério afro-cristão deve ser um dos raros, no mundo, em que tais sínteses se apresentam em número considerável e de modo representativo da situação luso-africana.

Com relação ao racismo, a posição do padre A. S. P. é ao mesmo tempo cientificamente sociológica e corajosamente cristã. "O grande escândalo da África" – escreve ele – "tem sido o racismo revoltante dos europeus". E com razão se preocupa, já agora como crítico social, com as erupções de racismo dessa espécie em Moçambique e na própria Angola, em consequência das pressões sofridas pelos portugueses, nessas áreas, de sul-africanos e de ingleses: ingleses porventura tecnicamente mais adiantados que eles, portugueses; mas seus inferiores na parte mais nobre de valores que definem uma civilização cristã a olhos de não cristãos. Ingleses coloniais do pior tipo burguês de ingleses, chamados filistinos pelos próprios críticos ingleses mais esclarecidos. Esse racismo – acentua o crítico – "é de pura importação estrangeira. Mas isso não tira que ele seja um fato". Informa que em certos meios de Moçambique, por influência sul-africana e inglesa, já constitui desonra o próprio casamento de brancos com indianos "tão delicados, tão religiosos e que se antecipam a nós em muitos séculos de civilização". E protesta contra a exclusão de pretas e mulatas de colégios (luso-africanos) onde estudam meninas brancas: meninas brancas "capazes de introduzir as meninas africanas na mentalidade feminina genuinamente portuguesa".

É estranho que portugueses, nas suas províncias africanas, aburguesando-se no mau sentido de aburguesamento e repudiando as melhores tradições lusitanas – melhores do ponto de vista cristão e melhores do ponto de vista lusotropical –, que são as dos dias de colonização dos trópicos em grande parte por fidalgos e homens do campo ainda pré-burgueses, estejam a arremedar ingleses coloniais e sul-africanos lamentavelmente subeuropeus e sub-burgueses nas suas atitudes e preconceitos, justamente no momento em que ingleses metropolitanos, outros europeus do norte e anglo-americanos do próprio sul dos Estados Unidos buscam seguir, nas suas relações com as gentes de cor, os exemplos mais expressivamente portugueses de confraternização com essas gentes e de assimilação de valores instrumentais das suas culturas. Como recorda o bravo jesuíta português, em páginas que lembram as dos melhores críticos sociais que, dos púlpitos da Igreja e das cátedras da Companhia, têm sabido, mesmo em tempos ásperos, cumprir os seus deveres de profetas cristocêntricos – um desses críticos, o grande Antônio Vieira –, são "as próprias seitas protestantes" que "começam a opor-se ao racismo da civilização inglesa". Inglesa só, não: norte-europeia burguesa. Cita ele o exemplo não só do pastor Keet, da Igreja Reformada da África do Sul, que teria há pouco procurado separar das "leis (sul-africanas) de preservação da civilização branca [...] a consciência absurda, para não dizer anticristã, da cor e da raça", como da fundação recente em Londres, "com plena concordância do (então) primeiro-Ministro Churchill", de uma "união" destinada "a repelir a atitude do europeu médio para com os nativos africanos". Sendo assim, concorda corajosamente o padre com outros estudiosos do assunto, nesse ponto: o momento é para a gente portuguesa não só conservar as suas normas cristãs de tratamento de pretos, pardos, amarelos e vermelhos, como intensificar nessas normas o ânimo confraternizante, através de processos culturais de assimilação – ou antes, de integração – e biológico, de cruzamento: os processos que podem ser denominados lusotropicais. Ou sejam, nas suas raízes, os velhos métodos do príncipe D. Henrique: figura extraordinária de pioneiro desses dois processos, como normas essenciais à expansão cristocêntrica dos portugueses nos trópicos, cuja importância, neste particular, já procurei sugerir na introdução ao livro *Um Brasileiro em Terras Portuguesas* (1953); e que noto com alguma tristeza ser figura esquecida pelo autor de *Pátria Morena*.

Entretanto, é seguindo, quase sem o saber, a tradição do grande príncipe cristocêntrica, vinda do século XV, que o padre A. S. P. muito sensatamente lembra: "Existem nos internatos das Missões Católicas (nas Áfricas portuguesas), numerosas raparigas africanas à altura de se matrimoniarem com rapazes camponeses metropolitanos". E é ainda dentro do critério da política de assimilação inaugurada pelo "Homem de Sagres", que escreve: "Estou certo de que não faltarão lindas raparigas dedicadas à conquista, para Portugal e para a cristandade, de influentes régulos mouros, com a arma do amor cristão".

No seu apelo a favor das uniões legítimas de portugueses com africanas ou de portuguesas com africanos (segundo o exemplo da filha de *sir* Stafford Cripps, que há pouco se consorciou com negro africano), o padre revela-se ainda uma vez cientificamente sociológico e ortodoxamente cristão, demonstrado como está que o chamado "mal da mestiçagem" não está no fato biológico de serem os mestiços híbridos, mas na sua situação social de ilegítimos, de bastardos, de *"outcasts"*; e evidente como é que a política da Igreja nesse particular só pode ser a de exaltar a pessoa humana, acima de diferenças não só de raça, de cor e de classe, como de sub-raça, tratada de resto pelas duas raças supostamente puras. O caso dos euro-asiáticos: mestiços tratados como "inferiores" tanto por indianos como por europeus.

Como escreve o autor de *Pátria Morena*, numa das suas páginas mais incisivas, "os 160 mil mestiços das províncias africanas (portuguesas)" atestam "a possibilidade biológica" do que considera um processo luso-valente de assimilação dessas províncias: processo biológico e processo principalmente sociocultural, deve-se acrescentar ao ilustre jesuíta. "A ilegitimidade, porém, do seu número sempre em aumento... e o desprezo a que estão votadas as mães africanas de raça negra, estão a criar um problema sério de inadaptados sociais". Problema – destaque-se – português; e não problema apenas "colonial" da gente portuguesa.

Pois a verdade é que Portugal já não se divide, do ponto de vista sociológico, em "Portugal metropolitano" – o europeu – e em "Portugal colonial": que seria um conjunto de Subportugais. É todo ele um Portugal só. Os problemas essenciais de Angola e de Moçambique e de Cabo Verde, da Índia e de Macau e Timor são, como esse terrível problema de mestiços ilegítimos que se tornam "inadaptados sociais", problemas portugueses no sentido mais profundo da expressão: nacionalmente portugueses. Como problemas nacionais – e não coloniais – é que devem ser considerados e resolvidos. Daí estar sociologicamente certo o padre A. S. P. quando preconiza a solução do problema da mestiçagem irregular, criadora de toda uma série de irregularidades sociais por alguns confundidas com inconveniências de ordem biológica, pela regularização social da mesma mestiçagem. Regularização através de casamentos de elementos brancos com os de cor, da população portuguesa, previamente preparados, os de cor, pela educação, para uniões duradouras com europeus, das quais vão resultar filhos ou descendentes. Ou como escreve o padre A. S. P.: "Supondo, bem entendido, o nivelamento prévio da cultura e das aspirações" dos cônjuges.

Por que com tantas ideias que coincidem com as que há anos tenho aventurosamente exposto, em torno de problemas de contato de portugueses com populações tropicais, o padre A. S. P. rejeita a sugestão, decorrente das mesmas ideias e por mim esboçada em conferência pronunciada em 1951 em Goa, no sentido de se caracterizar a moderna cultura de formação portuguesa, expandida nos trópicos – embora a sua matriz continue o Portugal europeu: um Portugal europeu consideravelmente mas irredutivelmente europeu nas suas bases culturais – como "cultura lusotropical"? Por que insiste na denominação "luso-brasileira"? Confesso que escapam ao meu entendimento as razões para a sua insistência numa denominação de todo inadequada para a caracterização de um complexo que, não sendo lusitano nem somente luso-brasileiro, é, além de luso-americano, também plurioriental e multiafricano na sua moderna e tudo indica que definitiva – enquanto perdurar o tipo transnacional de configurações a que se filia – configuração. O que limita essa configuração é inegavelmente a sua tropicalidade ou quase-tropicalidade de espaço, de ambiente, de base ecológica: o português como que repudiou, nos dias decisivos para a sua fixação em áreas não europeias, espaços que não fossem tropicais – Terra Nova, África do Sul, as proximidades das montanhas nevadas da América, que conheceu nas suas "bandeiras" do Brasil até o Peru –, para se fixar com o seu melhor amor e a sua melhor política – a política firmada por Alexandre de Gusmão na América; a política simbolizada pelo célebre "mapa cor-de-rosa" (infelizmente "rasgado pelos ingleses") na África; a política que lhe assegurou sobrevivência nacional (e não colonial) na Índia – em espaços quentes, cálidos, tropicais; ou quase tropicais. Em recente trabalho alemão sobre etnobiologia, vem acentuada essa predileção ou fixação a que há anos se tem, no Brasil, procurado dar sistemática. Refiro-me a *Grundzuge der Volkerbiologilie*, por Ilse Schwidetzky, publicado em espanhol pelo Fundo de Cultura Econômica, do México, em 1955, sob o título *Etnobiologia*.

Escreve, entretanto, o padre A. S. P., em palavras de que não consigo alcançar o sentido político ou talvez apologético que nelas talvez se sobreponha ao sociológico: "Preferimos o termo de 'Luso-Brasileiro' ao de 'Lusotropicalidade' de Gilberto Freyre, para não parecer que excluímos da grande síntese a força generatriz da faixa". Nesse caso, porém, a preferência deveria ser por um novo termo, que talvez pudesse, com efeito, ser adotado; e que eu próprio tenho empregado: hispanotropicalidade. Hispanotropicalismo. Cultura hispanotropical. Hispanotropicologia (incluindo-se sempre em Hispânia a parte lusitana do complexo peninsular).

A verdade, porém, é que tem havido da parte dos portugueses uma como obsessão particularíssima pela residência nos trópicos, pela adoção de valores tropicais, pela união com mulheres tropicais, que o distingue dos seus próprios irmãos de outras províncias hispânicas ou ibéricas. O que não me impede de concordar com o padre A. S. P., como já antigo iberista que sou – iberista para quem o Brasil é a mais ibérica das nações americanas, por ter sido a sua formação em parte portuguesa, em parte espanhola –, em que "o esplendor dos lusotropicais" seja "floração do tronco ibérico"; e não apenas português ou lusitano. Apenas eu não diria, como diz neste ponto, a meu ver inexatamente do ponto de vista sociológico, o padre, "todo o esplendor", certo como é que grande parte do viço ou esplendor de complexidade, hoje característico da civilização lusotropical, é já expressão de valores assimilados dos trópicos: das terras, das gentes, das culturas, das civilizações tropicais. Valores fecundados, mas não inventados, pelos portugueses. Valores tropicais que hoje se juntam aos ibéricos como característicos de uma civilização moderna a que o professor Arnold Toynbee deveria talvez ter dado lugar à parte na sua classificação de civilizações, de tal modo se tem ela tornado específica, diferente, inconfundível, pelo que já apresenta de sínteses realizadas de valores de civilização ou culturas não europeias. Inclusive valores etnobiológicos de significação estética: novas formas de figura humana, acompanhadas de novas cores de homem e de mulher: resultado do mestiçamento lusotropical.

Aliás, já há em Portugal quem tenha apoiado de modo valioso a sugestão brasileira no sentido de se admitir não só uma lusotropicalidade como uma lusotropicologia: ciência ou sistemática nova que, pela combinação de técnicas de estudo ecológico – o estudo de áreas ou espaços – com as técnicas de estudo antropológico-cultural, se especializasse em esforço de análise e de interpretação sistemática do complexo lusotropical – complexo ecológico e complexo antropocultural – formado hoje pelo Brasil e pelos vários Portugais: o Portugal tropicalizado, da Europa, e os extraeuropeus – extraeuropeus e não subeuropeus – dos trópicos asiáticos e africanos. De entre esses apoios portugueses à sugestão brasileira, recordarei mais uma vez o do professor Almerindo Lessa que, médico e biológico, é dos que hoje acreditam na reabilitação – pelos modernos estudos científicos tanto de Ecologia como de antropologia – primeiro, do trópico como espaço onde seja possível civilização igual à europeia; segundo, do mestiço lusotropical como conservador, renovador e criador de civilização e equivalente da europeia. Precisamente a tese brasileira em que assenta a ideia de virem a desenvolver-se vigorosas civilizações em espaços tropicais: uma delas a hoje mais avançada como síntese eurotropical de culturas e de sangues e já caracterizada por alguns como lusotropical.

É significativo o fato – insisto em recordá-lo por ser, na verdade grandemente significativo – de o professor Almerindo Lessa, ao reconhecer a possibilidade de se desenvolver sobre essas bases uma nova sistemática de estudo, de interpretação e talvez de orientação da expansão portuguesa em espaços tropicais e da sua fixação em espaços hoje nacionalmente, e não colonialmente, portugueses, confessar que o problema da mestiçagem, tal como foi descrito na Primeira Reunião Latina de Eugenia, verificada em Paris, e da qual o ilustre médico português participou, ao lado de sábios franceses e italianos, "estaria eivado, ao que penso hoje, por uma espécie de burguesismo sociológico que mascarava em nós (europeus), os casticismos da Europa". O seu apoio à ideia de uma possível lusotropicologia – apoio tão completo que se deu ao trabalho de orientar a elaboração por desenhista português de um mapa ecológico dos "espaços geográficos de civilização lusotropical", publicado em 1955 em Lisboa – é assim particularmente expressivo: fixa num homem de ciência português uma ampliação de perspectiva – de biológica em biossociológica – na consideração de problema pungentemente moderno – o da mestiçagem –, ao qual se acha ligado de maneira especialíssima o destino dos povos de civilização principalmente – mas não exclusiva – portuguesa, hoje espalhados em espaços tropicais. Um destino que, sem deixar de ser europeu pela projeção de valores europeus em espaços tropicais, é extraeuropeu pela consciente adoção de outros valores – esses tropicais – incorporados à civilização de origem ibérica ou portuguesa: adoção por motivos que, sendo ecológicos, resultam também de situações criadas pela dinâmica social da mestiçagem. São situações, essas, favoráveis à interpenetração de valores instrumentais e a novas combinações dos conceituais – para voltarmos à discriminação do professor Linton entre valores universais ou quase-universais, abstratos, e valores instrumentais, que correspondem – ou tendem a corresponder – a situações regionais ou temporais. Que tendem assim, em espaços tropicais, a afastar-se das predominâncias europeias.

Tal superação de valores instrumentais europeus nos trópicos, pelos trópicos, mais situacionalmente válidos ou convenientes, não significa, de modo algum, a desmoralização ou o desprestígio da civilização europeia nesses espaços. Em notável ensaio publicado em Cambridge (Mass.), em 1948, *The Passing of the European Age*, um geógrafo alemão, o professor Eric Fischer, desenvolve a tese de estar a civilização europeia a transferir-se de centros europeus para centros não europeus, sem que semelhante transformação importe em desintegração da mesma civilização. O aparecimento desses novos centros *"need not spell decline for the old"*, pensa o professor Fischer, pois *"the survival of the old, centers beside the new, may enrich all of them"*, dado o fato de que, nos novos centros, se têm operado transformações dos antigos valores europeus, transformações que, de retorno à Europa, vêm dar vida nova a valores europeus maternos.

É o critério que, com relação a Portugal, tenho procurado desenvolver, desde a publicação de O *Mundo Que o Português criou*, onde se sugere vir a criação recriando o criador sem destruir nele a essencialidade europeia: transeuropeizando-o, isto sim, através de novas situações existenciais. Nem outra é a ideia que se procura desenvolver na análise da situação das relações euro-africanas na África do Sul comparada com as situações de outras áreas, escrita em 1954 a pedido da Comissão de Organização das Nações Unidas designada para o estudo do delicado problema: trabalho de antropólogo brasileiro. Esse parecer, no "2° Relatório da Comissão das Nações Unidas para o Estudo da Situação na África do Sul" (1954), é apresentado como tendo demonstrado que "da experiência dos países da América Latina" se depreende "não se opor a integração" – já operada ou ainda em desenvolvimento nessa área – "à conservação de valores essenciais da cultura europeia". "Bem ao contrário" – salienta o "Relatório da Comissão das Nações Unidas", composta pelos embaixadores Bellegarde, Santa Cruz e Langier – "como afirma o antropólogo Gilberto Freyre, essa experiência demonstra que a civilização europeia representada pelos seus valores essenciais pode ser preservada e até desenvolvida por não europeus...". "Vê-se claramente" – diz mais o relatório da Comissão da Organização das Nações Unidas –

> que a tradição atual do Brasil é bem anterior à independência desse país e que constitui uma expressão da política aplicada por Portugal a todas as suas colônias, política no Brasil mantida e reforçada pelo Império e pela República. Explica-se assim que o Brasil possa hoje orgulhar-se com razão de ter resolvido de maneira feliz um problema cujas consequências, se tivesse sido seguido outro modo de solução, poderiam ser graves; e das quais outros povos não conseguiram até hoje libertar-se.

Desde que o assunto, ao aspecto científico, junta sentido político, social, humanitário, é preciso que apareçam em Portugal e no Brasil vozes de líderes políticos e de líderes católicos – como, em Portugal, a do professor Oliveira Salazar (ao mesmo tempo líder político e líder católico), a do cardeal Manuel Gonçalves Cerejeira, a do dr. Nuno Simões, a do professor Marcelo Caetano, a do dr. Jaime Cortesão, do professor Adriano Moreira –, para darem novo relevo a uma tradição que, sendo lusitana ou ibérica, não é apenas lusitana ou ibérica mas lusocristã ou ibero-cristã: a de confiarem europeus a não europeus a preservação e o desenvolvimento de valores essenciais não só europeus como cristãos, de civilização, que os iberos sempre entenderam não dependerem da condição étnica dos seus conservadores ou propagadores para se conservarem e de desenvolverem em espaços não europeus: espaços que para os portugueses têm sido quase exclusivamente espaços tropicais. Essa é, na verdade, uma das evidentes superioridades – do ponto de vista socioantropológico – dos processos de expansão em áreas tropicais adotados pelos europeus católicos – principalmente os ibéricos e, de entre os ibéricos, os lusitanos, de modo particularíssimo – sobre os processos adotados na mesma expansão, quer nessas áreas, quer nas próprias áreas boreais, pelos europeus protestantes. É aspecto do assunto considerado com alguma minúcia naquele meu parecer escrito a pedido da Comissão de Organização das Nações Unidas encarregada do estudo da situação racial na África do Sul: parecer oficialmente redigido em língua francesa, que, por motivos políticos, tem sido impedido de ser divulgado ou publicado na íntegra pela Comissão Internacional que o provocou; e que o adotou. É claro que o brasileiro que o escreveu redigiu-o não como político, mas na qualidade, oficialmente consagrada para efeito daquele parecer, de "expert" em antropologia e sociologia, aceito como tal pelos próprios representantes da União Sul-Africana. Lamento que desse parecer não tenha tido conhecimento o padre A. S. P., ao escrever o seu livro sobre problemas de relações de raças na África.

Do trabalho do erudito jesuíta português, não há exagero em dizer-se que dá notável elevação ao tratamento do assunto por missionário católico e lusitano, a quem os estudantes de antropologia e sociologia estão na obrigação de relevar transbordamentos de fervor apologético: apologético tanto da Igreja católica quanto de Portugal cristão. Não será, entretanto, o momento dos monoteístas se apresentarem menos desunidos, em face dos agitadores ateus, do que parece ou entende o padre A. S. P., tão intransigente no seu antiprotestantismo quanto no seu anti-islamismo? Talvez. Com relação ao islamismo parece ser a orientação ou a tendência de alguns católicos espanhóis modernos, aproximarem-se o mais possível dos seus vizinhos africanos, sem que nessa aproximação se comprometa a ortodoxia católica: tão viva entre espanhóis; tão zelada por eles.

É claro que ninguém pode negar à Igreja católica de Roma, sábia pela experiência e grande pelos triunfos, o dever da firmeza ortodoxa: talvez esteja aí uma das suas superioridades atuais sobre os grupos protestantes. Talvez explique essa firmeza porque em países de formação protestante, como os Estados Unidos, a Igreja católica se tem tornado o centro da cultura cristã: cultura que ali se conserva unida à Igreja e à sua ortodoxia, enquanto entre protestantes – protestantes anglo-americanos – o desenvolvimento intelectual tende cada vez mais a significar o repúdio à fé e sobretudo à ortodoxia; a separação das universidades, quando nelas se intensifica o estudo das ciências ou se apura o saber filosófico, dos grupos religiosos que as fundaram; a substituição do cristianismo pelo chamado unitarismo, em geral, religião de semi-intelectuais com pretensões a superintelectuais. Daí me parecer o padre A. S. P. um tanto injusto para os Estados Unidos – onde o desenvolvimento católico-romano, paralelo ao desenvolvimento intelectual e não separado dele, é considerável –, quando escreve da civilização, que ali já esplende de modo tão complexo que se tornam cada dia mais arcaicas ou ingênuas as simplificações a seu respeito, nas quais se ponha em excessivo relevo o "babitismo" ou o "tecnicismo" dos anglo-americanos: "falta-lhe a densidade dos valores profundos...". Ou: "É predominantemente protestante". A recente atitude dos Estados Unidos – do seu Departamento de Estado – com relação a Goa deve servir para indicar aos intelectuais e católicos portugueses, como o padre A. S. P., inclinados ao antiamericanismo absoluto, que devem guardar-se de interpretações da civilização anglo-americanas, baseadas em noções já arcaicas do que sejam as relações dessa civilização com as demais civilizações modernas, e mesmo com as clássicas.

O que, entretanto, devo acentuar, em face de um trabalho como o do padre A. S. P., importante pela matéria versada nas suas páginas e importante pela coragem do seu autor em assumir atitudes de crítica social desassombrada, é a minha concordância com o que nesse admirável estudo de um problema extremamente delicado é essencial. Compreendo que nas páginas do ilustre jesuíta tenham encontrado "muita reflexão", "ideias boas", "ideias úteis" à ação missionária na África, líderes católicos como D. Teodósio, cardeal de Moçambique; e como D. Sebastião, bispo da Beira. Duas figuras esplêndidas de católicos e de portugueses que conhecem de perto a África e os problemas de integração das suas populações numa civilização ao mesmo tempo portuguesa e cristã. Tive há três anos e tanto o gosto de admirar-lhes a atividade cristã em pleno campo de batalha africano.

Para o conhecimento desses problemas é valiosa a contribuição que nos traz *Pátria Morena*. É a contribuição de um homem de estudo que não separa do estudo o combate ou a ação. Que estuda, para agir. Que estuda, para agir, o mais lucidamente possível. Evitando os erros das improvisações. Um discípulo distante, porém fiel, do infante D. Henrique e da sua política cristocêntrica com relação à África.

Por essa orientação inteligente merece o padre A. S. P. a simpatia de quantos se dedicam aos estudos de antropologia e de sociologia, atentos ao que desses estudos seja possível transferir-se para a ação ou para a administração ou para a prática: transformações socioculturais sempre desejadas pelos próprios grupos humanos de cultura primitiva, quando vítimas de doenças, de escassez de alimentos e da insegurança física. E vários antropólogos modernos como os da Universidade de Cornell, empenhados desde a Segunda Grande Guerra em indagações socio-antropológicas paralelas a operações de transformação técnica entre sociedades primitivas ou tecnicamente atrasadas, não parecem hesitar em considerar tais transformações desejáveis. Outros se mostram indecisos quanto ao que um deles, anglo-americano, chama *"morality of attempting to manipulate human beings"*. Para antropólogos e sociólogos animados da convicção de que o cristianismo – o cristianismo em si, e não o identificado com a civilização europeia na sua substância especificamente burguesa – tem, quando considerado por eles independente da sua teologia e apenas nas suas virtudes sociais –, alguma coisa capaz de beneficiar qualquer grupo humano. Para esses antropólogos e sociólogos, aqueles escrúpulos reduzem-se ao mínimo. E imensas se apresentam, diante deles – e, ainda mais, diante dos que aceitam do cristianismo as imposições teológicas –, as responsabilidades ultramarinas de povos como os ibéricos que, desde os seus começos nacionais, são povos antes cristocêntricos que etnocêntricos no seu modo de serem europeus e civilizados – de propagadores de civilização e de cristianismo. No ensaio, rico de sugestões e opulento de informações, do padre A. S. P., o que é antropologia ou sociologia subordina-se a esse empenho ou a essa filosofia de vida ou de ação portuguesa na África negra: a cristocêntrica.

14. CRISTIANISMO ORAL E CRISTIANISMO BÍBLICO: UM ASPECTO DO CONTRASTE ENTRE A COLONIZAÇÃO DOS TRÓPICOS POR PORTUGUESES E A MESMA COLONIZAÇÃO POR EUROPEUS DO NORTE

Agradeço à Universidade do Escurial[1] a oportunidade que me oferece de me comunicar, na sua Faculdade de Direito, com os seus professores e estudantes. Tanto se tem associado o nome "Escurial" a um sepulcro grandioso, que alguns estrangeiros levianamente se esquecem de sugerir ele também vida: vida intelectual da mais intensa. Aqui nos encontramos num centro de pesquisa em torno de problemas que são ao mesmo tempo de história e de antropologia, de ciência concreta e de abstração filosófica, tendo o homem – para os católicos –, criatura de Deus, por principal motivo de estudo. Pois é da melhor tradição espanhola associar-se o estudo do Direito à história, à moral, à filosofia, de tal modo que, entre os jurisconsultos deste país, se encontram algumas das maiores inteligências que têm enobrecido o pensamento hispânico e o saber humano. Entre eles, Suárez e Vitória.

Hoje que a tendência, noutros países, tidos por terras intelectualmente de vanguarda, é para associar-se a antropologia à história na análise do passado humano, a ponto de sustentarem alguns pensadores modernos que a antropologia e a história se confundem, é justo salientar-se o fato de raramente, em Portugal

---
[1] Conferência proferida em 1956 na Universidade do Escurial (Espanha).

e na Espanha, se ter o melhor estudo do homem e dos seus problemas extremado, como se tem extremado por vezes em outros países, em estudo científico em oposição ao humanístico. Ora, é precisamente sob o duplo aspecto científico e humanístico que alguns de nós, no Brasil, pretendemos hoje desenvolver estudos sobre a expansão do homem europeu nos trópicos, em que se tenta reabilitar o povo hispânico, em geral, o lusitano, em particular, de certas deformações do seu esforço nas áreas quentes. Esforço que se tem afirmado sob vários aspectos, mais humano e talvez mais científico que o de outros povos, de entre os quais, durante anos, se ergueram críticas numerosas e insistentes aos métodos hispânicos de colonização.

Várias dessas críticas são hoje repelidas pelos próprios homens de ciência – antropólogos, principalmente, e sociólogos – daqueles mesmos povos. É que começa a reconhecer-se ou admitir-se que, se os problemas de adaptação do homem europeu aos trópicos e de convivência humana, segundo estilos principalmente europeus, nos trópicos, parecem exigir ou pedir uma ciência especial que sistematize tal estudo, essa ciência especial, esse estudo sistemático, terá de basear-se de modo particular na experiência hispânica nos mesmos trópicos; nos métodos outrora tidos simplesmente por ingleses, holandeses e outros nórdicos, como loucos, empregados por hispanos na sua colonização dos trópicos. Entre esses métodos, as uniões de europeus com mulheres de cor em casamentos mistos; a constituição de sociedades híbridas na sua composição étnica e na sua cultura. É que se vai tornando evidente que essa aventura não resultou nem resulta em degradar-se a civilização cristã ou europeia nas regiões quentes. Esse é, como se sabe, o grito de guerra dos modernos sul-africanos brancos de origem holandesa na África, para justificarem, com o apoio da Igreja Reformada, a sua política de *apartheid*.

A experiência hispânica, entretanto, na Venezuela, na Colômbia no Paraguai, em Cuba, no Brasil, na América do Sul, nas Filipinas no Oriente, é um desmentido à tese nórdica e protestante, defendida hoje naquela parte do mundo de modo impressionantemente anticristão e anticientífico, como eu próprio pude verificar ao visitar a África do Sul no ano de 1952; e ao observar com os próprios olhos uma situação, acerca da qual me foi solicitado pela Comissão Especial da ONU, encarregada de estudar o caso sul-africano, um relatório que já escrevi e já apresentei à mesma comissão, mas que, por motivos políticos, teve de ser considerado confidencial. Nesse relatório – do qual me permitirei, assim como de outros trabalhos meus, resumir conclusões, nesta tentativa de síntese –, o que principalmente procuro é opor à tese sul-africana de ser impossível conservar-se a civilização cristã entre populações mestiças, o fato ou a realidade da experiência católica ibérica: em espaços extraeuropeus, inclusive nos trópicos; na atual América ibérica, em Goa, nas Filipinas, nas Áfricas marcadas pela presença ibérica. A favor dessa conclusão tive há pouco o gosto de ouvir em Oxford palavras de apoio de um dos maiores antropólogos ingleses dos nossos dias, que, aliás, atribui o êxito da solução ibérica ao fato de ser uma solução impregnada de cristianismo à moda católica, ele próprio considerando humanisticamente a Igreja Reformada Holandesa, pela sua atitude neste particular, não reformada, porém deformada.

Em livro agora aparecido em espanhol, *sociologia del África Negra*, o seu autor, Elias de Tejada, é o que salienta. Contrasta ele com a atitude bôer-protestante na África a portuguesa-católica: a seu ver, as duas expressões mais nítidas do contraste entre hispanos e europeus do Norte.

A tentativa de reconstituição, análise e interpretação do esforço ibérico nos trópicos, como esforço em conjunto, é trabalho ainda por realizar; e a ser realizado não apenas por historiadores, que o descrevam, mas por antropólogos dos chamados sociais, sociólogos e pensadores que o analisem e o considerem do ponto de vista em que o critério histórico-social ou histórico-cultural e o antropológico-social ou antropológico-cultural se completam. Desse ponto de vista pansocial ou pancultural, será possível analisar-se o impacto da civilização chamada ibérica sobre culturas sem história, no sentido convencional de história, assim como o impacto dessas culturas sobre a civilização chamada às vezes ibérica que, de várias delas, tem assimilado, e continua a assimilar, valores e técnicas compatíveis com os seus motivos essenciais de vida que temos de admitir serem, sociologicamente, motivos cristãos segundo o estilo católico de cristianismo.

Um antropólogo idôneo salientou há pouco não haver *"a priori reason or conceptualized empirical evidence to indicate that generalizations tested on contemporary cultures should not apply to those of history"*. A verdade é que no moderno estudo do homem, as fronteiras entre "civilizado" e "primitivo", "contemporâneo" e "antigo", "histórico" e "antropológico", "antropológico" e "sociológico", e até entre "científico" e "humanístico", já não se apresentam tão rígidas como há vinte anos;

e sob esse critério flexível de estudo do homem e das suas civilizações ou culturas, já não é fácil a um europeu de hoje repetir simplesmente os de ontem; e excluir, se não a América inteira, a América tropical, na sua base física de vida e na sua cultura (cultura em maior ou menor harmonia ecológica com essa condição básica de vida ou de existência), de um mundo que, para ser considerado civilizado devesse ser, se não europeu, ou quase-europeu, passivamente subeuropeu na sua civilização, subentendendo-se, por sua condição básica de vida civilizada, apenas a boreal ou temperada.

A verdade é que existem hoje civilizações nos trópicos que não se limitam a ser subcivilizações com relação à europeia. São civilizações – como a mexicana – em que a valores europeus se juntam outros, extraeuropeus. Vários desses valores extraeuropeus são valores tropicais.

Mais difícil e lentamente se tem processado – é ponto que tenho procurado salientar em vários ensaios – a integração do europeu nórdico e protestante no trópico que a do ibérico católico; e dos ibéricos talvez tenha sido o lusitano – completado no Brasil, por vezes pelo espanhol – o mais plástico e mais disposto a procurar identificar-se com as condições tropicais de vida, até retirar dessa identificação o máximo de inspiração para novas formas de expressão estética – na música, na arquitetura, na dança ligada ao cotidiano da sua existência –, sem perder a sua herança europeia de civilização adaptando quanto possível essa herança àquelas condições; aceitando desde os seus primeiros contatos – os de criança ou de menino – com os trópicos, valores capazes de lhe substituírem como substância –, como brinquedo, como jogo, como alimento, como móvel, como vestuário, como remédio, como material de construção – os europeus, das suas terras de origem. Essa substituição, quase sempre se tem operado dentro de formas também europeias, ou civilizadas, bastante plásticas, para se modificarem sob o impacto de novos conteúdos: conteúdos tropicais quase sempre dos chamados primitivos quanto à sua densidade cultural, historicamente verificável, em comparação com a dos valores de origem europeia, erudita ou civilizada.

Nesse particular se impõe a consideração de um ponto de ordinário esquecido pelos que têm estudado a transculturação europeia na América tropical; e talvez fixado pela primeira vez em estudos brasileiros. É este: enquanto o contato de europeus do Norte protestante com povos e culturas tropicais se tem verificado principalmente através de gente alfabetizada ou semi-instruída da burguesia, pequena e média, o contato de europeus ibéricos ou hispânicos com as mesmas regiões tem-se verificado, em grande parte, através de gente analfabeta e quase-analfabeta de origem rústica ou rural, sem as pretensões superficial e às vezes pedantemente eruditas dos europeus nórdicos – homens médios – de formação protestante ou puritana. Daí uma consequência de ordem cultural de evidente importância para a explicação de contrastes na atitude dos dois tipos de europeus em relação com povos e culturas de regiões marcadas por florestas tropicais, como parte considerável da América. O europeu nórdico e protestante conservou-se desde o início, em face dessa realidade para ele de todo nova – a natureza tropical, o homem tropical, a cultura tropical – em atitude como que superior, aparentemente erudita e ética ou moralmente profilática ou distante da gente primitiva: das suas culturas e das suas intimidades com as selvas. O europeu hispânico e católico, em face da mesma realidade – para ele menos completamente nova, dada, além da sua vizinhança com a África, a penetração de grande parte da Península Hispânica, desde dias remotos, por africanos portadores de valores tropicais, alguns altamente civilizados –, tem seguido outra atitude, condicionada, na maioria dos casos, pela situação de analfabetos ou quase-analfabetos dos que, em maior número, se têm tornado povoadores ou colonizadores de espaços quentes: uma atitude como que franciscana – e esse franciscanismo, sob outro critério, já foi destacado pelo historiador português Jaime Cortesão em página de mestre – de confraternização com os indígenas, com os seus valores de cultura e com a natureza vegetal ou animal dos espaços quentes. Atitude fácil de ser seguida pelo analfabeto ou quase-analfabeto, fiel às suas tradições orais de cultura, mas disposto a juntar aos seus conhecimentos folclóricos, à sua sabedoria rústica, o ânimo entre religioso e prático, entre místico e experimental, com que tem encarado problemas novos; mas difícil de ser a atitude do adventício europeu erudito, ou semierudito ou pseudoerudito, em terra ou entre gente tropical. Certo de ser superior em tudo aos "bárbaros", nativos dessas terras tropicais, o adventício desse tipo tende a guardar distância do novo meio; a explorá-lo profilàticamente e sem amor.

Daí observadores nórdicos e protestantes terem, durante séculos, estranhado, no Oriente, na África e na América tropicais, o que um deles, Bates, chamou, referindo-se ao Brasil, "*the mixture of Portuguese or European – and Indian customs*". Esse crítico inglês atribuiu tal fraqueza – fraqueza conforme o seu critério evidentemente imperialista de burguês protestante, segundo o qual a missão da Europa seria impor às populações tropicais a sua civilização burguesa, europeia e protestante, pura e maciçamente – ao fato de serem os colonos hispânicos da América tropical que ele conheceu, em grande número, analfabetos ou quase-analfabetos: "*Uneducated men who, instead of introducing European civilization, have descended almost to the level of the Indians and adopted some of their practices*". É verdade que encontrou também entre colonos portugueses da Amazônia, que viviam em casas quase iguais às dos nativos, além de dormirem em redes como os indígenas, gente que tinha livros; e entre esses livros, clássicos latinos.

A verdade é que os colonizadores hispânicos ou ibéricos dos trópicos, se, por um lado, têm sido em grande parte, analfabetos, ricos de sabedoria folclórica, embora pobres de meia-ciência bíblica – sabedoria que lhes tem permitido confraternizar melhor que europeus de ordinário mais cultos da Europa nórdica e protestante com populações iletradas –, a essa maioria tem-se juntado, desde as aventuras portuguesas e espanholas na África e no Oriente tropicais, não apenas minorias de semieruditos, como os que deram à colonização puritana da Nova Inglaterra o seu tom de colonização consciente de ser em tudo superior à dos ameríndios, porém eruditos inteiros, sabedores profundos de latim e conhecedores das letras e das ciências nas suas formas mais nobres. Um desses eruditos chamou-se Luís de Camões e participou, como homem igual a outros homens – vendo, lutando, pelejando e amando: amando mulheres de cor – do esforço de colonização portuguesa do Oriente tropical; e tendo ido a Macau e Goa, pelo caminho da África, escreveu Os Lusíadas, quase ao mesmo tempo em que outro erudito, mestre da ciência médica, Garcia d'Orta, compôs o seu tratado, logo célebre na Europa, sobre as drogas da Índia. Ao mesmo tempo, Acosta, na América espanhola, escrevia as suas páginas de autêntico pioneiro de conhecimento científico do trópico por europeu. Se vier a constituir-se em nossos dias, como parece vir a esboçar-se, uma tropicologia ou ciência especializada no conhecimento sistemático da realidade tropical, os seus pioneiros terão sido, entre outros hispanos, esses três. E vindo a ser necessário admitir-se, dentro da tropicologia geral que venha a constituir-se, para aquele estudo sistemático, uma ciência especial ou particular, em que se considere especificamente o esforço de integração realizado nos trópicos pelo hispano – pelo português e também por espanhóis de várias origens –, teremos de reconhecer em Camões, em Orta e em Acosta os quase-iniciadores dessa ciência especial.

A América portuguesa não viu no século XVI nenhum Camões que escrevesse em português, à base da sua experiência americana, poema de vigor literário e da complexidade humanística de Os Lusíadas. Nem nenhum Garcia d'Orta, perito em medicina com alguma coisa de gênio literário a iluminar-lhe a ciência. Mas, desde o século XVI, que a parte da América tropical colonizada pelos portugueses, sem ter sido beneficiada pela presença de um padre Acosta, foi, como outras partes da América colonizadas por outros europeus da Península chamada Ibérica, revelado ao mundo culto por eruditos, se não de primeira, de segunda ordem: homens que realizaram essa obra de revelação, identificaram-se amorosa, franciscana, alguns lírica ao mesmo tempo que praticamente, com a natureza, a vida, a gente, as culturas desse vasto pedaço de mundo ignorado até então pelos europeus.

De modo que, quando apologistas exagerados das virtudes do domínio holandês sobre o Brasil do século XVII, destacam ter-se só então verificado a revelação ao mundo da natureza tropical do Brasil, através da obra, na verdade extraordinária, dos cientistas Piso e Marcgrav, se excedem no seu fervor apologético. Deixam injustamente de considerar científica a obra deixada por um Gabriel Soares, um frei Cristóvão de Lisboa, um padre Cardim. São historiadores ingleses da botânica tropical que salientam, como W. Roberts, à base de cujas informações L. E. Elliott publicaria, em 1917, o seu *The World's Horticultural and Medicinal Debt to Brazil*, que a ipeca, por exemplo, descrita como novidade por Piso e Marcgrav, é droga já mencionada por "um frade" – ou padre português – "cujo relato aparece nos *Pilgrimes*, de Purchas (1625), onde é chamada "ipe-caya", sendo assim claro *"that Piso, although the first to bring the drug to the notice of European medical men, was not the discoverer of its qualities"*. Descobertas ibéricas parecem ser as de outras plantas tropicais na Amazônia – da lusitana e da espanhola –, notáveis pelas suas virtudes médicas: a jalapa, entre elas. Isso sem nos referirmos a plantas de nomes apenas liricamente populares ou folclóricos, como as brasileiras "Lágrima de Nossa Senhora" ou o "Melão de São Caetano", que o geógrafo Elliott, baseado em Roberts, junta ao "Cipó Caboclo", à "Camabará" à "Purga do Pastor", à "Laranjeira do Mato", ao "Pão Pereira", ao "Pão Precioso", à "Sapucainha", ao "Óleo de Andiroba" (empregado no fabrico de sabão), como valores de possibilidades científico-industriais que na selva tropical do Brasil têm sido encontrados por portugueses e brasileiros: não tanto por eruditos, que lhes tenham dado de início nomes latinos, como por iletrados e quase-analfabetos, em íntimo ou fraterno contato com a gente indígena. O fraterno contato que tem faltado aos europeus nórdicos ou protestantes, para a grande maioria dos quais a permanência em área tropical, entre populações tropicais e junto a selvas tropicais, tem sido uma série de aventuras em terras e principalmente entre populações por natureza, condição e destino, subeuropeias ou antieuropeias. Impróprias, portanto, ao tratamento fraterno que lhes têm quase sempre dispensado os colonizadores lusitanos dessas áreas e pelos ibéricos de outras origens, como os que colonizaram o Paraguai e a Venezuela, por exemplo, o Peru, a Colômbia e o Equador, a América Central, estabelecendo aí condições de desenvolvimento de civilizações hispanotropicais semelhantes às lusotropicais da Ásia e do Oriente; e à constituída pelas Filipinas, de colonização espanhola.

Interessante é assinalar-se o fato, de significação ecológica, de ter John Ball caracterizado a flora da América do Sul intertropical como um sistema que, ao Norte se estenderia do Brasil à Guiana, pela Venezuela e pela Colômbia, indo, da direção do Pacífico, ao Equador; e ao Sul, iria até ao Uruguai, Paraná e Paraguai. Daí lhe parecer que nas montanhas do Brasil se encontrariam os antepassados de uma flora que poderíamos hoje chamar transregional, dada a sua extensão intertropical. Talvez se venha a estabelecer correlação – porventura, mera coincidência – entre os tipos de civilizações de origem ibérica que se têm estabelecido aí e noutros espaços agrestemente tropicais e a natureza, a vegetação, a flora, a fauna, as águas, o caráter das populações e das culturas humanas encontradas nesses espaços de florestas virgens por Europeus de origem ibérica e, na sua maioria, de formação católica; e, nas suas letras ou nos seus conhecimentos científicos de homens médios – mas não na sua sabedoria –, homens inferiores aos puritanos e huguenotes. Puritanos e huguenotes que, entretanto, fracassaram nos seus esforços de dominar espaços ecológica e culturalmente idênticos àqueles em que se têm desenvolvido civilizações como a brasileira, a paraguaia, a equatoriana, a colombiana, a venezuelana, a centro-americana, e que podem ser já consideradas experimentos de resultados animadores, tanto do ponto de vista biológico, da adaptação de brancos aos trópicos, como do antropológico-cultural, ou especificamente sociológico, de transculturação.

Da transculturação até agora verificada, se pode dizer que se tem operado antes com êxito do que com insucesso, do ponto de vista da formação, em espaços tropicais, de civilizações predominantemente europeias nos seus estilos e técnicas, embora, em alguns casos, à custa de muito sacrifício de vidas e talvez de valores europeus, impossíveis de serem conservados em espaços tropicais na sua pureza absoluta, a não ser em condições quase ridículas de estufa ou artifício. Curioso é que, aceitas as sugestões aqui esboçadas, as condições que caracterizaram a colonização portuguesa das Américas e grande parte da ibérica, de puramente desvantajosas passam a ser, até certo ponto, vantajosas. A principal desvantagem delas estaria em ter sido realizada por um povo ou uma gente que, segundo destacaram *Madame* e o professor L. Agassiz no seu livro *Voyage au Brésil* (1872), em palavras a propósito de Portugal, que poderiam ter estendido à Espanha, havia sido "*le moins affectée par la civilisation moderne*". "*Il est de fait que les grandes transformations qui ont bouleversé l'Europe au Moyen Âge et au commencement des temps modernes avaient à peine atteint le Portugal. Les traditions romaines, l'architecture romaine, un latin dégèneré y florissaient encore quand ce royaume fonda ses colonies transatlantiques, et, dans toutes ces colonies les conditions de la metropole ne furent pas modifiées*", escreveram, naquele seu livro, os Agassiz numa generalização que fez época e ainda hoje citada por alguns dos críticos da obra lusitana ou ibérica na América. Pois o que os Agassiz escreveram de Portugal, em particular, poderiam ter escrito da Espanha.

Já outro europeu, que conhecera o Brasil nos primeiros decênios do reinado de Pedro II, o francês Adolphe D'Assier, escrevera, de ponto de vista semelhante ao dos Agassiz, implicar a transplantação de um indivíduo para terra estranha "*une certaine emancipation intelectuelle, c'est à dire, une dose quelconque d'instruction*", que evidentemente lhe parecia faltar ao português ou ao hispano e até ao latino, em geral – inclusive ao campônio francês –, que se transportava para a América. Isso, em contraste com o emigrante anglo-saxônico. As "maravilhas" da colonização anglo-saxônica da América pareciam-lhe resultado da *"instruction elémentaire considerée chez tous les peuples d'origine saxonne comme une imperieuse necessité sociale..."*. E exaltava o fato de serem os nórdicos homens que liam a Bíblia. Ao que acrescentava: *"On sait combien nos campagnes sont en arrière sous ce rappart, et il ne faut pas chercher ailleurs le secret de l'apathie du paysan français... Entrez dans son logis, vous sentirez comme la lourde atmosphère du Moyen Âge qui rive encore ce malheureux à son ergastule. Quelle différence avec l'intérieur de la chaumière germanique!"*. E com toda a ênfase de que é capaz um francês quando perde a clássica medida, escrevia D'Assier, do campônio germânico, que, premido pelas dificuldades de vida na Europa, partia para *"les terres vierges du Nouveau-Monde"*: *"La Bible, le meuble patriarcal du foyer, le force à franchir un degré de plus de l'échelle sociale et le familiarise avec la lecture"*. Tocava assim D'Assier no que lhe parecia a palavra mágica para explicar o que se lhe apresentava como a superioridade saxônica sobre a latina, e não apenas sobre a ibérica, do ponto de vista de quem considerasse o que vinha sendo até o meado do século XIX a colonização das Américas por vários tipos de europeus: a leitura, o livro, a Bíblia; e, com a leitura, "a emancipação intelectual"; o saber técnico ligado à alfabetização. Assunto de que também cuida, embora de passagem, no seu recente e sugestivo ensaio sobre pioneiros da América e do Norte e bandeirantes da parte da Meridional que se tornou o Brasil, o ensaísta brasileiro Viana Moog.

Precisamente aquela espécie de saber, de vaidade intelectual, de confusão de superioridade de inteligência com a posse simples de informação de ordem técnica, do europeu nórdico em face das condições de espaço e de vida encontradas por ele na América, é que mais parece ter concorrido para fazer esse europeu nórdico e protestante conservar-se quase sempre distante – superiormente distante, profilaticamente distante, orgulhosamente distante – de populações e culturas tropicais, em particular, ou extraeuropeias, em geral, encontradas nas terras que, desde o século XVII, foi invadindo de forma puramente ou principalmente imperial. Procurou ele quase sempre tornar-se dono absoluto dessas terras; esmagando simplistamente resistências nelas encontradas ao seu jugo; repelindo intimidades ou colóquios com as gentes nativas; impondo-lhes valores europeus que substituíssem os indígenas, mesmo quando essa substituição se revelasse contrária às relações normalmente ecológicas do homem com os trópicos. Ou então deixando as gentes nativas de lado, como se fossem parte, quando muito animal, das paisagens exóticas; natureza infra-humana; e eles, os intrusos, a única expressão de civilização – a europeia, a cristã de estilo protestante, a superiormente técnica – nesses meios, inválidos e às vezes dominados tão sem amor pelos seus valores mais característicos, quer humanos, quer vegetais. Daí, terem sido quase sempre homens, plantas, animais estudados pelos homens de ciência de formação bíblica ou protestante, como simples curiosidades ou valores apenas exóticos: atitude nem sempre estendida, é certo, aos minerais.

Daí, mesmo em terras suaves do Brasil tropical, terem fracassado tentativas de colonização, como no século XVI a de franceses, em grande número, huguenotes ou calvinistas, levados por Villegaignon para aquela parte da América; ou a dos holandeses – também na sua maioria protestantes ou reformados – que no século XVII se estabeleceram no Nordeste brasileiro; ou a de franceses "emancipados intelectualmente", como os que, na primeira metade do século XIX, dirigidos por um médico, Mure, pretenderam fixar-se em Santa Catarina como colônia socialista ou fourierista; ou, ainda, a de franceses, esses sob a direção de um homem formado na Escola Politécnica de Paris, Aubé, que sonharam na mesma época demonstrar no sul do Brasil o que era colônia de europeus do norte cientificamente bem aparelhados, tecnicamente bem adestrados, a dominar a natureza tropical e fazê-la submeter, se não à Bíblia, à ciência dos livros e dos laboratórios dos súbditos de Sua Majestade da Escola Politécnica de Paris.

Fracassos, todos esses sonhos de colonização bíblica, reformada, calvinista, científica, técnica, politécnica, da parte da América tropical por onde hoje se estendem, formando um sistema de civilização, que não há exagero algum em chamar-se triunfante, o Brasil e outros países, de formação hispânica e católica-romana; e nas suas bases de colonização europeia, cimentado ainda com o cimento da Europa medieval, tão desdenhada pelos D'Assier; e com sobejos ou restos da civilização romana, pelos Agassiz considerados tão arcaicos, pois seriam de todo ultrapassados – a seu ver – pela técnica, pela ciência e pela crescente alfabetização do homem médio desde a Reforma e a Renascença.

O exemplo do Brasil, como o exemplo de outras áreas da América tropical de colonização igualmente hispânica e igualmente católico-romana nas suas predominâncias, torna difícil dar-se hoje validade absoluta a generalizações como a dos Agassiz e a dos D'Assier. São generalizações que por algum tempo pareceram imponentes aos olhos dos latino-americanos contra a colonização de espaços tropicais realizada em grande parte por europeus analfabetos ou quase-analfabetos dos países ibéricos. Eram, entretanto, esses europeus, portadores da sabedoria oral às vezes superior à simples instrução bíblica e técnica dos europeus semiletrados do Norte – dos homens da Península Hispânica. Homens beneficiados nessa sua sabedoria, acumulada por tradição de família, de grupo profissional, de confraria religiosa, tanto pelos árabes como pelos romanos; tanto pelos contatos cosmopolitas, que desde cedo alargaram a visão das várias populações hispânicas do litoral, como pelos ensinamentos da Igreja católica, comunicados por monges ou frades à gente rústica trabalhadora dos campos ou das plantações do interior.

Quando Bates, revelando-se inglês de formação protestante, farpeou de motejo e de ironia rústicos dessa espécie ibérica – *"ineducated Portuguese immigrants"* –, que encontrou no meio da selva amazônica, quase todos, segundo ele, valendo-se, nos momentos de perigo, de imagens de madeiras de santos, que conservavam nas suas choças, e que, nesses momentos, beijavam, ao mesmo tempo que rezavam a Deus, por intermédio de tais santos, pedindo-lhes proteção contra os perigos tropicais –, revelou-se quase tão estreito quanto qualquer outro inglês protestante da sua época. Incapaz de compreender que esses rústicos, esses analfabetos ou quase-analfabetos, esses devotos medievais de santos realizavam em meio agreste como o amazônico obra de que talvez só eles fossem capazes. Eles, com a sua ignorância de livros, da Bíblia, e das técnicas europeias desenvolvidas por nórdicos para climas ou espaços boreais; com a sua sabedoria apenas oral ou folclórica ou principalmente oral ou folclórica; com a capacidade que lhes davam essa sabedoria e aquela ignorância de confraternizarem mais intimamente com a gente indígena e com os seus valores tropicais de cultura, que os europeus nórdicos e semiletrados, em geral cheios de orgulho bíblico e de vaidade semicientífica; e por esse orgulho e essa vaidade, antes embaraçados do que favorecidos, nos seus contatos com a realidade tropical: uma realidade diferente da europeia e mais acessível ao cristianismo católico e oral que ao bíblico: calvinista ou luterano.

15. O INFANTE D. HENRIQUE COMO PIONEIRO DE UMA POLÍTICA SOCIAL DE INTEGRAÇÃO DE NÃO EUROPEUS NO SISTEMA LUSOCRISTÃO DE CONVIVÊNCIA

Já procurei salientar, em ensaio antigo, que ao gosto de aventura, de risco, de perigo, o português soube quase sempre juntar, na sua expansão pelos trópicos, um como instinto de segurança que necessariamente tinha de exprimir-se, como se exprimiu, no aproveitamento e no desenvolvimento da ideia veneziana, ou florentina, ou grega, do seguro marítimo. E também no desenvolvimento de outras formas de proteção social aos Ulisses: formas que, já existentes no reino europeu e à sombra da Igreja, foram, desde o infante D. Henrique, estendidas, ampliadas, adaptadas a terras ultramarinas – principalmente as tropicais, como a Índia, o Brasil, as Áfricas –, em benefício das populações autóctones dessas terras para os europeus exóticas. As terras da predileção lusitana, a ponto de poder falar-se hoje numa sistemática lusotropical de colonização e de ocupação de áreas tropicais.

Tais formas tornaram-se por vezes grandiosas para a época e para os meios onde floresceram. O caso da Misericórdia de Goa. Aí culminaria de modo monumental a capacidade do lusitano para cuidar dos problemas de segurança humana no meio dos grandes riscos que foram para homens e valores portugueses, europeus, cristãos, as aventuras que, depois de serem marítimas, em busca de produtos, valores e terras exóticas, se tornaram aventuras ou empresas ultramarinas, não já de busca, mas de fixação. Aventuras de busca ou empresas de fixação entre perigos de terras, das quais não se sabia senão vagamente, ou através de mitos, a extensão. Mas que se revelariam perigos maiores que os dos mares; e que só não devastaram no Oriente e no Brasil toda a energia portuguesa porque houve, ao lado de muita audácia, uma prudência ou cautela ou previdência lusitana, atenta desde dias remotos – principalmente desde o infante D. Henrique – a problemas que seriam depois os enfrentados de modo mais vagarosamente sistemático pelas organizações holandesas, inglesas e francesas de seguro, nas suas formas já modernas ou quase modernas. É que na expansão portuguesa, por águas e terras extraeuropeias, o desejo de segurança esteve quase sempre associado ao da aventura.

Especialistas no estudo da instituição e dos chamados do seguro, como o professor Lewis e o professor Ingran, ao reconhecerem o valor social da mesma instituição, destacam que, através de suas atividades, uma coisa é certa: que se tem eliminado da economia social, em grande parte, o acaso, a *chance*, o aventureirismo. Se é exato que a sua generalização data do século XIX, é também realidade o seguinte: desde o século XV que entre os povos os venezianos, os portugueses, os espanhóis, formas elementares de seguro têm corrigido os exageros de aventureirismo, o espírito de jogo, a fantasia das iniciativas loucas. De modo que, se é inconcebível, como dizem aqueles e outros estudiosos do assunto sob critério sociológico, conceber-se a moderna civilização europeia "no seu vigor e no seu poder progressivo" sem o princípio que serve de base, através do seguro, à economia prática da nossa época – o princípio de que "serve melhor a humanidade aquele que melhor se garante e resguarda a si mesmo" –, é também inconcebível uma civilização, como a que tenho denominado lusotropical, a que faltasse o sentido do seguro sob várias das suas formas de proteção do homem e das criações do homem contra o mar, o fogo, o pirata, a doença, a guerra. Sem a Misericórdia de Goa, é duvidoso que houvesse hoje no Oriente esse quase milagre sociológico que é a Índia portuguesa. Sem as Santas Casas, cedo fundadas nas cidades do Brasil e incorporadas ao sistema patriarcal brasileiro, é igualmente duvidoso que a civilização lusotropical tivesse chegado, nesta parte da América, às suas formas atuais. E sem o seguro marítimo, é ainda mais duvidoso que as navegações portuguesas se tivessem desenvolvido com a amplitude, a estabilidade, a continuidade com que se desenvolveram. Essas as proposições que autorizam um estudante de sociologia que procure considerar a instituição do seguro nas suas ligações com o desenvolvimento brasileiro – aspecto de um processo geral que pode denominar-se lusotropical – a sugerir a importância de tal correlação. Correlação – é claro – que se teria processado através de formas ainda tecnicamente imaturas – repita-se – da instituição hoje superdesenvolvida que é o seguro.

Superdesenvolvida não é no caso expressão exagerada. Pois é de todos sabido o impulso que, a despeito das advertências individualistas de Malthus e Spencer contra os excessos de proteção aos inseguros por doença ou velhice, têm desenvolvido as várias formas de seguro protetor do homem contra a doença e a invalidez, desde o meado do século XIX, estendendo-se as formas pessoais de seguro a resguardos contra consequências sociais de morte, contra acidentes, desemprego, viagens; contra ocorrências na vida do indivíduo, que impliquem gastos extraordinários com maternidades, hospitais, casas de repouso; e incluindo as formas impessoais, garantias ou resguardos não só contra a água e o fogo como contra o roubo e contra os riscos de transporte para as coisas e os animais; e, ainda, contra toda uma variedade de perdas ou danos que possam atingir bens, mercadorias, imóveis. De tal modo se tem estendido, o seguro, como instituição ligada à economia moderna e à vida do homem na Europa e noutras áreas civilizadas, que os investimentos de fundos acumulados pelas companhias ou organizações de seguros representam, como ninguém ignora, um dos aspectos mais expressivos da economia, da sociedade e da civilização atuais. Com esse superdesenvolvimento não terão sonhado os portugueses, criadores não só do Brasil como de todo um mundo de civilização predominantemente cristã, fora da Europa, ao iniciarem a moderna sistematização do seguro marítimo e ao darem sabor de um quase-socialismo de Estado a certas formas de seguro social e pessoal. Nem por isso devem ser desdenhados como pioneiros que foram de uma instituição ligadíssima ao seu caráter e à sua missão histórica: a de um povo ao mesmo tempo aventuroso e cauteloso nas suas relações com terras extraeuropeias e com as populações dessas terras: populações com as quais quase sempre se misturaram e às quais quase sempre asseguraram direitos iguais aos seus.

Vá qualquer de nós ao dicionário de sua predileção e procure as palavras "seguro, segurar, segurança, seguridade" e verá que são palavras impregnadas na língua portuguesa do melhor sabor clássico, histórico, tradicional, ao qual só fez acrescentar-se o moderno sentido técnico que as tem definido, como, com relação a "segurar": "obter direito a indenização futura por meio de contrato de seguro"; ou, com relação a "seguro": "contrato aleatório pelo qual uma pessoa que se chama o segurador se obriga para com outra que se chama segurado a indenizá-la de certos riscos ou das perdas ou acidentes que ela possa sofrer (incêndio, recrutamento, quebras, probabilidades de morte etc.". Mas esses significados técnicos juntam-se a significados históricos e clássicos de importância máxima para aqueles antropólogos ou sociólogos que sobre a semântica desenvolvem interpretações a um tempo psicológicas e sociológicas que quase sempre correspondem ao que há de mais profundo, mais expressivo e mais real no passado e no caráter de um povo.

Segurança na língua portuguesa, que é também a língua do Brasil e de todo um crescente mundo, lusocristão nas bases da sua civilização – isto é, uma língua europeia enriquecida, por uma experiência especificamente brasileira, aqui, ali africana, mais além oriental, que se tem juntado à portuguesa –, quer dizer, não só "estado do que é seguro", como "estado das pessoas ou coisas que as torna livres de perigo ou dano", "estado do que nada tem a temer", "certeza, confiança, firmeza" e até "infalibilidade". E mais "certificação", "afirmação", "garantia", "apoio". "Aquela trave é a principal segurança do edifício", diz-se em arquitetura; e para o brasileiro, nisso continuador do português, a casa tem sido de modo particularíssimo a expressão da sua segurança pessoal. E em Camões se encontra o uso da palavra segurança no mesmo sentido de apoio ou esteio não já material, porém moral: "E vós, ó bem nascida segurança, da lusitana antiga liberdade".

Segurança, em língua portuguesa, até prenhez significa: junta-se assim à própria ideia de estabilidade, de constância, de continuidade de vida que a maternidade sugere. E "segurar" só faz acentuar pela sugestão de movimento certo sentido estático, mas não inerte, de segurança. Pois "segurar" é na sua acepção clássica, dentro da língua portuguesa que foi o veículo de formação brasileira, "firmar", "prender", "agarrar". É apoiar, amparar para que não caia ou se arruíne. É capturar, apreender, prender, não deixar fugir. É assegurar, garantir, sustentar, defender. É tornar livre de risco. É acautelar.

E a esse propósito é sociologicamente expressivo o exemplo de linguagem clássica que nos vem do padre Antônio Vieira que, tendo sido, como foi, um grande inquieto, foi um inquieto em busca do que lhe pareceu o máximo de segurança para um Brasil em formação. Daí ter escrito: "Primeiro se deve atender a segurar a conservação do próprio, e depois, se for conveniente, se poderá conquistar o alheio". Em outras palavras: nada de aventuras, enquanto não se tiver assegurado a conservação do que já é próprio a um grupo ou a um indivíduo.

Ainda mais: "segurar" quer dizer "tornar certo o que era contingente". Quer dizer: "sossegar" e "sossegar" é um dos verbos mais repousantes da língua portuguesa. Quer dizer "suster-se" e "equilibrar-se para não cair". Quer dizer "preservar-se", "fortificar-se", "prevenir-se". Enquanto o adjetivo "seguro" chega a querer dizer, no seu sentido clássico na língua portuguesa, "livre de perigo", "confiado", "amparado", "firme", "fortificado"; "garantido". Donde as palavras que vêm em página de Garrett: "Meu bicho, dizia a criancinha, contigo tão seguro eu não brincava, se primeiro o veneno refalsado não te houvessem tirado". E essas outras, de escritor ainda mais alto – de Camões: "Onde terá segura a curta vida". Se eu fosse agente de companhia de seguros à procura de pessoas que devessem pôr no seguro as próprias vidas, era invocando estas sábias palavras do autor de *Os Lusíadas* que eu procuraria persuadi-las a assinarem o necessário contrato: "Onde terá segura a curta vida". Raramente terá alguém escrito, em língua portuguesa, palavras tão carregadas de sabedoria; e essa sabedoria expressa de modo tão belo. Pois aí se extrai o máximo do sentimento de segurança, sem o qual a vida de um homem ou de um povo se dissolve em aventureirismo constante. "Seguro" aí é estar ao abrigo de perigos, riscos, traições. É prudência sem que a prudência se torne covardia: Camões seria o último dos homens a aconselhar aos portugueses a cautela estremada em covardia. Ou aquele outro excesso de ser um indivíduo de tal modo seguro nos negócios que os seus negócios sejam para ele mais que a sua curta vida. "É muito seguro, não larga vintém", diz a sabedoria popular para caracterizar o forreta. Aqui o ser alguém "seguro" significa ainda outro excesso mórbido do sentido de segurança: significa a segurança com sacrifício da convivência fraterna, cordial, cristã, tão característica da formação social do Brasil nos seus melhores aspectos. Contrasta esse sentido mesquinho do seguro com o nobre: aquele em que ser "seguro" significa ser o homem constante, firme, leal; e, por conseguinte, largar mais do que vinténs quando lhe é preciso ser leal à sua comunidade ou ao seu amigo necessitado de auxílio. Amigo seguro, diz-se para designar aquele que não falta ao necessário em dia crítico. Do mesmo modo que é tradição na língua portuguesa dizer-se do tempo bom, sem probabilidade de chuva próxima, que está seguro.

Ideia que se prolonga nesta acepção de "seguro", não já como adjetivo, porém como substantivo: o de proteção, salvaguardar, garantia. Proteção de pessoa em viagem: nas arriscadas viagens de outrora, quando quase todo o viajante era tido por malfeitor e como tal temido pelas populações estáveis. Havia então uma espécie de carta de segurança ou salvo-conduto que se denominava "seguro"; e desse seguro nos dá notícia Fernão Mendes Pinto, o da *Peregrinação*. O português de gênio talvez superior ao de Camões, que viajou por tantos e tão estranhos lugares do Oriente, sendo para lamentar o fato de não o terem trazido os ventos, de Goa ou de Lisboa, ao agreste Brasil, onde uma carta de seguro de El-Rei lhe teria aberto aos olhos ávidos de grande escritor, que foi também grande negociante, um mundo que, no século XVI, começava a nascer, entre extremos de insegurança, excessos de aventura, loucuras até de boêmia lusitana; e providências e iniciativas em sentido contrário, isto é, no sentido da segurança, da estabilização de valores, da garantia de vidas e pessoas contra os riscos tropicais. Providências que marcaram de modo particular o começo da Nova Lusitânia, ou seja daquela parte do Brasil que teve em Duarte Coelho e em sua mulher Dona Brites expressões das que melhor se têm acumulado na tradição lusotropical como espírito de ordem, de prudência, de segurança na formação de um povo moderno.

Quando se fundou a Nova Lusitânia – fundação que se processou com famílias e não com indivíduos soltos –, já essa política de segurança social se afirmara, entre os portugueses, no Oriente, corrigindo em muitos deles o aventureirismo em que por vezes se estremaram nas suas atividades nos trópicos. Nos trópicos e no Extremo Oriente.

Sabe-se pela documentação que Silva Rego tem reunido para a sua *História das Missões do Padroado Português no Oriente*, cujo primeiro volume se refere à primeira metade do século XVI, que, em Ormuz, se distribuíam "esmolas periódicas pelos pobres, sobretudo pelas mulheres cristãs da terra e pelos seus filhos, fruto da sua união, legítima ou ilegítima, com os portugueses". Assistência já organizada, portanto. E incluindo não europeus: autóctones e mestiços.

Não só isso: considerado o clima tropical de Ormuz "doentio, sobretudo por causa dos grandes calores", Afonso de Albuquerque, ao construir aí a fortaleza, cuidou com uma inteligência ou uma previdência que de ordinário só se atribui aos anglo-saxões nas suas modernas empresas nos trópicos – o Canal do Panamá, a Estrada de Ferro Madeira-Mamoré, por exemplo – da assistência médica aos trabalhadores. Pelo que se fez acompanhar, naquela façanha, de físicos, obrigados, por seus regimentos ou por seus contratos com o grande capitão, a tratarem de graça os soldados transformados em trabalhadores de construção. Sucedeu então esses físicos pedirem de vez em quando dinheiro aos doentes, explorando-os. Albuquerque – dizem as crônicas – soube do que se passava. Pelo que, mandou chamar os tais físicos que, dentro do "estatismo" lusitano da época estavam ao serviço do próximo por conta de El-Rei, e irônico, como era, às vezes, disse-lhes que eles "ignoravam a doença dos homens e, por isso, ia ensiná-los". O ensino foi simplesmente isto: mandou os físicos, nessa época doutorais e solenes, "carregar pedra para a fortaleza um dia inteiro". Até que, vendo-os esfalfados, disse-lhes no seu modo patriarcal e bíblico de ser chefe: "os que escreveram os livros das medicinas, por que vós aprendestes a levar dinheiro, não souberam da doença do trabalho; e pois vo-lo ensinarei, d'aqui em diante, curai a gente d'esta doença e dai-lhe do vosso dinheiro que ganhais folgando. E isto vos encomendo como amigo porque vos não queria ver metidos a banco naquelas galés". É o que nos conta Gaspar Correia nas suas *Lendas da Índia*, nas páginas 440-441 do volume II.

A contribuição dos portugueses para o seguro marítimo – contribuição anterior ao Infante – é das que honram a gente europeia que melhor conseguiu, até hoje, fixar-se em regiões tropicais, misturando-se a populações autóctones e assegurando a indígenas assimilados e mestiços vantagens de portugueses. É contribuição que devemos recordar, atentos ao seu maior significado sociológico: o de nela se ter exprimido a prudência, vizinha da ciência, da técnica e da organização, que, nos melhores esforços portugueses e nas mais sólidas realizações brasileiras – desde a "Escola de Sagres" à reorganização do serviço diplomático brasileiro, sob o segundo Rio Branco, ou a organização de Manguinhos, como centro de estudo científico das doenças chamadas tropicais: esforço metódico de Oswaldo Cruz, continuado por Carlos Chagas, por Cardoso Fonte, pelos Osório de Almeida – tem corrigido excessos de aventureirismo, de improvisação e de ação brava, porém desordenada, a que quase sempre nos temos mostrado inclinados, portugueses e descendentes de portugueses.

Nada mais significativo, como sinal de não ter sido esse aventureirismo absoluto nem no esforço brasileiro nem no português – de que o brasileiro é a continuação ou a ampliação em vasto espaço tropical–, que o fato de se ter o português, tanto quanto o espanhol, antecipado a outros europeus, se não na ideia, na ampliação da ideia – insistimos nesse ponto – do seguro marítimo. Pois quase se pode afirmar que sem seguro marítimo não se teria regularizado ou estabilizado o sistema de comunicação atlântica, que tornou possível o desenvolvimento brasileiro como expansão sistemática ou metódica e não à toa e ao Deus dará de instituições portuguesas nos trópicos: inclusive instituições protetoras do homem contra a velhice, a doença, a guerra, a pirataria: contra a própria aventura tropical.

Entre essas instituições protetoras do homem – independente da sua cor, da sua raça, da sua classe, da sua profissão, da sua religião, da própria família –, as Misericórdias, as Santas Casas, as Irmandades, as Confrarias, os Recolhimentos, para não nos referirmos aos conventos ou mosteiros. Sem essas portuguesíssimas instituições dificilmente podemos hoje imaginar o triunfo, em terras rudes e tropicais, daqueles valores mais nobres e delicados de civilização cristã que os portugueses conseguiram trazer da Europa para o Brasil, depois de os terem levado das suas fontes europeias ao próprio Oriente: um Oriente em certas áreas quase de todo desprovido, como já notou o professor André Siegfried, do "senso de caridade" ou de "solidariedade humana, desenvolvida entre europeus pelo cristianismo".

Não nos esqueçamos que é pela palavra não de um português, suspeito do que em sociologia moderna se chama etnocentrismo, isto é, a tendência para o homem considerar "superior" tudo o que é valor do seu próprio grupo étnico ou nacional, mas de um francês do século XVIII, Pyrard de Laval, que se sabe do hospital, mantido então pelos portugueses em Goa, que era mais grandioso e melhor que qualquer dos hospitais da mesma época não só de Portugal como de toda a Europa. E modernos historiadores europeus – um deles o inglês Charles Boxer – afirmam da Misericórdia estabelecida na capital do Oriente português desde o século XVI, para socorro de viúvas, de órfãos, de pobres, dos velhos, de enfermos não só lusitanos e cristãos como de autóctones e mestiços e indivíduos não só de outras raças como de outros credos – que nem os holandeses, nem os ingleses, nem os franceses tiveram nas suas colônias orientais organização que, no gênero, se aproximasse em amplitude e em eficiência da fundada na Índia pela gente lusitana. E levantada naqueles extremos – acrescente-se – quase ao mesmo tempo, quase como expressão do mesmo esforço de estabilização e de permanência que ali, no Brasil e nas Áfricas, desabrochou em fortes, em muralhas, em armazéns, em casas, em redutos dos quais os europeus ou cristãos desgarrados entre mouros, hindus, parses, budistas, e nas Áfricas e no Brasil, até entre selvagens, dependeriam para a sua segurança militar ou para sua estabilidade material. Evidência de que o seguro que podemos chamar social, sob aquelas formas cristãs, antes pessoais que impessoais, lhes parecia de primeira importância para a consolidação do seu esforço no Oriente. Tanto quanto a segurança física.

Evidência, também, de que neles, portugueses, o desejo por assim dizer instintivo, que modernos sociólogos chamam "segurança" e consideram básico no homem social, não tardou em afirmar-se, de modo sistemático no Oriente – como, aliás, não tardou em afirmar-se no Brasil e nas Áfricas – num belo desmentido à lenda de terem sido os lusos, nas suas audaciosas navegações e nos seus estabelecimentos nos trópicos, gente sempre da aventura, sempre do acaso, sempre da improvisação; ou de impulsos místicos ou sentimentais: os excessos que desgraçadamente os levaram a fracassos tremendos em Alcácer-Quibir e noutros campos de batalha, não só militar como econômica. Se na pura técnica de navegação foram eles superados no século XVII pelos holandeses e por esses e pelos ingleses em minúcias decisivas de organização comercial, econômica e mesmo política, que permitiram a esses europeus do Norte arrebatar a portugueses e depois a brasileiros o domínio de produções e mercados importantíssimos – o da produção do açúcar, o do ouro e o da borracha, por exemplo –, o certo é que, em conjunto, o esforço básico do que podemos denominar engenharia social foi, entre portugueses, bem mais sociologicamente completo que qualquer outro; e a qualquer outro superior em aspectos do que os ingleses chamam *"humane"*, e nós temos de nos contentar, em língua portuguesa, em classificar menos expressivamente de "humanitário". Daí a persistência de valores ou traços lusitanos em áreas ou em manifestações de cultura europeia no Oriente e nos trópicos nos quais a presença política ou o domínio econômico dos portugueses tem sido superado pela presença ou pelo domínio de outros europeus, superiores aos luso pela técnica, pelo número ou pela força.

Até onde vai hoje o seguro social público – desenvolvido principalmente da proteção familiar e cristã à criança, à mulher, ao velho, ao afilhado, ao servo?

Segundo autores atuais, especializados no assunto, é um seguro que acompanha o homem moderno em quase todas as atividades.

Na época em que os portugueses disseminaram os seus melhores valores sociais e de cultura pelo Oriente e pela África e os trouxeram à América tropical sob a forma de valores menos portugueses que cristãos, num esforço que foi heroico sem deixar de ter sido prudente, a cristandade europeia já se apresentava de algum modo resguardada contra a velhice e as doenças, não só pela assistência familiar como por organizações leigas e não apenas monásticas, entre fraternalistas e paternalistas na sua estrutura: inclusive as semirreligiosas, semiprofissionais, precursores dos modernos sindicatos de trabalhadores. Tais organizações parece terem-se desenvolvido entre portugueses de forma acentuadamente "personalista", ao mesmo tempo que "familista"; e sob essa forma – a familista – notemos esse ponto, talvez posto em destaque pela primeira vez em ligação com a história do seguro – é que primeiro estenderam eles, com o infante D. Henrique, a sua proteção de cristãos europeus a pessoas não europeias, quando tornadas cristãs, isto é, depois de batizadas com nomes de santos da Igreja e educadas nas práticas e nos ritos da mesma Igreja. Seguridade através da integração.

Os afilhados – indivíduos de cor, desgarrados dos pais naturais –, postos sob a proteção especialíssima de seus padrinhos europeus de batismo, desde os dias do Infante e das incursões dos seus agentes em terras africanas não já de mouros, apenas, mas também de pretos e fulos, veremos dentro em pouco terem representado ampliação ou especialização portuguesa de instituição já antiga na Europa cristã: a do padrinho substituto de pai em deveres ou obrigações de proteção a afilhados sociologicamente equivalentes de filhos. E nessa especialização portuguesa pode-se sem exagero destacar uma forma ativa, dinamicamente protetora, de solidariedade do europeu com o não europeu (uma vez convertido esse à fé cristã) e de amparo da pessoa socialmente fraca pela socialmente forte em que se esboçaram, ainda no século XV, começos de seguro, se não social, no sentido público, particular, no sentido de familiar. Comecemos que no século seguinte tomariam com as misericórdias ultramarinas, de ação tão extensa na Índia e no Brasil, maior vigor sistemático, até se alongarem em formas já modernas ou industriais – e menos coloridas pelo gênio ibérico, intensamente personalista, que pelo anglo-saxônico – de proteção do homem ou do grupo contra riscos ou perigos ligados às atividades diversas.

Parece ser antigo na língua portuguesa o ditado: "O seguro morreu de velho". E se é antigo, como parece ser, rifão tão significativo do ponto de vista sociológico, reflete ele predisposição remota da gente portuguesa para valorizar a segurança contra a aventura. E valorizá-la não só a favor dos portugueses como dos não europeus que foram sendo cristianizados e integrados no sistema lusocristão de comunidade e de cultura, através da sua condição de cativos.

Azurara – ou Zurara – ocupar-se-ia do assunto – a proteção ao escravo pelo senhor patriarcal português, mesmo no início da expansão lusitana no trópico – em páginas – as da sua crônica sobre a conquista da Guiné – que têm sido lamentavelmente esquecidas nos seus aspectos sociológicos: aqueles que, sendo talvez os menos brilhantes como literatura convencionalmente heroica, são os mais impregnados de interesse humano. Inclusive o aspecto sociologicamente épico: que para ser épico não precisa de ser sempre teatralmente bélico. Épico nas suas manifestações de luta do homem contra a natureza, contra as selvas, contra os insetos, contra o mar, contra inimigos nem sempre convencionalmente bélicos, empenhados na destruição dos seus valores.

É Azurara, com toda a sua objetividade, quem nos informa dos senhores que, de acordo com a política social traçada pelo infante D. Henrique – política, pode-se generalizar, de aventura heroica, mas também de segurança, para uma população e uma economia, como as portuguesas, necessitadas de reforço humano de origem estranha para se tornarem ultramarinas nas suas atividades –, acolheram protetoramente os primeiros cativos traizdos da África para Portugal; e procederam de tal modo para com eles, a ponto de alguns cristãos portugueses terem tratado, criado e educado os adventícios como se fossem seus filhos. Era como procediam principalmente as viúvas que deixavam aos mesmos cativos legados nos seus testamentos para que os beneficiados pudessem casar bem e ser considerados livres. O cronista, anotando particularidades do mais puro interesse sociológico, chega a dar-nos notícias dos casos mais concretos desses cativos protegidos por um novo sistema de proteção familiar a estranhos. É um sistema que se deve a Portugal e aos portugueses: particularmente ao infante D. Henrique. Mais de uma vez – diz-nos Azurara – fora convidado ele próprio por senhores desses cativos para os seus batismos e casamentos; e não faziam tais senhores menos solenidade do que se fossem seus filhos ou parentes que casassem. Casamentos acompanhados de dotes. Socialmente seguros, por conseguinte.

Se a novidade desse sistema português de seguro familiar, em que vantagens de filhos foram estendidas a estranhos admitidos a famílias patriarcais como cativos, me parece dever ser limitada pela caracterização "sob forma cristã" – ou, talvez fosse mais exato dizê-lo, com substância cristã –, é que, na sua generalidade de forma sociológica de associação, o sistema me parece ser semelhante ao já em vigor entre árabes maometanos. A virtude do português terá sido nesse, como, talvez, noutros casos, a de haver dado conteúdo cristão ou europeu a formas árabes ou islâmicas de associação que visassem a segurança e a estabilidade tanto do ser como do grupo humano, em circunstâncias pouco favoráveis às formas comuns de relações de senhores com cativos e de adventícios com autóctones e propícias a formas experimentais que, ao mesmo tempo se tornassem, como no caso das relações de portugueses com cativos africanos do século XV, expressões de fraternidade ou de caridade ou de solidariedade cristã estendida de fato, e não apenas de boca, ao gentio. Donde evidentemente resultou terem muitos desses cativos morrido em Portugal, não de excesso de trabalho nem de maus tratos, mas de velhos. Seguros e velhos. Seguros, velhos e ascendentes de portugueses cristãos, que em algumas áreas de Portugal guardam, ainda hoje, traços africanos nem sempre mouros ou berberes, mas às vezes negros ou negroides, nas suas fisionomias.

É uma experiência de seguro, essa portuguesa, do século XV, estendida por europeus e não europeus capturados para um trabalho escravo, que às vezes se tornou fácil e até doce caminho para a incorporação dos não europeus às formas mais estáveis de vida ou de convivência europeia e cristã, que me parece dever constar da história geral do seguro, talvez ainda para ser escrita sob largo critério sociológico. É história que ainda não foi traçada na sua amplitude – salientava-me há apenas alguns anos, em informação pessoal, o próprio professor Alfred Manes, considerado autoridade máxima no assunto; e cujo livro – contendo as conferências do curso que professou em 1943 na Universidade de Indiana – é proclamado pelos competentes um dos mais sugestivos que já se publicaram sobre a matéria, não só considerada nos seus aspectos estreitamente técnicos, como em alguns dos mais sugestivamente sociais. E nos seus aspectos sociais, a matéria tanto interessa ao economista como ao sociólogo e ao psicólogo social, sabido que entre os psicólogos sociais e sociólogos há vários para os quais o homem é movido por um desejo tal de segurança que esse desejo pode ser considerado, a seu modo, instintivo.

É um desejo – por menos instintivo e por mais consequência, apenas sociais, que o consideremos – que encontramos não só em antigas expressões de comportamento humano como em algumas das mais flagrantemente atuais, não se explicando de outro modo o triunfo obtido pelo hitlerismo entre a pequena gente média alemã, vítima de uma insegurança que, de econômica, se tornara psíquica, além de social. Daí o seguro, pelas suas várias formas e pelos seus diversos modos de ser instituição e de ser social, corresponder a inquietações e a solicitações imperiosas, embora às vezes vagas, entre os homens. Solicitações que, desatendidas, não parecem encontrar substituto na satisfação de nenhum outro dos desejos humanos igualmente considerados básicos por psicólogos ou sociólogos. Nem mesmo no famoso anseio de liberdade pura e simples, sobre o qual se têm baseado tantos e tão belos movimentos fracassados de redenção social ou política dos nossos dias, sem falar nos de dias remotos. Inclusive a própria abolição da escravatura, tal como se processaria no Brasil: um Brasil dentro de cujo sistema patriarcal de família, de economia, de sociedade, saliente-se que chegou de alguma maneira a florescer, de modo personalíssimo, o seguro particular estendido por muitos senhores portugueses do tempo de D. Henrique aos seus cativos africanos. Principalmente aos tornados afilhados deles, senhores, ou dos seus filhos: tradição vinda da experiência portuguesa do século XV e que nunca se perdeu de todo entre portugueses estabelecidos no Brasil, no Oriente, e nas Áfricas. Daí o amparo paternalista de senhores brasileiros a escravos doentes e velhos; a moças ou mucamas em idade de casar; a meninos e adolescentes de cor que revelassem gosto incomum pelos estudos. Que vários desses escravos gozaram, dentro da rotina do sistema patriarcal brasileiro – extensão do português do século XV –, de uma segurança que faltaria, durante anos, aos trabalhadores livres, depois de aparentemente favorecidos os escravos, no nosso país, por uma retórica mas estéril abolição realizada quase de improviso: iniciativa de reformadores superficialmente messiânicos, que deixaram de considerar em numerosa gente de trabalho, habituada a ser protegida por senhores nem todos maus ou crus, nas suas necessidades concretas de segurança, para só atenderem a desejos, de ordinário vagos, de liberdade absoluta ou abstrata, que talvez fossem mais de uns tantos inquietos que da maioria dos escravos adaptados à sua situação de trabalhadores dirigidos e assistidos. Situação da qual, normalmente, só aos poucos se desprenderiam. Anormalmente os desprenderia dela o Treze de Maio, para encher o Brasil de vasta população de desajustados e inseguros, que até quase aos nossos dias sofreria, em muitos dos seus descendentes, de crise de insegurança – insuficiência de segurança – mal compensada pela satisfação da parte de vários deles com a própria e abstrata liberdade absoluta que lhes foi concedida; e ainda hoje renegada por tantos desses supostos beneficiados pelo abolicionismo de 88, a favor de um mínimo de segurança econômica, mesmo acompanhada de excessos de paternalismo estatal ou de autoritarismo político.

O normal teria sido que, à segurança patriarcal dispensada pelos senhores das casas-grandes aos seus cativos e dependentes e agregados – muitos deles seus afilhados ou compadres –, se tivesse sucedido, no Brasil, através de lenta preparação, o seguro, pelo Estado, pelas novas indústrias e através de cooperativas, do trabalhador, do operário, da pequena gente média assalariada ou dona de pequenas lavouras, que assim protegida, econômica e socialmente, viesse caminhando para a liberdade ou a democracia política por solicitação dos seus próprios, se não instintos, desejos, socialmente normais, de expressão de personalidade, de consciência e de ânimo políticos. Da conveniência desse abolicionismo gradual houve quem tivesse a intuição, em dias ainda plásticos para que se tivesse formado entre nós uma política experimental de reforma lenta; e encontramos, entre homens públicos esclarecidos do Império, estadistas mais atentos do que simples políticos aos aspectos sociais dos problemas brasileiros; e de tal modo preocupados com as implicações que hoje denominaríamos sociológicas de tais problemas, que alguns chegaram a antecipar-se em precursores de instituições públicas de seguro. Teriam começado tais instituições a substituir em tempo útil as privadas ou patriarcais, cujo declínio se teria processado sem precipitações violentas, isto é, sem se praticarem excessos a favor de gente ainda inapta ao gozo de liberdades que se tornaram vãs por serem apenas cívicas ou políticas; e lhes faltarem o apoio da segurança econômica ou social dos prematuros, imaturos e até involuntários cidadãos.

O barão de Ourém chegou a escrever, à margem do assunto, inteligentes páginas, hoje esquecidas e que descobri ao procurar tomar contato com os aspectos menos ostensivos da época que mais intensamente marcou no Brasil a desintegração do sistema patriarcal não só de família como de economia e de sociedade. Já tentei considerar sociologicamente, num dos meus ensaios em torno da história da sociedade patriarcal no Brasil, o início dessa época desigualmente vivida pela gente brasileira – mais cedo numas áreas, mais tarde, noutras –, que pode ser caracterizada como uma das fases mais críticas que se viveu na América portuguesa, embora sob a aparência de estabilidade ou tranquilidade quase perfeita. Tranquilidade só de superfície. Na verdade, sob a superfície assim tranquila, começo de uma transição a que faltou direção ou plano inteligentemente nacional, tendo prevalecido sobre o bom senso de homens públicos que pressentiram a necessidade de se iniciar ainda no Império uma política social de seguro para a gente brasileira, a retórica acadêmica, o "ideologismo" bacharelesco, o superficialismo sociológico, o abolicionismo teatral, o republicanismo cenográfico de políticos adstritos a soluções políticas e jurídicas importadas da França, da Inglaterra e dos Estados Unidos, de problemas complexamente sociais e peculiarmente nacionais: com raízes nas origens hispanotropicais do brasileiro sistema de convivência.

Estávamos numa época em que não se estudava o Brasil para se cuidar do Brasil. Cuidava-se do Brasil copiando-se a Europa do Norte – tão diferente da ibérica que se fixara nos trópicos; imitando-se os Estados Unidos; contemplando-se as próprias estrelas dos céus e conversando-se com elas – passatempo muito do gosto de sua majestade o segundo imperador dos brasileiros, antes de ter sido fervor puramente lírico de poetas como o aliás admirável Bilac. E esse abstracionismo, esse bovarismo, essa fuga da realidade nacional tinha de nos levar, como nos levou, a uma política de tal modo desgarrada do terra a terra das necessidades e das condições brasileiras, que o Império brasileiro, afastando-se das suas melhores tradições portuguesas, terminaria como negação das próprias virtudes monárquicas já acomodadas ao Brasil; e ainda em vida do imperador – ele próprio discípulo de Victor Hugo e diz-se que até republicano –, substituídas não tanto pelas virtudes, mas, quase sempre, pelos defeitos de um republicanismo sem muitas raízes no passado brasileiro ou no português. Tanto que admira não nos ter custado a aventura republicana – estabilizada graças principalmente à segurança econômica que o café paulista deu desde o fim do Império ao Brasil – a perda da própria unidade ou da própria estabilidade nacional, por algum tempo posta em perigo quase de morte pelos inovadores mais aventurosos ou mais radicais.

Era natural que em semelhante ambiente faltasse a homens públicos, tocados pela mística messiânica que andava no ar, a necessária preocupação objetiva com problemas de segurança ou de seguro social: um seguro social que resguardasse os extremos da gente brasileira – senhores e escravos prestes a tornarem-se ex-senhores e ex-escravos – da instabilidade que fatalmente se seguiria, entre brasileiros, à desintegração do sistema patriarcal. O qual na sua pureza, ou na plenitude do seu vigor, soubera, com todas as suas deficiências, algumas imensas, assegurar um mínimo de estabilidade aos chamados fôlegos vivos. Tal a aversão de vários dos líderes renovadores da época abolicionista do Brasil pelo que fosse ideia de proteção ou de amparo ao homem de trabalho – velha constante portuguesa vinda do Infante, que explica, em grande parte, a solidez da obra de fixação de valores lusitanos nos trópicos – que quase nenhum, de entre eles, considerou digno de cogitação este aspecto nacional – e não particular – do problema: a justa indenização aos proprietários de escravos, que importasse numa espécie de seguro sobre perda capaz de afetar – como, na verdade, afetou – a economia brasileira nas suas bases – especialmente no Norte e no Rio de Janeiro – mais profundamente patriarcais, afetando o país inteiro, não só no seu equilíbrio nacional de produção, como na capacidade dos senhores para cuidarem de ex-escravos velhos e doentes. Senhores agrários que haviam posto parte considerável da sua fortuna, nem sempre grande, e dentro de uma forma, entre muitos deles, benignamente patriarcal, de economia, ao serviço dos seus escravos enfermos, velhos, acidentados no trabalho, viram-se de repente desprezados pelo Estado; e atirados a uma perigosa situação de insegurança, de instabilidade, de desassossego, quase iguais aos que iriam experimentar escravos de repente livres de todas as obrigações de trabalho, sem que essa liberdade fosse acompanhada de qualquer espécie de amparo nacional a esses novos, imaturos e postiços cidadãos. Deixemos, porém, o caso particularmente brasileiro de continuação – interrompida pelo Treze de Maio de modo abrupto – da tradição henriquina de seguro social dos cativos, através de oportunidades de ascensão concedidas a muitos deles e integração na comunidade nacional a quase todos, para considerarmos o assunto nos seus aspectos gerais.

16. A CIVILIZAÇÃO PORTUGUESA COMO ESTILO DE CIVILIZAÇÃO INTEGRATIVA, MARCADA PELA INFLUÊNCIA DO INFANTE D. HENRIQUE

Por que – tem perguntado honestamente mais de um curioso – pretender-se que o português, na sua expansão fora da Europa – principalmente em espaços tropicais que foram, se não os da sua deliberada ou calculada preferência, os mais favorecidos pelas circunstâncias múltiplas (ecológicas, econômicas, biológicas) características daquela sua expansão –, criou um tipo de sociedade e até de homem e desenvolveu um estilo de civilização que não caberiam senão arbitrariamente nas generalizações até hoje feitas sobre civilizações modernas, como, para sermos específicos, as do professor Arnold Toynbee? Ou nas caracterizações de "homem moderno" estudado pelo professor Charles Frankel no seu *The Case for Modern Man*? Ou nos exemplos de "estilo de civilização" oferecidos pelo professor Alfred L. Kroeber, em livro recente de antropólogo que estende a sua antropologia de ciência a filosofia das civilizações? Ou no livro, mais de filósofo que de antropólogo, do professor Northrop sobre as relações do Ocidente com o Oriente?

Trata-se de um problema que obriga o estudioso de sociologia ou de antropologia social a considerar a sua ciência uma daquelas em que os particulares mais perturbam a consolidação de universais: perturbação que se estende à filosofia das civilizações ou à interpretação filosófica do homem, em geral, ou do homem moderno, em particular. Não é fácil chegar-se a uma caracterização nem do homem moderno nem das suas civilizações sem antes se considerar em certas expressões da civilização europeia – penso principalmente na ibérica e na russa–, não só os elementos extraeuropeus da sua formação, como as tendências também extraeuropeias do seu desenvolvimento. Algumas dessas tendências apresentam-se condicionadas pela sua ecologia; e, assim, condicionadas, exigem ou pedem uma interpretação à parte do que se considere na civilização europeia o que nela é mais especificamente ocidental ou mais ortodoxamente europeu.

Sabemos que, quase todas as interpretações atuais do que seja a civilização europeia – mesmo a russa ou a ibérica – em face das não europeias, têm sido elaboradas por antropólogos, sociólogos, historiadores e, sobretudo, pensadores, cujas personalidades se desenvolveram dentro de circunstâncias, se não sociais, de cultura ou de disciplina intelectual, peculiares à Europa mais especificamente europeia, mesmo quando homens, pela origem física, não de todo europeus, como, sem dúvida, alguns dos sociólogos russos – Sorokin, por exemplo – e alguns dos ibéricos. Uma ou outra reação a esse critério, da parte de sociólogos ou parassociólogos ibéricos – Ganivet e Unamuno, por exemplo – não chegou a assumir aspecto sistemático, permanecendo, entretanto, considerável pelo extraordinário visor das suas sugestões. E parece ter faltado ao mais recente dos grandes parassociólogos ibéricos – Ortega y Gasset –, a despeito do todo o seu brio espanhol, o ânimo de se estremar na atitude que, ainda mais que ao rebelde anglo-americano Albion Small, lhe cabia, como espanhol o seu tanto extraeuropeu, ter assumido, em face da sua formação intelectual ou filosoficamente germânica: a atitude de repúdio a conceitos filosóficos e sociológicos desenvolvidos por alemães em circunstâncias sociais e de cultura que não se duplicavam há séculos, nem se duplicam hoje, na Península Ibérica, menos ainda nas suas extensões ou criações extraeuropeias; a atitude de procura de conceitos filosóficos e sociológicos que interpretassem, definissem, caracterizassem novas situações de existência e de convivência na Europa, e de expansão, fora da Europa, de um semieuropeu solidário com a Europa em várias expressões de civilização, mas dela desgarrado em diversas outras; e constituindo, assim, uma variante de tal modo considerável do tipo clássico ou consagrado tanto de homem europeu como de civilização europeia, que exigiria um tratamento sociológico e psicológico particular das suas diferenças do comportamento europeu e das normas puramente europeias de vida civilizada e de pensar civilizado.

Sabemos todos ter Ortega desenvolvido na sua filosofia "raciovitalista" – esboçada desde as *Meditaciones del Quijote* – uma tentativa de conciliação do que nele permaneceu, até o fim da sua atividade intelectual, formação germânica – aquela sua forte, sistemática e absorvente formação germânica que lhe permitiu o esforço, por ele desenvolvido de modo singularmente fecundo e renovador e às vezes através de atritos com o por vezes exageradamente autieuropeu Unamuno – com a sua crescente inclinação para o chamado vitalismo, que lhe terão inspirado sobretudo a formação e o *ethos* hispânicos. Vitalismo nele bem mais intenso, ao que parece, depois do fracasso de sua ação política europeizante, racional, lógica, quase nada vitalista nem hispanista, durante a célebre e efêmera "República de Professores".

Mas não nos devemos esquecer do fato de que discípulo de Ortega foi o ensaísta mexicano Samuel Ramos, há pouco falecido e a quem se deve um livro publicado em 1938 – *El Perfil del Hombre y la Cultura en Mexico* –, em que o raciovitalismo foi trazido com vigor literário e saber sociológico ao que a realidade indo-hispânica apresenta, no México, de mais pungente. Tanto que provocou esse comentário de um crítico de *The Times*, de Londres: "Esses mexicanos aspiram a expropriar a cultura europeia como expropriaram o nosso petróleo". O afã de Ramos, porém, inspirado em Ortega e desenvolvido com uma liberdade de expressão que faltou sempre ao antigo aluno dos alemães, era *"acendrar nuestra vida, sin menoscabo de acercala al plano de las formas universales"*.

Com o mesmo objetivo, mas sem se inspirar no "raciovitalismo" de Ortega e sim, principalmente, em ideias de Max Weber, Georges Sorel e Franz Boas, de entre os modernos, e nas tradições hispânicas de uma ciência do homem, ao mesmo tempo personalista, experimentalista e, diga-se mesmo, vitalista – a vinda de Vives – e extraeuropeia nas suas projeções – a vinda de Raimundo Lulo, a desenvolvida por Montaigne (francês de origem ibérica), a praticada por Garcia d'Orta –, já aparecera no Brasil e em língua portuguesa – em 1933 – outro perfil de homem e de cultura ibero-americana traçado por ensaísta, na época, ainda jovem. Esse ensaísta, então ainda jovem, Ortega y Gasset, naqueles dias em Buenos Aires, foi um dos primeiros mestres a aclamar autor de um livro que correspondia à sua sede de livros que fossem, de um novo modo, racionais e concebidos de acordo com a moderna ciência antropológica – uma ciência empírica no melhor sentido da palavra – mas, ao mesmo tempo, vitais nas suas concepções do homem: de um vitalismo por vezes vizinho de certas correntes de existencialismo. Daí o seu empenho em que tal livro fosse sem demora traduzido – como foi – para a língua espanhola, sob a sua generosa recomendação de que era livro de "pensador" tanto quanto de "cientista": palavras que repetiria a um intelectual brasileiro que o foi entrevistar sobre o que ele pensava da filosofia da América do Sul e a quem ele surpreendeu com aqueles elogios a um "pensador" considerado então por muitos dos seus compatriotas simples pesquisador. Essa entrevista, porém, nunca seria publicada no Brasil. Da minha parte, soube do fato através de amigo fraternal de Ortega: o também meu amigo Pedro Moura e Sá.

Coincide a orientação do ensaísta brasileiro, porventura mais livre que Ortega, nas suas ideias de preconceitos europeus, com a atitude que tem caracterizado os trabalhos mais novos do professor Américo Castro; o qual, da filologia, por ele cultivada sempre com alto senso filosófico e com notável amplitude sociológica, passou nesses seus recentes trabalhos, a considerar a formação ibérica – principalmente a espanhola – do ponto de vista do historiador cultural e do sociólogo da cultura, aqui e ali servido pelo imenso saber de filólogo acumulado por esse sábio espanhol, há anos fixado em Princeton. Através de estudos tanto de história cultural e de sociologia da cultura como de filologia, chegou o professor Américo Castro e uma concepção da civilização ibérica e a uma visão do homem ibérico que só poderiam ter sido atingidas por quem se tivesse libertado, mercê de tais estudos levados ao máximo de profundidade e ao máximo de intensidade na sua aplicação ao caso ibérico, aos particulares ibéricos, a toda uma especificidade ibérica, de ecologia e de história, da submissão ao europeísmo absorvente de que sofreu Ortega – a despeito do seu hispanismo, básico –, sob a influência como que imperial da sua formação alemã; e de que continua a sofrer, a despeito de sua rara lucidez de lógico às vezes completada pela penetração de psicólogo, o ensaísta português Antônio Sérgio, nos seus aliás admiráveis ensaios sobre a formação portuguesa.

Ora, com essa atitude do professor Américo Castro coincide em vários pontos – repita-se – a que tem caracterizado, no Brasil, a de uma já chamada na Alemanha escola filosófico-social do Recife, da qual estariam partindo contribuições porventura novas sobre problemas ao mesmo tempo filosóficos e sociais, de valores, que segundo um crítico alemão só poderiam proceder ou fluir de fontes extraeuropeias de conceituação de valores e de reinterpretação dos problemas que essa conceituação define ou situa de modo novo. Pois seriam problemas intimamente, especificamente, peculiarmente extraeuropeus em alguns dos seus aspectos mais significativos.

Explica-se assim que a um historiador-filósofo inglês como Arnold Toynbee ou mesmo a um anglo-americano como o Northrop de *The Meeting of East and West* ou até a um russo como Sorokin tenha faltado sensibilidade para se aperceber do que na civilização hoje caracterizada por homens de estudo brasileiros e portugueses como lusotropical seja um estilo inconfundível de civilização, no sentido que o antropólogo A. L. Kroeber atribui a essa espécie de estilo: o que defina uma civilização. Estilo, nesse sentido, ensina o professor Kroeber, que não se refere apenas a qualidades estéticas, mas também a valores práticos e úteis que caracterizem, dentro de uma civilização, as suas artes, as suas ciências, as suas relações entre pessoas ou entre grupos. Daí servir-lhe de exemplo, para ilustrar esse estilo, a culinária, segundo ele, associada de modo típico a grandes civilizações; e na qual muito sugestivamente se manifestaria o estilo de cada uma delas.

Na Ásia Oriental, a característica da culinária seria a tendência para o alimento macio, para a redução do arroz ou do trigo a pasta; para a fragmentação da carne e dos vegetais em pedacinhos, na cozinha e pelo cozinheiro, e não pelo indivíduo que se serve desses alimentos. Donde esta tendência característica da culinária da Ásia Oriental: a combinação, num prato único, e como que coletivista, de vários alimentos.

Daquela técnica culinária e dessa combinação de vários alimentos num prato único, composto, complexo, e coletivo, decorreria toda uma série de ritos, de etiquetas, de técnicas associadas à mesa ou, antes, ao ato de comer: o uso de cuias ou tigelas, em vez de pratos que se tornaram característicos da mesa ocidental; o uso de pauzinhos, em vez de facas e dos garfos ocidentais, ou dos dedos indianos; a postura oriental dos convivas – pernas cruzadas, sobre esteiras ou tapetes também coletivos –, em contraste com as cadeiras ocidentais, individuais em torno da clássica mesa de jantar.

O antropólogo Kroeber destaca quatro ou cinco estilos nacionais de culinária ocidental: o francês, o italiano, o britânico, o espanhol, com o anglo-americano como variante do britânico: variante caracterizada pela substituição parcial da sugestão do alimento ao paladar pela sugestão do mesmo alimento aos olhos do indivíduo que vai servir-se dele. E, de entre os estilos orientais de culinária, recorda o chinês e o japonês, cada um desses estilos – os ocidentais como os orientais – associados, a seu ver, ao que chama "realidades qualitativas" da vida, características de um estilo de civilização, não só porque – acrescente-se ao professor Kroeber –, nos seus ritos e hábitos de alimentação, um povo define a sua ecologia, inseparável da base dessa alimentação – carne de boi ou peixe, arroz ou trigo, milho ou mandioca– como a sua própria religião, e o seu sentido de higiene, através, se não sempre de tabus, de preferências por alimentos considerados limpos, sadios, virtuosos.

A culinária – é claro – é apenas um elemento de entre os vários que compõem um complexo do qual se possa dizer que se distingue por um "estilo de civilização" e seja um todo regional que politicamente se defina – como só nos nossos dias a Índia ou a China – em estilo nacional ou transnacional. Mas é um elemento de cultura ou de civilização ele próprio ligado interdependentemente a outros: à religião, à higiene, à estética, de modo geral; e, de modo particular, à técnica culinária; ao modo social de ser levado o alimento à boca do indivíduo – dedos, pauzinhos, garfo, faca, colher, conforme a predominância de sólidos ou de pastas na alimentação em apreços; a móvel ou o equivalente de móvel associado ao ato ou ao cerimonial de comer; abluções antes ou depois da refeição; preces ou sinais religiosos antes e depois da refeição.

O antropólogo Kroeber, em livro recente – livro que, nas suas derradeiras páginas, é uma crítica severa a evidentes simplismos de Toynbee –, considera constituir estilo de civilização não apenas os pendores das belas-artes, mas as tendências de culinária e de vestuário dessa civilização –, e poderia ter destacado também a cerâmica e a arquitetura populares, a procissão religiosa de caráter popular, a dança folclórica, o móvel rústico, a técnica de transporte, o brinquedo da criança, o jogo do adulto, o ritos de sepultamento e de comemoração dos mortos, os que exprimem atitudes da população para com a água, os animais, as plantas, as cores, os vícios em que se exprimem atitudes para com doentes, pobres, velhos, órfãos, viúvas, estrangeiros. Constituem esses ritos, atitudes, um índice que define espaços, definindo também tempos, através de vogas, de modas, de predominâncias igualmente expressivas do *ethos* da civilização que se estude, através do que se possa definir como um estilo, com variantes no tempo tanto quanto no espaço.

Nem todas as civilizações chegam a definir-se inconfundivelmente por um estilo. Nem essa expressividade da parte de uma civilização – a que se defina num inconfundível estilo – é privilégio de civilizações grandiosas pela sua força econômica ou pelo seu poder político-militar, enquanto dure essa força ou esteja em vigor esse poder. Daí parecer ao professor Kroeber que melhor se compreenderá uma civilização estudando-se mais o que seja o seu conteúdo, a sua estrutura, o fluir da sua cultura, que concentrando-se esse estudo nas recorrências de acontecimentos históricos: o método toynbeeano. Método que tem levado o historiador inglês ao que o seu autorizado crítico – o autor de *Style and Civilizations* – chama "preocupação com um pequeno número de grandes culturas altamente contrastantes" com negligência ou omissão de culturas menos grandiosas e menos contrastantes, porém significativas; e vítimas de uma seleção arbitrária que as põe de lado, no esquema toynbeeano, como culturalmente desprezíveis por parecerem ao historiador historicamente secundárias; ou de uma importância histórica demasiadamente transitória, como teria sido a da civilização portuguesa, preparada, à parte da espanhola, pelo Infante e pela chamada "Escola de Sagres", para uma ação não só grandiosamente histórica – embora essa grandiosidade histórica tenha sido, na verdade, rápida ou efêmera – como significativamente cultural: ação, esta última, que se tem revelado – é pelo menos o ponto de vista de alguns de nós, baseados em estudos que talvez sejam tão objetivos quanto os do professor Toynbee com relação não à história (assunto em que é profundo como ninguém) mas à sociologia de culturas modernas – de crescente importância para o inteiro sistema moderno de relações de europeus com não europeus, de brancos com povos de cor; dos habitantes de climas frios com os de climas quentes.

A crescente importância da civilização *née* portuguesa e hoje, segundo alguns de nós, lusotropical, para o inteiro sistema moderno de relações de europeus com não europeus – relações que só através de portugueses e de espanhóis parecem poder desenvolver-se em relações não apenas de reciprocidade, como de interpenetração amplamente cultural e livremente biológica, libertada dos pavores anglo-saxônicos à chamada "mongrelização" – é uma importância que apenas começa a tornar-se histórica; mas já se deixa surpreender, através do que nessa civilização – nos últimos dois séculos e meio, de posição histórica extremamente modesta: espécie de "maria borralheira" entre as civilizações europeias que, depois do século XVIII, se estenderam ao Oriente, às Américas e às Áfricas – é, inconfundivelmente, um estilo. Um estilo – é certo – que nem sempre se distingue do que possa ser denominado ibérico; nem nisso há vitupério algum para a sua lusitanidade, sabido como é que essa é cultural e até historicamente parte do complexo ibérico ou hispânico. Nem por isso deixa o estilo de civilização que tem caracterizado, desde o século XV – desde o Infante – o procedimento da gente lusotropical, de apresentar aquelas peculiaridades que, segundo o professor Kroeber, a página 57 daquele seu livro publicado em Nova York, em 1959, não devem ser desprezadas, quando de alguma importância sociológica, nem sequer nas "*minor, derivative and even humble cultures*".

Várias dessas peculiaridades ter-se-iam desenvolvido no procedimento lusotropical, por influência do Infante, da sua "escola", do cristianismo social por ele aplicado de modo incisivo, desde os primeiros contatos de portugueses com negros da Guiné, a um tipo de relações inter-humanas e interculturais novo para o cristão europeu. Aplicada a essas relações, através das "cinco razões" destacadas por Azurara na sua crônica sobre o Infante, e mercê das quais ele se teria concentrado, com o seu numeroso grupo de sábios de procedências diversas e de especialidades diferentes, em lugar europeu quanto possível distante da Europa continental e próximo de terras extraeuropeias, não só para o estudo de problemas técnicos de navegação como para a consideração – essa do ponto de vista cristão – de problemas de contato de europeus com povos estranhos, com as suas culturas, com as suas civilizações. Pois não parece a alguns de nós que tenha sido improvisação o modo por que o Infante, logo que se verificaram aqueles primeiros contatos, providenciou para que os negros ainda jovens trazidos da Guiné à Europa fossem, depois de aceitarem o batismo cristão, admitidos ao sistema patriarcal de família, em vigor entre os portugueses, como filhos sociológicos desse sistema.

Desse modo de agir do Infante, ante aqueles primeiros e significativos contatos, procurei destacar a importância sociológica na longa introdução – todo um ensaio – que escrevi para o livro *Um Brasileiro em Terras Portuguesas*. Ensaio que – seja-me permitido dizê-lo oito anos após a sua publicação – considero um dos trabalhos menos maus e um dos estudos menos insignificantes que já consegui escrever sobre tema não só lusitano como, além de cristão, "humano, demasiadamente humano" – não compreendendo até hoje a quase nenhuma repercussão por ele alcançada quer no Brasil, quer em Portugal. A verdade é que nunca sabemos, os escritores, o destino daquilo que escrevemos, às vezes as páginas que um de nós escreve com mais concentração de espírito e com mais seriedade de ânimo, sendo as que menos repercussão alcançam entre os críticos e o público por elas mais visados; alcançando melhor compreensão da parte de críticos e de leitores estrangeiros.

Relembro essa minha introdução a um dos meus livros mais obscuros por ter sido ela a minha primeira homenagem de homem de estudo à figura do infante D. Henrique como personalidade das que Thomas chamaria criadoras: foi ele criador com relação a todo um estilo de civilização. O que se teria verificado de acordo, aliás, com a teoria do professor Kroeber – talvez o maior especialista no assunto – de que o grande homem, o homem de gênio, o homem criador, o homem coordenador, concorre para dar a um estilo nacional ou transnacional de civilização características que nele perduram. Luís XV, menor por si próprio que pela ação representativa, projetou-se de um modo perdurável no estilo da civilização não só francesa como europeia; Goethe, no que talvez haja de melhor no estilo da civilização não só alemã como europeia; Cervantes, através do Quixote, no que a civilização espanhola parece apresentar de mais estilisticamente seu como cavalheirismo irredutivelmente romântico ou fidalguismo persistentemente heroico, até da parte de mendigos e mesmo quando comicamente arcaico. Apenas o professor Kroeber adverte que não são tanto como indivíduos que as pessoas criadoras contam e sim pelas suas inter-relações: as inter-relações de tais pessoas, sob a forma das relações das suas personalidades ou dos seus gênios, com um número considerável de pessoas capazes de servirem de lastro ou de veículo cultural às suas criações ou às suas iniciativas. Daí lembrar o antropólogo Kroeber que um gênio matemático de alta potência, nascida num meio em que pessoa alguma fosse capaz de contar além de cem, não descobriria – por falta daquele lastro – nem a geometria nem a álgebra, nem inventaria o cálculo ou a teoria de números.

O Infante nasceu e desenvolveu-se em homem, se não plenamente criador, coordenador de energias criadoras e de saberes especializados, num meio predisposto pela sua ecologia e preparado pela sua história para aceitar e prestigiar nesse solitário de gênio o que, noutros meios, seria considerado extravagante, estrambótico, bizarro. Houve, no seu caso, a justa relação entre o homem excepcional e o meio, favorável à plena afirmação desse homem excepcional em contribuinte decisivo, através das suas iniciativas, dos seus métodos, dos processos de contato humano inspirados por ele em novas áreas de relações de europeus com não europeus, para um estilo de civilização transnacional – pois é hoje tão brasileiro quanto português –, em várias das suas características ainda henriquino.

Henriquino nas predominâncias dos seus processos de relações entre europeus e não europeus, entre brancos e pretos, entre padrinhos e afilhados – instituição, desde o Infante, tão castiçamente lusitana e, depois de constituído o Brasil em sociedade patriarcal, tão docemente brasileira nas suas extensões sociológicas. Henriquino nas suas combinações de estudo científico com arrojo aventuresco que caracterizaram tanto o estilo de ação política de um Afonso de Albuquerque, de um Alexandre de Gusmão, de um D. João de Castro, de um José Bonifácio, de um barão do Rio Branco, como o estilo de ação administrativa de um Rodrigues Alves e de um Oswaldo Cruz, no Brasil, e de um Antônio Ennes e de um Norton de Matos, na África portuguesa. Henriquino na obra de proteção cristã a órfãos, pobres, velhos, doentes, que, desde os primeiros contatos dos portugueses com terras estranhas tem sido realizada pela gente lusitana e, nos últimos séculos, desenvolvida pela gente brasileira, através das misericórdias tão caracteristicamente portuguesas, tão tipicamente brasileiras; e também através de confrarias, irmandades, ordens terceiras que têm concorrido também para o aportuguesamento dessas terras estranhas e para a cristianização das relações dos portugueses com os nativos, uma vez batizados esses nativos pela Igreja e incluídos, muitos deles, tanto entre portugueses como entre cristãos. Henriquino pelo que misericórdias, irmandades, paraninfos mais ou menos responsáveis pelos afilhados têm exprimido de conciliação do espírito de segurança com o de aventura, em quantas manifestações de energia portuguesa – continuada na América pela brasileira – pode ser surpreendido o ânimo lusitano de avançar em toda a espécie de "mares nunca dantes navegados", suprindo-se o pioneiro, para tais arrojos, de leme e de bússola; firmando-se camonianamente no saber dos expertos e na experiência dos velhos; apoiando-se em mapas; baseando-se em cálculos; recorrendo a estrangeiros idôneos.

E quando aos mares se acrescentaram terras, também nunca dantes percorridas por Europeu, o português aventurou-se a desvirginá-las, valendo-se quanto possível das mesmas cautelas; disfarçando-se às vezes em mouro, cuja língua houve em Portugal quem a aprendesse ao ponto de falá-la como se fosse um árabe; nos trópicos, servindo-se do "saber de experiência feito" dos indígenas;

no Brasil, imitando, como bandeirante, os nativos, nos seus hábitos nômadas; nos seus métodos simples e rústicos de lavoura; na sua alimentação sumária de mandioca – alimentação adaptada às longas caminhadas pelos sertões; e dormindo, eles, em rede; aprendendo com eles a curar-se de males peculiares à nova terra e, sobretudo, a prevenir-se contra esses males, pelo uso de ervas e plantas tropicais e de tinturas protetoras da pele. O espírito de segurança henriquinamente associado ao de arrojo ou ao de aventura.

Essas duas tendências em equilíbrio viriam a caracterizar de modo sociologicamente expressivo o que se pode hoje considerar um estilo português – e também brasileiro – de civilização; e distingui-lo do próprio estilo ibérico-castelhano ou ibérico-catalão ou ibérico-andaluz ou ibérico-galego, que são estilos nos quais tem predominado ora uma, ora outra das duas tendências, sem o equilíbrio entre as duas quase sempre característico do comportamento português ou brasileiro. Equilíbrio que se manifestou no próprio modo por que o Brasil se separou politicamente de Portugal: um modo pacífico sem ter deixado de ser aventuroso. Um modo evidentemente civilizado de emancipação.

Alfred North Whitehead, no seu *Adventures of Ideas*, define o que, a seu ver, constitui "civilização". Pensa ser característico de um conjunto merecedor do qualificativo de civilizado o apreço por estes valores: aventura, paz, arte, verdade. Tais valores, segundo o pensador inglês, seriam expressões de experiências, ou de indivíduos ou de instituições: instituições que favorecessem, em vez de dificultar, o desenvolvimento de indivíduos, de pessoas, de personalidades. Mesmo assim, os mais altos valores do viver civilizado seriam, ainda conforme sugestão, que aqui desenvolvo, de Whitehead, desfrutados principalmente na solidão, isto é, por indivíduos capazes de solidão ou, pelo menos, entre grupos de indivíduos afins no seu gosto por uma relativa solidão, fecunda ou criadora.

São ideias, as de Whitehead, sobre as relações entre indivíduos e valores de civilização, que nos fazem pensar de modo particularíssimo no Infante. Nele e no que, por influência principalmente sua, de homem ao mesmo tempo tão solitário e tão animador de estudos e de ações capazes de influir sobre a vida de outros homens, dilatando-a e tornando esses homens mais solidários uns com os outros, se institucionalizou sob a forma de proteções – proteções dinâmicas – ao desenvolvimento de indivíduos e de valores de civilização, dependentes, mesmo no mundo moderno, aparentemente coletivista, mais de indivíduos ou de pessoas do que de massas ou de raças.

Valores de aventura e ao mesmo tempo de paz; valores de arte; valores de beleza e ao mesmo tempo de verdade. A aventura das navegações. A aventura da colonização. A aventura da miscigenação. A paz trazida pela miscigenação. A beleza de *Os Lusíadas* de Camões e da *Peregrinação* de Fernão Mendes Pinto. A verdade alcançada pela ciência nominalista dos Garcia d'Orta e dos João de Castro. Isso para nos referirmos apenas à contribuição portuguesa para o desenvolvimento do homem civilizado.

Todos esses valores se desenvolveram sob a consciência, da parte de indivíduos decisivos na sua influência não já sobre a formação mas sobre o desenvolvimento de um grupo nacional que da Europa se espalhou por meio mundo, de viverem num universo complexo. Donde a necessidade de terem tais indivíduos procurado compreender o que, nesse universo complexo, se apresentava sob o aspecto de fatos e de valores muitas vezes contraditórios; mas entre os quais lhes pareceu sempre possível à sua engenharia social lançar pontes ou meio às vezes delicados como rendas feitas por mulher, de comunicação entre extremos contraditórios. Entre o cristianismo e o próprio islamismo.

De Sagres não saíram apenas, para o mundo moderno, novos meios de comunicação física: meios transoceânicos. Saíram também, inspirados pelo Infante, à base do seu cristianismo verdadeiramente universalista, novos meios de comunicação psíquica, social e cultural entre homens de diferentes raças e de várias cores. Inclusive – repita-se – a instituição do paraninfo ou padrinho de novos cristãos ou afilhados, capaz de integrar na cristandade, protegendo de fato, e não apenas ritualmente, indivíduos procedentes de raças diferentes da europeia e de culturas aparentemente de todo contrárias à civilização euro-cristã. Mas que eram culturas no meio das quais o maior contato de Europeus com as suas instituições viria a revelar valores suscetíveis não só de se harmonizarem com os de aventura e paz, os de beleza e verdade, predominantes entre os europeus, como de enriquecerem esses valores, sob novas perspectivas de aventura e de paz e servindo-se dos descendentes híbridos de europeus e de autóctones de novas substâncias de beleza e de verdade capazes de se acomodarem a formas euro-cristãs. O próprio valor de beleza particularmente em beleza de formas de mulher seria assim enriquecido ao acrescentarem-se as formas já clássicas – as greco-romanas – desse tipo de plástica, novas substâncias e até formas e, principalmente, novas cores, através da grande aventura da miscigenação, em que o português se empenhou mais do que qualquer outro europeu no Oriente e nos trópicos; e em consequência da qual ele tem hoje, como ilhas de paz no meio de um mundo dividido por guerras entre raças, Timor, Macau, Angola, Moçambique, Guiné – ilhas que só serão agitadas se a agitação vier de fora para dentro – calculada, sistemática, organizada por elementos de fora com a cooperação de um ou outro rebelde de dentro.

Animada pelo Infante – aliás, além, de solitário, ascético, embora capaz de imaginar para os homens menos solitários e, sobretudo, menos ascéticos, da sua grei, aventuras de sexo com mulheres de cor, que resultassem em paz social entre raças diferentes e entre civilizações separadas –, a miscigenação iria processar-se fecunda e dinamicamente nas áreas orientais e tropicais ocupadas pelo português. E não só sob formas boêmias e irregulares de amor livre, como sob o aspecto, ao mesmo tempo biológico e social, de um crescimento orgânico regulado pela instituição cristã de família.

Pode dizer-se de Afonso de Albuquerque que, ao promover, na Índia, os primeiros casamentos de portugueses com mulheres orientais, para a constituição de famílias regulares e cristãs, agiu de acordo com o programa, já traçado pelo Infante, para os contatos da gente portuguesa com as populações diferentes da europeia que fossem sendo encontradas nas terras extraeuropeias; e que encarnassem culturas ou civilizações também diferentes da europeia às quais devessem ser transmitidos menos valores especificamente europeus que plàsticamente cristãos; verdades menos europeias que cristãs, com as quais pudessem harmonizar-se verdades extraeuropeias; ideais de beleza também, entre os portugueses arabizados, plásticos desde dias remotos e susceptíveis de se afastarem, ainda mais que na Europa, dos ideais apolíneos das civilizações greco-romanas, para se desenvolverem nos trópicos em novas combinações, formas e cores e em novas concepções de beleza da figura humana, além das consagradas pela estética daqueles dois povos dominadores quase absolutos da civilização europeia.

O ideal da sabedoria dizem-nos filósofos modernos que está na harmonização de verdades. Desde William James e Miguel Unamuno – para só falar nesses – admitem pensadores modernos que, através da filosofia, se harmonize a verdade indicada ao homem pelo experimento científico e a verdade indicada ao homem pela experiência psíquica ou pela crise religiosa. Nada de parcialismos intransigentes como o do psicólogo behaviourista para quem a psicologia seja só experimento, só matéria objetiva, só método matematicamente exato; e que, sob essa obsessão e por temor de subcientista à experiência religiosa, deixa de considerar a informação que lhe daria a vida particular, íntima do homem, através de métodos intuitivos ou introspectivos de apreensão dessa também realidade. Ou como o do antropólogo ou o do sociólogo que só se serve de material mensurável, desprezando o outro: inclusive a experiência psíquica e religiosa do homem social.

A filosofia de harmonização de experimento científico e experiência religiosa, hoje tão atual entre pensadores, parece ter orientado o Infante. Nunca lhe faltou a fé religiosa de cristão ao lado da confiança na ciência, empírica, então nova e combatida menos pelos devotos do cristianismo dogmático que pelos fanáticos do saber aristotélico. Por isso mesmo D. Henrique pôde ser campeão de um cristianismo verdadeiramente universalista e dinamicamente ecumênico e, ao mesmo tempo, pioneiro daquela ciência experimental e empírica, atenta aos particulares para melhor consolidação dos universais, que tornou possível a civilização moderna: inclusive a universalização do cristianismo.

Um escritor português dos nossos dias, João de Castro Osório, em inteligente ensaio sobre o que considera "a revolução da experiência", destaca terem os Descobrimentos – e quem diz Descobrimentos diz uma série de realizações de caráter político, de interesse científico e de amplitude social e cultural, tornadas possíveis pela chamada "Escola de Sagres"– provocado ceticismo entre os europeus: ceticismo com relação às noções tradicionais sobre o homem e o mundo. "Muito mais, porém" – assinala Castro Osório – "contra as Autoridades da Ciência antiga do que contra a Fé".

Duarte Pacheco Pereira e D. João de Castro teriam sido, segundo Castro Osório, os homens de ciência portugueses, com alguma coisa de filósofos da ciência, que mais teriam concorrido para aquela "revolução da Experiência" em sentido contrário à simples ciência adstrita às Autoridades: adstrita sobretudo a Aristóteles. Mas o lúcido ensaísta reconhece ter havido nos Descobrimentos, tais como foram tornados possíveis pelas pesquisas portuguesas, ao lado da expressão de um ânimo científico – "o desejo do conhecimento real do que é e como é" –, a expressão de "um pensamento político servindo uma ardente Fé". Pensamento político e fé religiosa – acrescente-se a Castro Osório – que não foram de modo algum prejudicados pelo desenvolvimento do saber científico, dada a harmonização entre essas três verdades; e entre o saber dos portugueses e o dos sábios de várias procedências reunidos em Sagres pelo Infante. Entre outros europeus, porém, essas verdades, por vezes se separaram em verdades antagônicas. No próprio Portugal essa desarticulação se verificaria sob pressões teocráticas ou influências políticas, contrárias ao desenvolvimento daquela ciência empírica ou experimental a que os Duarte Pacheco, os D. João de Castro, os Garcia d'Orta deram tanto relevo.

São ideias, as de Duarte Pacheco Pereira, as de D. João de Castro, as de Garcia d'Orta, que nos surpreendem pela sua ainda hoje viva e até vibrante modernidade. Pelo que não parece ter exagerado Garcia d'Orta, quando comentou no *Colóquio 9º*: "Sabe-se agora mais em um dia pelos portugueses do que se sabia em cem anos pelos romanos".

Duarte, esse escreveu do Infante que "alumiado da Graça do Espírito Santo e movido por divinal mistério, com muitas e grandes despesas de sua fazenda e mortes de criados seus, naturais portugueses", é que conseguiu o descobrimento da ilha da Madeira e, em seguida, o da Guiné, do qual salienta o aspecto humano: "Ele (o Infante) foi o princípio e causa que os etiópios, quase bestas em semelhança humana, alienados do culto Divino, desde então muita parte deles à santa fé católica e religião cristã cada dia são trazidos". Não é sem certa vaidade que Duarte afirma terem-se os portugueses tornado, graças aos descobrimentos iniciados com o Infante, conhecedores exatos de terras e de populações até então ignoradas: inclusive "o modo de viver" dessas populações. "E nestas cousas" – escreveu – "a nossa nação dos portugueses precedeu todos os antigos e modernos em tanta quantidade que sem represnão podemos dizer que eles em nosso respeito não souberam mais".

Muita falsidade haviam escrito, na verdade, os antigos, daquelas terras e daquelas populações. Inclusive a de acreditarem que "as partes da equinocial eram inabitáveis pela muita grande quentura do sol. De onde parece que, segundo sua tenção, aquela tórrida zona por esta causa se não podia navegar, pois que a fortaleza do sol impedia não haver aí habitação de gente". Escreviam os antigos sobre tais assuntos abstrata e fantasiosamente: raciocinando segundo verdades a seu ver aristotélicas. Faltava-lhes a experiência alcançada pelos portugueses, antes que quaisquer outros europeus: aquela experiência que "é madre das cousas" e pela qual se saberia "radicalmente a verdade", mesmo em sentido contrário ao ensino de Aristóteles.

No mesmo sentido do *Esmeraldo de Situ Orbis,* de Duarte, se manifestaria D. João de Castro. Para o autor dos *Roteiros* e do *Tratado da Esfera* a opinião dos antigos, sobre terras e populações distantes, fora corrigida pela "muita experiência dos modernos" e principalmente pela "muita navegação de Portugal". Inclusive com relação à "tórrida zona", considerada inabitável pelos velhos doutores. "Esteve todo o mundo neste erro" – escreveu no *Tratado da Esfera* D. João de Castro – "até que os portugueses, por sua parte, e os espanhóis, por outra, navegaram e descobriram o mundo todo e acharam que a tórrida zona é habitada e povoada como as outras".

Mais poderiam ter Duarte Pacheco e D. João de Castro atribuído aos hispanos – particularmente aos portugueses – na revolução que desde os primeiros descobrimentos tornados possíveis pelo Infante se operou no conhecimento do universo pelo europeu. Pois não só se achou que o trópico era habitado por populações de cor como habitável por brancos da Europa: pelo menos da Europa ibérica. Não só se achou que tais populações – as autóctones dos trópicos – eram suscetíveis de cristianização como, mesmo as primitivas ou simples na sua cultura, capazes de civilização nas suas formas mais altas. Não só dessas populações foram aproveitados homens para formas civilizadas de trabalho agrário, outrora executado pelos cativos mouros nas Espanhas, como mulheres para esposas de brancos: daqueles brancos, muitos deles morenos, que, desde o seu primeiro contato com as terras quentes, resolveram nelas fixar-se de modo integral, completo, definitivo, assimilando dos indígenas valores que só poderiam ter assimilado integrando-se o adventício na vida desses indígenas e fundando, com mulheres nativas, de preferência cristianizadas, famílias também cristãs no essencial da sua estrutura, embora tolerantes todos – famílias, a sociedade em geral, a própria Igreja – de abusos poligâmicos, pelos seus chefes ou pelos filhos de seus chefes, à maneira muçulmana. Daí a considerável população mestiça que permitiu à gente portuguesa expandir-se em espaços tropicais, fixando-se nos trópicos com um gosto ou um desejo de permanência só esporadicamente encontrado, na mesma época, ou em épocas mais recentes, em europeus de outras origens desgarrados nos trópicos.

Entre mestiços e reinóis, como entre autóctones e adventícios, houve, é certo, mais de uma vez, nas áreas de colonização portuguesa, conflitos ou desentendimentos, como no Brasil os que separaram os chamados *emboabas* dos *paulistas*. Mas não se tendo, nessas áreas, os reinóis constituído em minorias rigidamente fechadas, as interpenetrações entre essas minorias e as crescentes populações mestiças – populações culturalmente mais próximas delas, minorias, que das populações nativas, embora presas a valores das culturas autóctones que, por intermédio, de mestiços dinamicamente plásticos, atingiram os próprios europeus castiços – resultaram na Índia e, principalmente, no Brasil, e têm resultado noutras áreas de formação portuguesa, em civilizações das chamadas simbioticamente lusotropicais.

São esses processos biológicos de miscigenação e, sociológicos, de interpretação de culturas, que, tendo madrugado com o Infante, têm atingido uma maturidade tal, tanto nas suas tendências a estabilização física como a estabilização social, que seus resultados são passíveis de avaliação estética, ao lado da ética. Já nos é possível falar hoje em ligação com a ocupação de espaços tropicais por gente de origem principalmente portuguesa, de uma estética, e não apenas de uma ética da miscigenação. Estética que, no Brasil, não se refere apenas a produtos de sucessivas uniões de portugueses com ameríndias e com africanas, mas de uniões de outros europeus e de japoneses, libaneses, sírios com ameríndias e africanas, puras ou já mestiças.

Tanto a ética como a estética que têm caracterizado os métodos portugueses de contato com não europeus contrastam com os métodos de ordinário característicos de contato de outros europeus com não europeus. Principalmente com os métodos que, na África do Sul, se estremam na chamada política de *apartheid*: resultado de um conjunto de circunstâncias e de influências, diferentes das que condicionaram a expansão portuguesa na África; e que hoje fazem a aflição e o tormento de brancos, pardos e pretos – e não apenas de pretos – naquela área africana.

Do *apartheid*, sabemos que é a consagração mais completa, até hoje realizada, do mito da superioridade absoluta da raça e da civilização europeias sobre raças e civilizações – ou culturas – não europeias. À sombra desse mito é que se tem realizado no sul da África – área, a princípio portuguesa e católica, depois holandesa e protestante e hoje dominada pelo bôer e pela Igreja Reformada Holandesa – sistemática dominação dos bantos por uma minoria intransigentemente europeia, que teima em não se integrar na ecologia africana e em conservar-se imune do outro contato com a população nativa, senão o representado por essa espécie de dominação exercida *manu militari*. Basta que se diga que para dez milhões só de bantos há hoje na União Sul-Africana apenas cerca de três milhões "europeus", que são, entretanto, donos de 80% das melhores terras férteis. Isso quanto à dominação econômica e à sucessão ecológica.

Do ponto de vista da opressão cultural, é significativo o fato de que só aos chamados europeus se tem permitido participar de modo pleno dos ritos e dos benefícios da Igreja Reformada Holandesa que é, ali, a forma de cristianismo oficialmente dominante. Do próprio cristianismo – que se tornou, assim, exclusivo de europeus, como se fosse um novo e cru judaísmo – são excluídos os nativos, desejosos de se integrarem numa civilização cristã. De modo que é uma civilização, a etnocentricamente europeia, na África do Sul, que, eficiente sob vários aspectos da sua europeidade – conservadas, aliás, um tanto artificialmente em terra africana – fecha, entretanto, aos africanos pretos e de cor, não só as oportunidades de ascensão econômica num sistema de civilização intitulado "africano" mas em vigor apenas, no que diz respeito às suas vantagens, para europeus, como as oportunidades de participação de nativos na cultura invasora levada à África pelos mesmos europeus: inclusive no seu cristianismo. Um cristianismo estreitamente sectário ou mesquinhamente faccioso, não só por ser o de uma pequena seita cristã, como por estar ao serviço apenas de um pequeno grupo de europeus: ou únicos que, naquela parte da África, teriam almas dignas de ser salvas por Cristo ou redimidas pelo cristianismo.

A negação, portanto, do cristianismo franqueado de todo a não europeus e até sôfrego pela salvação das suas almas, mesmo quando almas de homens arrancados às suas tribos para serem reduzidos ao cativeiro, que o Infante associou, desde o início das suas aventuras africanas, à expansão portuguesa na África. A negação, também, dos métodos lusocristãos de contato de europeus com não europeus, de adventícios com autóctones, que, desde aquelas primeiras aventuras do Infante, têm orientado a expansão lusitana não só na África negra como noutras áreas tropicais. Pois no estilo de civilização hoje característico tanto do Brasil como dessas outras áreas de formação portuguesa, permanece, nas normas que regulam o contato entre homens de origens étnicas diversas e de procedências culturais diferentes, a marca da influência decisiva do infante D. Henrique.

Da ausência de europeísmo intransigentemente etnocêntrico não só no seu cristianismo como na sua ciência levada a terras extraeuropeias, espanhóis e, sobretudo, portugueses podem hoje vangloriar-se, em vez de lamentar-se. Assim agindo, agiram, na verdade, mais cristãmente e até mais cientificamente que outros europeus, embora venham a ser acusados de se terem limitado a ser legistas, inquisidores e guerreiros nos seus contatos com outras civilizações.

Não são, aliás, apenas os estrangeiros que, em história desta ou daquela ciência, omitem quanto seja ou tenha sido contribuição ibérica ou hispânica para as ciências da natureza ou do homem – contribuição baseada em experiência no Oriente ou no trópico. Concorrem, assim, tais estrangeiros para que se consolide esse mito: o de que das Espanhas e do seu contato com as suas antigas Índias não tem surgido nenhum trabalho de caráter científico ou paracientífico merecedor da atenção dos outros povos.

Mas para a consolidação do mesmo mito também têm concorrido bons e honrados hispanos, uns, por excesso de autocrítica, outros, por ignorância do que seja a contribuição dos hispanos de outrora – desde o século XV – e dos de hoje, para o desenvolvimento da ciência antropológica, da geografia, da botânica, da farmacopeia, da medicina chamada tropical. Alguns dos próprios discípulos do professor Américo Castro – autor de notável reinterpretação do passado ibérico – é ao que se inclinam: a prestigiar o mito, ao considerar Ramon y Cajal o único homem de ciência autêntico que a Espanha teria produzido, esquecidos de que o critério de homem de ciência por eles seguido, para chegar a tal conclusão, é demasiadamente norte-europeu e excessivamente milnovecentista para ser universalmente válido no tempo e no espaço, numa época em que se processa a reabilitação da medicina chinesa e em que se intensifica a valorização de Leonardo da Vinci como homem de ciência ao mesmo tempo que de arte e de pensamento.

A verdade é que os descobrimentos realizados e consolidados pelos hispanos resultaram de um esforço científico em que colaboraram estrangeiros, é certo, mas do qual não esteve ausente de modo algum o hispano. Vives era espanhol. Garcia d'Orta era português. Misto de português e de espanhol era Acosta. Sahagun era espanhol. D. João de Castro era português castiço: fidalgo, até. Português era Alexandre Rodrigues Ferreira. Português tornado brasileiro era José Bonifácio de Andrada e Silva: para alguns, o mais sábio, o mais lúcido, o mais compreensivo dos brasileiros.

Precisam os hispanos, em geral, os portugueses, em particular, de ser menos humildes com relação ao esforço não só paracientífico como científico de homens saídos da sua gente e do qual se tem aproveitado a ciência, decerto muito mais ilustre que a ibérica, de outros povos, às vezes sem dar às sugestões dos pioneiros obscuros e incompletos o justo relevo. Vives é decerto um desses pioneiros – reconhecido, aliás, pelos alemães. Acosta, outro – proclamado por Humboldt. Garcia d'Orta, ainda outro. E a chamada "Escola de Sagres" representa toda uma constelação de pesquisadores científicos cuja obra teria sido, talvez, impossível noutro país, que não o Portugal daquela época, e se lhes tivesse faltado a direção de um príncipe da visão política, da lucidez científica e do fervor religioso do infante D. Henrique. O qual mais do que ninguém contribuiu para que cedo se esboçasse um estilo lusitano de civilização servida pela ciência, mas servida também, mais ainda que pela ciência, por outras atividades enobrecedoras do homem e da convivência humana. Inclusive a religião: no caso, a cristã.

17. INTEGRAÇÃO DE RAÇAS AUTÓCTONES E DE CULTURAS DIFERENTES DA EUROPEIA NA COMUNIDADE LUSOTROPICAL: ASPECTOS GERAIS DE UM PROCESSO

Integração significa, era moderna linguagem especificamente sociológica, aquele processo social que tende a harmonizar e unificar unidades diversas ou em conflito, sejam essas unidades elementos de personalidade desgarrados ou desintegrados – assunto mais psiquiátrico que sociológico –, indivíduos com relação a outros indivíduos ou a grupos, grupos com relação a outros grupos. Integrar quer dizer, na mesma linguagem especificamente sociológica, unir entidades separadas num todo coeso, um tanto diferente da pura soma das suas partes, como se verifica quando tribos ou estados e até nações diferentes passam a fazer, de tal modo, parte de um conjunto, seja nacional ou transnacional, que dessa participação resulta uma cultura, senão homogênea, com tendência a homogênea, formada por traços mutuamente adaptados – ou adaptáveis – uns aos outros. Assim compreendida, a integração contrasta com a subjugação de uma minoria por uma maioria; ou – pode-se acrescentar – de uma maioria por uma minoria, contrastando também com a própria assimilação.

Sirvo-me, em grande parte, nestas considerações iniciais sobre um processo hoje tão em foco – com a crise franco-africana, principalmente –, de definições, já clássicas, de Watson e de Coyle, consagradas pelo professor Henry Pratt Fairchild no seu *Dictionary of Sociology*. Em grande parte, porque, ao apresentá-las, apresento-as acrescentando-lhes palavras em que se refletem, senão conclusões, sugestões derivadas de um já longo estudo pessoal dos mesmos processos, no qual a matéria principal de observação tem sido, em relação a grupos não europeus e a culturas não europeias, a hispânica e, dentro dessa particularização, especialmente a portuguesa em relação com os mesmos povos e com as mesmas culturas.

Assim qualificadas as expressões "integração", "assimilação", "subjugação", vê-se que, no sistema de relações do português com grupos não europeus e com culturas não europeias, embora se tenha verificado por vezes, na história dessas relações, subjugação da mais crua de não europeus por portugueses – que o diga o exemplo do "Albuquerque terrível"– e, outras tantas vezes, assimilação da mais intencionalmente absorvente – do que é exemplo, ainda hoje, a quase glorificação, no direito ultramarino de Portugal, da figura do "assimilado" –, a tendência mais característica do mesmo sistema tem sido no sentido da "integração". Integração perturbada, quer no Oriente, quer noutras áreas de contato do português com não europeus, por essas duas tendências, sem que, entretanto, em nenhuma área das mais importantes ou em nenhuma fase das mais expressivas da expansão lusitana em espaços não europeus, essa perturbação tenha ido ao extremo de tornar o método de subjugação violenta de povos estranhos ou de sistemática assimilação de culturas exóticas a constante no sistema das relações do português com esses povos ou com essas culturas.

É comum referirem-se historiadores, antropólogos e sociólogos ao contato de europeus com não europeus como expressão de um especialíssimo processo que, não chegando a ser nem de subjugação nem de assimilação, menos ainda de integração, poderia ser caracterizado como sendo, ou tendo sido, de europeização. A tendência para a europeização raramente deixou de assimilar as relações dos portugueses com não europeus, embora a alguns de nós pareça que o empenho da gente lusitana, ao tomar contato com esses povos, tenha sido, quase sempre, mais o de socialmente cristianizá-las que o de culturalmente europeizá-las. O que talvez se deva antes a um retardamento que a um adiantamento na cultura dos portugueses, que, a partir do século XVI ou desde esse século, tem sofrido a competição, que em algumas áreas se tornou vitoriosa, da parte de outros europeus. Mesmo assim, criaram no Oriente uma Índia mais cristocêntrica que etnocentricamente portuguesa; em Macau, uma pequena ilha socialmente cristã ou paracristã e étnica e culturalmente sino-lusitana; no Brasil e nas Áfricas, sociedades cristocêntricas em suas predominâncias de comportamento, embora de modo algum de todo portuguesas na composição étnica de suas populações ou sequer de suas elites ou na consubstanciação das suas culturas, de formas iniciais ou básicas abertas a substâncias diferentes das europeias.

Que espécie de retardamento de cultura – retardamento com relação a povos europeus seus vizinhos e, desde o século XVI e principalmente desde o XVII, seus rivais, nas aventuras de expansão em espaços não europeus – terá caracterizado o português colonizador, desde então, de tantas áreas tropicais, em suas relações com essas mesmas áreas, e lhe favorecido, nessas e noutras áreas, uma política social de integração de raças autóctones e de culturas diferentes das europeias num todo inicialmente europeu, além de cristão, em suas próprias predominâncias de cultura, mas com tendências a homogêneo sob a forma de um terceiro tipo de cultura ou de civilização: nem o europeu nem o das populações incorporadas desde o início na comunidade lusocristã? Terá realmente havido tal retardamento? Terá sido ele favorável a uma política social com relação a não europeus e às suas culturas que nenhum outro povo europeu conseguiu, até hoje, seguir com o mesmo êxito alcançado pelo português sob a forma de uma política de integração?

Sou dos que admitem ter havido tal retardamento; e, por minha conta, vou além: aventuro-me a sugerir ter sido um retardamento, esse – se é que realmente houve – antes vantajoso que desvantajoso para as relações do português com não europeus e para a política de integração que, mais do que qualquer outra, tem caracterizado essas relações. Mais do que as violências de subjugação. Mais do que as tendências à pura sistemática assimilação do exótico ao castiço.

De que modo se teria retardado Portugal com relação ao adiantamento alcançado pelo Norte da Europa, ao definir-se a fase mais ativa de expansão dessa Europa e da ibérica em espaços não europeus? Ter-se-ia retardado principalmente no tocante à chamada Revolução Industrial que, quase de súbito, alterou profundamente – todos o sabemos –, naquela Europa – a do Norte –, as relações entre classes e entre indivíduos. Relações que, entretanto, continuaram na Europa ibérica, senão as mesmas da fase mais caracteristicamente pré-industrial e pré-burguesa, outrora comum a toda a Europa cristã, mais semelhantes às daquela fase que parecidas com as da nova: nova e renovadora. Renovadora, sobretudo das sociedades norte-europeias tornadas, pelo industrialismo e pelo protestantismo, além de bíblicas, isto é, partidárias da leitura e interpretação da Bíblia pelo indivíduo médio e apenas alfabetizado, adeptas de uma intensa valorização não só do indivíduo, em geral, como desse indivíduo médio, em particular, de repente investido, por essas novas circunstâncias e por essa nova filosofia social, de responsabilidades até então desempenhadas por entidades especializadas em dirigir ou orientar o conjunto social, enquanto a gente média como que se sentia, quase toda, socialmente segura e psiquicamente satisfeita na sua situação de gente dirigida ou orientada.

Com as novas responsabilidades de que se viu investida, a gente média parece ter-se sentido, pelo menos durante um período considerável de tempo social, insegura; e com esse sentimento de insegurança a respeito do seu próprio valor e da sua capacidade de dirigir-se a si mesma é que teria passado a ser o principal elemento representativo não só da Europa como do cristianismo junto e não europeus. Sua superioridade com relação a todos esses não europeus ostensivamente se manifestaria em suas novas técnicas de produção industrial; e em suas noções de mensuração de tempo – no tempo cronométrico; e com relação a muitos dos mesmos não europeus no fato de muitos deles, norte-europeus, serem, como cristãos reformados, indivíduos bíblicos, alfabetizados e até literários, no sentido antropológico da palavra; capazes, portanto, de um saber de que os analfabetizados eram incapazes. A tal superioridade corresponderia o fato biológico de serem brancos: outra ostensiva insígnia de superioridade a distingui-los dos não europeus rústicos, analfabetos, pré-literários.

Seriam, porém, superioridades todas essas que precisariam de ser afirmadas, entre inferiores, por superiores não de todo seguros de ser superiores a tais inferiores. O burguês norte-europeu, por vezes pedantemente bíblico no seu cristianismo reformado e enfaticamente neoindustrial na técnica de produção econômica – uma técnica que o valoriza como indivíduo médio e como gente média –, parece ter precisado de reagir contra o sentimento de insegurança, característico, aliás, de todo indivíduo ou de todo grupo novo no poder, na cultura e na riqueza, exagerando-se nas manifestações ostensivas de sua superioridade. Uma das evidências de superioridade teria sido, para aquele norte-europeu, desde o século XVI e principalmente desde o XVII, desgarrado entre não europeus, a que estaria a olhos vistos na sua brancura de pele e nas suas características de raça.

Essas especulações sobre dois passados europeus, contraditórios em vários pontos e que se manifestaram em dois comportamentos, também em vários pontos contraditórios, de colonizadores europeus em face de populações e de culturas não europeias de espaços não europeus, são especulações de caráter, senão sociológico, parassociológico, que se baseiam em fatos irrecusáveis, característicos dos mesmos dois passados e dos mesmos dois comportamentos e que nos permitem sugerir – ficando a sugestão a depender, para a sua maior validade como chave de interpretação social, de minucioso estudo histórico do assunto – ter sido um desses comportamentos, em seus começos, caracteristicamente pré-burguês, o outro, também em seus começos, caracteristicamente neoburguês. O pré-burguês – pré-burguês nas suas predominâncias e não de todo, como não eram de todo neoburgueses dos séculos XVI ao XIX nos norte-europeus, tendo havido entre eles até no século XIX sobrevivências de cultura pré-burguesa – ter-se-ia manifestado num sentimento generalizado de segurança do europeu cristão em face de povos não cristãos, reforçado em muitos portugueses e espanhóis pelo seu já consolidado triunfo de povos pré-burgueses, cavalheirescos, com alguma coisa de arcaicamente civilizados, sobre os mouros. Esse sentimento de segurança teria favorecido o contato íntimo de portugueses, como europeus, com povos não europeus e com as suas culturas: contato também favorecido pela circunstância de grande parte dos portugueses e dos espanhóis que começaram a se espalhar, desde o século XVI, por espaços não europeus terem sido homens analfabetos, cristãos orais e folclóricos e não bíblicos; e, por conseguinte, em situação de muito mais fraterna e facilmente se entenderem com povos não europeus, quer dos chamados primitivos, quer dos denominados civilizados (entre os quais poucos eram os grupos sociologicamente literários), do que os homens médios da Europa do Norte: cristãos hirtamente bíblicos e inseguramente neoburgueses – além de europeus e de brancos condicionados também por essas duas situações, então novas para eles: a de cristãos bíblicos e a de burgueses – nas predominâncias das suas atitudes e do seu comportamento.

Acresce que, como povo ainda predominantemente pré-burguês e pré-industrial nas suas atitudes, o português que, a partir principalmente do século XVI, se tornou colonizador de espaços não europeus adotou, nesses espaços, quando neles fundou grandes plantações de cana-de-açúcar, um tipo de escravidão também predominantemente pré-burguês e pré-industrial em suas características; e em nítido contraste com o tipo de escravidão predominantemente industrial e burguês que seria, quase sempre, o adotado por outros europeus nos mesmos espaços. Desse pré-industrialismo e desse pré-burguesismo, assim como de outros fatores que não interessa aqui considerar, resultou, evidentemente, um sistema especialíssimo de relações de senhores com escravos nos espaços não europeus marcados pela presença portuguesa; e à sombra do qual foi possível a tendência para a subjugação de não europeus por dominadores europeus e o próprio pendor para a assimilação de não europeus num tipo inflexivelmente europeu de civilização. Tais tendências, porém, se adoçaram, frequentes vezes, numa outra tendência: a tendência para a integração de dominadores e de dominados, de brancos e povos de cor, de europeus e não europeus num novo tipo de sociedade e num novo tipo de civilização, caracterizado pela presença, nessa terceira sociedade e nessa terceira cultura, dos povos de cor e das culturas não europeias. Não só presença: participação.

Já procuramos considerar o caso particularmente brasileiro de interpretação da tradição henriquina de seguro social dos cativos, dando-se oportunidade de ascensão a muitos deles. Consideremos, agora, o assunto em alguns dos seus aspectos gerais, sem nos afastarmos, entretanto, desse expressivo exemplo.

A preocupação com a segurança social dos cativos, dos trabalhadores, dos neocristãos, vindos de culturas ou de civilizações tropicais, diferentes das europeias, caracterizou, nos seus dias por assim dizer castiços, o sistema tanto português, em geral, como brasileiro em particular, de escravidão antes patriarcal do que industrial: a utilizada por portugueses e, independente o Brasil do Estado mas não da comunidade ou da cultura predominantemente portuguesa, por brasileiros, na colonização agrária de regiões tropicais. Sistema que, com todas as suas falhas, contribuiu para a integração não só do português no trópico, como do nativo do trópico nos estilos de vida levados da Europa a regiões tropicais pelo português, em particular, e pelo hispano, em geral.

Note-se que, no Brasil, até o fim do século XIX, se conservou, com a relativa proteção do escravo pelo senhor patriarcal, de modo afetivo e familiar – e com o compadrio a ligar até senhores e escravos –, um sistema de seguridade social condicionado pelo tipo patriarcal, doméstico, persistentemente árabe, renitentemente pré-industrial e pré-burguês, de escravidão. O tipo de escravidão que o português adotara do mouro para, sobre essa técnica de trabalho e, principalmente, sobre esse sistema de relações entre europeus e grande parte de não europeus – os cristianizados –, desenvolver a sua expansão nos trópicos.

Na África e no Oriente, a extinção como que prematura do regime patriarcal de escravidão não permitiu que se processassem do mesmo modo que no Brasil nem a integração do não europeu pelo europeu em ambiente familiar, patriarcal doméstico, nem a proteção do trabalhador não europeu pelo senhor europeu ou cristão. O fato de se ter o regime de trabalho escravo, de feitio patriarcal e adoçado por uma inspiração cristã vinda do Infante, prolongado no Brasil até o fim do século XIX, parece a alguns de nós, investigadores do assunto, ter representado evidente vantagem para a consolidação, no Brasil, de um tipo lusotropical de civilização, quase sempre caracterizado, quer pela proteção do escravo pelo senhor, quer pela oportunidade concedida ao escravo de concorrer para um novo tipo de convivência, com valores e técnicas especificamente tropicais.

Pode-se afirmar do método de integração de não cristãos em sistema luso-cristão de convivência, através da escravidão de tipo patriarcal, com a condição de escravo modificada ou adoçada pela de afilhado do senhor, que, tendo sido um método português de assimilação cultural e de proteção social inaugurado pelo infante D. Henrique no século XV, se prolongou no Brasil, ainda mais do que na África e no meio de deformações e de deficiências consideráveis, até o século XIX. A despeito de todas essas deformações e de todas essas deficiências, foi graças principalmente a esse método que, dentro do sistema brasileiro de organização patriarcal de economia, de sociedade e de cultura, se processou a integração do africano, escravo ou descendente imediato de escravo, num tipo de comunidade ou de sociedade e num estilo geral de cultura – comunidade e estilo predominantemente eurocristãos – de que ele, de ordinário, o mesmo africano passou a sentir-se participante.

A instituição do afilhado, a do dote, o compadrio agiram poderosamente, no Brasil e noutras áreas de formação portuguesa, no sentido de tornar possíveis relações de tal modo afetivas, de tal maneira complexas – sutilmente psicossociais até – entre senhores e escravos e entre descendentes de senhores e descendentes de escravos e, também, a favor da ascensão dos indivíduos e subgrupos socialmente mais fracos, favorecidos, nessa ascensão, pelo socialmente mais forte, que a fórmula "senhores e escravos", proposta por alguns para o esclarecimento ou a interpretação do desenvolvimento social brasileiro, resulta mecânica, simplista e inadequada. A interpretação do mesmo desenvolvimento social brasileiro pelo complexo Casa-Grande e Senzala – preferida por outros analistas desse desenvolvimento – está longe de ser apenas uma nova expressão verbal ou simbólica dessa fórmula. É mais compreensiva do que ela pela importância que atribui a um conjunto de relações criadas não apenas pela subordinação de escravos a senhores no plano da atividade econômica e da hierarquia social, mas por uma vasta e sutil interpenetração de atitudes, valores, motivos de vida, estilos de cultura – os senhoris e os servis, os europeus e os não europeus – condicionados por um tipo patriarcal de convivência, particularmente favorável a tal interpenetração.

Desse tipo patriarcal de convivência é que se pode afirmar ter nascido com a política social de integração de não europeus em sistema lusocristão e, dentro desse sistema de proteção a neocristãos, inaugurada no século XV pelo infante D. Henrique, ao procurar dar sentido amplamente cristão às primeiras relações entre cristãos e não cristãos, entre europeus e não europeus – e não apenas entre senhores e escravos – na África ocupada pelos portugueses e entre os portugueses que acolheram nas suas casas patriarcais os primeiros cativos vindos da África. Desenvolveu-se o sistema no Brasil; mas a sua origem parece a alguns de nós inconfundível: a política inaugurada pelo infante no remoto século XV.

Venho a sugerir neste ensaio, já demasiado longo para os seus modestos objetivos, que as normas de segurança do trabalhador cativo e de integração desse cativo ou desse trabalhador, quando exótico ou de origem exótica, no sistema português patriarcal e cristão de família e de sociedade, traçado pelo infante D. Henrique, informaram, em grande parte, o desenvolvimento dos métodos escravocráticos de proteção do escravo pelo senhor e de incorporação do mesmo escravo à família patriarcal do mesmo senhor seguidos pela gente lusitana na sua consolidação socioeconômica em áreas tropicais. Principalmente no Brasil.

Que esses métodos, de possível origem maometana mas cristianizados de todo pelo Infante, distinguiram o sistema escravocrático lusotropical dos demais sistemas de escravidão eurotropicais, parece-me evidente. São muitos os depoimentos de estrangeiros idôneos que assinalam tal diferença, em face de uma maior benignidade – destacada por esses estrangeiros – da parte de portugueses e de brasileiros estabelecidos patriarcalmente em áreas tropicais com fazendas e engenhos, com relação a seus escravos, vários dos quais tornados pelos patriarcas de casas-grandes, pessoas de casa, tratados pela gente senhoril como membros da família e feitos participantes integrais, senão das crenças católicas, dos ritos católicos, de batizado, de crisma, de casamento, de morte, da liturgia da Igreja e das principais normas cristãs de comportamento e de convivência.

A não poucos desses escravos no Brasil, quer colonial, quer imperial, foram dadas, dentro da tradição henriquina, oportunidades de ascensão social pelo casamento e pela instrução, iguais ou quase iguais, às que se concediam aos filhos brancos das famílias a que pertenciam sociologicamente os cativos.

Não são poucos os depoimentos idôneos que registram tais facilidades, mercê das quais numerosos filhos de escravos, de indivíduos nascidos escravos, se tornaram, na sociedade brasileira, rivais de brancos senhoris, ou de origem senhoril, nas funções que lhes foi dado desempenhar e no prestígio que alcançaram através do desempenho de tais funções.

Em trabalho universitário de mocidade, escrito e publicado em língua inglesa, procurei salientar alguns dos aspectos que parecem ter diferenciado o sistema escravocrático brasileiro – e não só é a caracterização válida para o sistema que se possa denominar brasileiro, em particular, como para o português, em geral – dos demais sistemas escravocráticos seus contemporâneos, através de uma maior benignidade da parte dos senhores nas relações com os escravos. Sugeri, mais, que essa benignidade se afirmava na comparação do tratamento do escravo típico das áreas de formação portuguesa – típico porque vários foram os escravos, não só no Brasil, como em Angola e em Moçambique, vítimas de maus senhores, pelo senhor brasileiro ou português típico, a cuja família o mesmo escravo sociologicamente pertencia – com o tratamento recebido de industriais pelos operários, nas fábricas europeias – principalmente inglesas – dos primeiros decênios do século XIX. A tese, na sua primeira parte foi, se não impugnada, posta em dúvida por um generoso intérprete do que se pode considerar a filosofia de história que meus trabalhos sugerem: o professor Lewis Hanke. Não me parece, porém, que o erudito de Harvard tenha apresentado um só argumento que de fato comprometesse aquela tese. Sua atitude é a de quem, sem conhecimento especializado do assunto, reluta em aceitar uma "benignidade portuguesa" difícil, com efeito, de ser compreendida sem um estudo das particularidades que a explicam histórica e sociologicamente.

É essa benignidade que me parece, hoje, dever ser associada às normas de segurança do trabalhador e de integração do cativo exótico ou de origem exótica num sistema lusocristão de sociedade ou de comunidade traçadas pelo infante D. Henrique. O exemplo maometano de escravidão doméstica, familiar e patriarcal, não lhe teria sido estranho. Mas ele soube traçar, de modo nítido e inconfundível, uma política caracteristicamente cristã e portuguesa de relação de cativos com senhores, de africanos com europeus, de que evidentemente se impregnou grande parte do sistema de colonização portuguesa em sua tendência para se tornar, a despeito do regime de trabalho escravo que por tanto tempo vigorou nas áreas sob o seu domínio, um sistema integrativo. Embora tenhamos de admitir graves desvios do espírito henriquino no desenvolvimento desse sistema – Afonso de Albuquerque chegou a ser, nesse particular, na Índia, uma espécie de anti-Henrique –, a verdade é que as normas henriquinas se estenderam da Europa vizinha da África negra aos trópicos mais distantes, marcados pela presença portuguesa. Principalmente ao Brasil.

Ainda há pouco, lendo o livro, publicado em Londres em 1878, em que os ingleses C. Barnington Brown e William Lidstone registram suas observações do Brasil que conheceram já no fim da era escravocrática, deparo, à página 26 de *Fifteen Thousand Miles on the Amazon and its Tributaries*, com este depoimento a respeito de uma típica fazenda patriarcal por eles visitada no Norte do então Império: "We never looked upon slaves without feelings of pity (...) but we were pleased to observe that Senhor O. always treated his with great humanity – in fact, he would not use the term 'slaves' but spoke of them always as belonging to his household". O método henriquino em pleno vigor no Brasil escravocrático da segunda metade do século XIX.

Assim se explica – pela sobrevivência, pela persistência, pela permanência na sociedade escravocrática é certo, mas, ao mesmo tempo, patriarcal do Brasil do século XIX, de normas de tratamento de escravos por senhores vindas de D. Henrique – o fato de ter havido, com efeito, no Brasil, um regime de escravidão que de ordinário ou em parte foi uma escravidão antes doméstica que agrária ou agrário-industrial; uma função da organização familiar que condicionava a atividade econômica, base somente material de sua existência e não apenas expressão dessa atividade econômica independente daquela organização: uma organização tocada de sugestões cristãs, influenciada pelo apreço, da parte dos seus dirigentes, por valores dos chamados espirituais; conservadora de normas de contato de brancos com pretos inauguradas pelo Infante.

Ainda outra característica antes cavalheiresca que burguesa, antes pré-industrial que industrial, marcou desde o infante D. Henrique não só o tipo de relações de cristãos portugueses com não europeus, como o próprio modo por que o português se organizou e se preparou para as aventuras marítimas. Foi notável no procedimento do Infante o seu método de associar ao que fosse teórico em ciência o que fosse prático em experiência. Daí ter recentemente destacado o professor Lopes de Almeida, da Universidade de Coimbra, que para criar, como criou, uma nova técnica de navegação que permitiria – acrescente-se ao intelectual português – a expansão, em novos espaços, da inteira Europa cristã e não apenas da ibérica – embora a ibérica cumprisse essa missão com um fervor pela transmissão dos valores chamados espirituais a povos não europeus e pela integração desses povos num sistema antes cristão que europeu, de civilização, que foi um fervor quase de todo ausente no esforço de outros europeus –, o Infante se socorreu não só de sábios como também de homens além de práticos, audazes.

E é de todo o interesse para os que repelimos as teses chamadas arianistas, que atribuem as melhores virtudes de audácia, iniciativa, arrojo aos povos nórdicos, considerando os demais povos passivos e inermes sem descriminar entre raça e constituição nem entre raça e cultura – tese defendida com relação à colonização do Brasil pelo insigne, mas nesse ponto desorientado, Oliveira Viana – que tais homens práticos e audazes, encontrou-os o Infante menos em portugueses do norte predominantemente nórdico de Portugal que no sul do mesmo país. Um sul de população consideravelmente penetrada de sangue mouro.

É o próprio professor Lopes de Almeida quem salienta dos "homens práticos" que o Infante chamou a si para realizar uma empresa tão baseada, por um lado, na melhor ciência da época, quanto, por outro lado, dependente do melhor arrojo de que fosse capaz o cristão ibérico, terem sido de um tipo de português que então distinguia os filhos do Algarve: "Pela maior parte... audazes e fortes, especialmente sobre o mar". Donde o comentário do mestre de Coimbra de ter sido principalmente com gente como esta – a do Algarve – que "se reconheceram os ventos gerais do Atlântico e as condições que permitiam tanto as viagens para o Sudoeste como a volta pelo largo, se estudaram os meios de eficiente adaptação dos navios, se elaboraram as cartas e os mapas novos...". O que não significa ter sido insignificante, no esforço de colonização dos espaços descobertos por gente assim audaz, a contribuição dos portugueses do norte, muitos dos quais louros e alvos. Apenas não nos devemos esquecer do fato de muito terem concorrido para esse esforço descendentes de mouros e de judeus, em grande parte já integrados na civilização predominantemente cristã da Península Ibérica. Já integrados nessa civilização que, por sua vez, se enriqueceu, através dessa integração, com valores nada insignificantes de cultura. Donde o processo de contato de portugueses com norte-africanos próximos da Europa ter sido, desde aqueles dias remotos, antes de integração de vários grupos étnicos e de diferentes culturas num sistema só ou único de convivência que de assimilação de uns grupos por outros ou de umas culturas por uma outra, absorventemente imperial.

Será que a política menos de assimilação que de integração de povos não europeus e não cristãos num sistema comum de convivência, inaugurada pelo Infante com relação a outros povos, além de mouros e negros africanos vizinhos de europeus e desde então quase sempre – nem sempre, infelizmente – seguida por portugueses, vem a significar a destruição sistemática desses povos e das suas culturas pelo dominador? Raramente tal destruição se tem verificado em áreas de colonização portuguesa no interesse de uma completa assimilação de cultura autóctone à adventícia. A característica da colonização dessas áreas tem sido quase sempre aquele processo biológico, de miscigenação, e sociológico, de interpenetração de culturas, que hoje nos permite falar numa civilização lusotropical por alguns considerada "única", mas que, na verdade, representa a intensificação de um tipo ibérico de política biossocial, seguida quase sempre pelo cristão peninsular – pelo espanhol, não apenas pelo português – naquelas áreas nas quais não teve de se defrontar, como no México e no Peru, com civilizações já vigorosamente desenvolvidas.

Do método português de ordinário chamado assimilação – mas, na verdade, antes de integração que de assimilação – pode dizer-se, com o professor Marcelo Caetano, da Universidade de Lisboa, que se tem caracterizado pelo afã de procurar o luso transmitir aos povos não europeus "a sua fé, a sua cultura, a sua civilização, chamando-os ao grêmio da comunidade lusitana". Mas sem que se tenha extremado na imposição de leis europeias a povos não europeus. "Pelo convívio e pela educação" – salienta o professor Marcelo Caetano que, aliás, em discurso notável, embora sem repercussão alguma no Brasil, manifestou em público, na sessão inaugural da XXX reunião, em Lisboa, do Instituto Internacional de Civilizações Diferentes, de Bruxelas, a sua solidariedade de intelectual e de político com a tese dos lusotropicalistas brasileiros – "vamos transmitindo a mentalidade nossa, a nossa fé, a nossa cultura, os nossos costumes, de tal maneira que os assimilados se enquadrem depois, naturalmente, na legislação e nas instituições portuguesas, por necessidade deles e não por imposição nossa".

O que se tem destacado do Brasil, com relação à interpenetração sociológica de culturas e biológica, através da miscigenação que caracterizou os aspectos decisivos da sua formação – que foi uma formação considerada nesses aspectos ainda hoje válidos, predominantemente portuguesa –, tem sido destacado mais recentemente da área africana de colonização lusitana por um estudante profundo e idôneo dessa área – o comandante Teixeira da Mota. O comandante Teixeira da Mota, geógrafo e historiador, tem aplicado à interpenetração do esforço português na África a chave sociológica de não ter sido um esforço etnocêntrico mas social e culturalmente cristocêntrico. Em trabalho recente, publicado no *Boletim*, de janeiro-março de 1959, da Sociedade de Geografia de Lisboa, sobre "portugueses na África negra", o comandante Teixeira da Mota registra o fato de depoimentos de franceses e de holandeses dos séculos XVII e XVIII – Dapper, Labat e Villant de Bellefond, por exemplo – assinalarem a cidadania portuguesa dos nativos chamados assimilados da África daquela época. O que faz o ilustre pesquisador concluir deverem certos escritores modernos, para os quais o sistema português de ordinário chamado de assimilação, mas na verdade – repita-se, retificando-se, em parte, o professor Marcelo Caetano e o comandante Teixeira da Mota – de integração, se enquadra nos dos outros europeus, de colonização quase exclusivamente econômica nos seus objetivos e quase puramente política nos seus métodos, que "para além dos sistemas políticos e das estruturas econômicas, há outros aspectos a considerar nas relações em sociedades multirraciais – os psicológicos e os de convívio, por exemplo". Para o comandante Teixeira da Mota, são os próprios depoimentos de historiadores franceses dos séculos XVII e XVIII – por ele cuidadosamente estudados – que indicam terem os portugueses lidado com os africanos, "admitindo tacitamente a sua capacidade (dos africanos) de serem homens no sentido total do termo".

Não há exagero em dizer-se do rumo que principalmente tomaram os contatos dos portugueses com povos do Oriente e da África e da América tropicais – admitindo-se a preferência dos mesmos portugueses pelas terras quentes e até pelas mulheres de cor – que tem representado, há séculos, o desenvolvimento da política social inaugurada pelo infante D. Henrique, com objetivos que só sociologicamente podem ser definidos – definidos como amplamente socioculturais, nunca reduzidos a puros propósitos teocráticos, por um lado, ou econômicos, por outro, embora estes propósitos econômicos viessem por vezes a tomar um relevo extraordinário nas atividades lusitanas nos trópicos. Mas raramente esse relevo comprometeria aquela política de "convívio" a que se refere o comandante Teixeira da Mota; e cujas origens são claras: vêm do cristianismo social, familiar, mais de relações cotidianas e de família que de cerimônias clericais e de igreja, aplicado pelo infante D. Henrique às primeiras relações de portugueses com africanos. E que favoreceram o desenvolvimento dessas relações como um processo de integração de raças não europeias e de culturas diferentes da europeia – ou dos europeus – num sistema de comunidade mais cristocêntrico que etnocêntrico, mais sociologicamente cristão que social, cultural ou etnicamente europeu nas suas normas de convivência e no seu modo de ser comunidade.

Pertenço a uma das áreas da comunidade que tenho insistido de há anos em denominar lusotropical, em vez de luso-brasileira, mais marcadas na sua experiência histórica pela vontade quase unânime da sua gente de permanecer cristã nas bases da sua cultura e nos seus motivos mais profundos de vida. Pois foi a área onde mais se aguçou, no século XVII, o conflito entre esses motivos de vida e os que quiseram impor à sua população, então já em grande parte mestiça no sangue e mista na sua cultura, europeus do Norte, da mesma religião reformada que hoje supre os dominadores brancos da União Sul-Africana de uma ideologia antes etnocêntrica que cristocêntrica de justificação do seu severo domínio sobre populações de cor. Do conflito que então se travou, pode hoje dizer-se, em linguagem simbólica, que foi um conflito entre "Olinda" e "Olanda".

Foi nas terras do Nordeste do Brasil, da Bahia ao Amazonas, que naquele século se escreveu a sangue o endereço do Brasil: uma só nação em vez de duas; uma civilização toda ela ibérica e católica nas suas bases, embora aberta a novas, fecundas e diferentes influências; um povo todo ele tendo a língua portuguesa por sua língua nacional, em vez de anarquicamente poliglota; uma democracia de brancos confraternizados com ameríndios e com africanos; o Brasil de hoje e não outra África do Sul holandesa da Bahia ao Amazonas e com Olinda de todo abrasada ou dominada por "Olanda", segundo a profecia célebre. Terrível profecia que pareceu, a certa altura, ir tornar-se realidade.

"Olanda" conquistou Olinda, mas Olinda libertou-se dentro de alguns decênios de "Olanda". "Olanda" juntou da sua civilização à civilização de Olinda valores que se tornaram brasileiros, respeitados, porém, os representados por uma Olinda já irredutível no que nela, sendo ainda português, era potencialmente brasileiro. Incendiando Olinda e fixando-se no Recife, que se tornou, desde então, a capital econômica do Nordeste, como uma Marta que completasse Maria, "Olanda" como que reconheceu em Olinda alguma coisa de eterno que, nem por meio do fogo, do seu calvinismo, do seu mercantilismo, do seu modernismo destruiriam. A verdade é que não destruíram, na civilização hispanocatólica, de que o burgo olindense se tornara um reduto, os valores essenciais. Nem tudo o que se destrói a fogo desaparece ou se extingue com o fogo. Ou desfazendo-se em cinza. Olinda resistiu ao fogo dos holandeses com uma civilização que já se fizera espírito: espírito cristão, espírito lusitano, espírito brasileiro, espírito pré-burguês à espera de um futuro pós-burguês.

Eu sei que, para alguns intérpretes do desenvolvimento humano, isso de espírito é pura retórica. São muitos, porém, os brasileiros, a sentirem que a sua história não é só a do açúcar nem apenas a do café nem simplesmente a do cacau ou a das minas ou a do charque. É também a de um espírito que, tendo-os unido, do século XVII ao XIX, contra as então chamadas hereges, uniu-os também contra o racismo, o imperialismo, o mercantilismo que, sem essa reação de espírito, teria feito de Brasis separados de Brasis outras Javas ou outras Indonésias. A história de um povo não é só a que se explica pelo A+B dos matemáticos da sociologia. É também a história que esse povo sente ser para ele mais real que a real; mais verdadeira que a que vem contada nos livros apenas lógicos, racionais, objetivos, de história ou de sociologia.

Olinda sobreviveu, no trópico brasileiro, à "Olanda", como um triunfo principalmente daquele espírito pré-burguês e cristão sobre o próprio açúcar que lhe tornara possível a prosperidade dos seus primeiros anos de esplendor. "Olanda" arrebatou decerto a Olinda o primado na produção de açúcar. Arrebatou a uma Olinda já cidade-princesa, cheia de igreja e de sobrados iguais aos da Europa, os anéis que brilhavam nos dedos, já civilizados, nas mãos já aristocráticas, dos olindenses. Mas não lhe destruiu o espírito que em Olinda se tornara, em menos de um século, com as escolas, os teatros, as igrejas, os sobrados, a graça, o dengo – e não apenas o luxo – das primeiras iaiás de sobrado, com a eloquência, a sapiência, o gênio de um padre Antônio Vieira, alguma coisa de superior a açúcar, a dinheiro, a comércio; alguma coisa de superior à própria ciência holandesa dos Piso e dos Marcgraf e à própria pintura norte-europeia dos Post.

Foi por aquele espírito pré-burguês que Olinda sobreviveu à agressão burguesa, capitalista e imperialista de "Olanda"; e com Olinda, Pernambuco; com Pernambuco, o Brasil; com o Brasil, Angola; com Angola, toda a comunidade de língua portuguesa. Foi animado por esse espírito pré-burguês, que em torno dessa e de outras Olindas começou a processar-se, desde o século XVI, a integração de raças autóctones e de culturas diferentes da europeia, num tipo de comunidade.

Foi pelo espírito pré-burguês que não só Olinda, como essa comunidade inteira, hoje pronta a rebentar em energia pós-burguesa, desde que a alguns de nós parece ter findado os seus dias a civilização puramente burguesa e rigidamente capitalista, se tornaram, aos olhos de europeus do próprio norte protestante da Europa, a encarnação daquilo que o cientista alemão Konrad Guenther considerou, no começo deste século, a essência mesma do caráter não só português, em geral, como brasileiro, em particular. Guenther admirou o Rio; admirou São Paulo; admirou o sul do Brasil. Mas foi em Olinda, na área dominada pelo espírito de Olinda, que encontrou, como ecologista, a maior harmonia brasileira alcançada por uma civilização predominantemente europeia entre o homem e o ambiente, através não só da arte, da arquitetura – a nobre, vinda de Portugal e desde o Oriente adaptada sabiamente pelo português ao trópico, e também a rude, primitiva, mais indígena que europeia –, como de madeiras e de costumes que deram ao mestre alemão a impressão de uma hospitalidade desconhecida pelo europeu ortodoxamente burguês, estritamente capitalista; e na qual julgou encontrar alguma coisa de ameríndio junto com outro tanto de europeu de uma época da Europa, cavalheiresca e, talvez pudesse até ter acrescentado, quixotesca, em que, na Alemanha da terceira década do século XX, já ninguém vivia. Nem na Alemanha, nem na Grã-Bretanha, nem na França, nem na Holanda – todas, então, puramente burguesas. Nesses costumes e nessas maneiras vibraria, porém, segundo Guenther, uma "vitalidade moça" que era a negação de qualquer arcaísmo. Não se vivia, no Brasil – ainda conforme Guenther – mais brasileiro, no passado; mas, talvez – parece ter sido a sua ideia – num futuro mais cordialmente humano e mais verdadeiramente cristão que aquele, no começo deste século, em que então se requintava o modernismo burguesamente europeu ou anglo-americano, com um ou outro Rimbaud ou um ou outro Walt Whitman a revoltar-se contra os excessos desse sistema de vida e de cultura. O que, sendo exato, é outro aspecto da vitória do espírito pré-burguês de Olinda sobre a técnica, requintadamente burguesa e, no século XVII e mesmo nos séculos seguintes, superior à ibérica, à portuguesa, à lusocristã, de "Olanda".

Olinda e "Olanda" – "Olanda" designando menos uma nação que é, e tem sido há séculos, uma das mais simpáticas e cultas da Europa, que todo um tipo de civilização estritamente, hirtamente europeia: mesmo quando em contato mais demorado com os trópicos –, e Olinda caracterizando outro tipo, também de civilização, que representa uma quase completa integração de povos não europeus e de culturas não europeias numa cultura plasticamente europeia – são forças que se têm contraposto no desenvolvimento do homem brasileiro em particular, de origem portuguesa, em geral, uma representando, sobretudo, nesse desenvolvimento, a eficiência da técnica, aplicada tanto à produção como ao transporte, outra, representando, principalmente, o que nesse desenvolvimento, alguns, não sei se diga românticos, continuam a considerar essencial; e esse essencial sob a forma de valores difíceis de serem evocados por outra designação senão a de valores de espírito. Valores de espírito de modo algum hostis a que neles se integrem os técnicos.

Dentro da moderna civilização brasileira, em particular, e lusotropical, em geral, "Olanda" está principalmente no sul e no centro do Brasil. É hoje mais São Paulo do que Minas, e talvez seja, agora, mais Minas do que Rio Grande do Sul. Olinda continua principalmente em vigor entre brasileiros pobres e desajustados do Nordeste e da Amazônia, sem que adiante ao todo nacional do Brasil ou ao todo supranacional constituído pela comunidade lusotropical, um tal domínio das "Olandas" sobre as Olindas, que as Olindas se aquietem em simples e estéreis museus; e as "Olandas" ganhem no Brasil e na comunidade lusotropical eficiência técnica igual à dos europeus e à dos americanos mais progressivos, perdendo, porém, com esses ganhos, quanto seja caráter ou quanto seja alma ou quanto seja espírito que continuasse a distinguir a civilização de origem portuguesa das outras civilizações; a marcá-la de fraterno lusocristianismo; a pô-la como democracia étnica aos *apartheids* sul-africanos, tão degradantes para a condição humana; tão característicos dos triunfos completos das "Olandas" sobre populações e terras disputadas às Olindas e nas quais quase nenhuma integração de raças autóctones e de culturas diferentes da europeia se tem processado em proveito de um tipo de comunidade que se desenvolva fora da Europa de acordo com uma ecologia distinta da europeia.

Precisamos, os portugueses e os brasileiros, na nossa vida e na nossa civilização, de quanto primor de técnica nos possam trazer as "Olandas" tanto de fora como de dentro de Portugal e de dentro do Brasil. Mas sem que as Olindas deixem de aparecer nos altos da nossa paisagem ou nas saliências da nossa cultura.

Surpreendeu, no começo deste século, a Konrad Guenther – sábio alemão de quem Olinda deveria ter feito seu cidadão honorário, e Coimbra seu doutor *honoris causa*, pois foi até hoje o europeu que melhor sentiu nos valores olindenses os valores portugueses e a sua importância para o Brasil – o fato de São Paulo ser, já então, uma cidade onde em cada hora se levantava uma casa. Surpreendeu-o a técnica, a indústria, a riqueza do sul do Brasil. Mas foi dele a advertência aos brasileiros de que não se supusessem senhores do seu futuro só através do aumento da sua riqueza. O Brasil devia, ao mesmo tempo que desenvolver sua riqueza, desenvolver o seu espírito: um espírito que continuasse a derivar-se da harmonia do homem civilizado com o ambiente e da harmonia do europeu com os nativos do trópico. Harmonia que em linguagem sociológica se chama integração.

Donde, para alguns de nós, estudantes já antigos desse processo, e para quantos se têm empenhado no estudo da comunidade lusotropical como um todo dinamicamente inter-regional, dinamicamente inter-racial e dinamicamente intercultural, a importância das Olindas, como fontes, ainda hoje vivas, de sugestões, não só para os brasileiros do Centro e do Sul, como para todos os homens que hoje constituem a mesma comunidade: uma comunidade em fase ativa de integração. Sugestões para uma arte, para uma arquitetura, para uma cultura que, sendo modernas ao ponto até de modernistas, não repudiem de modo algum a experiência de integração portuguesa nos trópicos, na qual, como cidade portuguesa na América tropical, Olinda se antecipou às demais cidades do país; e da qual, como cidade, guarda nas suas pedras e, sobretudo, no seu espírito e hoje, para os próprios arquitetos modernos do tipo de Henrique Mindlin e do próprio Lúcio Costa, valores pré-burgueses capazes de rebentarem triunfalmente em valores pós-burgueses, agora que o arcaico, o superado, o ultrapassado, já não é, para os modernistas mais recentes, o barroco e sim a arte burguesa, a técnica carbonífera, a economia ortodoxamente capitalista do século XIX e do começo do XX.

Visitando há pouco Brasília maravilhei-me com as criações de arte que ali hoje começam a como que flutuar, de tão leves, tão puras, tão esplendidamente belas, no mais fino ar do centro do Brasil, à maneira de joias de uma nova espécie que o artista de gênio que é Oscar Niemeyer fizesse brotar, não da terra, mas quase do nada. Tocando, porém, com dedos de São Tomé, nessas maravilhas, o sociólogo sente que nelas há feridas, algumas talvez mortais; e que essas feridas são as de uma arte quase de todo separada do trópico; como pretensões a superior ao trópico; quase holandesa no seu modo imperial de pretender ser superior ao trópico e de não parecer arte de Olinda; sem as raízes na terra tropical que, em Olinda, uniram lusitanamente, ibericamente, o espírito cristão dos construtores de conventos, tão grandiosos quanto os novos palácios de Brasília, e talvez mais solidamente monumentais do que eles, à terra ou ao barro tropical.

Não que os palácios maravilhosos de Brasília sejam frágeis como substância; nem deficientes como formas – neles tão arrojadamente belas. A sua deficiência parece-me estar na sua falta daquele espírito pré-burguesmente brasileiro que ainda vibra, como um conjunto moço de sugestões, nas velhas pedras, nos velhos azulejos, nos velhos jacarandás, nas velhas rótulas de xadrez dos sobrados mouriscos de Olinda. Quando me informaram que, no próprio Palácio da Alvorada de Brasília, a família do presidente da República – brasileiro nascido e criado numa Diamantina parente de Olinda no espírito, homem público a cuja energia admirável se deve principalmente o que Brasília representa de arrojo moderno e brasileiro, semelhante ao português que levantou Goa no século XVI, em espaço também tropical – e começa a defender-se dos excessos de sol e de luz tropicais, que através dos muitos vidros inundam, dos primeiros momentos da manhã ao fim das tardes quase sempre claras, o belíssimo palácio e deixam os seus moradores quase sem sombra nem intimidade, e começa a defender-se desses excessos, recorrendo a umas como modernas rótulas de xadrez, inspiradas nas mouriscas, integradas pelos portugueses na sua arquitetura, pensei: é Olinda socorrendo "Olanda". É "Olanda" socorrendo-se de Olinda. É o espírito de Olinda corrigindo na técnica, na arte, na estética de "Olanda" aqueles modernismos maciços ou aqueles europeísmos hirtos que "Olanda", com todas as suas superioridades, nunca soube adaptar de todo aos trópicos, tendo no próprio Recife deixado, como marca da sua passagem, no estilo urbano de arquitetura, a aguda inclinação de telhados com que, na Europa, o holandês se defende da neve.

A civilização lusotropical foi beneficiada notavelmente por "Olanda". Por uma "Olanda" que lhe trouxe, com o alemão Nassau, sábios e artistas; que desde o início da sua presença na América uniu a mulheres portuguesas e de origem portuguesa holandeses de prole, que para sempre se integraram naquela civilização; que permitiu o início, logo em seguida ao começo da literatura brasileira com Bento Teixeira Pinto, da literatura israelita na América com Aboab da Fonseca. Não é a voz de um puro retórico que se aproveita da oportunidade de se comunicar, por meio deste capítulo de livro, com o público português, para assim louvar a sua província, recordando o que nela tem sido integração não só de raças autóctones – descendente de ameríndio foi o primeiro cardeal da América Latina: o pernambucano Joaquim Arcoverde de Albuquerque Cavalcanti – como de europeus da "Olanda"; e sim a palavra de um brasileiro que, já envelhecido no estudo do Brasil e das suas origens, cada dia considera mais esse Brasil uma combinação de Brasis: o sul completado pelo norte; o litoral pelo centro; o presente, pela tradição; a técnica, pelo espírito; Brasília por Olinda. Combinação, harmonia, integração característica de outras áreas por onde se espalha a comunidade lusotropical.

Sabemos que "Olanda" é o racional, o positivo, o lógico, o empírico. São os valores que a sua filosofia, a sua arte, a sua política, a sua economia principalmente exprimem. Ainda hoje a sua conquista de terras ao mar, a sua cultura de tulipas, a sua indústria de queijo, a sua agricultura no trópico marcam vitórias de uma civilização que no terra a terra não é ultrapassada por nenhuma outra.

O que lhe falta é o que um brilhante ensaísta português dos nossos dias denominou há pouco, em trabalho admirável, o "elemento vertical de crença e irracionalidade" capaz de ligar as divergências dentro do que seja, numa civilização, sociologicamente horizontal. Ou seja isso que se chama de ordinário "espírito", sem se caracterizar bem messianicamente poético, que é a superação em que, pensam uns tantos observadores de hoje, os russos estão a levar atualmente vantagem sobre os anglo-americanos, não por serem, ou parecerem, marxistas com pretensões a lógicos, a científicos ou a empíricos em tudo o que realizam, mas por terem ligado a esse cientificismo, neles o moderno traço horizontal da sua cultura, o elemento vertical de crença e até de irracionalidade, a que se refere o crítico português; e, no caso dos russos, vindo de um passado – o russo – como o português ou o espanhol, sempre messiânico; sempre antecipação do futuro; sempre superação do lógico pelo poético. Precisamente a superação que Olinda simbolizou quando no Brasil resistiu a "Olanda", sobrevivendo à superioridade técnica do holandês e aos seus métodos predominantemente racionais de civilização, pelo modo por que se apoiou em crenças, em mitos, em métodos principalmente poéticos de se tornar uma simples população em grande parte mestiça, perdida num vasto espaço tropical e desgarrada num tempo diferente do europeu, além de nação, civilização de um novo tipo; e presa a um passado poeticamente ligado não só à sobrevivência da fé católica, como impregnada de um messianismo ativa e criadoramente projetado sobre o futuro.

Quase se pode generalizar das civilizações que só as fortemente poéticas, além de superiormente técnicas, se prolongam no tempo. As puramente lógicas e secamente racionais extinguem-se por falta de poesia e de irracionalidade. As "Olandas" precisam das Olindas mais do que as Olindas das "Olandas". O marxismo na Rússia precisa mais do messianismo vindo das constantes do povo russo que a Rússia precisa do marxismo. Os Estados Unidos precisam mais do que há de latente no seu messianismo herdado dos peregrinos e do seu cristianismo vindo dos quakers do que de quanta técnica, quanta ciência, quanta lógica continue a permitir-lhes vencer a paralisia infantil, a malária, a tísica, encurtar distâncias, aumentar a velocidade dos transportes, diminuir o trabalho do homem, estendendo assim, de tal maneira, o tempo de vida e de recriação da sua gente, que breve cada cidadão americano passe a viver uma média de cem anos. Mas que adianta a um homem ou a um povo essa extensão quantitativa de tempo e esse aperfeiçoamento biológico de saúde se lhe falta a crença, o mito, o sentido poético não só da vida como da própria morte, que encha o vazio do tempo e que não faltou à Olinda quando resistiu à "Olanda"? Que não faltou aos portugueses que, unidos, muitos deles, a mulheres indianas, fundaram Goa, antecipando-se em integrar pedaços do Oriente, povoados por gente alheia a ideia ou a sentimento nacional, numa comunidade nacional que cedo começou a representar a superação do preconceito europeu de que o não europeu devia ser sempre considerado inferior ao europeu?

Precisam os portugueses e os brasileiros de hoje que lhes venham das "Olandas" valores nacionais, lógicos, cronométricos e superiormente técnicos. Mas precisam continuar a ser uma comunidade capaz de transmitir às "Olandas" o que, em povos mistos, integrados, como o brasileiro, o português, o espanhol, o russo, o chinês, o mexicano, o húngaro, o indiano, o israelita, o árabe, são valores que só se desenvolvem ou se conservam havendo crença e até irracionalidade nos mitos que liguem contraditoriamente o presente ao passado e ao futuro desses povos, numa integração de tempos sociais e de tempos culturais que complete a outra: a de culturas regionalmente diversas, a de grupos étnicos de procedências diferentes, a de populações distintas nas suas características originais, e, embora distanciadas umas das outras no espaço físico, unidas pelos mesmos motivos principais de vida e pelas mesmas condições ecológicas de existência no social e no cultural.

DADOS INTERNACIONAIS DE CATALOGAÇÃO NA PUBLICAÇÃO (CIP)
(CÂMARA BRASILEIRA DO LIVRO, SP, BRASIL)

Freyre, Gilberto, 1900-1987
  O luso e o trópico : sugestões em torno dos métodos
portugueses de integração de povos autóctones e de culturas
diferentes da europeia num complexo novo de civilização :
o lusotropical / Gilberto Freyre; prefácio de Elide Rugai Bastos –
São Paulo : É Realizações, 2010.

  ISBN 978-85-88062-94-8

  1. Aculturação 2. Ensaios 3. Portugal - Colônias - Civilização
I. Rugai, Elide. II. Título.

10-07389   CDD-301.29469

ÍNDICES PARA CATÁLOGO SISTEMÁTICO:
1. Civilização lusotropical : Civilizações e cultura :
sociologia   301.29469

Este livro foi impresso pela
Prol Editora Gráfica para
É Realizações, em julho de
2010. Os tipos usados são
da família Goudy OlSt BT,
Fairfield LH e Trajan Pro.
O papel do miolo é chamois
bulk dunas 90g, e, da capa,
cartão supremo 300g.